末弘嚴太郎 法律時観・時評・法律時評集

下

◎戦中・終戦から講和条約 1942–1951

日本評論社［編］

日本評論社

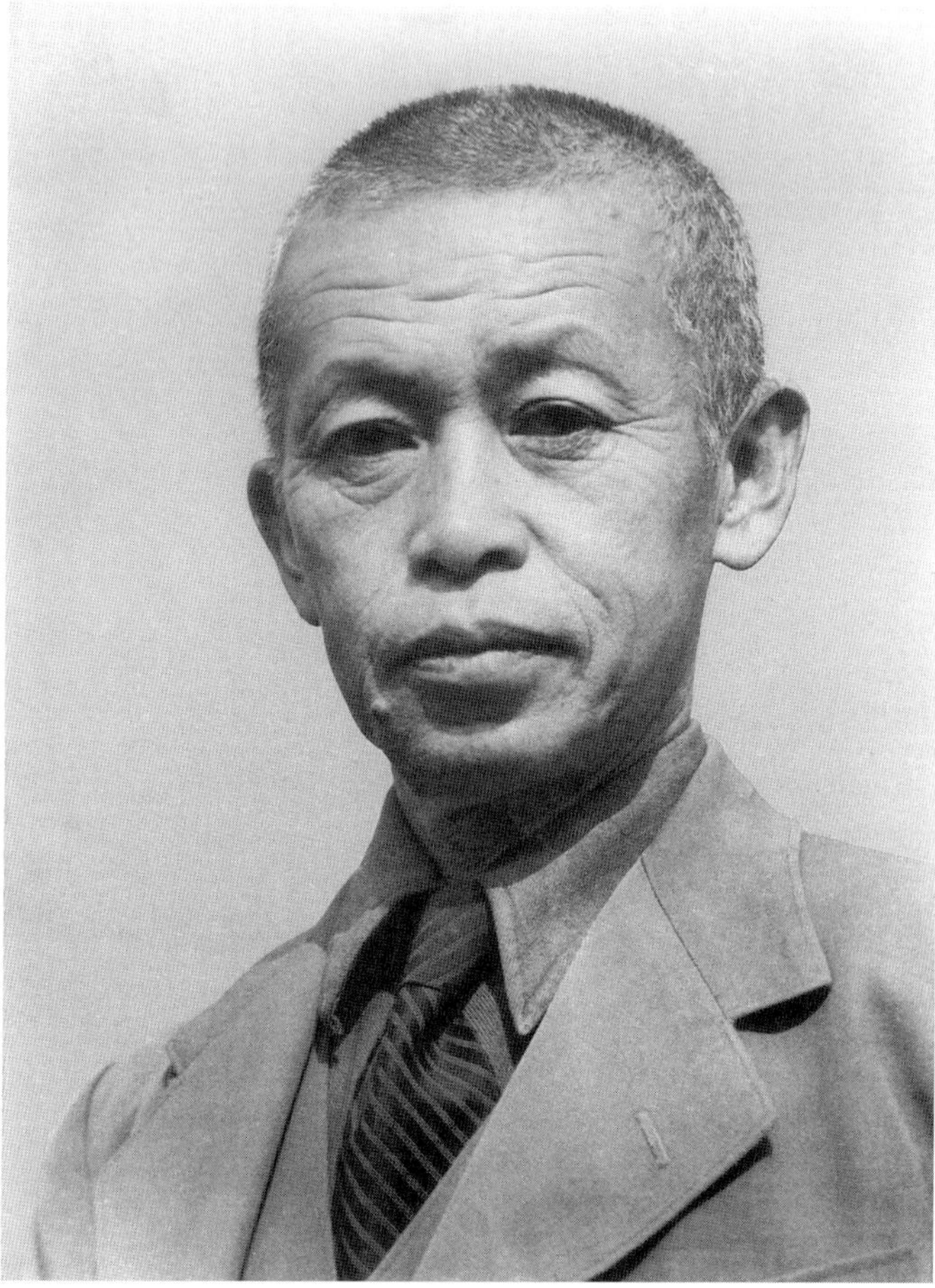

晩年の末弘嚴太郎博士

末弘嚴太郎

法律時觀・時評・法律時評集　下

目次

末弘嚴太郎　法律時観・時評・法律時評集　下

本書は、法律時報の誌面をもとに全ての記事を収録した。収録に際し、明らかな誤字・誤植と思われる記載は編集部の判断で修正をしている。合字はひらがなに改め、判読不明の箇所は□で示した。

一九四二（昭和一七）年

時評

一九四二年一月号（一四巻一号／通巻一四五号）

異民族に接するの用意

戰爭の順調なる進展は吾々をして吾々が頓て政治的に若くは經濟的に廣大なる南方諸地域を支配して幾多の異民族と接觸するの日近かるべきことを期待せしめる。吾々は前々から東亞共榮圈を說き廣域經濟を論ずるもの少からざるを聞く。近くは又政府に於て南方資源の調査に着手したりとの報を耳にする。しかし、從來の經驗によると、人人はとかく「物」にのみ注目を奪はれて「人」を忘れる缺點に陷り易い。國內の政治經濟に於てさへ吾々は常に「人」の重きを忘れてはならぬ。さもないと到底圓滿なる政治經濟の運營は期し難い。況んや新に外地に臨んで異民族に接觸し、之に向つて政治的若くは經濟的支配力を及ぼさんとするに當つては、何よりも先づ異民族の「人」を研究して其特性を知悉し、その智識に基いて彼等の心よりする協働を求むるに適する方策を建てる必要がある。

我國は日清戰爭後臺灣領有に依つて土着の支那民族統治の機會を得、更に日露戰爭後朝鮮併合によつて半島民族に接し、爾來數十年を經過し異民族統治に付いては既に相當の經驗を得た筈であるにも拘らず、滿洲事變此方我國當局の異民族に對してとつた態度には相當批議すべきものが少くなかつたと言はれてゐる。誠に遺憾なことであるが、其主なる原因は一には我國民一般に自ら善しと信ずる所を無用に他人に無理强ひする獨善的性癖があることにあるが、二には異民族の「人」の研究を怠つたことにあると思ふ。

此故に、支那事變勃發早々から吾々は大陸に於ける慣行調査の必要を叫んだのである。資源の調査經濟事情の研究素より必要なりと雖も、同時にそれにも劣らず必要なるは「人」の研究である、人々が如何なる慣行の下に社會を形成し生活を營み經濟取引を爲しつゝあるかを研究することである。異民族に對する支配は政治的にも經濟的にも彼等の心服に基く協力あるに依つて行はれ得る。彼等の「人」を知り、心を理解することこそ異境に經濟し政治するに付いての要諦である。是れ吾々が慣行調査の名の下に「人」の研究の要務たる所以を强調した理由である。

今や忠勇無比なる皇軍將士の奮戰に依り海陸に相次いで華華しい戰果が擧げられつゝある。南方に對する我が政治と經濟との進出は直に軍力の跡を追ふて行はれねばならぬ。吾々の期待する長期戰は戰鬪の後に直に着着經濟建設が行はれるに依つてのみ完全に之を遂行し得る。而して經濟建設は又「人」を適當に利用するに依つてのみ圓滿に行はれ得る。此故に今日吾々にとつて最も必要なるは、今や將に吾々の進出せんとする南方諸地域に於ける「人」の智識である。從來彼地に行はれ來れる政治を知り法律を知り慣行を知ることである。敢て改めて慣行調査の速行を主張する所以である。

慣行調査と言ふと、世人はややともすると民間に殘つてゐる――從つてやがては亡ぶべき舊慣を調査する閑事業であるやに考へ易い。吾々が支那慣行調査の必要を主張したときにも、此種の誤解が甚しく事業の着手を遲延せしめたのである。抑〻吾々の言ふ慣行とは既に當該社會の生活關係を規律し社會を成り立たしめてゐる規範の意味である。現に其社會に行はれてゐる法的規範、卽ち「生きた法律」に外ならない。而して其內容は多くの場合宗教・迷信・儀禮等の諸規範と根強く有機的に結び付いて現實の生活諸關係を規律し成り立たしめてゐるのである。故に之を知ることは當該の社會を知り、民族を知り、民族意識を知ることであつて、此智識程異民族に接觸する用意として必要なものはないのである。

我國のやうに中央政府の政治力が全國の津々浦々にまで行き亙つてゐる國に住み慣れてゐると、人々はとかく政府の判定する法令のみが社會關係を規律する唯一物であると言ふやうな妄想に陷り易いのであるが、少しく社會の實態に立ち入つて調査研究するとき吾々は直に慣行の依然として力強く行はれてゐるのを發見する。例へば、我國食料生産の基本をなせる小作關係は民法に依らずして寧ろ主として小作慣行に從つて形成せられつゝある。民法は婚姻に關して多くの規定を設けてゐる。其結果我國の婚姻は原則として民法に準據して行はれてゐるけれども、實際婚姻關係を規律してゐるものは民法であると言ふよりは寧ろ民間の慣行である。單に結婚の儀式の如き形式に關することのみならず、凡そ結婚より離婚に至るあらゆる婚姻生活上の諸關係が民法に規定せられざる特別の慣行に依つて規律されてゐる。從つて此等の慣行を知ることなしに我國の小作關係を語り得ず婚姻生活の實相を理解し得ざるは極めて明瞭である。

我國のやうに中央政府の政治力が全國に滲透してゐる社會に於てさへ、此有様であるから、從來米英其他外國政治力に依つて統治されてゐた南方諸地域の如きに於ては、其政治力そのものは如何に强力であらうとも、其力は結局表面の要點を抑へてゐるだけのことであつて、民間に於ける慣行の社會規律力は別に極めて大きいものがあると考へねばならない。恐らく米英蘭等の諸國はいづれも此慣行を基礎とし寧ろ之を利用して巧みに其植民地的統治を行つて來たに違ひないと想像されるのである。從つて今後吾々が此等土着の異民族に接するに當つては、一面在來の政權が如何に民間の慣行を取扱つてゐたかを知つて參考とする必要あると同時に、直接民間の慣行を親しく調査して彼等を遇するの道を考へる必要がある。この用意なしに事に臨まんか、軍政の下既に恐らくは幾多の障害に逢着すべきことを私は恐れるのである。

私は嘗て第一次世界大戰の際ドイツが占領地域に行つた法令に付き多少の研究をしたことがあるが、其隣國ベルギーに臨むに付いてさへ占領地行政に關して極めて周到なる用意を怠つてゐなかつたことを見出して非常に感心させられたのである。我軍部に於ても恐らく平素から此種の用意にはをさ〳〵怠りないものと想像するが、何と言つても今後吾々の接せんとする異民族は餘りにも吾々と異なつた傳統と文化とをもつてゐる。之に關する智識を得、それを基礎として彼等を遇するの道を考へることは決して容易の業ではない。今からでも遲くはない。此際軍官民協力の下に一日も速に調査の事業を進められたい。

重ねて言ふ。長期戰は戰鬪の後に直に着々建設が行はれるに依つてのみ行はれる。そうして建設は「人」を知ることなしには行はれない。資源の調査素より必要なりと雖も、「人」の調査は一層必要である。此用意なしには、軍政既に圓滿に之を行ひ得ず、況や長期に亙る政治的乃至經濟的支配をや。敢て當局者の深甚なる考慮と迅速なる實行とを要望する所以である。

無警告開戰者は誰か

緒戰に致命的大敗を喫した米英兩國が今更世界に向つて我國の無警告開戰を非難する宣傳を爲しつゝありとは誠に笑止千萬である。今回の大東亞戰爭を誘發したものは米英兩國であり、そうして彼等の無警告開戰は去る七月廿五日突如我國に對して斷行した經濟斷交に依つて既に行はれたのである。經濟斷交が特に近代戰に於て恐るべき有力の武器たるは明々白々、而かも彼等は此凶器を無警告に使用して我に戰を挑んだのである。從つて以後我國は何時にても自由に應戰し得べき權利を有したるにも拘らず、爾來隱忍自重すること半歳、其間極力和平關係の恢復に努力したのである。而かも、それが爲め申出た我方最大限度の讓歩も終に彼の容るゝ所とならざりしが故に、已むなく干戈を執るに至つたのである。我方今回の宣戰は卽ち應戰である。應戰の無警告に行はるべきは天下の公理、之を非難して國際法違反と呼ぶ、天に向つて唾するものにあらずして何ぞや。

時評 一九四二年二月号（一四巻二号／通巻一四六号）

遵法精神と情實の弊

統制經濟の圓滑なる運營を期するが爲め、國民の遵法精神を愈々旺盛ならしむるの必要あることに付いては何人も異存ないが、其精神を涵養する方法如何に至ると尙論議を要すべき事項が非常に多い。而して其方法を考究するに先立つて先づ研究を要するのは何故に我國國民一般の間に遵法精神が不足してゐるかの問題であるが、此點に付いても考究を要する事柄も極めて多岐に亙ると思ふ。

しかし、其中から最重要事として特に取り上げねばならないのは國民一般の「法治的訓錬の不足」と言ふことである。國法を重んずるの必要は畏くもつとに教育勅語に於ても教へられてゐる所であるにも拘らず、明治此方の政治は一般的に法治的訓錬を國民に施すことを怠つてゐたと評せざるを得ない。國民教育に於て此點の努力が足りなかつたのみならず、政治行政全般の實踐を通して國民を法治的に訓錬することを怠つてゐたのである。それが爲め今尙上下を通じて國民一般に法治の眞精神が徹底して居らず、法の嚴守が國民最高の公德たる所以が十分一般に滲透して居らず、情實が依然として各方面に横行し、情實を排擊すれば反つて人々から仲間はじきを受けると言ふやうな弊風が今尙社會各方面に横溢してゐる。市井に於ては勿論、官廳に於てさへ情實が物を言ふ場合が多く、正々堂々表門から行つて斷られたことも知人を介して裏門から賴み込めば受け付けて貰へるとか、暮夜酒席を設けて御高話拜聽する方が正式に役所や事務所で話をするよりは事が早く運ぶと言ふやうなことは今尙吾々の毎日見聞する所である。而かも人々は一般に之を甚しく悪いことだとも考へず、此頃では反つて義理人情を重んずべしと言ふやうな俗耳に入り易い言葉に依つて情實的氣風を增長せしむるが如き風潮さへも見受けられる。そうして此事が正に遵法精神の涵養を阻止する最大の原因をなして居り、惹いては統制經濟の圓滑なる運營を妨げる最大の原因になつてゐることが十分認識されてゐない有樣である。

義理人情の重んずべきは素より言ふを俟たない。情誼を重んずべきは人倫の至要、これなしに社會關係の圓滿を期し得ざるは勿論である。しかしながら、國家社會の大規模な組織と活動とを全體として調整してゆく爲めには是非とも法を以てする規律調整が必要である。法を以てする以上、個々的の情實を無視してゞも全體を立てゝゆかねばならぬ。卑近の例を以て此理を說明すれば、多衆の雜踏を整理する爲めに左側通行を勵行するの外なく、左側通行を勵行する以上個々人の都合なぞは一々聽いてゐられないやうなものであつて、今日の複雜なる國家社會に立つて政治行政の局に當る者は十分此理を辨へて、時には泣いて馬稷を斬り、時に又大義親を滅するの大勇を振ふだけの覺悟を日頃から固めて置く必要がある。

無論法治にも法治特有の短所がある。之を矯正して極力其長所をのみ發揮せしむることは法學の任務であり、又實際政治行政の局に當るものの責任である。しかし其短所の故を以て法治の價値を蔑視し德治を以て現代國家を治め得べしと考ふるが如きは正しき法治のみが複雜大規模なる現代國家の秩序を大局的に保持する所以なることを知らざるものである。然るに最近我國に於ては素朴な德治論が擡頭し、遵法精神涵養の宣傳運動等に於ても國民道德とか經濟新道德とか言ふやうなことだけを高調して、法を法として嚴守する法治的精神の訓錬を與へることが怠られてゐるやうに見受けられる。かくては何時までたつても國民の間に正しき遵法精神の健全なる成長を見ることなく上下を通じ情實萬事を支配するの弊風は愈々增强するばかりであらう。敢て識者の再考を促す所以である。

外國法の教育と外國法研究所

明治此方の傳統に從つて今尙大學では一般に外國法を教へてゐる。東京帝國大學の如きでは英法獨法佛法の學科別こそ廢止したもの丶、依然として必修科目として每學年一科目の外國法を學修せしめてゐる。しかし外國法教育の目的が明治時代と現在とでは全く違つてゐる。明治の初期に於ては外國法を教へることを通して法學を教へた。例へば司法省の法律學校に於てはフランス人に依るフランス法の教育が卽ち法學教育に外ならなかつたのである。下つて明治中期に至ると、大學に於ける法學教育の本體は勿論、形式上日本人に依る日本法の教育になつたけれども、教育の實質は依然として外國法學的であつて、吾々は外國法學の智識を通して日本法を理解することを教へられたのである。從つて、其時代の外國法教育は日本法を科學的に教へる爲め絕對的に必要であつて、外國法の智識なしには法學を教へることも出來ず、學ぶことも出來なかつたのである。それに比べると、現在大學に於ける外國法教育の法學教育全體の上に於ける地位は著しく異なつてゐる。現在では外國法の智識を前提とすることなしにも、我國の法學を教へ得るし、又學ぶことも出來る、唯教授の中或る者が因習に捉はれて必要以上に教育上外國法の智識を利用してゐるに過ぎないのであつて、これは寧ろ弊風とさへ考へられるのである。我國の法律を科學的に研究し又教育する爲めに比較法學的方法を利用するは素より可なり、否大に必要でもある。しかし、比較法學的方法が法學の研究乃至教育上必要であると言ふことと外國法學流の考方に依らなければ法學を考へることも出來ず教へることも出來ないと言ふやうなこととは全く別事であつて、前者を認むの故を以て後者を肯定することは出來ない。學者の中には我國明治此方の法制が外國模倣に端を發してゐるの故を以て今尙外國法學流の考方に依らざれば我國の法律を理解し得ず又教へ得ずと考へてゐるものが少からず存在するやうであるが、か丶る學者が居ればこそ我國の法學が今尙十分獨自の發達を遂げ得ずにゐるのである。

從つて大學に於ける外國法教育もその趣旨に於て行はるべきであつて、明治時代のそれの如く我國の法律を理解する手段として行はるべきではない。學生に外國の法制及び法學に關する智識を與へることは彼等の智識を博くし識見を深くするに役立つこと勿論なるが故に、出來得る限り之を與ふるに力むべきは大學教育として素より其所なるも外國法學流の考方を學ばしむるに依つて凡そ法學的考方を養ひ、之を以て我國の法律を理解する基礎となさんとするが如き教育方法は絕對的に排斥せらるべきである。勿論私は決して外國法教育の全廢を主張するのではない。外國法を外國法として教へる必要は今後愈々增大しこそすれ、決して減少するものではない。ひとり歐米諸國の法律に限らず廣く東亞諸國の法律に關する智識を與へることは今後の法學教育に愈々必要であると考へるのである。しかしながら歐米法學流の考方を教へ込まなければ一人前の法學者になれないと言ふやうな考へに捉はれて外國法を教育するが如きは甚しき時代錯誤であると私は考へるのであつて、かゝる目的よりする外國法教育の廢止を主張したいのである。

かくの如き意味に於て、外國法を研究し、又教育する必要が愈々增大するとすれば、外國法研究の施設を擴充し且其研究に從事する者の數を增大しなければならないのは當然である。現在でも全國の諸大學は外國法に關する文獻を相當豐富に所藏してゐるものが多い。專門の研究者も少くない。併しながら明治模倣時代の遺習を受けて、それ等の文獻は大部分英米獨佛のそれであつて、世界如何なる國の法律でも必要あらば何時でも智識を供給してくれる程度の設備は全國に一個所も存在しないのである。例へば大東亞戰爭勃發して南方諸邦との交涉遽に繁からんとしてゐる今日、それ等諸邦の法制に關する智識が求められても卽刻に滿足な解答を與へ得るだけの物的施設もなければ學者も十分には存在しないのである。

此故に、私は今からでも遲くないから、完備した外國法研究所を設立することを政府に向つて要求したいと思ふ。其研究所には、先づ第一に世界のすべての國の法令集を備へる必要がある。英米法系の國々に付いては出來る限り判例集をも集めねばならぬ。第二に、それ等の法令を研究して、要求に應じ何時にても正確な智識を提供し得るだけの研究者を豐富に常備する必要がある。我國從來の實情に於ては、諸官廳、諸會社各方面に於て外國法令に關する智識を必要とする場合少からざるにも拘らず、單にその都度斷片的に間に合はせ的の調査が行はれるだけであつて、斷續的且組織的の研究調査は全く行はれてゐない。此缺點を補ふ爲めには組織的な外國法研究所を設立することが何よりも必要であつて、これあるに依つてのみ我國の今後逢着すべき複雜なる對外交涉を處理するに必要なる資料を必要に應じ速かに且正確に得ることが出來ると思ふ。このことは私の從來屢々主張した所であるが、今回南方諸邦の法令に關する智識に對する要求が突然高まりつゝあるのに當面して特に其必要を痛感し、改めて政府當局者に對して此必要を提出する所以である。

時評

一九四二年三月号(一四巻三号／通巻一四七号)

高等學校教育と大學法學部の教育

一

高等學校教育改革のことが議せられつゝあると傳へられてゐる。事は極めて大學の教育と關係する所が大きいから、特に法學部の教育との聯關に於てこの問題に關する私見の一斑を述べて置きたい。

此問題を考究するに當つて吾々の先づ第一に注意せねばならぬ事柄は、現在の高等學校教育に於ては制度の精神と實踐との間に著しい不一致の存在することである。卽ち制度としては完成教育であるべき筈の高等學校教育が實際上は準備教育的に行はれてゐる。大學教育の準備教育として行はれてゐるのみならず、大學入學の準備教育として行はれてゐる傾向さへ見受けられる。大學入學を最大の關心事とする生徒等の間に入學準備に重點を置いて勉強する傾向があるのは先づ已むを得ないとしても、高等學校の中には教師の側までがこの傾向に迎合して、甚しきに至ると模擬試驗的のことをやるものさへあると傳へられてゐる。誠に苦々しき限りと言はねばならない。

高等學校教育が完成教育であるべきか又は準備教育であるべきかに付いては人に依つて色々意見がある。之を大學の立場から考へても學部に依つて必ずしも意見が一致しないのが當然であるかも知れないけれども、少くとも法學部に關する限り飽くまでも完成教育でなければならぬと言ふのが私の考である。高等學校に於て授けられた個々の科目に關する知識がそのまゝ直接大學教育を受けるのに役立つのではなくして、高等學校教育全體を通して育成された教養と識見とが大學に於て法律・政治・經濟の如き國家社會に關する學を學ぶ人格的基礎として役立つのである。從つて、例へば法學通論の如き一見最も法學部に深い關係をもつ學科にしても、決して大學に於て法學教育を受ける準備として教へらるべきではなく、凡そ一人前の人間として社會に働く者が常識として心得てゐて欲しいと思ふ程度の法律知識を與へることが其目的でなければならない。卽ち高等學校に於ける教科目のすべてを通じて綜合的に育成された教養と識見とが全體をして大學教育を受ける基礎となるのであつて、法學部に志す學生にとつて特に法律通論が必要であると言ふやうな關係は全くないのである。

更に一歩を進めて考へれば、高等學校教育は將來國家社會の各方面に於て指導的地位に立つべき人材を養成する爲めに行はれる基礎的教育であり、大學教育はかゝる基礎的教育に依つて育成された青年が將來國家社會各方面に於て擔當すべき責務を果たすに必要なる高等の專門的知識を授けることを目的とするものだとも考へ得る。卽ち從來多くの人々に依つて考へられてゐたのとは反對に、高等學校教育こそ主であり基礎的であつて、大學教育は寧ろかくして育成された人材に專門的乃至技術的の磨きをかけることを目的とするものだと考へ得るのである。

かくの如くに考へるならば、高等學校教育の國家教育體系に於て占むべき地位は極めて重要であつて、それが完成教育でなければならないのは當然である。從つて今日高等學校教育の改革を議するに當つても、其目標は飽くまでも上記の如き人物的基礎を作ることに置かるべきであり、學科目の選擇、時間數の決定等もすべて此見地から考慮せらるべきである。卽ち今後我國の遂行すべき世界的大使命に鑑み、國家は將來如何なる人物を必要とするかを考へて獨自的に教育內容を決定すべきであつて、大學教育に對する準備教育的作用の如きは寧ろ二次的に考へていゝと考へられるのである。

傳へる所に依ると、文部當局に於ては從來の法律通論を廢止し、地理・經濟・政治なる一科目の中に法制に關する事項をも組み入れる原案をもつてゐるとのことであるが、その新科目に於て教授せらるゝ內容の如何に依つては、寧ろ時宜に適した改正であるかも知れないと私は考へる。人に依ると、かくして今後高等學校卒業生は愈々法學に關する豫備知識をもたないものになるであらうと言ふ心配をされる向きもあるやうであるが、私の考では法律通論の名の下に政治經濟から遊離した抽象的且技術的な法學知識を初學者に授けてゐる現在の制度及び實際こそ寧ろ大に批議に値するものだと思ふ。大學に於ける法學教育でさへも最早吾々は解釋法學を主體とする從來の技術的教育に滿足すべきではなく、寧ろ歷史・地理・政治・經濟等の諸學と密接に關聯せしめつゝ、凡そ法のことを實質的且創造的に考へ得る能力を育成することに力むべきであると思ふ。さもないと法學教育も結局は法律職工若くは高々法律技手を養成するに過ぎず、法學知識を通して國家社會各方面の指導的地位に立つが如き有爲の人材を養成することは出來ない。して見れば高等學校に於て技術的な法學知識を與へるが如き全く無用の沙汰であると言はねばならないのである。

二

然らば、今までゞも完成教育であるべき筈の高等學校教育が何故に準備教育に墮するに至つてゐたか。此問題を考へて適當なる對策を講ぜざる限り、今後高等學校教育を制度上如何に改善しやうとも實際上改善の目的を達することは不可能であると思ふ。

此點について考慮を要すべきことは色々あると思ふけれども、最も重要なことは大學の入學試驗である。入學試驗が現在通りに行はれる限り、學習上高等學校生徒の注意がそれに向けられるのは當然であるから、此點を適當に改正しない限り、如何に制度を變へやうとも高等學校教育を理想通りに行ふことは出來ないと考へられるからである。

此點は從來高等學校側に於ても屢々問題にされた所であり、各大學に於ても種々考慮された所であるが、結局は入學試驗を全廢することが、唯一最善の策であると言ふのが私の到達した最後の結論である。全國の大學を一にして考へて見れば法學部に關する限り從來と雖も收容力は十分にある。それにも拘らず入學志願者が東京帝國大學に集中する傾向があるのは結局東大に入學することが高文試驗を受ける上から言つても、就職の點から言つても、有利であると言ふ實情があるからである。從つて此實情を打破すべき何等か適當の方策を講じさへすれば東大集中の傾向を抑止し從つて入學試驗の弊を矯正し得るのであつて、吾々の考究すべき問題も結局其具體的方策如何に在ると言はねばならない。

私は今茲に其方策の何であるかに付いての私案を述べることを差し控えるけれども、文部當局にして改革を斷行する勇氣さへあれば方策は確かにあると言ふことだけは確信を以て言ひ得ると思ふ。敢て文部當局の勇斷を切望する所以である。

準正と戸籍の記載

今回の民法改正に依つて私生子なる名稱が民法からなくなつたことは誠に喜ばしい。戶籍の記載も追々に改められるとのこと誠に結構な次第である。ついては此機會に序でを以て改正して欲しいと思ふことが一ある。それは「庶子ハ其父母ノ婚姻ニ因リテ嫡出子タル身分ヲ取得ス」「婚姻中父母ガ認知シタル私生子ハ其認知ノ時ヨリ嫡出子タル身分ヲ取得ス」と言ふ民法第八三六條の規定があるにも拘らず、現在ではその「嫡出子タル身分ヲ取得」した事實が戸籍に記入されないことになつてゐるが、之を改めて戸籍上一目瞭然嫡出子たることが明かになるやうにして欲しいと言ふことである。特に法令の改正を俟たずとも、實行し得ることゝ思ふから、戸籍面から私生子の名稱を削る手續に附隨して速かに此事を實行して欲しいと思ふ。

民法に依つて實體法上「嫡出子タル身分ヲ取得」してゐる以上、其事は現在でも戸籍を見れば自ら解るには違ひないが、それが解ると言ふのは法律家の言ふことであつて、一般世人には解らない、庶子と言ふ文字があれば矢張り庶子だと思ふのが當然で、特に説明を受けなければ「嫡出子タル身分ヲ取得」したとは知る由もない。

此事は法律家の眼には甚だ下らないことのやうに映るかも知れないけれども、嘗て私が某新聞紙の依頼に依つて法律相談を受けてゐた經驗から言ふと、世間には此點を改正して嫡出子たることを戸籍上明瞭にして欲しいと言ふ希望をもつものが非常に多いのである。最近も現に軍務に服してゐる一法學士から、結婚後間もなく内縁のまゝ入隊した所、其後落着いてから婚姻屆を出さうとすると、隊長の許可が要る、而かも其許可を得るのに手間取つた爲め、終に子の出生に間に合はず、これが爲め一應庶子として届出した後初めて婚姻屆を出したのであるが、子供將來の幸福の爲め「嫡出子タル身分ヲ取得」したことを戸籍上明瞭にして置きたいとの希望を述べて其手續を問ひ合はせて來た。

末梢的なことのやうであるが、一方に於て私生子の名稱を戸籍面から抹殺せんとする以上當然此種の改正も同時に行はれて然るべきものと私は考へるのである。

時評

一九四二年四月号（一四巻四号／通巻一四八号）

飜譯統制の必要

外國書輸入の全面的杜絶は飜譯書の價値を愈々大ならしめる。吾々は一面に於て良書の愈々大に飜譯されることを希望すると同時に、他面に於て惡飜譯の横行に對して嚴重なる取締を加へる必要を感ずる。

支那事變此方支那關係圖書の需要增大するを見るや此種外國書の飜譯刊行せられたるもの極めて多く、一面それが學界及び一般讀書界に稗益する所少からざりしは吾々も亦之を認めるが、他面に於て吾々はそれ等の中に極めて杜撰なるもの少からざるを發見すると共に同一原書に付き二種以上の飜譯書が出てゐる場合亦稀ならざるを見出して、前々から飜譯統制の必要を痛感してゐたのであるが、大東亞戰爭勃發此方南方關係の圖書に付いても同様の傾向が現はれつゝあるを見て愈々統制の必要大なるを感じ、當局者に對して此際速に適切なる措置を講ぜんことを希望してやまないものである。

先づ第一に、同一原書に付き二種以上の飜譯書が現はれることは人にも物にも十分餘裕のある平常時ならば兎も角現在の如く人も物も不足してゐる時代には極力之を防遏せねばならぬ。情報局なり出版文化協會あたりで何等か適當なる對策を講じて欲しいと思ふ。私案としては、此等の機關に權威ある委員會を附置し、出版を目的として飜譯に着手する者は豫め屆出を爲さしめ、右委員會の議を經て之を認可すること丶し、認可を得たる者相當の期間内に飜譯を完了せざるときは認可を取消し得るが如き制度を設ければい丶のではないかと思ふ。

第二に、不良飜譯書を防遏する爲めには、檢閲制度を充實すればいゝ譯であるが、それには同じく右委員會の審査に附して誤解拙譯甚しき飜譯の出版を許可せざることゝすればいゝのだと思ふ。原書の入手容易なる平常時であれば不良飜譯書も自然に淘汰されるから放任して置いても差支ないけれども、單に利慾を目的としてゐるとしか思はれない杜撰な飜譯書が現在の如き實情の下に於て横行することは獨り一般讀書界をあやまるの虞あるのみならず、用紙節約の點から考へても絶對に許し難いと思ふ。檢閲當局が今まで此點に意を致さなかつたのは寧ろ怠慢でさへあると吾々は考へるのである。

尚飜譯統制は獨り以上の如き消極的の仕事のみを以て滿足すべきでなく、進んでは積極的に良書の飜譯を促進することをも目指して行はれねばならぬ。從來とても是非飜譯書が欲しいと思はれる外國書が少くなかつたのであるが、此頃のやうに原書の入手が困難になると特に其必要を痛切に感ずる。速かに組織的且大規模に飜譯を行ふ機關を設けて積極的に良書の飜譯書を一般讀書界に行き亙らしむる仕組を作つて欲しいと言ふ希望を抱くもの恐らくは私一人に限らないと思ふ。無論吾々學界の者としては外國書は成るべく原書を讀むに越したことはないのであるが、學生其他一般讀書子のことを考に入れると、今後は平常時と雖も優良なる外國書を漏れなく飜譯して誰れでも容易に入手し得るやうにすることが是非共必要であるやうに思はれてならないのである。

「戸籍の洗濯」

前號に準正の戸籍記載方に付いて司法當局に希望を述べて置いた所、最近に至り態々坂野民事局長からこの問題は實際の取扱上既に解決されてゐるとの御敎示を受け、且資料として民事局長囘答の寫を頂いたから、其概要を紹介して置きたい。

先づ第一に、戸籍法施行細則附錄第四號戸籍記載例四十八には「父母ノ婚姻ニ因ル嫡出子ノ身分取得ニ關スル記載」例として「大正四年拾壹月七日父甲野義太郎母梅子ノ婚姻ニ因リ嫡出子ト爲ル㊞」と記載することにしてある。

所が其後昭和十三年三月一日の民事局長回答（民事甲第一七二八號）に依り「父ノミヨリ戸籍法第八十三條後段ノ規定ニ依ル出生屆ヲ爲シタル場合ニ於テモ戸籍ノ記載方ハ戸籍法施行細則附錄第四號戸籍記載例「一」ノ振合ニ依ルベク其ノ文末ニ「同日嫡出子ノ身分取得」ノ旨記載スルヲ要セズ」と改められ、次いで同年九月六日には戸籍抄本作成に際し出生事項中「同日嫡出子ノ身分取得」の記載を省略し差支なきやとの照會に對し、差支なしとの回答が與へられて居り、更に昭和十五年七月十日には上記戸籍記載例「四十八」を省略して單に「昭和何年何月何日父母婚姻㊞」と記載して差支ないとの回答が與へられてゐる。

尚從前父母との續柄欄に「庶子」又は「私生子」と記載されてゐたものが準正に依つて嫡出子たる身分を取得した場合には、それを朱抹して「嫡出子」と更正することになつてゐたらしいのであるが、これに付いては昭和十三年三月一日の回答に依つて戸籍謄本作成に際しては右朱抹したる文字は省略して差支なしと指定されてゐる。

之を要するに、以上の措置に依つて成るべく戸籍又は戸籍謄本若くは抄本面に、本來私生子又は庶子なりしものが父母の婚姻に因つて嫡出子たる身分を取得したと言ふ來歷が現はれないやうに配慮されてゐるのであつて、之に依ると私の前號に記したことは無用の心配のやうであるが、かうした單に「省略して差支なし」と言ふやうな回答のみで實際上の取扱が果して全國的に徹底的に改善されてゐるのであらうか、私は尙その點に付き多少の疑をもつのである。從つて私の意見としては此際前記戸籍記載例そのものに改正を加へて、從來民事局長回答に依つて實際上定められてゐるやうな諸點を正文化し、これによつて司法當局の細かい心使ひを萬遍なく全國的に活かすやうにして欲しいと思ふのである。

尙前號に記した通りこの問題が一見甚だ末梢的なるが如くにして實際上は相當重要性をもつてゐることを例證する爲め、上記昭和十三年三月一日回答に添附されてゐる大阪控訴院長照會の一節を摘記して置きたい。「方今人口ノ增加スルニ從ヒ其ノ生活樣式漸ク千種萬樣トナリ、婚姻ニヨリ入籍不能或ハ其ノ手續ノ遲延等ノ爲メ戸籍ニ本問ノ如キ更正記載ヲ爲シアルモノ尠カラズ、一度就職縁談等ノ用ニ供スルタメ之ガ戸籍謄本ノ交付ヲ受ケムカ、所謂世ノ日蔭者タリシ昔日ノ名稱ノ假令朱抹セラレアリトスルモ、世人ノ知ルトコロトナリテ、茲ニ就職ノ不能或ハ縁談ノ不調ヲ齎シ人ノ世ノ不幸ヲ喞ツ者尠カラザルノ實例ヲ知ル、然ルニ、其記載タルヤ相續又ハ轉籍ニ因リ新戸籍ヲ編製スルニ際リテハ何等移記ヲ要セザル程度ノモノナルヲ以テ、之ヲ知リタル民衆ノ徒ニ轉籍ヲ爲シ之ガ事項ノ除去ヲ企ツルモノ亦尠シトセズ、巷間之ヲ戸籍ノ洗濯ト稱セルヲ聞ク、斯クテハ無爲ニ事務ノ繁雜ヲ來スノミナラズ一面戸籍ノ尊嚴ヲ失ハシムルヤノ感ナキ能ハズ、然リ常□民衆ニ接セル吾人等ノ感ズル所皆其ノ軌ヲ一ニスルモノニシテ、曩ニハ本案ノ內容ニ相似セル本會第二十回第六問アリ、而シテ又カノ賤稱及刑務所ノ記載省略ヲ許サレタル例ヲ想ヒ起シ且上述ノ事由ヲ勘考シ來ルトキ之ヲ省略スルモ何等支障ナク剩ヘ如上諸種ノ弊害ヲ防止シ、加フルニ謄本作成ニ就キ多大ノ手數ヲ省キ得ル所アルヲ信ズ、是本案ヲ提出シタル所以ナリ」。

時評

一九四二年五月号（一四巻五号／通巻一四九号）

高等試験と試験問題

高等試験に於て如何なる試験問題を課するかは、色々の關係から考へて極めて重要事である。

先づ第一に、高等試験は官吏たるに必要なる最小限度の學識を検定することを目的とするものなるが故に、其検定手段たる試験の問題は其目的に合致するものなることを要する。同じく試験と言つても、學校內のそれと高等試驗とでは目的が違つてゐるから、問題の選擇も自ら兩者に付き互に異なりたる規準に依つて行はるべきであつて、前者にとつて良き問題も後者にとつて必ずしも同様に良いとは限らない。又同じく高等試驗の中でも、行政科と司法科とでは自ら檢定の對象たる學識に差異があり得る譯であるから、同じ學科に付き出題するに付いても行政科には行政科向き司法科には司法科向きと、それ〴〵適當の問題を擇ぶべきである。行政科に適する問題必ずしも司法科に適せず、又司法科ならばまあ許せると思はれる問題も行政科には絶對に許されないと思はれる場合さへあり得るのである。手近かな例をとると、今春行政科の民法について出題された「占有權の承繼」に關する問題の如き、司法科ならば先づ許せるとしても行政科にとつては全く不向きであつたと私は考へる。ああした技術的の事柄を試驗すると、兎角暗記力の試驗になり易いのみならず、あゝした末梢的な事柄に關する智識のありなしは行政官吏たるの適格を檢定する規準としては甚だ不適合であると言はざるを得ないからである。

第二に、高等試驗の問題如何は直に大學の教育殊に學生の學習に著しい影響を與へるから、問題の選擇に當つては十分其點に留意する必要がある。試驗問題の傾向に引きづられて學生學習上の注意が特殊の偏つた方向へ向けられることは、大學教育にとつて甚だ迷惑であるのみならず、國家的見地から考へても甚だ憂ふべきことと言はねばならぬ。出題者今後の自重を希望してやまない。

第三に最も大切なことは、高等試驗の問題はすべての受驗者にとつて公平でなければならぬと言ふことである。これも極めて解り切つた事柄のやうであるが、出題者の不用意から屢々公平を缺くことになり易いから特に注意をして置きたい。不公平の原因を大別するに二になる。其一は問題の内容が或種の受驗者にとつては答へ易く、他の種のものには困難であると言ふ場合である。此種の不公平を避ける爲には、特に試驗委員中一二のものの講義を聽いたとか著書を讀んだものに限り、受驗上特別の利益を受けることがあり得る如き問題を極力避けるやうにせねばならぬ。其二は問題の意味が曖昧であつて受驗者の間に誤解を生じ易いことから生ずる不公平である。高等試驗の受驗者は種々雜多であるから、先づ常識のあるものならば誰れでも意味を誤解しないやうな問題を出して、誤解から生ずべき不公平を極力避けるやうにせねばならぬ。特に問題中に使用される術語は受驗者のすべてが例外なしに正解し得るものたるを要し或種の受驗者に限りて理解し得るが如き術語は勿論、未熟にして世間一般には通用せざるが如き字句は極力之を避けねばならぬ。其意味に於て私は今春行政科の民法問題中に「財產に關する個別主義」云々なる言葉が使はれてゐたことを最も遺憾とするものである。正直の所私は今でも尙出題者が此言葉を通して何を問はんとしてゐるのかを諒解し得ないのであるが、世間には何所かにこんな言葉を使つて財產法に關する特殊の原理なり原則なりを敎へてゐる先生がゐるのであらうか。受驗者は、無論それ〴〵勝手な理解を下して然るべく答案を書いたに違ひないけれども、中にはとんだ思ひ違ひをして下手な答案を書いて仕舞つたものが相當多いのではあるまいか。法制局當局者はよろしく答案について具體的の調査を爲した上、將來再び此種のことの繰り返へされることがないやう萬全の策を講じて欲しいと思ふ。

制度か人か

此頃何にかにつけて「制度より人」と言ふことが言はれる。政治を善くするにしても、制度より人の問題の方が大切だと言ふのである。

制度は現在のまゝでも局に當る人さへ善くなれば改善の實は尙大に擧がり得る。又たとへ制度を如何やうに改めようとも局に當る人が舊を守つて改まらない限り改善の實が擧がらないのは當然である。

だから、私も從來動ともすると世間に「人」の力を輕視して萬事を「物」の尺度だけで計らうとする傾向や、又制度さへ變へれば簡單に改革の目的を達し得べしと考へるやうな傾向があつたのを不可なりとする點に於て敢て人後に落つるものではないが、此頃のやうに餘り多くの人々――特に政治上責任の地位にある人の口から「制度より人」と言ふことが言はれ過ぎるのを聞くと、成程人も大切に違ひないが、制度も同樣に大切である、人が大切であるからと言ふて制度のことを輕視すべきではない、と言ふ一見極めて解り切つたことを今更らしく言はねばならぬやうな氣になる。

事は屢々一人の力に依つて興るものであるが、かくして起つた事を大規模に且永續的に成長せしめてゆく爲めには制度と組織とがいる。制度と組織との力に依つて一人の個人的「力」を普遍化すると同時に、其一人をめぐつて事を助けてゆく中核的推進體があつてこそ一人の「力」も大をなし得るのである。

此理を解り易く説明する爲めに、今手近かにコロがつてゐる最近の通俗雜誌の中から農村に於ける「人」の問題を事實に付いて說いてゐる二三の文章を紹介する。

先づ第一に此意味に於て最近最も私の興味を惹いたものは、數月此方中央公論に連載されてゐる前橋・高倉兩氏の對談「日本農業の進む道」である。こゝで語られてゐる前橋眞八郎氏の言葉ぐらい近頃我國農業の將來を憂ふる人々に向つて貴い示唆を與へ力強く勇氣を付けてくれるものはない、と言ふのが私の僞らざる讀後感である。特に、必要の前には如何なる困難をも克服せねばならぬ又克服し得べしとする其信念、そうして其信念を實行する爲め豐富なる經驗と優れたる理智とを縱橫に驅使して着着功を收めて行かうとする其意思力と實行力、私は思はず其前に頭を下げたのである。近着の五月號にも近頃全國的に問題になつてゐる共同作業について、それが實際上果して能率をあげるかどうかの根本原因は耕地が集團的であるかどうかに在ることを實證的に述べた上、此原因がわかつたから吾々の村では本年度から直に全村の區劃整理に着手することに決定したと言ひ、それに必要な勞力に關しては「なに田がすべて石原になつたと思へばよいんです。洪水で石原になつたらどんな勞力をかけてもやり直さなければなりません。そしてそれが勞力の問題を根本的に解決する一番の基礎となるんです。日本の農業はこれができなければ何をやつても到底ダメです」と述べてゐるが、他の部分では一般的に科學的であり進歩的であり、極力機械や畜力の使用を主張する此語り手が同時にかうした最も大切な急所に至ると斷じて「人」の力の重要性を主張してゐる所に私は無限の興味を感ずるのである。

共同作業の必要や耕作集團化の必要は最近東北農村を視察した小野武夫氏の感想（改造五月號「希望の農村」）

中にも色々と說かれてゐるが、寺神戶誠一氏のルポールタージュ的作品「斷想」（日本評論三月號）中に記されてゐる所を讀むと、こうして識者に依つて善いにきまつてゐると言はれてゐることどもが必ずしも全國的に速かに實現されない原因が何所にあるかの消息が解るやうに思はれる。此作品は一農村の「農事實行組合長の日記」の形で書かれてゐるが、こゝでは熱心な組合長の色々の仕事が愚昧な一般部落民の無關心と保守性とに依つて如何に妨げられつゝあるかゞ手にとる如く鮮に書かれてゐる。こゝでも亦私は「人」の問題を考へさせられるのである。尙和田傳氏の「農村の指導者」（改造二月號）も從來一般に優良村とか模範村とか言はれてゐるものが必ず傑出した指導者をもつてゐること、そうして其指導者の獻身的指導に依つて今日あるを致したことを多くの實例に依つて敎へてゐるが、同時に注目すべきことはかかる指導者一人の指導に依つて興つた村はその一人が倒れると共にとかく倒れ易いものだと言ふことを敎へてゐる點である。

此等の文章を讀んで私が何よりも先づ第一に感じたことは、優れた指導者の一人の力が農業諸問題の解決上絕對的に必要なること、縣廳や農會あたりから如何に立派な增產諸方策の實行を指令しても一般の農民はそれだけでは容易に動かないものだと言ふことである。そうして直に考へさせられたのは、如何にせば全國すべての農村をして例外なくかゝる優れた指導者をもたしめることが出來るか、其方法如何と言ふことであり、政府當局者は果して此問題に對して何等か具體的の組織的對策をもつてゐるであらうかと言ふことである。

第二に感じたことは、一人の指導者のまわりにかれを助けて事を推進する一團の中核體が必要であり、これなしには一人の力も終に局部的若くは一時的の成果を擧げ得るに過ぎないといふことである。前橋氏の話を讀んでゐると、氏自らが極めて優れた指導者であることを見出して驚嘆すると同時に、氏を繞る優れた壯年團の協力こそ氏の指導をして速に且大きく成果を擧げしめる大切な要因を爲してゐることを看逃がし得ないのである。耕地集團化の必要が實證されると共に「壯年團の人々が、わるい原因がわかつた以上ほうつておけないと言ふので」、本年度から直に全村の區劃整理に着手したと語つてゐるのを讀んで私はつくぐ〵それを考へさせられたのである。然らばこうした立派な推進中核體としての壯年團を全國すべての村々をしてもたしめる方法はないのか。小野武夫氏が栃木縣那須郡の其村について記してゐる所などを讀むと確にその方法はあり得ると考へられるのであるが、農村當局者はかうした事柄に付いて何等か組織的の計畫をもつてゐるのであらうか。優良村や篤農家を表彰するのもよろしいけれども、それより大切なことは全國すべての農村に身を以て指導に當り得べき篤農家と彼をめぐつて推進的活動を爲し得べき中核體を作り與へる方法を組織的に考案し、制度としてこれを實現することでなければならぬと思ふ。

以上直接には事農村にのみ關するも、同じ理は恐らく國家にも當てはまるのだと思ふ。「制度より人」と言ふことを特に强調する政治家の三思を熱望してやまない。

時評

一九四二年六月号（一四巻六号／通巻一五〇号）

官吏と責任

司法官會同に於て司法大臣及び檢事總長がいづれも瀆職事件について注意を與へてゐることは大に注目に値する。司法當局者が之に對して極めて嚴肅なる態度を以て臨まれることは吾々の最も希望する所であるが、直接責任の地位にある行政官廳方面に於てこそもつと〳〵此問題を重くとり上げて吏道の肅正に努力して欲しいと思ふ。特に經濟統制の圓滑なる運營を期するが爲めには、國民の官吏に對する信賴を厚くすることが何よりも大切である。

國民に對してのみ多きを求めながら、官吏の間にたとへ僅かなりとも不正怠慢の行爲あらんか、何を以て國民の信頼をつなぐことが出來やう。國を擧げて戰爭目的完遂の爲めに闘ひつゝある今日、職として最も重い責任の地位に立つものは言ふまでもなく官吏である。自重自粛以て國民一般の儀表たる覺悟を以て精進して欲しいのは勿論であるが、制度としても瀆職に對して現在より遙かに重い制裁を加ふるの道を開くこと、監督の地位にある上長官の責任を明確にするの制を立つることは、此際民心を新にし今後長きに亙つて官民一途協力して國家總力戰を戰ひ抜く爲めに是非共執らるべき重要措置であると私は確信する。官吏制度改革のこと今や朝野各方面の輿論となりつゝある。敢て臺閣諸公の發奮と勇斷とを切望する次第である。

長崎丸船長自刄の報道に接した吾々は、古來吾々日本人の血の中に流れ傳はり來れる貴い責任觀が今尙甚しく衰へてゐないことを悲しい事實を通して教へられた。誠に身のひきしまるものあるを覺える。皇國興廢の運命を賭けた聖戰の陣頭に立つて全國民を率ゐてゆく官吏の責任に一船長のそれにも增して重いこと勿論である。此際一庶民として特に諸公の猛省を望む、必ずしも不遜の譏りを受けることはあるまい。

翼贊政治會の創立と大政翼贊會の改組

支那事變此方多年に亙る課題たりし政治力結集のことが翼贊政治會の創立に依つて一應解決を見たことは國民の均しく欣快とする所である。昭和十五年近衞公に依つて企てられた政治新體制運動が、一應形式上在來の政黨を解散せしめることに成功したるに止まり、其後保守的勢力の反抗に直面して大政翼贊會は終に公事結社の烙印を押され、一年間の任期延長は反つて衆議院を不明朗ならしめ、吾々として政治力の擧國的結集を圖る必要を痛感せしめてゐた。然るに今や淸新强力なる翼贊議會の確立を見、其中核たるべき翼贊政治會が新なる構想の下に創立せらるゝに至つたことは何と言つても我國政治の劃期的躍進と言はねばならない。吾々雙手を擧げて此事を喜ぶと共に、同會今後の活動に對して多くの期待をかける次第である。

翼賛政治會の創立と相呼應して、情報局から「大政翼賛會の機能刷新」に關する閣議決定が發表せられ、これに依つて吾々は最近とみに精動化の色彩を强めつゝありし同會が新に「その本來の使命たる萬民翼賛臣道實踐の國民組織確立の推進中核體たるの實を一層發揮すべく、其機能に一大刷新を加へんとするに至れることを教へられた。かくして今後の翼賛會は一面翼賛政治會の綱領中にある通り同會と緊密に連繫して之に擧國的國民運動の基礎を與ふる機能を發揮すると同時に、他面國民組織の中心となつて從來諸方面に分散してゐた各種國民運動を其傘下に集中掌握し、之に依つて眞に國民の總力を結束して政治に結び付ける大使命を荷負ふものにならうとしてゐる。是れ亦吾吾の多年待望したる所、其企圖の一日も速かに成果を擧げんことを希望して已まない。

さりながら、翼賛政治會にしても、大政翼賛會にしても、其使命が重大であるだけに、其前途は尙極めて多難であると思はねばならぬ。特に翼政會にとりては、內部的統制の確立、地方組織を如何にすべきか等の難問題あり、翼賛會にとりては在來各方面に分散しゐたる各種國民運動を包攝したる關係上各省其他各種機關との間に實際上幾多の困難なる問題の發生が豫想される。關係者一同の努力と勇斷と善處とに依つて此等の困難が見事に克服解決されて、眞に政府・議會・國民一丸となりて大東亞戰爭完遂に邁進し得る擧國的態勢の一刻も速かに確立せらるゝことを熱望するもの恐らくは一億一心の願ひであると言ふことが出來よう。

蘭印慣習法の研究

前々號に西村朝日太郎氏、前號に福田省三氏がそれぐ蘭印の慣習法に關して極めて有益なる文章を寄せられてゐるが、これに依つて從來殆ど我國一般人士の間に知らるゝ所なかりし此事柄に關する大體の智識を讀者諸君の間に頒ち得たことを喜ぶものである。

心ある讀者は恐らく吾々日本人にとつても今や此問題の研究が喫緊の要務となれること及び而かも其研究の極めて困難なるべきことに氣付かれたことと想像するが、幸ひ和蘭人に依つて既に相當程度まで研究調査されてゐるから、兎も角道は既に開かれてゐると言ふことが出來る。しかし彼等研究の成果を味讀し吟味するだけでも既に相當の大事業である。況んや直接現地について本格的の調査研究を行ふが如き輕々に手を染め難き難事と言はねばならぬ。司法省其他直接問題に關係ある諸方面に於ても既に此事に關心をもたれてゐることと想像するが、此際私の特に注意して置きたいことは、從來各種の事項に付いて各方面それぞれ區々の調査を行ふが如き態度を以て之に臨むならば必ずや失敗に終るに違ひないと言ふことである。よろしく嘗て臺灣總督府が舊慣調査の爲めに設けたるが如き特別の調査機關を設置し、多數の有能なる調査擔當者を集むると共に、豫め調査の方法に付いても科學的なる計畫を樹て、周到なる用意の下萬遺漏なきを期すべきである。調査を擔當せしむべき學者にしても恐らく法律學者・社會學者・民族學者等諸方面の學者を網羅する必要があるであらう。政府が一日も速かに此事業に着手せられむことを希望してやまない。

さゝやかなる提案

官報に掲載される失踪宣告の公告は不在者本人の本籍、最後の住所及び氏名、申立人の住所及び氏名の外、失踪宣告の年月日を記すに止まるを通例とし、其文句は略一定してゐる。此公告は人事訴訟手續法第七十條に依つて準用せらるゝ民事訴訟法第七百七十三條に從つて爲されてゐるものと想像するが、それに依ると「裁判所ハ除權判決ノ重要ナル旨趣ヲ官報又ハ公報ニ掲載シテ公告ヲ爲スコトヲ得」とあるに止まるから、公告の內容は各裁判所が自由に決めていい譯である。しかし「重要ナル旨趣」を逸すべからざること勿論なるが故に、失踪宣告の性質上重要な點だけは是非共記す必要がある。然るに、從來の公告は一般に失踪宣告として最も重要な事柄である失踪期間滿了の時を記してゐないから、折角失踪宣告があつたことが公告されても、それを通して何時「死亡シタルモノト看做」されるかを知り得ない（民法三二條參照）。これでは失踪宣告の公告として「重要ナル旨趣」を逸してゐると言はざるを得ないと思ふのであるが、どう言ふものであらうか。最近名古屋區裁判所世古判事の名で官報に掲載された公告の中に「不在者ハ大正八年九月五日以來七年以上生死分明ナラザルモノト認メ」云々と失踪期間の滿了の時を明記してゐるのを見出した此機會に於て今後に對する改善方を司法當局に希望したいと思ふ。

これは極めて些末なる一例に過ぎないけれども、從來諸官廳が慣行的に爲し來れる所を一々檢討して見ると、相當かうした不合理や無駄が多いことを發見するのではあるまいか。行政刷新・事務簡捷を要望する聲喧しき今日、特に些細な一例を捉へて一考を煩はす所以である。

時評

一九四二年七月号（一四巻七号／通巻一五一号）

敵性工業所有權の問題

敵性工業所有權の問題が新聞紙上の論議にまでなつてしきりに世人の注目を惹きつゝあるが大東亞戰爭完遂上生產力擴充のことに關係する極めて重要な問題であるから、一言私見を述べて置きたい。

工業所有權戰時法に依ると、「時局ノ關係ニ於テ軍事上又ハ公益上必要アルトキハ命令ノ定ムル所ニ依リ敵國人ニ屬スル特許又ハ商標ノ登錄ヲ取消スコトヲ得」（四條）、「敵國人ニ屬スル特許發明ハ免許ヲ受ケタル者之ヲ專用スルコトヲ得、前條ノ規定ニ依リ取消サレタル特許發明ニ付亦同ジ」（五條一項）とある。由つて現在既に多數の專用免許申請が提出されてゐる譯であるが、他方技術關係有力者の間に生產力擴充の見地から此際としては寧ろ敵性特許を一般的に取消して技術公開の目的に資すべきであるとの意見が擡頭し、こゝにはしなくも議論の對立を見るに至つてゐる譯である。

惟ふに、此問題の處理上政府の執るべき措置の根本方針は敵性特許發明を最も良く現下最大の必要事たる生產力擴充の目的に合致するやう利用することでなければならぬ。第一次世界大戰の場合の如く輕々に專用免許を與へて禍根を我國經濟上に殘さゞらんとする用意は此際最も大切である。專用免許を與ふること時に或は其必要あるべし。しかしながら、それが結局單に專用權者の私益を保護するに止まり、國家經濟全體の見地から見て反つて生產力擴充の目的に反するが如き結果に陷ることは此際力めて之を阻止する必要がある。

戰前から、米英等の特許發明に付き實施權を得たる人々から見ると、一般的取消に依る技術公開は彼等既得の權利を侵害する。彼等としては多額の費用を投じて實施權を得てゐるのみならず、それに基いて特許發明を實用化し工業化するまでに既に多大の勞費を費してゐる。從つて此際一般的取消に依つて技術公開を行ふが如きは彼等の私有財產權を不當に侵害するものだとの意見が生まれる。一應至極尤もな議論である。しかしさらばと言ふて、彼等の既得權を保護する必要があると言ふ唯一の理由から、彼等の實施權を其儘保護することが、國家全體の見地から見て生產力擴充に役立たず若くは有害であると考へられる場合にも尙保護を與へねばならぬと言ふ理窟は少しもない。「時局ノ關係ニ於テ軍事上又ハ公益上必要アルトキ」は「敵國人ニ屬スル特許」を取消し得ると言ふのが、工業所有權戰時法の立前であり、實施權は結局かかる取消さるべき特許の上に成り立つてゐる權利に過ぎないからである。帝國臣民が既に實施權を得てゐる特許と雖も「軍事上又ハ公益上必要」あらば之を取消して何等の差支なく、特許が取消されれば實施權亦消滅すべきは素より當然である。勿論既得の私權は故なく之を侵奪すべきではない。しかし其保護を圖るが爲めには別にいくらでも方法があり得る。特に補償を與ふるの道を開くことも一法であらうし、統制會社の機能に依つて事實上便宜乃至救濟を與へることも考へ得るであらう。又場合に依つては從來の實施權者に條件を附し又は附せずして專用免許を許すのも一法であらう。そうすれば彼等が發明を「適當ニ實施セザルトキ」「免許ノ條件ニ違反シタルトキ」其他「軍事上又ハ公益上必要ト認ムルトキ」は免許を取消しさへすればいゝ譯である（施行令一〇條）。要するに、既得權者保護のことは別として敵性特許そのものは原則として一般的に之を取消すべきが本筋であると思ふ。

取消した特許發明を何人をして如何に實施せしむべきかはすべて政府が國策的見地から之を決定すべきである。要するに、生產力擴充の目的に役立つや否やが之を決定する基準でなければならない。其目的に適ふと考へられるならば一人又は數人に專用免許を與へるのもいゝであらう。其結果後に至つてそれが反つて生產力擴充の目的に適しないことが見出されたならば遠慮なく免許を取消しさへすればいゝ譯である。しかし、恐らく最も良い方法は統制會の活用に依り全體的に考へて最も合理的に實施を行はしむることであらう。之に依つて當該の發明が生產力擴充上最適任者に依り最善の條件の下に實施されゝば「軍事上又ハ公益上必要」ありとして特許を取消した國策的目的は最もよく達成される譯である。若しも現在の法規上統制會をしてかゝる仕事を行はしむることが困難であるとすれば、速に法規を改正しさへすればいゝ。此間何等躊躇すべきものはないと私は考へるのである。

傳へる所に依ると、政府の此問題に對して斷を下すべき日も既に近くに迫つてゐるとのことであるが、希くは愼重にして而かも勇斷、飽くまでも因緣私情を棄てゝ國策的見地より萬事を考へ、以て機宜の處置をあやまることなきやう、之を期待する恐らくは天下萬人の願ひであらう。

尙終に現行の工業所有權戰時法は實用新案權に付き取消を認めてゐないけれども、同法制定當時と異なり現在では實用新案權にして敵國人に屬するものも相當多數に上つてゐるとのことであるから、必要あらば緊急勅令に依つてゞも此點を改正し、特許の取消と同時に實用新案權に付いても一般的に取消の措置に出づべきであると思ふ。

大學教育と就職

「大學ハ國家ニ須要ナル學術ノ理論及應用ヲ敎授シ竝其蘊奥ヲ攻究スルヲ以テ目的トシ兼テ人格ノ陶冶及國家思想ノ涵養ニ留意スベキモノトス」かくして「國家ニ須要ナル學術ノ理論及應用ヲ敎授」せられ、又「人格ノ陶冶及國家思想ノ涵養」を受けた學生がやがて卒業後國家のお役に立つ人物になる譯であるが、彼等が具體的にお役に立つ仕事を見出す爲めには卒業の機會に於て必ず「就職」と言ふ問題を解決せねばならぬ。それが爲め彼等學習上の注意がとかく就職のことにのみ奪はれて試驗成績を稼ぐことや高等試驗に合格することにのみ專念し、其結果人格の陶冶と言ふやうなことが輕視され勝ちになるのは勿論、眞に正しい意味に於て學術を學ぶことを忘れ勝ちになり易いのが現在の大學にとつて最大のなやみであつて、之を適當に解決することは大學に課せられた現下最大の任務であると思ふが、實を言ふと大學の一方的努力のみを以てしては到底滿足に解決し得ない問題である。卽ち官吏任用制度及び民間諸會社等の社員採用に關する慣行が現在のまゝである限り學生の注意がそれへの適應に集中され勝ちになるのは當然であつて、それが現在大學の教育を破壞してゐる最大の原因であると私は考へるのである。教授が如何に聲を大にして「汝等專ら學習に專念せよ、人物の陶冶に力めよ」と教へても結局に於て成績表が物を言ひ、高等試驗が絶對の要件になつてゐる限り、學生の注意が專ら成績面を良くすること高等試驗に合格することにのみ向けられることゝなるのは當然であつて、此點を改めない限り大學の教育制度を如何に改正しやうとも實質的に教育の效果を擧げることは不可能である。

今や大東亞戰爭を契機として教育の革新が叫ばれ、新人物に對する要請が日に〳〵高まりつゝある時に當り、大學が大學として自ら教育の刷新に萬全の努力を拂はねばならぬのは勿論であるが、政府も民間も此際大學と力を協せて人物採用の方針及び方法を根本的に改めて就職問題の爲め大學教育が攪亂されてゐる現狀を徹底的に打破して欲しいと思ふ。今や青年は一般に目醒めてゐる。負荷の大任の重きを自覺し國家の爲め一身を捧げて立ち上らんとしてゐるのである。青年の此意氣に應へて彼等をして其志を遂げしむるは大學の任務である。しかしながら又同時に彼等を採用する政府民間の責任でもある。敢て實情を訴へて徹底的なる協力を要請する所以である。

時評

一九四二年八月号（一四巻八号／通巻一五二号）

高等試驗と大學教育

大學法學部の學生が在學中に高等試驗を受けることは永年の流行であり、諸官廳も近來までは專ら在學中合格者を採用するを例とするに至つてゐる。その結果法學部の教育が相當惡い影響を受けつゝあることは在來とても吾々の均しく痛感した所であるが、最近の大學總長會議でも此事が問題として取上げられ、文相も問題解決の爲め十分考慮するとの言質を與へられたとのことであるから、玆に所見の一端を述べて參考に資したいと思ふ。

先づ第一に言ひたいのは、問題解決の鍵は政府當局の手中に在ると言ふことである。從來のやうに在學中合格者にあらざれば原則として諸官廳が採用してくれないと言ふことであれば、大學生が何を措いても在學中に受驗し合格しようと努力するのは當然であつて、之を阻止することは實際上不可能である。そこでもしも諸官廳が申合はせて卒業後受驗者にあらざれば採用せざるの方針をとれば、弊害は一擧に是正される譯であるが、最近のやうに學生の大部分が卒業後いくばくもなしに兵役に服せねばならぬことになると、卒業後受驗を要求することは事實上無理である。入隊出征數年後歸還の上受驗すべしと言ふが如きは抑々無理な注文であると言はねばならぬ。

從つて此際として考へ得べき唯一の解決策は高等試驗を廢止し、現在民間諸會社で行ひつゝあると同樣に、主として大學の學業成績を標準として各官廳それぞれ適當の方法を以て詮衡を行ふことである。官廳だからと言ふて、何も現在のやうな――內容的にはかなり批判に價する――高等試驗に合格したことを採用條件とせねばならぬ理由は少しもないと思ふ。

此案に對しては次の如き反對が豫想される。

其一は、高等試驗を廢止すると大學卒業生採用上請託が行はれ易く、情實の弊を生じ易いと言ふことである。これは確に豫想される弊害であるが、諸官廳が詮衡に關して適當な內規を設けて、それを嚴守する覺悟をきめさへすれば、この種の弊を防止すること決して不可能ではないと思ふ。

其二は、從來の實情に依ると官私諸大學の採點標準が區々である爲め、大學の學業成績に信頼して之を採點の標準となし得ないと言ふ反對である。諸大學の採點標準が區々であることは私も亦之を認める。しかし、現に民間の諸會社でさへ一般には諸大學の採點標準については相當の智識をもつて居り、それに基いて採否の決定上適當な案配を行ひつゝある。同じことが官廳に於て出來ない筈はないと私は信ずるのである。若しそれ平素よい加減の教育を施しつゝ不當に成績面だけをよくするやうな大學があるとすれば、採用上不利な取扱を與へさへすればいい譯で、官廳側に善智と勇氣さへあれば、大學の學業成績を主たる資料として詮衡を行ふことは決して不可能ではない。

假りに右一二の弊害乃至困難が多少はあり得るとしても、現在學生の在學中受驗の爲め大學教育が著しい惡影響を受けてゐることに比すれば、事の輕重殆ど其比をなさないと私は考へるのである。法制局や司法省あたりには今尙高等試驗の價値を不當に重視する人々が少くないやに傳へ聞くが、それ等の人々は現在の在學中受驗の弊風が如何に甚しく大學教育に影響を與へつゝあるかを知らないのである。それも平常時ならばともかく、今は戰時である、非常時である、勇斷以て高等試驗廢止――若くは少くとも停止――の擧に出でられんことを希望してやまない。

行政簡素化と行政能率の問題

行政簡素化を標語とする現內閣の行政刷新計畫が着々實現化の道を辿りつゝあると傳へられてゐる。局課の廢合を行ひ人員を減らして而かも全體として行政能率をあげようと言ふ此計畫は一見矛盾した不能事を求めてゐるやうであるが、官吏の心掛け次第では一見矛盾してゐるが如きこの要求を調和して、反つて行政能率を擧げることは決して不能事ではないと私は考へてゐる。

いくら澤山の人間がゐても、その一人々々が誠意を以て一身を捧げて國に報ずるの眞心をもたない限り、行政能率があがらないのは當然である。一〇〇パーセント働く一人と五〇パーセントしか働かない二人の人間とは決して同價値ではない。所が現在我國の行政に於ては、全體として單に量に備はるのみであつて、一〇〇パーセント働き得ない人間を餘りにも多く使ひ過ぎてゐるやうに私は考へるのである。其弊は高等官についても認められるが、判任官以下に付いて特に著しく認められる。判任以下の屬僚をして、どうしたらもつと熱意を以て仕事を爲さしめ得るか、これが行政簡素化問題を解決する唯一の鍵であると私は思ふ。

新聞紙の傳へる所に依ると、各省はしきりに勅任以下高等官の減員を如何にして實行すべきかの問題に腐心してゐるやうであるが、それより大切なことは如何にせば判任以下の屬僚をして心から熱意を以て働かしめ得るかと言ふことであると思ふ。

先日××省から△△省へ轉任した一人の知友が「△△省に行つて見て驚いたのは屬官の惡いことである、あれでは行政能率のあがらないのは當然である」と嘆じてゐるのを聞いたが、ここらに事の眞相があるのではないかと私は考へてゐる。官吏から轉じて大政翼贊會や產業報國會の仕事をした人々が誰しも言ふことは、そこでの事務當局が一般に無能なことである。あゝした事務當局をもつ限り、此等の會はいつまでたつても本統の仕事を爲し得ないであらうと言ふのがそれ等の人々の一致した意見である。

今の役所は、一般に單に屬僚に人員をそろへることに腐心してゐるのみであつて、如何にせば眞に働ける人間を働き甲斐があるやうに働かしめ得るかの問題を考へてゐない。そうして行政の實質はこれを屬僚に一任しながら、高等官が移動的に、その上に坐つて、形の上だけ統率體形をとゝのへてゐるけれども、實際に屬僚を統率して、共共に手をたづさへて行政の最高能率を發揮しようとする態勢も意氣組みも全く整へられてゐない。これでは行政能率があがらないのは當然であつて、かゝる機構を現在のまゝにして置きながら、官吏の減員を行つたり局課の廢合を行つても、行政刷新の目的は斷じて達成し得ないのみならず、行政能率は全體として反つて低下する虞れがあると思ふ。

然らば、如何にせば有能の士を下僚に迎へ得るか、又は如何にせば彼等をして働き甲斐を感じつゝ全力を擧げて働かしめ得るか。此點に關して先づ第一に考へねばならぬのは、彼等の待遇を飛躍的に改善することである。政府は減員による財政上の餘裕を待遇改善に振り向ける方針であると發表してゐるが、私の考へではそれを振り向ける割合はよろしく上に薄く下に厚からしむべく、特に判任以下の待遇改善に主力を注ぐべきであると思ふ。何と言つても、物質的待遇の惡いことが判任以下の屬僚の仕事上の能率を阻害してゐる最大の原因であると思ふ。此際よろしく飛躍的に徹底的の改善を行ひ、以て人心を一新することに全力をつくして欲しいと思ふ。

第二に、考ふべきは判任以下の屬僚にして仕事の實質上有能優秀と認むべきものあらば、之をどし〳〵昇任せしむる道を開くこと、必要あらば彼等を再教育して昇任に値する資質を與ふべき方策を講ずることである。現在のやうに判任以下の人々にとつて昇任の道が狹く局限されてゐる以上、彼等が日常の執務上働き甲斐を感じないのは當然であつて、此點を徹底的に改めない限り、彼等の執務能率をあげ得ないのは勿論、惹いては行政全體の能率をあげ得ないと思ふ。

一見甚だ輕微の事柄のやうであるが、恐らく行政の實務に通じてゐる方々は此事を相當重く考へてくれると思ふ。敢て進言する所以である。

時評

一九四二年九月号（一四巻九号／通巻一五三号）

高等學校二年制と法學教育

大分前から噂に上つてゐた中等學校四年高等學校二年の修業年限短縮案が愈々八月廿一日の閣議に於て正式決定を見、昭和十八年度以降入學者に付き實施する豫定を以て準備を進めることになつたと傳へられてゐる。

この年限短縮案に對しては前前から我國の學術文化水準を全體的に低下せしむる虞あるものとして特に教育者の間に反對の聲が高かつたのであるが、事が既にこゝまで進行して來た以上今は最早事の當否を批議すべき時機にあらずして、寧ろ反つて新制度の下に於て如何にせば教育の能率を最大に發揮し得べきかの方策を積極的に考究するのが此際吾々に課せられた仕事であると私は思ふ。

今までに發表された所に依ると、改革案として具體的に決定されたものは未だ修業年限短縮の點にとゞまるけれども、政府當局者の意圖する所が單にこれに止まらずして教育全體の刷新にあることは文相談を通しても十分に之を察知し得る。此機會に於て中等學校及び高等學校の教育が大に改革を受けねばならぬのは勿論、大學も亦自然それと歩調を合はせて教育の制度及び内容を根本から考へ直ほす必要に迫まられることゝなるのは必然である。巷間傳ふる所に依ると、政府當局の一部には、今回の改革に因つて大學が專門學校程度に下ることは或程度まで已むを得ない。しかし、そこから生ずる缺陷は大學院制度の活用に依つて補へばいゝと言ふやうな意見が行はれてゐるとのことであるが、私の考へではたとへ修業年限を短縮しやうとも大學教育の水準を下げることは絶對に許されないのであつて、其下げない工夫をすることが此際最も大切なのである。若しも現在の教育制度及び內容を現在のまゝにして置きながら、修業年限だけを短縮すれば教育水準が下がるのは當然であるが、中等學校から高等學校大學を通じて根本的に教育を刷新する氣になりさへすれば、やり方次第に依つては水準を下げざるは勿論、寧ろ反つて上げることも或は可能であるかも知れない。此故に私は年限短縮の結果水準の下がることを不可避的と考へることなしに、寧ろ短縮にも拘らず教育をして愈々効果あらしむべき工風をすることが此際として最も必要だと考へるのである。

以下に私は年限短縮と大學に於ける法學教育との關聯を考へて見たいと思ふが、具體的の對策全體を如何にすべきかに付いては尙大に考究を要するものありと考ふるが故に、こゝには唯その點を考へるに必要な豫備的の事柄のみを二三感想風に述べるに止めやうと思ふ。

先づ第一に、吾々は高等學校の教育が大學に於ける法學教育の準備若くは基礎としてそれだけの價値をもつかを考へて見たい。大學教育に經驗をもたぬ一部の人々は一般に高等學校教育の價値を低く見る傾向がある。高等學校は高々大學教育を受けるに必要なる基礎的の技術的智識を授けさへすれば足るのであるから、修業年限も二年で十分である。理科にとつて或は多少無理があるかも知れないけれども、文科にとつては何等の不都合も生じない。語學の時間數でも少し減らせば二年で樂々所期の効果を擧げることが出來る。此種の人々は多くかうした意見をもつてゐるのであるが、法學教育者の立場から言ふと從來とても高等學校に於て授けられた個々の技術的智識がそのまゝ大學教育の基礎として役立つのではない。高等學校に於ける正科教育に依つて高められた教養、自由の讀書を通して廣められ深められた識見、交友生活を通して得られた人間的體驗、それ等に依つて一應一人前の「大人」になつた人間を、法學教育は其相手として必要とするのである。その意味に於て吾々法學教育に從事してゐるものは高等學校教育の價値を極めて高く見てゐるのであつて、其立場から從來とても高等學校教育の能率を一層上げるやう色々と改革論を主張してゐたのである。近來大學の入學試驗に災されてやゝともすると高等學校教育が入學準備教育に墮して本來の面目を發揮し得ざるの弊あることを吾々が前前から遺憾としてゐるのもそれが爲めであつて、凡そ人間を作ると言ふことこそ高等學校教育最大の任務であり、大學はかくして人間的基礎の出來た青年に對してのみ法學教育を施し得ると吾々は考へてゐるのである。蓋し法學は——政治・經濟の學と同樣——人間の學であり社會の學であり、法學部經濟學部であつて、治國平天下の學だからである。此故に、今回の年限短縮によつて、教育上最も不便を感ずるのは、法學部經濟學部であつて、吾々が二年に短縮せらるべき高等學校教育に對して特に徹底的刷新を要望するのも實にそれが爲めである。若しも高等學校が從來三學年に割り當てられてゐた學科を多少壓縮して二學年に押し込むが如き形式的の制度改正を以て滿足するならば、大學法學教育の之によつて受くべき不便は多大であつて、惹いては我國法學教育の水準を著しく低下せしむる虞があると考へる。高等學校當局は勿論、文部當局に於ても此點を十分考へて善處されたいと思ふ。

次に考ふべきは、從來一部の人々の間に行はれてゐる法學教育其他法學部に於ける教育の價値を低く見る意見に付いてゞある。大學で學んだことなどは役所に入り會社に入つて見ると何の役にも立たない、と言ふやうな議論を吾々は屢々大學卒業生の口から聞くのであるが、かうした無責任の發言こそ恐らく法學教育の水準低下の如き毫も恐るゝに足らずとするが如き俗論を生む最大の原因を爲してゐるのではないかと私は想像する。私の考へる所では、かゝる議論をする人々こそ最も大學教育殊に法學教育の何たるかを理解してゐないのである。大學教育の主たる目的は——理科系統の學部に於てさへ——世間に出て直ぐに役立つやうな智識を機械的に敎へ込むことに存するにあらずして科學的に物事を考へる實力を養成するに在る。かゝる考へる力の根柢が出來てゐればこそ大學卒業生が如何なる方面に入つても物事を創造的に考へて時と共に延びてゆくのである。大學で習つた技術的の智識などはすべて忘れて仕舞つて差支ない。そんな智識を引きずつてゐる間は本當の仕事は出來るものではない。大學の教育を通して養はれた力を以て次々へと實際の仕事にぶつかつてゆく、かくして其體驗を通して力が愈々鍛へられ伸びてゆくことが出來る、そこにこそ大學に學んだものの特徴があり大學教育の眞面目があるのである。然るに、現に官界なり民間に在つて活躍してゐる人々の間にさへ、此理を解せずして法學部に於ける教育の價値を低く視る意見が行はれてゐるのは甚だ遺憾である。吾吾が法學教育水準の低下を恐れてゐるのは、大學教育を通して與へられる個々の技術的智識が不十分になることを恐れてゐるのではない。凡そ法學教育に依つて育成せらるゝ科學的に物事を考へる力、法律的に物事を考へ處理する力が低下することを恐れてゐるのである。是れ吾々が修業年限短縮の結果大學に於ける法學教育の蒙ることあるべき悪影響を恐れ、此際それを防止する對策を論ずることが何よりも大切であることを主張する所以である。

第三に、高等學校の修業年限を短縮する以上、最早高等學校のみを引き離し其教育を考へることは出來ない。高等學校と大學とを密接に連絡せしめ兩者を通じ全體として教育の能率をあげる方策を研究せねばならぬ。此點に付いて考へられ言はるべきことは極めて多いと思ふが、何よりも大切なことは大學の入學試驗を廢止する方法を考へることであると思ふ。法學部經濟學部に關する限り全國の官立大學を一にして考へれば、現在でも高等學校卒業生の全部を優に收容し得るのであるから、多少の無理を我慢しさへすれば入學試驗を廢止することは決して不可能ではない。文部當局に於て其點の工風をされることを希望してやまない。入學試驗さへ廢止されゝば、高等學校生徒の氣持が一變するから、學校としても眞に徹底した教育を施して高等學校教育を十分に發揮し得ると思ふ。今のやうに入學試驗が生徒の前途に立ちふさがつてゐる限り文部省なり學校當局が如何に教育刷新に熱中しても生徒がついて來ない。二年に短縮された教育を通して眞に法學教育に堪へ得べき人間を育成することは到底不可能であると思ふ。

終に、大學教育の水準が低下しても、大學院制度の活用に依つて特に優秀者をして大學卒業後に更に高級の研究を爲さしめさへすれば、假りに一般卒業生の學力水準が多少低下するやうなことがあるとしても、我國全體としての學術文化水準を低下せしむる虞はないとの論を爲すものがあるけれども、如何に優秀者のみに對して特別の育成を加へても、實際社會に働く多數の一般卒業生の力量が低下してゐると、實際上の運用が旨くゆかないから、國家全體としては不利益を免れない。此故に、大學院の活用誠に結構ではあるがそれはそれとして大學そのものの教育を充實改善して一般卒業生の學力を低下せしめない工風が何よりも大切である。尙假りに大學院を大に擴充するとしても、法學部に關する限りは少くとも大學院に於て特別の研究をしたものの就職其他に付き特別の便宜を與へる道を開かない限り、事實大學院の研究を志望する優秀者を見出すことが困難であらう。此意味からも私は大學院制度を活用しさへすれば一般卒業生の學力が低下しても差支ないと言ふ議論に絶對反對を唱へざるを得ないのである。

之を要するに、中等學校・高等學校の修業年限を短縮しても大學卒業生の學力低下を來たさしめない萬全の方策を講ずることが此際文教關係者一同にとつての最大の課題である。年限短縮問題に關聯して考察すべき事柄は尙他にも數多くあるけれども、こゝには法學教育に關聯して年限短縮に對する對策を考察することが如何に大切であるかを述べて、世間の一部に在る樂觀論に對して一應の警告を發して置きたいと思ふ。

時評

一九四二年一〇月号（一四巻一〇号／通巻一五四号）

法學入門者諸君へ

學年短縮の結果、全國の諸大學は均しく此月を以て新入學生を迎へることゝなつた。此機會に於て新入諸學生中特に法學に志す諸君に對し學習上の心得に關し一言所懷の一端を述べて參考に供したいと思ふ。

先づ第一に希望したいのは、一日も速かに諸君が今後學ぶべき法學とは如何なる學問であるかを理解して欲しいことである。元來法學部に入學し來る學生の中には單に法學部を卒業した上官途につくなり會社に入りたいと言ふ、言はゞ就職の手段として入學し來るものが極めて多いのであつて、初めから法律政治の學に興味をもつが故に法學部を志望すると言ふやうな學生は寧ろ僅少であり、從つて法學の何たるかに付き何等の豫備智識を有せざるか若くは極めて不完全な智識しか持ち合はせないものが大多數を占めてゐるのである。

此缺點は諸君が入學後每日の聽講自習を通して漸次自ら解消してゆくのであるが、從來の實情から考へると、法學部の教育が諸大學を通じて多くは大衆的講義に終始してゐる關係もあり、相當多數の學生がいつまで經つても法學の何たるかを十分に理解せずして、恰も中學校で地理や歷史を學んでゐるやうな態度で專ら暗記と受驗との內に學生生活を終はるが如き狀態に在ることを否定し得ないのである。これは一面教育の不備にも原因してゐるのであるが、根本的には學生諸君が入學の初め其將に學ばんとする法學とは抑も如何なる學であり、從つて學習上如何なる點に重きを置くべきかに付き全く無關心であることに原因してゐるのである。

元來法學は總じて言ふと國家社會萬般の諸關係を法的に處理する方法を研究する學であり、法學教育はかくの如き法的處理の能力を育成することを目的とするものである。換言すれば、法學的に物事を考へる力をもつ人間を養成することが法學教育窮局の目的に外ならないのであつて、一見現行法制を解說してゐるに過ぎないやうに考へられる講義の中でも、教授は自ら個々の事項に關聯してその法的處理の實演をやつて見せてゐる譯なのである。所謂解釋法學は決して單に法規の解說を爲すにあらずして、法規を規準としながら當該事項に關する法的處理方法に關して各學者がそれぞ〳〵自己のよしと信ずる意見を開陳してゐるのである。一の事柄に付いて解釋上學者の間に色々違つた意見があり得るのも、要するにかゝる意見の違ひの現はれに外ならないのである。此故に、學生がその氣で聽講してゐさへすれば、單なる聽講を通してゞも自ら法學的に物事を考へ、法的に物事を處理する能力を延ばしてゆくことは可能なのであつて、此事に氣付くことが法學入門第一步の心掛けとして何よりも大切である。

無論、か丶る能力の育成方法として、現在諸大學で一般的に行はれてゐる講義に依る教授方法が適當してゐるかどうかは甚だ疑問であつて、此點に付いては考究改善を要すべきものが多々あると思ふけれども、少くとも學生が右に述べたやうな精神で聽講するの外同じ精神で自ら參考書を讀んで自習しさへすれば教育研究の效果を擧げることも亦決して不可能ではない。之に反しいくら澤山の參考書を讀んでも、單に受驗のことのみを考へて、某教授の學説はどうであるとか某々博士の意見はこうであるとか言ふやうな具合に、學者所説の結果のみを暗記して見ても、法學の本體はいつまで經つても捉めないものであることをよく考へねばならぬ。

最近諸大學に於て講義の外演習を勵行するの傾向が見えるのも、要するに演習を通して學生自らに自働的に學的思索を爲し學的作業に參加する機會を與へ、之に依つて法學的に物事を考へる能力を實習的に體得せしめんとするものであつて、其教育效果は法學の性質上多大であると思ふが、現在のやうに諸大學とも不當に多數の學生を收容してゐるからすべての學生に演習に參加する機會を與へることは實際上不可能な狀態に在る。幸に其機會に惠まれた諸君は極力之を利用して自らの力を實習的に延ばすことに努力すべきである。

第二に、法學を正しく理解する爲めには、單に法律制度乃至は法的技術の方面から法に近付くのみならず、法的規律の對象たる社會人間の方面から法を見ることに力める必要がある。凡そ國家社會萬般の事柄を如何に處理すれば、人間が滿足し、社會が圓滿に動き、治國平天下の目的を達し得るか、平たく言ふと此問題を考へ之に解答を與へることが法律政治の學のすべてに通ずる窮局の目的であるから、法學を研究するものとしても、一には歷史に遡つて諸國諸民族の過去に於て如何なる法的規律が存在し法的處理が行はれたかを研究する必要があり、二には現在諸外國が如何なる法制をもち又それが如何に運用されてゐるかを研究する必要があり、三には古來東西の優れたる學者は凡そ法に關して如何なる理念をもち思想を抱いてゐたかを研究する必要があり、四には又同じく國家社會人事に關する學である政治學・經濟學・社會學・倫理學等の教ふる所にも留意して、平たく言ふと凡そ人間と言ふものはこれ〳〵の事柄についてはかく〳〵の法的處理を與へれば滿足するものであると言ふやうなことに付いて廣い知見をもち、六かしく言へば凡そ正しい法とは何かの問題を自ら事に處して深く考へ得る能力を養ふことに萬全の努力を拂はねばならぬ。

法學入門者に對する注文としては如何にも無理なことを注文するやうであるが、從來諸大學に於て行はれてあるが如き解釋法學を中心とした法學教育は、それ自身が如何に旨く行はれやうとも、動ともすれば學生の識見を狹隘ならしめ、從來あり來たりの型と方法とに依つてしか物事を考へ得ず、事に處して自由に法的處理の方法を考察するが如き創造的の能力を全くもたない所謂法律職工乃至技手程度の人物しか養成し得ない虞が十分に在る、しかも重要なる轉換期に立つてゐる現在今後の我國としては到底かくの如き人物を以て滿足し得ない、もつと高邁なる識見と廣くして自由なる技術的智識とを以て創造的に物事を考へ處理し得べき人物を必要とするのであるから、現在法學部に學ぶものとしては常に意を此點に用ひて、大學教育の足らざる所を自ら補足してゆくだけの心掛と氣魄とを十分に固めて置いて欲しいと思ふのである。

無論此問題を根本的に解決すべき當面の責任者は大學自らであり、大學自らが此問題を適當に解決し得ない限り國家社會の法學從つて法學部に對する尊敬と期待とは薄らぐばかりだと私は考へてゐる。しかし、凡そ制度の改革は言ふに易くして行ふに難いものであり、實際手をつけるまでには愼重なる考慮と十分なる研究とを要するものであるから、當分の所は遺憾乍ら現在の如き法學教育が一般的に行はるゝものと考へざるを得ない。是れ此際學生諸君に對して此現實を明かにし諸君自らが此缺陷を意識して自ら其補塡に力むるやうおすゝめをする次第である。しかしさらばと言つて諸君は現在の法學教育の價値を全面的に否定するが如き輕卒な氣持に陷つてはならないのは勿論であつて、唯その足らざる所を足らずとして意識することが必要であると言ふだけのことである。誤解なからんことを希望する。

要するに最も大切なことは、法學を眞に學問らしく研究し、眞に法律家らしい法律家になる心掛けを以て勉強することである。專ら受驗のことを考へ試驗成績のことのみを氣にしてノートや參考書の暗記に終始するが如き誤れる學習生活に陥らざるやう切望してやまない次第である。

時評　一九四二年一一月号（一四巻一一号／通巻一五五号）

役德根性を絶滅すべし

官公吏の間にはもとより民間にも役德を當然と考へるやうないまはしい氣風が根強く行はれてゐる。これが我國に於ける各種の惡の根源を爲してゐる。經濟統制の强化につれて此弊の曝露するもの益々多きを加へつゝあるを聞くとき、何を措いても役德根性の絶滅を期することの急務なるを痛感する。

隣組の組長、町會部落會の役員などがその地位を利用して不正を働く。各種統制團體の役員等が其地位を惡用して役德を私する。此種惡行が如何に經濟統制の圓滿なる運營を妨げてゐるかを考へるとき、之に對して嚴重なる制裁を加へ、以てその徹底的絶滅を圖ることこそ刻下の急務なることを主張せざるを得ない。

此際對策として考へられることは色々あるが、其中最も重要なるは役德的惡行に對して極刑を科することである。最近ドイツから歸朝した人々の話によると、同國に於ける經濟統制が比較的旨く行はれてゐる原因の最大なるものは、一には死刑をも辭せざる嚴罰主義、二には之に步調を合はせて活躍する宣傳の效果であるとのことであるが、我國でも同樣の方針を以て統制關係の犯罪特に役德的犯罪の彈壓を斷行するに於ては經濟統制の運營上どの位よい效果があるか分らないと思ふ。從來新聞紙が傳へてゐる事例について見ても、例へば統制關係の要職を預つてゐる官吏が其地位を利用して收賄したるが如き正に死刑に値すべき惡行であると思ふ。又湯屋組合の組合長が組合員に配給すべき石炭に闇値をつけたり情實賣をして多額の不正利得を得たと言ふやうな不正行爲にしても、同じく死刑程度の極刑に處して然るべき惡行であると思ふ。經濟統制が圓滑に行はれるか否かは、今後吾々が手に手を組んで戰ひ拔かねばならぬ長期戰の成否を決すべき鍵である。經濟統制の遂行上要職に立つてゐる役職員が其地位を惡用して不正利得を圖るが如き、現下の情勢に鑑み、この位惡質の犯罪はないと思ふ。司法當局者は何故に此種の惡行に對し極刑を科することを躊躇してゐるのであらうか。其理を諒解し得ざるもの恐らく私一人ではあるまい。敢て當局者の猛省と勇斷とを要望する所以である。

次に重要なるは、懲戒制度を嚴格にして役德根性の絶滅を圖ることである。それには例へば町會部落會隣組の如き、よろしく之を法制化して、一面役職員の權限を確立すると同時に他面彼等の責任を明かにし、苟も其責任を盡さゞるものに對しては假借する所なく免職その他嚴重なる懲戒を加へ、以て徹底的に肅正の實を擧げる必要があると思ふ。今では、一面此等の人々の權能が統制化されて居らず、同時に他面彼等の職務違反その他職務上の不正に對して嚴格なる懲戒を加へるが如き制度が確立されてゐない。これでは經濟統制の完行を期し得ないのが當然である。從來吾國の當局者は一般に官公吏以外の者に權限を與へることを躊躇する風があるけれども、今日のやうに官民一致の協力に依るの外到底爲し遂げ得ない程仕事が増えて來た以上、民間人にも或程度まで法定の權限を與へると共に其責任を明確にし、同時に職務怠慢若くは職務上の非行に對しては假借する所なく嚴重に懲戒を加へて彼等の職務執行を容易ならしむると同時に正確ならしめる必要がある。役職員の間に情實的若くは役德的非行が行はれ易いのも一には此種の制度が確立してゐない爲であると私は思ふ。敢て關係當局者の此點に關する研究考慮を要望する所以である。

學恩を忘るゝもの

修業年限短縮問題に關聯して學校教育の價値を輕視するが如き無責任の言說が有識者によつて述べられてあるのを甚だ遺憾とする。彼等は或は大學で習つたことなど世の中に出て何の役にも立たないとか、又或は法文科に關する限り高等學校の修業年限は二年で澤山であると言ふやうなことを言ふのであるが、かくの如きは抑も大學教育が何を目指して行はるべきであるか高等學校は如何なる目的の爲めに設けられてゐるかを深く考へないことから起る謬見に外ならないのである。大學教育はそれぞれ專門に應じ事に臨んで自ら處理するの道を見出し得べき力の養成を主たる目的とするものである。大學で教へたことがそのまゝ直に世間に出て役に立つと言ふやうなことは大學教育の主眼とする所ではない。大學で習つたことなど世の中に出て何の役にも立たないと言ふやうなことを言ふ人々は、實は彼等自らが大學教育を通して不知不識の裡に物事を科學的に考へ又處理する力を與へられてゐることに氣付かずして、不遜な放言を敢へてしてゐるに過ぎないのである。學恩を忘るゝものにあらずして何ぞやと評せざるを得ない。

高等學校教育の價値を輕視するものの如きも、あの一見無駄に見える教育の間に、子供から大人への過渡期に於ける大事な人間教育が行はれ、之に依つて大學教育を受け得べき素地が養ひ作られることに氣付かないのである。殊に法學部の教育の如き、かゝる人間教育を十分に受けたものに對してのみよく能率的に行はれ得るのであり、かゝる基礎的教育を受けてゐればこそ、大學卒業後それ〴〵各方面に於て働きながら自ら伸びてゆく資質が養はれるのである。大學卒業生が、專門學校のそれに比べて、初めは役に立たないやうでも、先々伸びてゆくと言はれてゐるのも主として高等學校教育を通して人間としての基礎が出來てゐる爲めであると考へざるを得ない。

教育のことは、各人がそれぞれ一應體驗してゐる爲め、誰れでも一應意見をもつてゐるものである。それが爲め、とかく自分の狹い個人的體驗だけから全般を推すが如き意見が橫行し易い。無論文教關係者に於ても他山の石としてそれ等を參考とするだけの雅量をもつ必要はあると思ふけれども、世間的に有名な人々がそうした個人的意見を如何にも權威あるものの如くに述べるのは、少くとも世人を誤る恐れがある點だけでも、甚だ迷惑である。

こゝに無駄あり

九月号に穂積博士が最近の大審院判決中に記されてゐる上告論旨とそれに對する判旨とを掲げて無言の內に警告を與へて居られるが、如何に被告人の權利自由を擁護することが辯護士の職務であるとは言へ、あゝした下らない三百代言的の理窟を管管しく述べて裁判所をなやますことがこの萬事につき忙しい今日果して許さるべきことなのであらうか。あゝした議論を一審二審三審と大審院までが一々相手にして應答せねばならぬやうな制度と慣行とが、萬事に付き簡素化の必要が叫ばれつゝある今日、今のまゝに放置されてゐていいものであらうか。之を疑ふものは果して私一人のみであらうか。

殊に統制違反事件の如き何とかしてもつと迅速且簡潔に處理する方途を講ぜねばならぬ。一面豫防司法的の努力に依つて違反の防遏を圖るの必要あること勿論であるが、同時に事件の處理を簡素化する必要が大に在ると思ふ。穂積博士の紹介された判決に限らず、多數の統制違反事件に關する判決を讀みながら益々此感を深くしてゐる。何とか打開の途はないものであらうか。

時評
一九四二年一二月号（一四巻一二号／通巻一五六号）

法に依る行政と行政の能率

去る十一月十五日首相官邸に於て開催された生産關係者懇談會の席上東條首相に依つて述べられた言葉の中には時節柄傾聽に値すべき點が少くない。其中特に左の一節は吾々法律家にとつても大に考慮を要すべき重要な問題に觸れてゐる。「官吏も亦新なる心構へを以て生産増强に對處する必要がある。先づ事務處理の迅速といふ點であるが統制經濟の圓滑化を圖るためには許可、認可の迅速化、指令指示の急速實施とこれが徹底的監督指導が絶對的の前提である。苟も事務の澁滯のため統制經濟の運營に支障を生ずるやうなことがあつてはならない。從つて極言すれば、特別のものを除く外は拙速を貴ぶといひたいのである。若し拙速の措置をとつてこれが惡かつたならば徒らに自己の面子に捉はるゝことなくこれ又敏活に訂正すべきである。素より「迅速」といふ美名にかくれて親切なる取扱ひに缺くるが如きことは嚴に戒めねばならぬ。法令の運用も現在のやうに凡てのものゝ動きの早い時代に於ては昨日施行された法律がもう今日の事態にぴつたりと卽應しないことがあり得るとも思はれる。官吏は單に法令の消極的番人であつてはならない。法令を無視した無軌道は許されぬが法令の活用を沒却せる事勿れ主義、或は前例踏襲主義は戰時活動の公敵である。法は死物ではなく、國家のために存する生けるものでなければならない」。

こゝに首相に依つて指摘されてゐるが如き行政上の弊風は從來とても存在した所であつて、決して耳新しい現象ではない。唯それが今日特に弊害として人人の注意を惹くに至つたのはかかる行政的不能率を看過し得ない程時局が緊迫したからに外ならないのであつて、之が徹底的矯正を圖るが爲めには、單に戰時的必要の緊切なるものあるを說くのみでは足りないのであつて、現行行政制度の根本に橫はつてゐる原理そのものに向つて理論的批判を加へて其是正を圖る必要がある。首相の所謂「法令の消極的番人」「事勿れ主義」若くは「前例踏襲主義」の如きも、決して偶然に發生した弊風ではなくして、その根源は寧ろ現制度の根柢に橫はる原理にあると考へることが出來るからである。

現行行政の根本原理は、行政的法治主義、卽ち行政を法に依り行はしむる事に依つて官吏の恣意を抑制し、之に依つて人民の權利自由を保護せんとするに在る。この原理から言へば、よしんば多少は事の運びが後れても法に依つて事を公平に處理することが何よりも大切である。從つて官吏としても、普通には能く法を守つて公平を持するに力めさへすれば、職務に忠なるものとして――假りに積極的に賞揚されることはないとしても少くとも――善き官吏、公平にして私心なき官吏として非難を受くることなく、先づ〳〵大過なしに出世することが出來たのである。首相の所謂「事勿れ主義」や「前例踏襲主義」も、實を言ふと、こうした官吏の氣持の現はれに外ならないのであつて、今日首相の不可なりとして非難するもの、根源はかゝる行政の本質的部分に伏在してゐるのである。從つてその點を改めない限り、首相が如何に聲を大にして官吏の反省を求めても、多少の例外は別として、大局的に時弊を是正することは出來ないと私は考へる。

首相の理解を助ける爲めに、例を軍關係の類似のことに求めて說明すると、最近戰線から歸還した經理關係の一知人が私に次のやうな話をした。「世間では軍自らでもつと萬事につき節約に力めさへすれば、世間一般でも非常に助かるのではないかと言ふやうなことを言ふものがあるけれども、吾々前線に在つて直接經理の任に當つたものとしてはいざと言ふ時に物の足りないのが何よりも困る、從つて平素は多少無駄と思へる程物を用意することになる、大に努力して物を節約したからと言ふて特に勳功として表彰されるやうなことがない限り、いざと言ふときに物が足りないからと言ふて叱られるよりは、平素は多少無駄でも成るべく潤澤に物を蓄積して置く方がいゝ譯で、若しも軍に多少とも節約の必要があるとすれば、こうした事情がその原因をなしてゐるのではなからうか。」

私は此話がどの程度まで眞實を物語つてゐるかを知らない。又かゝる經理官の態度は決して良い態度だとは思はない。しかし、一般行政官吏の場合に比べて、如何にもありそうなことだと言ふ感を禁じ得ない。物を節約しても特に褒められる見込がなく、而かもいざと言ふ場合に足りないとなれば叱られると言ふことであれば、當局者としては出來得る限り叱られないやうに心掛けるのは當然であつて、客觀的に見て事の善惡は別として、事が自らそうなるのは當り前であると私は思ふ。

一般行政官吏にしても、特に氣をきかせて事を旨く迅速に處理したからと言ふて褒められるよりも、先づ先づ法規に從つて成るべく無難に事を運ぶ方が得であると考へるやうになるのは當然であつて、制度が現在のままである限り、此點で彼等を非難するのは氣の毒だと思ふ。殊に嘗て政黨の勢力華かなりし時代に在つては、特に政黨的請托乃至壓迫に迎合して榮達を望むものでない限り、成るべく法規を楯とし前例を理由として極力公平に振舞ふことこそ官吏の保身上最も安全な方法と考へられるのは當然であつて、今日首相によつて事勿れ主義若くは前例踏襲主義として非難されてゐる弊風は正に此間に釀成された吏僚の風習に外ならないと考へられるのである。

此故に、今首相にして若しも官吏一般に對しかゝる「事勿れ主義」の弊習から蟬脫することを望まれるのであるとすれば、何を措いても先づ第一に專ら事の公平なる處理のみを目標とした在來の行政的法治主義に對して徹底的是正を加ふると同時に官吏の賞罰に付いても特に新規の方針を確立し、以て官吏一般をして積極的に能率良く働かしめるやう工夫する必要がある。法學者としても在來の行政的法治主義が自由經濟組織に對應して樹立せられたるものなることを認識し、今日のやうに政府自らが進んで國民經濟の運營に關與し若しくはそれを指導して國家の必要とする生產增强に力めねばならぬやうになつた以上、公平の要求にのみ捉はれて事の處理が後れ勝ちになるよりは、多少は公平の要求には反しても迅速に事を處理して行政上の能率を擧げ得るやうな行政的仕組と原理とを考案すべきであると私は考へる。敢て關係學者の考慮を求める所以である。

統制會の問題

政府は去る十一月十七日の閣議に於て統制會に對する權限委讓に關する決定を行ひ、十二月上旬までには大藏省の金融關係及び厚生省の賃金勞務關係を除くの外、すべての統制會に對して或る程度の權限を委讓する勅令が公布實施される豫定であると傳へられてゐる。

私は之に依つて統制會の活動が從來に比べて飛躍的に活潑になるであらうことを期待してゐるが、同時に次の如き弊害の發生を恐れて、政府當局者並に統制會關係者に對して善處を要望せざるを得ない。

其一は、統制會が權限の委讓を受ければ受ける程官僚化して事務處理迅速化の目的が達せられないことになりはしないかと言ふ危惧であり、其二には折角統制會に權限を委讓しても、官廳の統制會に對する信頼が十分でない爲めに反つて二重行政の弊を生ずる虞がありはしないかと言ふことである。

此等はいづれも政府當局者若くは統制會關係者の善處に依つて十分避け得べき事柄であるが今までの經過から考へると實際上今尚憂慮に値すべきものが相當殘つてゐるやうに思はれてならない。關係者一同の善處を切望する。恐らくは吾々ひとりの願ひではあるまい。

一九四三（昭和一八）年

時評

一九四三年一月号（一五巻一号／通巻一五七号）

悪質の闇を嚴罰するに躊躇すること勿れ

統制經濟の圓滑に運營されることが長期戰を勝ち拔く爲め絕對に必要なること今更言ふまでもない。それにも拘らず、統制事犯が數的に漸增の傾向にあるのみならず、質的にも惡化する傾向があると傳へられてゐるのを甚だ遺憾に思ふ。

世間には、相當有識者の間にさへ、統制の不合理を理由として闇を辯護するが如き口吻を漏するものが少くないけれども、新聞紙の傳へる統計に依ると、「利慾」を原因とする犯罪が最多數であつて、總數の略〻三分の二を占めてゐるとのことである。此點から考へると、自由經濟時代に養はれた個人的營利觀念を徹底的に撲滅しない限り、統制そのものを如何に合理化しようとも、利慾にかられて違反を敢てするものを根絕することは出來ないと思ふ。かゝる違反を絕滅せしめる爲めには嚴罰に依つて利慾根性そのものに對して徹底的な攻擊を加へる必要がある。特に惡質なるものに對しては死刑をも辭せざる程の嚴罰主義を以て臨むべく、又違反に依つて利得したものの一切を沒收して殘る所なからしむるやう法の運用を圖る必要があると思ふ。多少の刑罰を受けても結局利得が殘ると言ふやうな觀念が民衆の間に殘存する限り、闇の絕滅は到底之を期し難い。敢て司法當局者の勇斷を希望してやまない次第である。

戰爭と無體財產權

先頃來工業所有權戰時法の發動に依つて、敵性工業所有權の取消及び專用免許の處分が行はれ、之に依つて敵性工業所有權の我國工業に對する障害的作用が除去せられつゝあるのは誠に喜ばしい。しかし、戰爭に關聯し無體財產權一般に付いて考察し解決を要すべき事柄は他にも少くない。以下二三の提案を呈示して政府當局者その他關係者一般の御研究を煩はしたいと思ふ。

一　特許法を停止しては如何

生產力擴充の必要日に日に增大し、科學者技術者工業家すべての協力に依つて極力國家の爲め增產に力めねばならぬ今日、發明者個人の個人的利益保護を基調とする特許制度を現在のままに持續せねばならぬ必要が果してあるのであらうか。

特許制度が發明獎勵を目的とするものであり、現に相當の程度までは獎勵作用を果してゐること私も亦素より之を認める。しかしながら、同時に特許に依つて發生する獨占的效力が場合に依つては全體として國家產業の妨げを爲すことのあり得ることも否定し得ないと思ふ。今日のやうに生產力擴充が何よりも重要である場合この點を重視するの要あること勿論であるが、特に考へねばならぬことは特許制度の爲め動ともすると個々の研究者が研究を私祕し、それが爲め本來ならば多數者の協力に依つて容易且迅速に完成せらるべき研究發明が反つて遲れる虞れのあることである。若しもここに一の統一的研究機構を作り軍關係者、工業家、學者、技術家等が協力して實際の必要を語り合ひ知識を持ち寄つて研究上協働分擔の組織を立てるならば、恐らく現在に比べて研究の成果を擧げること が遙に容易であらう。所が實際にそれが仲々旨くゆかないのは、個々人の營利慾、功名慾等色々の原因によること と思ふが、特許制度も亦その重要なる一原因をなしてゐるやに聞き及んでゐる。此故に、私は一日も速に一面か、る統一的研究機構の組織せらる、ことを要望すると同時に、他面特許制度を停止して研究を私祕する弊を根絶するの必要あることを主張したいのである。若しそれ個々の研究者の苦勞並に功績に報ゆるの必要あらば、別に國家的褒賞の制度を設け、以て名譽を表彰し、必要あらば財產的に報勞することなどをも考へられゝばいゝのだと思ふ。發明者個人の個人的利益を專ら考へて私權としての獨占權を與へる必要は毫もないと考へるのである。

從來の發明者其他現に特許權を所有する者既得の權利に對しては必要に應じ補償を與へて其收用乃至取消を行ひ、以て其發明を國家的見地から考へて最善に活用すべきである。現在でも其道は或る程度まで制度上特許法第四十條特許收用令及び工場事業場使用收用令に依つて開かれてゐる譯であるが、よろしく更に此種の方法を擴大して特許公開に資すべきが刻下の急務であらうと私は考へる。

尙現在既に特許を買取り國家的見地から見ても能率よく仕事をしてゐる工業家を保護するが爲めには、必要に應じ工業所有權戰時法に於けると同樣專用免許的の道を開くなり、統制上資材の確保等に付き特別の考慮を拂つて實質的に其保護を圖るやうにすればいゝ譯であつて、一般的には特許權を取消しても、實際上の不都合は起らないと思ふ。

要するに、先頃工業所有權戰時法を發動したると同樣の要領に依つて、特許權のすべてを國家的見地より考へて最も有效に利用することを考へさへすればいゝ譯であつて、敢て技術院當局者の考慮と勇斷を望む次第である。

二　樞軸特許權利用の道を開くべし

工業所有權戰時法の發動に依つて敵性發明を廣く國家的見地から考へて有效に利用し得ることとなつたのは誠に結構であるが、此際更に一步を進めて樞軸側の特許發明をも必要に應じ戰爭目的に利用し得べき道を開くやうにしてはどうかと私は考へてゐる。

今や戰爭は樞軸側すべての國家にとつて眞に國家の存亡を賭する喰ふか喰はれるかの戰爭となつた。樞軸諸國はすべて同一の運命の下に死鬪を續けつゝある。各國は互にあらゆる協力互助に依つて戰爭目的の完遂に邁進せねばならぬ。物資の交互交換を圖らねばならぬのは勿論、互に知識を交換して一の足らざる所を他より補充するの道を開かねばならぬ。特許發明の交互利用を許すが如き亦死生の運命を共にする國家として蓋し當然のことと言はねばならぬ。

政府はよろしく一日も速かに外交的處置に依つて此問題の解決を圖るべきであつて、かくすることこそ同盟條約の精神を彌が上にも發揮する所以であると私は思ふ。

樞軸側の特許發明が戰時的措置に依つて聯合國側から勝手に利用されつゝある今日、樞軸國相互の間に其自由利用が許されないやうなことで、どうして此戰爭を勝ち拔くことが出來よう。ひとり權利の利用を互に許すのみならず、發明を實施するに必要なる具體的智識を交換して互に生產上助け合ふことも考へねばならぬ。若しそれ特許權者個人の權利を保護するの必要あらば、交互に國家的補償の道を開いて戰後に決濟の手段をとればいゝ譯である。敢て外交當局の努力を要望する次第である。

三　戰爭と著作權

著作權保護同盟條約が戰爭に依つて如何なる影響を受けるかを理論的に論ずることは別事として、此際何等かの方法に依り外國の出版物を飜刻するなり飜譯するなりして廣く其利用の道を開くことは、國防的見地から考へても又文化的見地から考へても必要である。殊に外國書の輸入が止まつた結果研究乃至敎育上參考書敎科書類の入手が困難になつたことは輕々に看過し得ざる重大事であつて、此問題を解決することは刻下の急務であると私は思ふ。

一般的には此際保護同盟條約より脫退するのが最も近道であるけれども、條約上脫退には一箇年の猶豫期間が規定されてゐるから急場の用には間に合はない。急を要する今日としては、一方に於て敵性著作權に對しては工業所有權戰時法と同樣の法律を制定して必要に應じ其保護を停止し、他方樞軸側著作權に付いてはそれ〴〵の國の政府と外交的に交渉し、戰爭中互に必要なる著作の複製なり飜譯を許し合ふやうにしたらい丶のではないかと思ふ。無論この場合何人に複製飜譯等を許すかに付いては別に制度を設けて統制を加へる必要あること勿論であり、特に樞軸側著作權に付いては著作權者に支拂はるべき料金等についても双方政府の交渉に依つて然るべく決濟をつける道を協定すべきであると思ふ。

近頃坊間に寫眞製版に依る飜刻本の流布せらる丶もの少からざるを見受けるやうになつたが、著作權の關係など果してどうなつてゐるのであらうか。希くは政府當局者のお骨折りに依り右に述べたやうな方法に依つて正々堂々適法に此種の飜刻本を出版し得るやうにして欲しいと思ふ。日本出版文化協會なども此種の事柄につき心配して貰ひたいと希望する次第である。

時評

一九四三年二月号（一五巻二号／通巻一五八号）

他山の石

東條首相は去る一月十日政務に忙しい時間を割いて千葉工作所船橋工場を視察したと傳へられてゐる。首相が如何なる動機から視察をされたか、吾々の知る限りではないが、同工作所長工學士千葉四郎氏の優れた技術的考案が如何に今回の戰爭に役立ちつ丶あるかを考へるとき、首相の意圖も自ら推察されて、同感を禁じ得ないものがある。

その千葉四郎氏が最近の新聞紙上に「創案力の必要」と題する文章を書いてゐるが、その中で法學部關係の教育並に高等試驗に關して次の如き極めて示唆に富んだ意見を述べてゐる。他山の石として法律政治經濟等の教育に從事する人々並に政府當局者の參考になる點が多いと思ふから、其紹介に兼ねて多少の感想を述べて置きたい。

「一般に頭がいゝといふ人に二種類あります。記憶力の強い人と創案力の強い人であります、記憶力の強い人はこれに賴つて考へることをしない、つまり企畫性にかけるのです。」

「文部省の試驗科目を見ますと、科學方面に進むものには創案力の試驗がありますが、文科法科方面に進む者にはこれがない。學生時代に大に養ふべきは創案力なのに、これは大變間違ひだと思ひます。法科方面には「幾何學」は不要かも知れませんが、創案力は絕對に必要です。高文の試驗には恐らく創案力の試驗がないのではないかと思ひます。記憶力だけを試驗するとそんな頭の所有者が選ばれて役人になるので企畫性に乏しく實績實績と過去の記錄を重んじて政治に潑剌さを失ふ。語學の達者な人は記憶力のすぐれた人であり、外交官の試驗をパスする人でありませう。これにも創案力の試驗科目がないことが日本外交の振はなかつた大原因でせう。」

千葉氏は記憶力にのみ優れて創案力の乏しいものが現在法學部の教育から生まれ易いことを指摘し入學試驗に於てもつと創案力を檢定すべき方法をとるべきことを提唱してゐる。而してその方法として氏は幾何學を入學試驗科目に加へてはどうかと言ふ意見を遠慮勝ちに述べてゐるが、これは私多年の主張に合致するものであつて今新に同說者を見出したことを心から喜ぶものである。世間の人々は何となく法學部の教授は一般に數學が不得手であらうと想像してゐるが、事實は大分違ふのであつて、私の聞いた限りでも中學に於て數學殊に幾何學を得意としたと言ふ人は決して少くない。法學部の學問をするにしても、創意に富んだ學者となるには、記憶力だけでは駄目であつて必ずしも幾何學に限らず考案力を養ふやうな教育を受け修業をする必要がある。千葉氏が局外からこの微妙の關係を察知して幾何學を入學試驗科目に加ふべきことを主張されてゐるのは非常な卓見であると思ふ。

次に千葉氏が語學の達者な人は記憶力のすぐれた人であると言つてゐる點も稍正鵠を得てゐると思ふ。そうして記憶力の優れた人々がとかく記憶力を頼りにして自ら考へやうとしないと言つてゐる點も多くの場合に付いて實證し得る事柄のやうに思はれる。尤も法學部の出身者の中にも記憶力も優れて居り、語學も達者であると同時に創意にも富んでゐる人も少くない。しかし、平均して見ると、一般に語學には優れてゐるが考案力が乏しいと思はれるものが多く、反對に創意には富んでゐるが語學が不得手だと言ふ場合も少くないやうに思はれる。記憶力・語學力・考案力の間には人間の素質として相當密接な關係があるやうに思はれる。尤も考案力も教育と修業とに依つて之を發達せしめ得ると同様、語學力も根氣と努力とに依つて相當に之を伸長せしめ得るから、語學が上手だから考案力に乏しいと一概に極めて仕舞ふ譯にはゆかないが、少くとも現在のやうに記憶力を主として立派な成績を擧げ得るやうな教育と試験とが行はれてゐる限り、語學も出來、試驗の成績も優秀で、あつぱれ秀才とうたはれて大學を出たものが、案外記憶力の優者に過ぎずして、實際仕事をさせて見ると考案力に乏しいと言ふやうなものが出易いと思ふ。従つて千葉氏の言ふやうに、法學部の教育に於ても、入學試驗に於ても語學力と記憶力さへ優れてゐれば大手を振つて歩けるやうな制度にしないことが大切で、語學や歴史を入學試驗の科目として偏重するやうなことは甚だよろしくないと思ふ。現に吾々の法學部では大分前から語學の外に論文を課してゐるが、この論文に多少考案力を檢定する作用があるやうに私は考へてゐる。今後高等學校制度の改革に依つて、何かも少し考案力の養成に役立つやうな教育が高等學校で行はれるやうになれば、大學の入學試驗でもそうした科目を課することにすればいゝのではないかと思つてゐる。

法學部の教育に於て、もつと考案力に富んだ人間を作るが爲めには從來官私の諸大學を通じて一般に行はれてゐる教授方法を徹底的に變へる必要があるやうに思ふ。現在法學部の教育は一般に講義を通して行はれてゐる。試驗も一般に筆記に依つて行はれてゐるから、學生の勉强もとかく記憶本位になり易く、結局記憶力の優者が秀才と言ふことになり易い。此傾向の不可なることは何人も認めてゐるのであるが、實際上これを矯正することが出來ないのは何故か。其原因を考へて見たい。

先づ第一に、現在の法學部は官私立大學を通じて一般に學生を多く收容し過ぎてゐる。其結果教授數と學生數との比率が他學部のそれと著しく違つて居りそれが爲め多數學生を一堂に集めて講義をするの外、他に適當な教授方法がないのである。近來は演習の必要を說くものが教授の間にも學生の間にも多くなり、之を通して大衆講義の缺陷を補はんとする傾向が一部の大學では見らるゝに至りつゝあるが、現在のやうに教授に比べて學生の數が多くては、到底演習を徹底的に行ふことは出來ない。學生數さへ少ければアメリカで行つてゐるケース・メソッド的の教育を施すことに依つて思考力を養ふことも出來るけれども、現在の有樣では絕對に不可能である。從つて問題解決の第一の鍵は學生數を著しく減少するか又は教授數を著しく增加して兩者の比率を著しく變へることである。それなしに、現在の禍根である大衆講義、從つて記憶本位の弊を徹底的に除去することは絕對に不可能である。此事を大學當局者は勿論、文教當局者に於ても篤と考へて欲しいと思ふ。

次に、此問題に關聯して是非共考へねばならないのは高等試驗の現狀である。現在のやうに高等試驗に於て記憶力さへ相當しつかりしてゐれば譯なく合格し得るやうな試驗方法が行はれてゐる限り、大學の教育從つて學生の學習態度が、それに依つて牽制されるのは當然であつて、之を變へずして大學の教育だけを改めることは困難である。尤もこれは或は反對に大學で現在のやうな教育をしてゐるから、高等試驗でもあゝした試驗をするより外ないと言ふ關係であるとも考へられる。しかし、いづれにせよ二者の間に相因果する密接な關係があることは明瞭であるから一面大學の教育を改革すると同時に高等試驗の方法をも徹底的に改革する必要がある。最近の制度改正に依つて、多少試驗科目の整理が行はれたけれども、その效果は單に受驗者の負擔を多少輕くしたこと及び口述試驗に依る試驗委員の勞を省いたことにのみ存し、依然として記憶力の優者でありさへすれば容易に合格し得るやうに出來てゐる。政府にして若しも國家將來の爲め創意に富んだ優れた青年を官吏として迎へたいならば、試驗方法を其目的に合ふやうに徹底的に改革すべきである。此際官民各方面の識者を集めて此問題を根本的に考究されてはどうであらうか。教育制度の改革が一定の理想の下に行はれねばならぬと同樣、國家試驗も亦一定の理想の下に考へられねばならぬ。官僚的便宜主義に依つて處理せらるべく事は餘りにも重大だと私は考へる。政府當局者の深甚なる考慮を煩はして已まない。

時評

一九四三年三月号（一五巻三号／通巻一五九号）

大學院問題をめぐりて

大學院に關する文部省原案に對する私學側の抗議に依つて惹き起された波瀾も衆議院豫算委員會に於ける東條首相の臨機的答辯に依つて一應片附いたやうな外觀を呈してゐる。所がその後貴族院に於ける水野錬太郎氏の質問に依り實際問題は極めて複雜であつて、解決上尚前途に幾多の困難あることが露呈された。卽ち首相は大學院に關して官私大學を區別せずと答へてゐるけれども、水野氏に對する文相の答辯に依ると私立大學のすべてに必ずしも大學院の附置を許すのではない、そうなると自ら私立大學の中に大學院の附置を許される程度に研究施設の完備したものと否との區別を立てねばならぬこととなるのは當然であるが、理論上はともかく實際問題としてかゝる區別を立てることは非常に困難ではあるまいか、それに聯關して色々考へねばならぬ六かしい問題が起る。

現在私立大學の多數は文科系の學部を有するに過ぎず、その上學生數が多過ぎ、それに比べて人的にも物的にも一般に研究教育施設が極めて手薄である。その根本的原因は財政的基礎が強固でないことにあり、それが比較的優秀なる大學にして今尙主要科目の講義を掛けもちの講師に委託してゐるものの多い原因であり、専任教授にしても受持時間数が官立大學に比して不當に多くそれがため研究に十分の時間を與へられてゐない原因をなしてゐる。私立大學がその卒業生なり他の官私立大學の卒業生から優秀なる青年專任教授を迎へて其の研究教育機構を充實し得ないのも主として此事に原因してゐる。

凡そ此種の問題を考へて見ると、今回の問題の裏には、ひとり私立大學に限らず、官私立の大學すべてを通じて研究と教育との關係を如何にすべきか、大學と研究所との關係を如何にすべきか、大學の研究教育施設を擴充すべき具體的方策如何等の諸問題を考慮すべき契機が伏藏されてゐることを見出すのであつて、問題は文部當局が少くとも當初に考へてゐた程簡單ではないのである。文部當局に於ても今では大學制度そのものに付いて何等か改革の意見をもつてゐるやうであるが、此問題は國民學校、中學校、高等學校等の改革に比べて遙かに複雜にして困難であり、國家將來の學術文化に直接深い關係をもつ事柄であるから、此際速急に委員會を設けるなりして問題の徹底的にして而かも迅速なる審議解決を圖られんことを希望してやまない。

勤勞根本法

議會に於ける質問を通して政府に勤勞根本法の意圖あることが明かにされた。大東亞戰爭の勃發此方經濟機構が著々戰爭卽應の線に沿うて整備せられつゝある以上、之に對應して國民勤勞の國家的組織が同じ線に沿うて確立されねばならぬのは當然である。

言ふまでもなく、我國勞働法の現狀は工場法其他自由經濟時代に制定された法令を根幹としつゝ、支那事變此方戰爭目的に卽して制定された幾多の諸法令に依つて補正せられつゝ、どうやら戰爭經濟の要求に答へ得る態勢を整へてゐるに過ぎない。

勿論產業報國運動が政府に依つて正式に取り上げられてから此方、たとへ法令の形をとらないとは言へ、政府の國民勤勞組織に關する根本方針は逐次に確立されて、爾來勤勞行政のすべてはその方針に基いて運營せられつゝある。従つて、實質的には今更勤勞根本法を制定せずとも、實際上大した不都合はないとも考へられるのであるが、何と言つても工場法制定此方その時々の必要に應じて制定された法令の間に一貫した基本理念が缺けてゐるのは當然であつて、此際此等法令のすべてを總體的に檢討して理念的に統一された勤勞根本法を中心として勤勞法を全體的に組み直すことは國民の總力を擧げて此大戰を戰ひ拔くため絕對に必要であらう。

然らば、勤勞根本法は如何なる方針の下に制定せらるべきか。何よりも重要なるは勤勞の國家性を高調し、國民皆兵制に對應する國民皆勤勞制を宣明確立することである。決戰下の今日でさへ國民一般の間には今尙勤勞の國家性を十分認識せず、勤勞を以て勤勞するに非ざれば喰へない一部國民の職業に過ぎずとする個人主義的の考へ方が根强くわだかまつてゐる。此考へ方を根本的に打破して、國民のすべてが男女の別なく國家の必要とする如何なる勤勞にも從事するの義務あることを徹底的に國民全體の腦裡にたゝき込まない限り、國民勤勞力を最大限度まで國家目的に向つて動員することは不可能である。現に徵用制度が其本來の目的を十分に發揮し得ざるが如きも、此種の國民勤勞觀が國民の間に滲透してゐない爲である。ひとり被徵用者の間に勤勞觀が徹底してゐないのみならず、一般國民はもとより使用者側にも徹底してゐない。否勤勞行政當局者の間にさへ十分徹底してゐない。さればこそ決戰下の今日尙徵用制が十分に其機能を發揮し得ないのである。

勤勞の國家性さへ十分に認識されさへすれば、勤勞の能率を國家目的に向つて最大限度まで發揮せしむるに必要なる勤勞の生產性と人格性との調和も自ら實現される。今では生產力增强の必要にせまられて無闇に生產性のみを高調し、やゝともすると人格性を輕視する傾向が力を得つゝあるけれども、かくの如きは本來の個人主義的思想に捉はれて勤勞の人格性を考へてゐるからこそ起るのである。勤勞の國家性さへ十分に認識されさへすれば、勤勞者の側よりする人格的要求も自ら國家目的に向つて統合されて生產性の要求と矛盾することなく、使用者側にも自ら人格性尊重の精神が徹底して勤勞能率を最高度まで發揮し得るのである。現在職場關係の通用語となつてゐる勞務管理の如きも、勤勞の國家性と調和しつゝ、その人格性を尊重する思想の下にのみ圓滑に行はれ得るのであつて、使用者の個々の營利心から多少とも人格性を輕視するが如きことあらんか、勤勞の生產性は直に阻害せらるべきの理を何よりも深く認識する必要がある。

　此故に、今回制定せらるべき勤勞根本法に於ては徒に空粗なる理念を説いて勤勞者に勤勞の國家性を强ひ附けんとするよりは寧ろ使用者をして徹底的に勤勞の國家性を認識せしめ、之に依つて勤勞の人格性を尊重しつつ而かも其生產性を極度まで發揮せしむることに重きを置かねばならぬ。使用者の間に國家のため大御寶をお預りしてゐると言ふ思想が徹底しない限り、勤勞の生產性は確保されない。此理を明かにすることが勤勞根本法を制定するに付き最も重要なることを此際特に高調して置きたい。

　自由經濟の下に於ては、人格性の名の下に勞働者の個人的生活要求が主張され、又生產性の名の下に資本家の個人的營利慾が主張された。そうして勞働法は兩者要求の便宜主義的妥協の表現に外ならなかつた。之に反し、今では國民經濟のすべてが全面的に國家目的に向つて統制統合されたのである。勤勞の人格性も生產性も新なる精神のもとによみがへつて國家性の下に歸一されねばならぬ。かくして勤勞根本法は自由主義的殘滓のすべてを清算し去つて、國家的生產の基礎たるべき其使命を完全に果たし得るであらう。

高校教育とフランス語

　最近の帝國大學新聞紙に辰野博士が「高校教育とフランス語」と題する論説を公にし、過日高等學校校長會議の結果東京、浦和、靜岡、大阪、福岡の諸高等學校に於てフランス語の教授を廢止するに至つたことに對して鋭い批評を加へてゐる。吾々も亦法學者の立場から双手を擧げて之に賛意を表したい。

　高等學校に於てフランス語を學ぶものの數が激減することは言ふまでもなく、行く行くフランス語を通して直接世界の學術文化に接し得る人間の數を激減せしめることである。此事たる我々日本人の文化的視野を愈愈狹隘ならしむるもの、今後世界を相手として雄飛を期する我國の前途にとつて由々しき重大事であると言はねばならぬ。殊に法學的見地から考へると、先づ第一はフランス法及び法學がラテン歐洲諸國はもとより中南米の諸國に亙つて今尙强い影響を與へてゐることを重視せざるを得ない。從來我國に於ては此等の國々殊に南米諸國の法律及び法學を知るもの極めて少い有樣であるが、將來此等の國々との交通愈々繁きを加ふるに至るべきことに想到するとき、法學を學びたるものにしてフランス語を解せず、從つてフランス法を知らず、引いてはフランス系の法律を理解し得るものが減少することは、國家の將來を考へて甚だ不利であると私は考へる。第二に、フランス法律文化そのものの優秀にして特徵ある、今後と雖も比較法學的に之を研究し、採つて以て他山の石とするに足るもの多きこと今更言ふまでもない。我國の法律文化今後の發展にとつて比較法的研究の愈々重要なるべきは私が今まで屢々本欄に於て說いた所であるが、このことを考へただけでも將來フランス語を解するものの激減することは輕々に看過し難い大事であると言はねばならぬ。

高等學校校長今回の擧たる、それが如何なる動機に出でたるかは吾々の知る所でないが、若しもフランスが今後歐洲大戰の戰敗國であるとか、フランスは自由主義の國であるとか言ふやうなことがその原因であるとするならば、其淺慮短見誠に憫むべしと言はねばならぬ。明治此方我國人は大體に於て學ぶとは眞似ることであると言ふ意味に於て外國文化を學んで來た習慣から、例へば外國法を學ぶと言へば直に外國法を眞似ることと考へ易いのであるが、今後吾々が外國法を學ばねばならぬと言ふのは決してかゝる意味に於てではない。日本が傳統日本の中に立て籠つてゐる限り、外國智識の必要は必ずしも眞似ること以上に大した必要を見ない。けれども、今後我國が大東亞の指導者として世界新秩序の支柱たるべき、大使命に想到するとき、我國民の世界に關する智識は彌が上にも擴充されねばならぬ。目先きの動きに惑はされて此大局を看逃がさざらんことを此際特に文敎當局者に向つて要望したい。

時評　一九四三年四月号（一五巻四号／通巻一六〇号）

學制改革と大學

文部當局者は、國民學校教育、從つて師範教育の徹底的改革から發し、中等學校から高等學校、專門學校へと下から上に向つて教育制度を全般的に刷新しようとしてゐる。

事が高等學校まで來た以上、次に問題となるのは大學教育であるが、文部當局者は此點に付いて如何なる意圖を有し、如何なる成算をもつてゐるのであらうか。

大學教育には自らそれに獨特の一定の使命がある。そのことは大學當局者が十分自覺してゐるのは勿論、文部當局者も十分之を知つてゐる筈である。しかし、現在の大學制度が持續する限り、大學自らその使命に目醒めて自發的にその教育內容を國家の要請に添ふやう改革しない限り、文部當局者が如何にあせつても大學教育の刷新は行はれない。若しも文部當局者が刷新を强要し、又若し大學當局者が現制を固守して讓らざる限り、牴觸摩擦を生ずべきは當然であつて、私はそのことを恐れるのである。

然らば、かゝる無用の摩擦を如何にせば避けることが出來るか。それが爲めには、一方に文部當局者が從來よりもつと大學教育の本義について理解をもつ必要があると思ふ。大學教育の本義を十分に理解することなしに國民學校から中等學校へと組み上げつゝある教育改革の上に機械的に大學教育を乘せ、それに合ふやうに獨善的に大學教育を刷新しようとすれば、無用の摩擦を生ずべきは必然であるのみならず、大學教育の生命をさへ斷つことになると思ふ。又他方、大學當局者も徒に因習に執はるゝことなく、國家が今大學教育に對して何を要請してゐるかを虚心淡懷に考へる必要がある。かくして十分の考慮を經た上、主張すべきは飽くまでも主張し、讓るべきは徹底的に讓る覺悟をきめてこそ、大學教育刷新のことは合理的に行はれ得るのである。文部當局者が現在國民學校から中等學校、高等學校へと組み上げつゝある教育刷新計畫には全體として一定の方針があり一定の理想があるのである。それと無關係に大學のみが安如として傳統にのみ執着し得ないのは當然であつて、大學當局者のよく考へねばならぬのは此事である。萬一にも大學當局者が現行の大學制度の中に立て籠つて徒らに舊を墨守するに專念するが如きことあらんか、無用の摩擦を生ずべきは火を睹るよりも明かである。

文相は今議會に於て次に來るべきものは大學教育の刷新であると言明してゐるが、果してそれだけの覺悟と具體的成算とを藏してゐるのであらうか。大學當局者も此局面に當面して、今の所果してどれだけの用意をしてゐるのであらうか。私の最も心配してゐるのは此等の點である。

學校教育の肅正

教育制度の改革が着々其歩を進めつゝあるけれども、教育刷新上それにも增して大切なことは學校教育そのものを徹底的に肅正することであると思ふ。

學科課程が如何に改正され、教育內容が如何に變更されようとも、教育者と學生々徒との間に緊張した教育精神が徹底的に行き亙らない限り、教育刷新の實を擧げ得ないのは當然である。教育者が唯職業として御座なりの講義を行ひ、學生々徒は又單に及第したいとか良い試驗成績をとりたいとか言ふやうな安易な氣持で形式的に授業を受けて居り、試驗にしても教育者と學生々徒とのなれ合ひに依つてルーズに行はれるやうになつては、學校教育がその效果を發揮し得ないのは自然であつて、此の種の弊の存續する限り如何に教育制度を改正しやうともその改正の精神を實現することは不可能である。

新聞紙の傳へる所に依ると、全國各地の高等學校は今春の學年試驗に於て大量的に落第者を出したとのことであり、之に關して色々の憶測や批評が行はれつゝある。が、私の考へた所では學制の劃期的改革を眼前に控へて高校當局者が教育の徹底的刷新を斷行せんとする氣持が自ら此擧になつて現はれたものと解したい。そうしてかく解してこそ大量落第なるこの不祥事に建設的意義を見出し得るのだと思ふ。今回、高等學校は修業年限を三年から二年に短縮せられたるにも拘らず、文部當局者はその短縮せられたる二年を以て從來よりも寧ろ充實した教育を施し教育能率を擧ぐべきことを要望してゐるのである。そうなると、教育者としても相當の覺悟が必要なるは勿論、生徒も從來通りの受動的氣分であつてはならない。教育者がかくの如くに覺醒して見ると、生徒在來の學習態度に不滿を感ずるに至るのは當然であつて、その不滿が自ら現はれて大量落第となり、之を通して生徒の反省發奮が求められてゐるものと解したい。實際高校當局者が主觀的にどう考へたかは私の問ふ所ではない。今回の學制改革に當面した當局者にして苟も教育刷新のことを眞面目に考へる限り自らかくの如き氣分になりかくの如き擧に出でるのは當然であつて、此機會に於て犧牲になつた生徒には氣の毒であるけれども、過渡的現象としては已むを得ない。私としては高校當局者がそこまでの氣分になつたことを寧ろ大に喜びたいのである。

しかし考へて見ると、教育肅正の必要はひとり高校についてのみ感ぜらるゝにあらずして官私の諸大學に付いても同じく其必要があるのではあるまいか。殊に、法律經濟を教へてゐる私立大學の中には可成り肅正を要する程度まで教育が全體としてゆるんでゐるとしか思はれないものが少くないのではあるまいか。かゝる推測を下すに足るべき事例を、現在私立大學で講師をしてゐる方々が屢々私に話してくれる。甚しきに至ると、正直に遠慮のない採點をして成績報告をした所、事務當局からその訂正緩和を求められたと言ふやうな事例が一再ならず私の耳に入つてゐる。勿論、試驗成績の惡いことは教育效果の擧がらざる證據である。教育者としては寧ろ恥づべきこと、誰が好んで苛酷な採點をするものがあらう。それにも拘らず、多數の不合格者を出すやうな成績報告を提出せざるを得ないのは教育者としてよく〳〵のことに違ひないのである。從つて、學校當局者にして教育を尊重する眞面目の氣持をもつてゐる限り、かかる報告を甘受すべきが當然の態度でなければならない。然るに、從來私學當局者の間には、恐らく學校經營政策からの考慮であらうと想像するが、教育者にして不當の要求を爲すものがあると言ふのである。此事にして若しも事實なりとせば學校教育の能率が擧らないのは當然であつて、甚だ悲しむべきことと言はねばならない。

又民間諸會社の人事係りの人々は、大學に依つて採點標準に著しい差等のあることを知つてゐる。甚しきに至ると、自校卒業生の爲め就職上の便宜を與へる目的から採點上手加減をしてゐるとしか思はれない事例に逢着することさへあると言はれてゐる。若しもこうしたことが事實であるとすれば、大學に於ける教育能率が擧らないのは當然である。

尚更に遺憾なのは、最近兵役の關係上、學生の學習に對する熱意が低くなり、學校の態度も寛大になつて容易に落第させるやうなことはないと言ふやうな流説が學生の間に行はれてゐると言ふことである。成程、國家は多數學生の一日も速に卒業して兵役に服すべきを要望してゐるに違ひない。しかし、さらばと言ふて學校教育をゆるめていい理由は少しもない。苟も徴兵猶豫の特典の下に大學教育を施す以上、教育を粛正してその效果を最大限度まで擧げるやうに努めてこそ特典の與へられる意義が發揮されるのである。軍的必要から大學を閉鎖せねばならぬと言ふのであれば、事は十分に之を理解し得る。苟も徴兵猶豫の下に大學教育を行ふ限り、教育は寧ろ粛正するの必要こそあれ、之をゆるむべき理由は少しもない。このことを大學當局者は一般にもつと〳〵眞面目に考へて欲しいと私は思ふ。

文部當局者も此問題に對してもつと眞摯な檢討を加へて欲しいと私は考へてゐる。

時評

一九四三年五月号（一五巻五号／通巻一六一号）

法學及び法學教育の刷新

一

現在我國の法學及び法學教育は明治中期に敷設された軌道の上をそのまゝ走つてゐる。汽鑵車なり客車なりはその後學者の努力に依つて大に改善され一應は一流國の法學・法學教育として恥しからぬ體系を整へるに至り內容も亦それに相應して相當の充實を見るに至りつゝある。

しかし何と言つても、明治新政の要請に應じて主として西洋模倣の方法に依り速急に建設されたものであるから、全體として規模が小さいのみならず、萬事が間に合はせ的であつて、それ自身如何に形が整ひなかみが充實したとしても要するにゆきたけの合はぬ借り着の感を禁じ得ない。名は日本法學と言つてゐながら、日本の國土に深く根ざしてゐると言ふ感じを與へるだけの實質をもつてゐない。ここらで一つ新に軌道を敷き直ほして日本の國體に卽し日本の國土社會の實情に適合した眞の日本法學及び法學教育を建設すべく、革新の巨步を進むべきではあるまいか。幸ひに今はその機運も相當熟してゐると思ふし明治此方鍛へられた學者の實力も此仕事を爲し遂げるに十分なだけの充實を示してゐると思ふ。唯殘る事柄は惰性を破る決心だけであると私は考へてゐる。

二

然らばいかに、いかなる方向に向つて刷新を行ふべきか。それに付いて考ふべきものの多いこと素より當然であるが、何を措いても先づ第一に考へねばならぬことは、現在我國の法學及び法學教育が古い解釋法學の殼の中に閉ぢ籠つてゐる、その弊を打破すること、そうして解釋法學中心の法學及び法學教育を徹底的に改むると同時に、解釋法學そのものをも根本的に刷新してそれに新しい生命を吹き込むことである。

私は決して解釋法學そのものの無價値を主張するのでもなければ、又解釋法學に於ける法的技術の價値を輕視せんとするものでもない。しかし、從來吾々が一般に使つてゐる法的技術が如何にも借物であり、その種類內容が極めて貧弱であることを痛感するのである。たとへて言へば、西洋の、而かも或る一國から偶然に輸入した機械に多少の修繕改良を加へながら、それをそのまゝ今でも使つてゐるのが我國解釋法學の現狀である。

私は嘗て民法に關して「技術の貧困」なる短文を書いたが、その論旨はひとり民法學のみに限らず、ひろく我國の解釋法學一般に當てはまると思ふ。

卽ち法學者、從つて其教育を受けた司法官其他の一般官吏がもち合はせてゐる技術が貧困であるために現實の社會關係をその本旨に適合したやうに規律し處理し得ないのである。此弊を救治する爲には一つは法史學若くは比較法學的の智識を豐富ならしむるに依つて之を他山の石とし、以て我國の現實に卽した技術を自ら考案するを要する。二には我國社會關係の實情を法律社會學的に調查してそこに行はれてゐる「活きた法律」を硏究し、それに基いて日本的なる法的技術を構想し、之を現實法的に活用することを考へねばならぬ。尙判例の組織的硏究も技術を發達せしむるにつき極めて重要であり、從來と雖も此點旣に多少の成果が擧げられてゐるけれども、今尙判例硏究の多數はもち合はせの技術を使つて個々の判決に對して所謂理論的の批評を加へるのみであつて、裁判所が現實――それは活きた日本人の生活の間から發生した事件であるから屢々もち合はせの技術では割り切れない――に當面してそれに具體的妥當な法的處理を加へるために色々苦心して驅使してゐる法的技術を——捉はれのない氣持で——檢討し、それに理論的の修正と助成とを加へつゝ、體系的に技術を育成してゆくやうな態度を見出す事は今までの所極めて稀れである。

此等の諸點に注意するだけでも我國の解釋法學を「技術の貧困」から救つて眞に日本法學の名にふさはしい解釋法學を作ることが出來ると考へるのであつて、このことを先づ諸學者にお考へ願ひたいと思ふのである。

三

次に、我國在來の法學の一般的缺點は法の中にのみ閉ぢ籠つて法を見てゐる。法の社會への働きかけと政治・經濟其他の社會的諸要素から法に與へられる制約とを考へ合はせながら、法を考へる態度が缺けてゐる。それが從來法と社會とを乖離せしめ、我國の法學をして眞に日本法學の名にふさはしいものたらしめてゐない大きな原因をなしてゐると私は考へてゐる。

此點に就て先づ第一に指摘せらるべきは、法律社會學の研究が不足して居り、法律社會學的に我國の實情を調査研究することが怠られてゐることである。刑法に關しては犯罪に關する法律社會學としての刑事學がつとに生まれて居り、これが刑法學に貢獻する所大なりしは周知の事實である。所が其他の部門に於ては一般に此種の研究が怠られてゐるので、それが法と社會との乖離を發生せしめ、社會の實情に適しない立法・解釋・裁判等を生む原因を爲してゐる。例へば、民法の改正を議するに際しても、當該部分が契約法の如き大體に於て純裁判規範的法規から成り立つてゐるならばともかく、土地法・身分法等の如き組織規範的作用を主とする法規から成り立つてゐる部分を問題にする限り、規律の對象たるべき社會關係に付き出來得る限り綿密なる法律社會學的調査を爲す事が必要であるにも拘らず、從來は一般にその用意が怠られてゐる。現に進行中の親族法・相續法の改正事業の如き、其準備として、是非共一方に於て法的慣行調査を行ふ必要あると同時に、他方人事非訟に關する統計を科學的に利用して調査の適正を期する必要あるにも拘らず、その用意が著しく缺けてゐるやうに漏れ聞いてゐる。例へば、現行民法の規定する家族制度・相續制度から現に最も不都合を感じてゐるのは農家である。從つて此等の制度を「我國古來の淳風美俗」に合致するやう改正するがためには、農家の實情を調査する事が何よりも大切であつて目下政府の要請してゐる農業人口四割維持と言ふが如き大方針も此種の用意を缺く民法改正のため實行上或は意外の支障を蒙ることとなるかも知れないと私は心密かに心配してゐる。又例へば人事非訟の實際を科學的に調査しさへすれば、親族法・相續法の諸法規に付いてその實際的重要さの大小を容易に知ることも出來るし、それを如何に改正せば可なるかの確實な指針を得ることも容易であると考へるが、實際にはどれ程までこの種の調査を行ひ又利用してゐるのか甚だ心元なく思はれる。

尙同じ缺點は我國在來の比較法學若くは法史學的研究の上にも現はれてゐる。如何に諸外國の現行法規・法制を研究しても、又史學的に過去の法制を研究しても、それ等の法規・法制がよつて立つところの政治・經濟・宗教其他の社會的基盤を研究することを忘れ、若くは法規・法制が社會に向つて實際上如何なる影響を與へたかを研究することを怠るやうでは、單に法制を外形的に知り得るのみであつて、到底その活きた實相を捉へることは出來ない。かくして得られた智識が如何に豐富であるとしても、それ自身決して之を科學的智識と言ひ得ないのは勿論、その智識を資料として我國の法制を考へることは出來ない。各國法制の用ゐてゐる法的技術でさへも、各國にそれぞれ特異性を認め得るのは、各國にそれぞれ特異の事情があることと關聯するのであつて、一國に適當する技術が必ずしも他國には適しないのである。然るに、我國從來の比較法學的若くは法史學的研究にはかゝる社會的基盤の參考を輕視し法制を法制として唯外形をのみ捉へて滿足してゐる弊がある。これではかくして得られた結果を活きた資料として我國の法制を考へる參考と爲し得ないのは當然である。

四

終りに我國在來の法學及び法學教育が法の中にのみ閉ぢ籠つて唯法それ自身のみ考へようとする傾向は、學者が立法・解釋その他凡そ法のことを考へるに付いて示してゐる識見の貧困となつて現はれて居り法學教育に於てもその種識見の涵養を怠る弊となつて現はれてゐる。

此種の弊は主として法學者が唯法と法的技術との研究にのみ沒頭して、政治・經濟・社會のことに無關心であり、此等と法との相互關係を具體的に科學的に考察することを怠つてゐることに原因するのである。成程、法理學の名の下に或る程度まで此種の事柄も研究されてゐる。しかしそこで考へられ又說かれてゐるのは單なる抽象的理論的なものであつて、現實に付いて具體的に問題を考へてゐない。其結果法理學も多くは法形而上學に堕して、現實に對する指導性をもたない。法の中に閉ぢ籠つて法のみを考へてゐるやうでは、自ら法の行き方を考へ指導するが如き識見が養はれないのは當然であつて、此弊を救治して法學の指導性を取り戻すことは刻下の急務であり、法學教育をその線に添うて刷新することは法科大學を所謂「轉落」から救ふ唯一の道である。

時評

一九四三年六月号（一五巻六号／通巻一六二号）

調停と法律相談

昨春から實施された戰時調停制度が在來からの多種調停制度と共に極めて好成績を示しつゝあると傳へられてゐる。戰時下一般國民の間に極力和の精神を普及するの必要あると同時に、無用の勞費を極力節約して之を戰爭目的に集結するの必要あることを考ふるとき、吾々は、心よりこの事實を喜ばざるを得ない。

元來調停制度の長所は、一には小額の費用を以て紛爭を簡易迅速に解決し得るにあるけれども、それより重要な働きは訴訟の場合のやうに裁判所が全然第三者的地位に立つて形式的裁斷を與ふるを以て滿足することなく、親しく當事者の間に入つて和解妥協を求め、之に依つて事件の實質的解決を圖り得るに在る。戰時にあらずとも、從來訴訟に依つて解決されてゐた紛爭を成るべく調停に依つて解決するやうにすることは極めて必要であるが、戰時下特にこの長所を善用するの要ある極めて明かなりと言はねばならない。

此機會に於て、私は司法當局者が更に一歩を進めて法律相談の國營化を圖り、以て紛爭を事前に豫防し輕易に解決する道を開設されんことを希望したい。無資力者の爲め無料法律相談所を設くべしとの論は前々から多く人々の主張した所であるが、法律相談制度はひとり無資力者にとつて必要であるのみならず、一般民衆にとつても亦極めて必要である。蓋し社會多數の人々は法律智識がない爲めに無用の紛爭に陷り易く又紛爭を適正迅速に解決するを得ない。折角辯護士制度があつても適當に之を利用することをさへ知らないからである。

私の提唱する國營法律相談制度の最も大きなねらひ所は、紛爭をその萠芽に捉えて豫防若くは解決する方法を指示するに在る。平たく言へば、日常生活に關し各種のなやみをもつ人々に對して如何なる方法をとれば最もよく解決されるかを敎ふるに在る。先づ第一にそのなやみが法律的解決に適するものなりや否やを判別する。そうして同じく法律的解決に適するものの中にも、單に法律智識を與へてやりさへすれば解決するものもあり、代書人の世話になれば濟むものもあり、調停に適する事件もあり、又結局訴訟をせねば片付かぬと思はれる事件もある等事の種類に依つてそれに適する解決方法が色々あり得るから、その點の仕別けをつけてそれぞれ適當な指示を與へる。かくすることに依つて、ひとり無用の訴訟を避け得るのみならず、法の正しき社會的實現を確保し、以て法的平和の確立を期することが出來る。これが此制度窮極のねらひどころである。

以下に此制度の企劃に關する私案の一端を記す。

第一に、全國すべての區裁判所に法律相談部を設ける。

第二に、相談部の人的構成は判事を中心とし、辯護士其他民間の學識經驗者を加へて組織する。辯護士は特に其地方に於ける第一流者たるを要する。これは相談部の權威と信用とを保持確立する爲め絶對に必要である。

第三に、相談には專屬の公證人を附置する。相談の申請を受けた結果、公證人の手を煩はすを要すと認むべき事項あらば、直に公證人をして證書を作成せしめる。

第四に、司法書士及び代書人は相談部の所屬とする。從來代書人等がその本來の職責を超えて依賴人の法律相談に應じてゐると言はれてゐるが、これ等はすべて相談部直接の仕事とすべきである。

第五に、相談部は警察と密接に聯絡するを要する。事件の中には警察を介入せしむるに依つて適當に解決し得るものが少くないからである。

第六に、相談部には權限及び管轄に付いて何等の制限がない。何人が如何なる事件を持ち込んでも一應は受付けねばならぬ。世人は法律を知らないから法律的にはどうにもならない事件でも持ち込んで來るであらう。そのすべてを受け付けてその處理に關し適切なる指示を與ふべきである。調停に適する事件あらば之を正規の調停機關に廻附せしめるのも一法であるが、場合に依つては相談部自らが調停に當るがよい。かくして成り立つた和解に法的效力を與へるが爲めには、判事を干與せしめるに依つて調停に「裁判上の和解」と同一の效力を認めるやうにしてもよいし、又場合に依つては公證人を利用して執行力ある證書を作成せしめるやうにしてもよい。要するに、相談部の權限及び管轄を無制限とし、苟も相談を受けた事件のすべてに對して適切な解決を與へ得るやうに萬事を仕組まねばならぬ。尙このことに關聯して是非共考へねばならぬことは關係者を召喚する權限を相談部に與へることである。相談部の召喚あらば何人も一應にそれに應じて出頭するの義務あることとするに依り、相談部の權威を極力强大ならしめる必要がある。

第七に、相談事件は無料たるを原則とし、民衆が氣輕に何でも相談をもち込めるやうにしてやる必要がある。勿論特別の費用を要する事件あらば、依賴人をして之を負擔せしむべきこと勿論なるも、成るべくそれを輕少ならしむるの要あるは制度の性質上當然である。

尙終に、本制度の實現に對して最も反對の意を表するのは辯護士であると想像するが、此種制度の實現に因つて仕事が少くなることを恐れるやうでは今後の辯護士は根本的にその立場を失ふと思ふ。自由職業としての辯護士は自由經濟の遺物である。辯護士を職とするに依つて巨萬の富を爲すが如きは過去の夢であると思つて貰はなければ困る。今後の辯護士は紛爭の豫防乃至簡易な解決に貢獻することこそその天職と考へねばならぬ。病人の多いことを望む醫者が過去のものとして排擊されねばならぬと同じやうに、辯護士が事件の多からんことを望むのは邪道である。辯護士今後の仕事の本道は寧ろ紛爭の豫防に協力するにありと言はねばならない。

法律相談部さへ適當に組織されさへすれば、これに依つて、無用の紛爭を事前に豫防するの效果は極めて大きいであらう。訴訟その他法律解決を要すべき事件も、これに依つて最も適切なる法的處理を最も簡易迅速に受けることが出來るであらう。成程現在調停制度は紛爭の解決上極めて大きな働きをしてゐる。しかし世間には調停にまで事をもつて來ることをさへ知らないものが多いのである。又紛爭の中には正規の調停に依らずして解決し得るものも若くはよりよく解決し得るものが多いのである。調停制度が滿足すべき成績を示しつゝあることを以て滿足することなく、更に一歩を進めて相談部の開設を考慮されんことを敢て司法當局者にお願ひする次第である。

時評

一九四三年七月号（一五巻七号／通巻一六三号）

高校大學連絡問題

從來色々に批評された高校大學の連絡問題が文部省の骨折によつて一應の解決を見たことは誠に喜ばしい。新聞紙も大體に於て好評を與へてゐるけれども、まだ〳〵研究解決を要すべき問題は殘されてゐるやうに思ふ。

先づ第一に考究を要するのは學區制の問題である。學區制のことは地方の諸大學關係者によつて前々から相當熱心に主張されてゐる。從來の制度によつても、又今度の改正に依つても、高校卒業生中比較的優秀なものが自然東京に集まることになり易いから、地方の大學にこの種の主張があるのは當然のことである。しかし同じく學區制と言つても色々あり得る。例へば學生の本籍地又は寄留地を規準とすると言ふやうな制度も理論的には考へられるけれども、轉籍寄留が自由になつてゐる現在の制度の下に於ては實際上此種の規準に依つて學區制の目的を達することは困難である。從つて實際上考へ得る方法としては、全國の高校を大學のいづれかに區分し專屬せしむる方法であるが、さうなると今度は東大に專屬する高校に入學志願者が殺到して、大學の問題を高校に轉嫁しただけの結果になりはしないであらうか。要するに、學區制には實施上色々の困難があつて實際上容易に行はれ得ないと思ふ。

さうなると、東京に入學志願者の殺到することを防止する具體的方策として考へられる唯一のものに、大學相互の間に存在し若くは存在すると考へられてゐる學校差をなくすことである。例へば、法學部だけの例をとつて見ても、現在のやうに東京帝大の卒業生が國家試驗を受ける上から言つても就職の點から言つても有利な立場にある限り、志願者が東大に集中することとなるのは自然であつて、人爲的にその傾向を阻止しようとしても無理である。

然らば如何にせば學校差をなくし得るか。それに付いて考へらるべきことが色々あるけれども、その中最も重要なことは現在東北及び九州にある法文學部から法學部を獨立せしむるに依りその敎授陣を强化することであると思ふ。現在でも法文學部は事實上法經文に分かれて運營されてゐるらしいけれども、かかる中途半端なことでは到底東大京大に匹敵し得べき充實した敎授陣を作ることは出來ない。よろしく法學部を獨立せしめてその內容を東大京大に匹敵し得るまで擴充すべきである。

次に考ふべきは、全國諸大學相互間の人事交流を自由にすることである。從來は各大學がそれぞれ獨自の性格をもつことが大學の性質上寧ろ望ましいと考へられてゐた。その結果各大學はそれぞれ成るべく自學卒業生の中から敎授候補者をとり、出來得る限り子飼ひの敎授によつてその陣營を固めようとした。しかし全國各地の大學を全體的に充實せしむる目的から言ふと、かくの如き割據主義は決して理想的ではない。よろしく各大學の卒業生の中から全體的に優秀者を選んで各大學に配屬せしめ、その後彼等を助敎授とし敎授とするに付いても全國的に融通配屬を圖るべきである。人人は恐らくかくすることに依つて大學が數十年の長きに亙り傳統的にもつてゐた人事の自治を失ふことになりはしないかと心配するであらうが、私の考へでは全國諸大學の各學部の間に協議會的の機關を設け之をして人事交流の實務を行はしめることにしさへすれば、全體として大學の人事が一般行政化する虞はないと思ふ。かくして全國各大學の間に敎育的見地から見て合理的な交流人事が行はれさへすれば、現存の學校差の如き之を克服することは極めて容易である。たゞしこの提案は著しく在來の傳統に反してゐるから、旣に各大學の敎授である人々の中には之に反對するものが極めて多いと想像するけれども、國家全體の教育計畫を合理的ならしむるがためには傳統的の大學割據主義を打破することが何よりも大切であつて、さうすれば國家的必要から考へて全國各大學に必要なる人材を配置することが可能となり、學校差も自ら解消されるのだと思ふ。

嘗てドイツに於て行はれてゐたやうに學生の側から教授を求めて自由に諸大學を遍歴し得るならば格別、現在のやうに學生が各大學に釘付けされることが必至的である以上、教授を合理的なる全國的教育計畫の下に全國的に交流せしめる方が寧ろ遙かに合理的であると私は考へるのである。

次に連絡問題に關聯して某紙は國家試驗の廢止を主張してゐるが、これは入學志願者の東大集中を緩和することに役立つのみならず、法學部の教育を改善刷新する上にも極めて大きい效能があると思ふ。嘗て私が本誌上に國家試驗廢止論を書いた所恐らく私學關係者と思はれる一部の人から官學擁護論だと言ふ意外な批評を受けたが、私の議論は苟も大學を卒業したものである以上官學私學を問はず無試驗で官吏となる資格を與へて差支へないではないかと言ふのであつて、無試驗になれば今より一層諸官廳が官學出身者を採用するであらうなどとは夢にも考へないのである。現に民間の諸會社がやつてゐるやうに各官廳が一面に於て大學の試驗成績を參考としながら、それぞれ採用試驗を行ふやうにしさへすれば現在に比べて私學出身者が不利益を受けると言ふやうなことは絶對にないと考へてゐる。尚國家試驗廢止論と言つても、それは唯大學卒業生に更に國家試驗を課するの要なしと言ふだけのことであつて、その以外の人々が官吏になる道を開くために國家試驗を存置するの要あることは勿論であつて、此點前の論を讀まれて誤解された方があるやうだから特に書き添へて置く。

尚國家試驗廢止論に對しては、官廳方面中特に司法當局の間に反對論者が多いとのことであるが、若しも司法當局者に於て大學卒業生の學力に疑ひをもたれるならば司法省自らに於て嚴重な採用試驗を行へばいゝ譯であつて、別に現在のやうな資格試驗を課する必要は毫もないと思ふ。尤も辯護士試驗を別に存在するの必要ありと言ふのであれば、これは司法省監督の下に辯護士會をして之を行はしめるがいゝと言ふのが私の持論である。

之を要するに、一面に於て極力學校差を小ならしむるに力むると同時に、國家試驗を廢止しさへすれば、法學部に關する限り志願者が東大にのみ集中する傾向は著しく緩和されると思ふ。それでも駄目ならば東京にも一つ法學部を新設して地方の法學部中或るものを之に吸收するとか、政府の補助と監督とを徹底的に强化して高校卒業生が喜んで私學に入學を志願する程私學の內容を改善充實せしめると言ふやうな方法を考へるの外ないが、これは又別論である。

時評

一九四三年八月号（一五巻八号／通巻一六四号）

法學は果して不急の學なりや

青年學徒に對する軍事的要求が增大するにつれて大學縮少論が盛になりつゝある。私も亦勿論軍事的必要眞に切實なるものあるに至らば大學縮少は愚か閉鎖も亦已むを得ざるべしと考へてゐる。しかし承服し難いのは法學其他文科系の學科は不急の學なる故に、此等の關係學部を縮少乃至閉鎖すべしとの議論である。

成程法學其他文科系の學は大體に於て理科系のそれに比べて直接には軍事的目的に役立たない。しかし總力戰的見地から考へると此等の學も亦それ〴〵其特質に應じて戰力の根基を培ふことに貢献してゐるのであつて、一概に之を不急の學なりと考へる譯にはゆかない。凡そ一國の學術文化は文理各學科の綜合的調和の上に成り立つてゐるのであつて、其一を重しとし其他を輕しとするが如き跛行的の方法に依つては到底一國の學術文化を圓滿に發達せしめることは出來ない。その綜合せられたる渾一體としての學術文化を戰爭の必要に應じ適當に戰力化し得てこそ總力戰の目的は達せられるのであつて、國內の政治・行政・經濟其他文化一般は勿論、外交關係・占領地行政其他對外的の諸關係のすべてが文科系の諸學科に依つて敎養せられたる人々に依つて適當に處理せられてこそ總力戰の完遂を期し得るのである。理科系の學科にしても、若しも直接に軍事的目的に役立たないものはすべて不急であると言ふやうな考へによつて此際其硏究を縮少するやうなことがありとすれば、原理的硏究は直に萎縮してやがては應用技術の基礎たるべき學術の源泉が涸渴して仕舞ふ。此種の原理的硏究は、一見甚だ不急なるが如くにして、實はいつ何時實際の應用を見出すかも知れないのであつて、かゝる一見不急なるが如き學科を深く硏究する者を絕えず培養して置いてこそ、一國の學術文化が自力を以て發達し、必要の場合いつでも之を戰力化することも出來得るのである。之を要するに、文科系なると理科系なるとを問はず直接軍事的目的に役立つや否やのみを標準にしてその不急なりや否やを考へることは國防的見地から考へても愼重を缺く考へ方であると思ふ。

しかしさらばと言つて、公私立のすべてを通じて現在の文科系諸大學を今後も尙現在のまゝ存置すべきかと問はれゝばそれに對する私の答は勿論「否」である。私は假りに戰爭と無關係に考へても、我國の實情に於て文科系の大學は數が多きに過ぐるのみならず、其收容學生數が甚だ多きに過ぎると考へてゐる。大學が眞に大學らしい敎育を施すとすれば、今程多くの文科系大學がなくとも、又學生が居らずとも、我國文化の全體的要求は十分充たされる。それにも拘らず、現在の如く文科系の大學及び學生數が多いのは明治此方の傳統に依つて官廳は勿論民間の會社銀行等に於ても就職上大學卒業生を偏重し、世間一般でも大學卒業生を不當に珍重するからである。大學自らが粗末な敎育をして居らうとも、又學生の實力が不十分であらうとも、大學卒業生でありさへすれば、專門學校乃至實業學校の卒業生よりも重視する風が世間一般にあるから、全國の多數靑年が大學に蝟集するのみならず、彼等を迎へる大學が增え又其學生收容數が增大したのである。此故に、私は現在ある文科系の大學及び學生の數を可成りの程度まで減縮して、此等を理科系に轉換せしむるなり、專門學校乃至は實業學校に振り向けるやうにすべきであると考へるが、それには其前提として官廳其他に於ける大學卒業生偏重の風を徹底的に是正する必要がある。たゞし此事たる因習久しきに亙るを以て、其是正を急速に實現することは實際上容易でないけれども、戰時下の今日こそ事を斷行すべき好機なりと考へ、敢て、當局者の考慮を促す所以である。

之を要するに、法學其他文科系の諸學科それ自身が不急なるにはあらずして、此等學科に屬する大學と學生とが不當に多過ぎるのである。その不當に多過ぎるものを整理すべきは當然であるが、それと此等の學科を不急なりとして整理すべきや否やとは全然別問題であつて、二者を混同すべきではない。

勿論、以上の議論は現在の法學其他文科系の大學の研究乃至教育が完璧であつて何等刷新の餘地なしとの論旨を含むものではない。しかし、其刷新は廣く各方面から愼重に考慮してのみ行はるべきであつて、直接軍事的目的に役立つや否やと言ふが如き單一的な標準に依つて考へらるべきでないこと言ふまでもない。

大學と體育

現在我國の教育制度に於て最も理解し難いことは大學に體育の存在しないことである。大學卒業生の殆どすべてが兵役に服することとなつてゐる現狀に於ても尙大學教育には何等の體育も存在しない。この位不思議なことがあらうか。

從來人々は一般に體育とは武道なりスポーツをやることだと考へてゐる。だから學に精進するを本義とすべき大學にとつては體育の如き暇つぶしは無用であるのみならず、有害であるとさへ考へる人が、教授の間にも父兄の間にも多い、否學生の間にさへ非常に多い。高等學校まではともかく、大學に入つた以上體育運動どころではないと言ふのが多くの人々の頭を支配してゐる考へである。かくして中學から高等學校までは相當の體力をもつてゐたものが大學入學後は全く體育を廢して仕舞ひ、其結果在學三四年の間に段々と體力をこわして仕舞ふ。戰時下の大學がかゝる現狀を看過してよいのであらうか。戰時下にあらずと雖も大學教育が凡そかくの如きものであつて差支へないのであらうか。私は心から之を疑ふのである。

成程今迄でも諸大學に運動場なり武道場を設備して學生の利用に供してゐる。しかし、實際それを利用して特別の體錬效果を擧げてゐるものは學生總數中の極めて少數者である。そうしてそれ等僅かのものが選手の名の下に對校試合をして勝つたり負けたりしてゐる華やかさを見て、如何にも大學に體育があるかの如き妄想を抱いてゐるものが多いのである。

しかし、戰時下國家の必要から考へると、こうして僅な學生がスポーツ・武道の類に依つて特殊の體錬效果を擧げても全體的には大した價値はないのであつて、學生全體の體力を學習と調和せしめつゝ錬成して軍事的目的に適合せしめるためには、全然考へを新にして計畫的に科學的體錬方法を學生全部に施す必要がある。

科學的體錬方法が短期間の間に如何に適確に優秀なる成果を擧げ得るかは既に各方面の實驗によつて極めて明瞭である。詳細のことは今茲に説明を略すけれども、要するに學生全體を體力の程度に應じていくつかのクラスに分類した上、一面愼重なる醫學的注意を加へ乍ら、一定の計畫の下に體錬を施せば必ずや學生全體の體力を向上せしめ得るのである。文部省は今夏諸學校に對して健民修錬を命じてゐるが、あゝした修錬を在學全期間を通じ全學生に施すやうにすればいゝ譯である。

現在諸大學では軍並に文部當局の規定に從つて學校教練を實施してゐるけれども、教練と體錬とは互に密接の關係をもち乍ら全然別箇の事柄である。體錬は寧ろ教練の基礎として必要なる基礎體力を錬成することを其職能とするものであつて、大學が教練を行つてゐる以上同時に適當なる體錬を學生全部に施すべきが寧ろ大學の義務であると考へねばならない。此事を此際よく〳〵諸大學の當局者に於て考へて欲しいと私は考へるのである。

私案によれば、大學當局者にして理解と熱意とをもちさへすれば、學習と調和しつゝ而かも殆ど何等特別の經費を要せずして、必要にして十分なる體錬效果をあげることは易々たるものである。敢て文教當局者の指令をまつまでもなく諸大學當局の此際速急に自發的實施に着手せんことを希望してやまない。

時評

一九四三年九月号（一五巻九号／通巻一六五号）

科學の研究動員と特許法の問題

八月二十日の閣議に於て「科學研究の緊急整備方策要綱」が決定され、之に依つて大學その他の研究機關を動員しその研究力を最高度に集中發揮せしめ就中直接戰力の增强に資する研究に關しては關係方面との緊密なる協力體制をとらしめること、なつた。決戰下當時の處置として吾人も亦双手を擧げて賛意を表するものであるが、此種のことたる既に前々から各方面の人人に依つて要望されたことであり、既に或る程度までは協力組織も出來てゐるにも拘らず一般的には今日までまだ十分に其成果を擧げてゐないことを考へて見ると、其間に事の實現を妨げる幾多の障碍があるものと想像される。從つて、それ程の障碍を除去すべき方途を別に講ずることが問題解決の爲め絶對に必要であつて其用意を怠りながら、協力組織のことだけをいくら急いでも結局十分に其目的を達し得ないと私は考へる。

元來學者には、ひとり自然科學の關係に限らず、一般に各自の好む所に從つて獨自の研究を行ふことを好む傾向がある。而してかくすることが各自の研究を進め、惹いては學問全體の進歩を圖る上に好ましいと言ふ聲も確かにあるのではあるが、一國の學術技術を全體として組織的に且急速に進歩せしむるが爲めには是非共一定の計畫の下に多數の學者を分擔協力せしめる必要があるのであつて、各自の好む所に萬事を放任して置く譯にゆかない。殊に戰爭の必要緊迫せるものある今日急速に科學技術の進歩を圖らんとする以上協力研究の必要は絶對的であつて、それが爲めには學者の獨自を好む傾向も無視せねばならず、其他協力を妨げてゐる一切の事情を取除くことを此際至急に考へ又實行せねばならない。

自然科學方面の學者の協力研究を妨げてゐる事情は實際上色色複雜してゐると思ふが、此點に付いて最近寺澤理學博士が新聞記者に對する談話の中で、現在の學位制度及び特許制度が學者の研究を個人的ならしめ、研究を祕密にする風を馴致しつゝあると述べてゐることは特に注目の價値があると思ふ。以下に此中特許制度に關して多少の私見を述べて見たい。

特許を得る爲めに研究を祕するの要あるは言ふまでもないが若しもそれが爲め戰爭の必要緊切なるものあるに拘らず尚且協力的研究が妨げられてゐる事實があるとすれば、何を措いても其障碍を除去する工夫をしなければならぬ。元來特許制度の目的は發明者に發明利用の獨占的權利を與ふ事に依つて發明を奬勵せんとするにあるが、更に進んで如何なる目的の爲めに發明を奬勵するかと言へば言ふまでもなくかくすることが國家公共の利益に合致すると考へられるからである。從つて若しも現在の如き方法に依る奬勵が一面個個人の發明を奬勵する效果があるとしても、他面に於て若しも國家的見地から見て急速なる發明の成就從つて其利用を妨げてゐる事實があるとすれば之を改正すべきが當然であつて改正を躊躇すべき理由は少しもない。

具體的の改革案に付いては考ふべき點は色々あるけれども、根本問題としては現制に於けるが如く發明を發明者個人の自由商品とする考方そのものが大に批判の價値があるのだと思ふ。發明者の勞に報ひ功を賞するの道は極力之を講ぜねばならぬけれども、それが爲め彼の發明を彼個人の自由商品とせねばならぬ理由は少しもないのであつて、國家公共の立場から理想的に考へると發明者に對する報勞賞功の問題と發明利用の問題とを引き離して別途に考へ、發明の利用は國家的に見て最も必要にして適切なる方法に依つて行はしめることが望ましいのである。現在でも軍事上祕密を要し又は軍事上若くは公益上必要なる發明に對しては特別の措置を講ずる途が開かれてゐるけれども（特許法第一五條第四〇條、特許收用令參照）、私の考へでは特許制度全般を通じて發明の公共性をもつと格段に强調することが必要であつて、そうすれば特許の關係から學者が研究上の協力を拒むが如き風も自ら矯正されると考へられるものである。此思想を制度上具體的に如何なる形で現はすかに付いては色々の考案があると思ふが、大切なことは發明を發明者個人の自由商品とする考へを徹底的に取り除いて其公共性を强調する根本の考へ方を基礎原理として確立することである。

此意味に於て私が最も改正を要すと考へるのは、被用者の發明保護に關する第十四條の規定であるが、其外にも例へば今後學者技術者の協力研究が盛に行はれるとすれば、其間に生まれて來る發明の權利歸屬に關して今から豫め何等か特別の措置を講じて置く必要があるであらう。現に「研究の協力」と題して研究隣組の活動狀況を報道してゐる後藤正夫氏（日本評論九月號三七頁以下）も此問題に觸れてゐるが、氏が「一組合員の創意を横取りして特許出願でもなすやうな不德義がもし今後起ることがあれば、この研究課題に關し第一線の研究者ばかりの集りである組員達はこれを默過しないであらう」と言つてゐるやうに、此種の問題を關係者の德義心にのみ任せて置いては、愈々紛議の起つた場合收拾がつかないことになると思ふから、政府として寧ろ法律を以て特別の措置を講じて置くべきだと私は考へるのである。

軍事援護學會の創立

全國官公私立大學の文化科學關係諸敎授の協力に依つて新に軍事援護學會が創立された。文化諸科學の力を結集して總力戰の基礎たるべき軍事援護のことを研究し、その理論を考案すると共に政策を檢討して、正しき軍事援護思想の昂揚を圖ると同時に實際上の諸施策を完璧ならしむることに貢獻するを以てその使命とする。

軍事援護は從來實際の必要に應じ漸を追うて發達して來たものである爲め、今までの所まだ一貫した理論的基礎と組織的體系とをもつて居らず、之に關する知識も關係當局者の間にのみ限局され、從つて又一般的には科學的研究の對象となつてゐない。しかしながら、今日今後の戰爭の總力戰的性格は戰力の基礎的要素として完全なる軍事援護を必要とする。蓋し軍事援護こそは前線と銃後とを一丸とし全國民一體となつて總力戰を戰ひ拔く人的基礎を固めるものだからである。從つて、之が研究の爲め文化諸科學の總力を動員し、その科學力を戰力化するの要あるは當然であつて、その意味に於て軍事援護の研究は國防科學の重要なる一環をなすものと考へることが出來る。從來人々は一般に國防科學を主として自然科學にのみ關係するものと考へ、文化科學關係に於ては高々戰爭經濟を研究する位のことが國防科學に關係すると考へるやうな傾向があつた。しかしながら、軍事援護の國防的價値の重要性を考へて見ると、凡そ人間のことを研究し社會のことを研究し國家のことを研究する一切の文化諸科學を此問題の研究に結集するの要あるは勿論であつて、此等諸科學の協力に依つて軍事援護の完璧を期することは國防科學の一部門として極めて重要性をもつてゐる。

今後の戰爭は大規模にして且組織的なる軍事援護を用意するに依つてのみ完全に戰ひ拔くことが出來る。戰時は勿論戰後に亙つて起生する軍事援護的必要を十分滿足せしめ得べき計畫的用意を爲すことは國防の完璧を期する上に於て絕對的に必要である。この意味に於て、國防科學的研究一般がひとり戰時に於て必要なるにあらず、平時より十分用意されねばならぬと同樣、軍事援護の科學的研究も亦戰時平時に亙つて行はれねばならぬ。從つて、今回創立された軍事援護學會も現下の戰局に卽應した急場の需要を充たす仕事にのみ沒頭することなく、今後永きに亙り國防科學の重要なる一環として軍事援護學の樹立に邁進せねばならない。

軍事援護が法學者の協力を要求してゐる問題も極めて多岐に亙つてゐる。一二の例を擧げると、先づ何よりも大切なことは經濟・財政等の諸學者と協力して軍事扶助法を中心とする現在の軍事扶助制度を徹底的に擴充整備する方策を研究することである。手近かなことを例にとつて見ても、現在官公吏並に會社その他の使用人等は應召中引續き俸給給料の全額若くは一部を支給されてゐるに反し、農家の子弟其他雇傭關係になかつたものには此種の支給が爲されないのは勿論であるから、此方面に於ける家族の生活扶助は制度として甚だ不完全なりと言はねばならぬ。而かも此現狀を矯救することは實際上六かしい事柄であつて、學者の協力研究を待つ難問題の一である。

次に差し當り速急なる法律家の協力を要望してゐる問題としては出征軍人並にその遺家族を繞つて起生する幾多の法律問題を解決すべき法律扶助を如何にすべきかの問題がある。此種の法律問題に對し夫々の個人並に家庭の實情に應じた具體的に妥當な解決を輕易且迅速に與ふる方策を考究實施することは現下の實情に鑑み極めて重要であつて、法律家の協力を待つ大きな一分野がこゝに殘されてゐる。

時評 一九四三年一〇月号（一五巻一〇号／通巻一六六号）

國內態勢强化方策と大學教育

決戰を前にして、徹底的なる國內態勢强化方策が實施せられんとしつゝある。國民一般の素より兼々期待したる所、其實行の飽くまでも急速にして、且徹底的ならんことを希望してやまない。

國民動員の徹底を圖るが爲め、(一) 一般徵集猶豫を停止し理工科系統の學生に對し入學延期の制を設く、理工科系統の學校の整備擴充を圖ると共に、法文科系統の大學、專門學校の統合整理を行ふ、(二) 徵集徵用の範圍を擴大普遍化し、特殊技術を掌る者以外の除外例を撤廢す等の一節が情報局發表の中に記されてゐるが、之が大學教育特に法文科系統の大學教育に及ぼすべき影響は極めて甚大であつて、それが具體策を樹つるに付いては應急臨機の方途として考究を要する幾多の問題あるは勿論、我國今後の文化に及ぼす影響をも考へながら永久の方策として特に注意を要すべき幾多の問題がある。文政當局者に對して此際格段の熟慮を望むと共に、斷行の勇を奮はれんことを希望するもの恐らくは吾々ひとりのみではあるまい。

我國に法文科系統の大學が多きに過ぐること、殊にその學生數の多きに過ぐることは萬人の均しく認むる所である。從つて、「理工科系統の學校の整理擴充を圖ると共に法文科系統の大學專門學校の統合整理を行ふ」ことは特に此際にあらずと雖も必要なりとするは有識者一般に通ずる意見である。而して此事を斷行する時機として今こそ實に絕好無二の機會なること勿論であるが、それが具體の策を樹つるに當つては、臨機の措置と永久の策とを混同して緩急事を過る勿らんことを希望したい。臨機の措置として相當徹底的なことが行はれねばならぬのは勿論であるが、その勢に乘じて容易に永久策として合理的なる方策を實現し得たと考へるのは輕率である。今まで法文科系統の大學が不當に多かつたと言つても、それは決して偶然の現象ではなくして、色々の原因があるのである。從つてこれ等の原因を硏究して事をかくあらしめた裏面の社會的諸條件を整理せざる限り、學校の統合整理のみを切離して合理的に行ふことは出來難いと考へねばならぬ。

此點に付いて一二特に重要と思はれることを摘示すると、例へば從來我國の官廳會社等が新規採用を行ふに當つて學校卒業資格を重視することが一般の例をなしてゐるが、これが一般の青年に對しても又父兄に對してもともかく大學に入りたい、大學を出したいと言ふ氣持を起さしめる大きな原因をなしてゐることは當面の問題を考へるに付き最も注意を要する事柄である。かくして、實質的に學德を磨くと言ふよりは、ともかく大學なり專門學校の卒業生たる肩書を得たいと言ふ念願から此等の學校に入學したいと言ふ氣風が一般を支配してゐる限り、此等の學校に青年が蝟集するのは當然であつて、教育的に見ても國民保健の見地から考へても最も弊害ありと考へられる夜學生の不當に多いことなどもこれに原因してゐるのである。從つて此種の氣風を徹底的に矯正すべき方途を別に講ぜざる限り、學校從つて其收容學生數のみを如何に減少しやうとしても、結局は入學競爭が激しくなるだけのことであつて、問題の實質的解決は出來ない。一旦は假りに學校を減少し得たとしても、社會的需要に押されてやがては再び逆戻することとなるべきは今から容易に豫想される。

次に、法文科系統の大學、專門學校を統合整理して、理工科系統の學校の整備擴充を圖るにしても、唯機械的に一方を減少し他方を增加するのみでは、到底優秀な青年が後者に集まつて自然に我國の科學技術が興ること、なるとは考へられない。こゝでも考へねばならぬのは、何故に從來優秀な青年が法科系統の大學を志望するかの原因を考へて、その原因をなしてゐる諸事情を除去することである。それに付いては考ふべき事柄は非常に多いが、就中特に必要なるは官廳會社等に於ける技術者の地位、研究所に於ける研究員の待遇等の改善である。その改善上物質的の問題を考慮せねばならぬのは素よりであるが、それにも增して大切なことは技術者の仕事上の地位を向上せしめることである。經營企劃の大本を法科出身者の手に握りながら技術者の意見は單に參考的にしか聽かれないと言ふやうなことが行はれてゐては、よしんば彼等の物質的待遇が如何に改善されやうとも、優秀者をその地位に迎へることは出來ない。これが惹いては優秀有爲の材が理科系に志すことを妨げること、もなるのである。さらばと言つて、私は必ずしも技術出身者をして部局の長たらしむべしと主張するのではない。部局の長には自らそれに適した學識經驗者を置いてよろしい。技術者には技術者として其職務上の權威をもたしめ、技術者として技術者らしく其志を延べしめるやうにすることが何よりも大切なのである。此種の弊は最近會社方面に於ては漸次相當矯正せられつゝあると傳へられてゐるが、官廳方面に於ては今尚大に改善の餘地が殘されてゐると思ふ。無論それには他面に於て從來の技術者がとかく自己の技術的職域にのみ閉ぢ籠つて大局を見るの識見を缺き勝ちであつたと言ふことも大きな原因を爲してゐると思ふ。從つて、今後理工科系統の學校の整備擴充を圖るに當つては、其教育內容をひとり技術教育にのみ限局することなく、技術の在り方、從つて其發展を規定する政治的・經濟的・社會的の諸條件に關する識見を涵養するやう教育上特に注意する必要があるのであつて、かくしてこそ初めて眞に經營の棟梁たるべき大技術者を育成し得るのである。

研究所の如きにしても、研究員のすべてをして全力を傾倒して心措きなく研究に沒頭せしめる爲には、上に研究者の仕事を理解し、その苦心に心から同情してくれる長を頂くことが何よりも大切であつて、單に事務的に統理するを以て能事了れりとするが如き長を頂くやうなことでは到底研究能率を擧げることも出來ず、從つて又優秀なる科學者を研究員として迎へることも出來ない。この事は研究員に對する物質的待遇の問題とは別に大に考慮を要する重要事である。

かくの如く、法文科系統の大學、專門學校を統合整理して理工科系統の學校を整備擴充するに付き永久策を考案するに當つては、單に直接教育に關する局面にのみ注意を拂ふことなく、廣く上述の如き社會的諸條件を考慮することが絕對に必要であるから、永久策を樹立するに當つては彌が上にも周到愼重なる考慮を拂ふを要し、假そめにも當面の應急的處理に引きずられて輕々の處置に出づるが如きことなきやう、此際特に吳々も希望して置きたい。

尙臨機應急の策について、何よりも重要なるは「時間」と「能率」とであるから、吾々局外者としては唯々一刻も速かなる當局者の善謀實行を待つのみであつて、今更特に進言すべき何物もないが、希くは今や愛國の至誠に燃え上がつてゐる青年學徒をして、多少共戶惑ひを感ぜしめるやうなことなく、彼等の熱意を一刻も早く十二分に活かし得るやう速急に措置して欲しいと思ふ。尙此際學生をして何等後顧の憂なく勇躍して前線に向はしむるが爲めには、文敎當局者としても又學校當局者としても特に軍事援護の精神から萬全の注意を拂ひ、彼等をその「學生兵」としての長所を遺憾なく發揮せしめることに留意するの要あること勿論であるが、此點も青年學徒の心情に十分の理解をもつ當局者に於てをさく〳〵怠りないと思ふから、改めて管々しいことを申す必要はない。

時評

一九四三年一一月号（一五巻一一号／通巻一六七号）

文科系學生の減員と法學教育の將來

大學に於ける文科系學生の定員數を大々的に減少せしむる方策が閣議に於て決定されたと傳へられてゐる。今後大學に於て法學教育を受くるものが自ら大に減少すべきことは必至であつて、このことの我國法律文化の將來に及ぼすべき影響は極めて甚大である。私は今茲に此方策に對して批判的意見を述べることを避けたいと思ふが、少くとも數年後法學教育從つて法律文化一般が之に因つて蒙るべき影響を豫想して今からそれに對する對策を考へて置く必要を痛感しその點に關する所感の一端を述べて置きたいと思ふ。

先づ第一に法學生の減員に因つて最も大きな影響を受けるものは司法省であらう。今でさへ官立大學に於ける法律學科の學生數は年々著しく減少しつゝある。此上法學生が全體として減少すれば、法學專攻の學生數はいやが上にも減少するに違ひない。かくして、有爲の青年にして司法官を志望するものの今後愈々減少すべきは必至であるが、司法の將來を考ふるとき、甚だ憂慮すべきものがあると私は考へるのである。司法當局者は此問題を果して如何に考へてゐるのであらうか。

之に對する對策についてはいろいろ考へられるであらうが、私としては諸大學に於ける法律學科の教育を改革して直接司法官の養成を目的とするものとし、同時に司法科試驗を廢止して法律學科卒業生のすべてに司法官若くは辯護士の試補たるべき資格を賦與すべきであると考へてゐる。法律學科卒業生にかゝる資格を賦與する制度は嘗て官立大學についてのみは行はれてゐたことがあるのであるが、今後私立大學の數が減少されるとすれば、私立大學にも同様の取扱を與へて然るべきである。若しも、私立大學の數をそれ程減少し得ないとすれば、其中或るものを擇んで特にかゝる學科を置き得ることとするのも一法であらう。或は官立大學についても、すべての大學に必ずしもかゝる學科を置き得ることとするの要なく、場合に依つてはその中に特に一を擇んでかかる學科を置かしむることとしてもいいと思ふ。要するに全國を通じてかゝる學科の學生定員數を計畫的に定めた上、之に對して特に司法官養成を目的とする敎育を施すこととすればいい譯である。

かゝる學科に於ける敎育は司法官養成を目的とするが故に、司法省と聯絡してその內容方法を實際化する必要がある。現在私學の或るものでは特に司法科向きの敎育を行つてゐるとのことであるが、それは司法科受驗向きの敎育を行つてゐるに過ぎずして、敎育そのものが直接司法官養成を目的として行はれてゐるのではない。

尙かゝる學科の敎育を實際化すべしと言つても、それは決して無闇に唯實用向きを目指して卑近な敎育を行へと言ふのではない。要は、現在のやうに法律學科政治學科の區別を爲さず、漠然理論を主とした講義を以て事足れりと爲すことなく、同じく法學を敎へるにしても法律學科にあつては特に司法官養成に適するやうな方法で講義は勿論演習制度等をも大に活用して、司法官にとつて必要な智識を與ふるの外、司法官として必要な法的思惟に習熟せしむることに力を致すべきである。尙司法官を養成するからと言ふても、敎育內容を單に法的技術の末にのみ集中すべきではなく、法律史・比較法學・法律社會學はもとより經濟學・政治學・倫理學その他凡そ司法官としての資質を錬成するに必要なる學科をも敎授すべきこと勿論である。

かくして法律學科の敎育を司法官養成に向つて徹底すれば、大學敎育としてもその目標がハツキリするから敎育が活きて來ると思ふし、司法省としても優秀な青年を司法官として迎へることが出來るやうになる。法律學生の數が減少することを必ずしも苦しむ必要がないことになると考へる次第である。

尙、かくして法律學科の敎育を徹底的に改革するとすれば、同時に政治學科・經濟學科等に於ける法學敎育もそれ〴〵其目的に應じて之を改革する必要がある。殊に今後私立大學學部の或るものが專門學校化されるとすれば、か丶る學校に於ける法學教育にもそれ〴〵學校の教育目的に相應した特別の工夫を加へる必要があると思ふ。此等の學部乃至學校に於ける法學教育の內容及び方法はそれ〴〵の教育目的に從つて特に考慮せらるべきであつて、法律學科のそれを單に數量的に壓縮したるが如き教育を行ふことは絕對的に之を避けねばならぬ。必要なるは教育の內容及び方法の質的改革であつて、量的變化ではない。

之を要するに今後法學部の學生が全體として著しく減少するとすれば、之に對して施さるべき法學教育に相當徹底した改革を加へる必要がある。さもないと、學生數の減少はやがて我國法律文化の低下を誘致する虞がある。學生數の減少を寧ろ善用する方法を今から考へて置く必要があることを特に聲を大にして主張したい。

學生と勤勞協力

今回閣議に依り學生をして一學年の三分の一まで勤勞に從事せしめることとなつたと傳へられてゐるが、學生勤勞の特質に鑑み、一面教育との聯關を十分考慮すると同時に、此際國家の爲め最も必要なる方面に於て最大の能率を發揮せしめるやう適當に企畫實施されることを文部及び學校當局に切望したい。

具體的の企畫に付いてはこ丶に言ふべき限りでないが、從來の實情から見てゐると、協力令の運用上その精神が十分に活かされて居らずそれが却て實際上各種の不都合を生ぜしめてゐるやうに考へられるから、以下に同令の解釋運用に關し私見の一端を述べて、當局者の參考に資したいと思ふ。

協力令に依る勤勞の、徵用と異なる特色は、第一に勤勞が國民勤勞報國隊に依つて團體的に行はる丶こと、第二に違反者に對する制裁規定のないことである。所が、同令の規定だけでは報國隊を組織して出す市町村長・團體長・學校長と報國隊に依る協力を受ける側との關係が明瞭でないのみならず、個々の報國隊員と協力を受ける側との關係も不明確であつて、それが爲め運用上同令の精神に背反するが如き事例が出來るやうに思はれてならない。

先づ第一に、同令に依る協力は團體的なるを特色とするが故に、協力を受ける側との關係も亦飽くまでも團體的でなければならぬ。卽ち協力を受ける側と法律上關係するものは報國隊の責任者たる市町村長等であつて、個々の隊員ではない。

從つて、勤勞に關する事實上の指示は勿論協力を受ける側から與へられるけれども、法律上その指示の相手方は報國隊の責任者であつて、普通の職工や應徵士の場合のやうに、事業主が直接個々の隊員に對して指揮權をもつのではない。指示はすべて報國隊の責任者に對して行はるべきであり、個々の隊員に對しては責任者から直接指揮が行はるべきである。個々の隊員が職場に於ける規律に服すべきは勿論であるが、例へば彼等が之に違反した場合に之に對して命令を爲し若くは制裁を加へるのは責任者であつて事業主ではない。然るに、從來の實情に於ては、責任者も自らを單なる紹介者のやうに考へて報國隊に依る協力の實施全體に對する責任者たることを十分自覺してゐないと考へられる場合少からず、事業主側でも直接個々の隊員を使用してゐるやうに考へてゐると思はれる場合が少くない。これは明かに協力令の精神を誤解したものであつて、今後同令の運用上最も注意をして欲しいと思ふ點である。

協力令が違反者に對する制裁規定を設けてゐないのもこの團體主義と關係があるのだと思ふ。例へば、學校が報國隊を出す場合には、學校長が隊員の行動に對して責任を負ふものなるが故に、隊員にして勤勞上不都合の行爲があれば、學校長は學校內部の懲戒規定に依つて之に處罰を加ふべきである。所が市町村長が報國隊を出すやうな場合には、市町村長にそれだけの權限がないから、學校の場合程十分の統制をとりにくい譯であるが、此點若し必要あらば何等かの規定を設けて團體主義の徹底を圖るべきであると思ふ。

尙協力に要する經費は法規上協力を受ける者に於て負擔することとなつて、之を受領する權利者は市町村長・團體長又は學校長でなければならぬ。現在實際の取扱ひに於ては直接個々の隊員に金を渡すやうなことが行はれて居り、少くとも隊員が直接權利者であるやうに考へてゐる向が少くないやうであるが、團體主義の立前から言つて、これは絶對に間違ひだと私は考へてゐる。團體として報國隊を出す以上、之に要する經費を受けるものが團體でなければならないのは條理上當然である。團體內部の實情に依り個々の隊員に金をやる必要があるとすれば、團體長から渡すやうにすべきであつて、事業主側から直接隊員に支拂ふべきではない。かくすることに依つて團體としての統制もとれ易くなるし、報酬を對價として勤勞するが如き精神を徹底的に拂拭して勤勞協力の國家性を高度に發揮し得るに至ると私は考へてゐる。

之を要するに、今後學生の勤勞協力が强化されるとすれば、先づ此制度の立前を明徵にして團體主義の精神を徹底し、之に依つて教育と勤勞との調和を圖ることに力めねばならぬ。敢て當局者の考慮を切望する次第である。

時評

一九四三年一二月号（一五巻一二号／通巻一六八号）

闇と遵法精神

闇を絶滅する爲めに國民一般の間に遵法精神を昂揚せしむるの要あること勿論であるが、さてその方法手段を如何にすべきかの點に至ると、統制の合理化を圖つて闇の發生を自らに防止すべしとか、嚴罰主義を以て威嚇すべしとか言ふ以外、今尙餘り名案を聞かない。

統制方法を合理化して極力無理をなくすことが闇の防止上重要なるは素より言ふまでもない。嚴罰を以て一罰百戒の實を擧げることも確に有效であらう。しかし、何と言つても國民一般をして闇が國防經濟的見地から見て如何に悪質の犯罪であるかを自覺せしめることが最も大切であつて、それには今よりもつと組織立つた有力な方法に依つて國民一般に國防經濟の機構全般に關する知識を與ふると同時に、總力戰の本質に關してもつと徹底した深刻な認識を普及せしめる必要があると私は思ふ。

私は最近病を得て四國の農村に歸休してゐる一學生から農村の實情を記した長い手紙を貰つたのであるが、その一節に次のことが記されてゐる。

「農村に時局認識がないといふのではありません。しかし彼等にとつて戰爭は武力戰です。しかも日本軍がどれだけ前進したか、これが彼等の時局認識です。この意味での時局認識は全く徹底してゐます。けれども農村が時局に覺めてゐるといふのは單にそれだけにすぎません。彼等の間に行はれてゐるのは、依然として自由經濟であり、倫理であります。從つて彼等は闇を恐れることを知りません。闇で買つてくれて小使錢ができたと人人の中で話しあつて喜んでゐるその姿――。彼等にはインフレーの恐怖もなければ、闇が恐ろしいこともわからないのです。彼等が恐れるものは、警察であつて、一國經濟力の破綻ではありません。貯蓄と增產とは每月の常會でいはれないことはないのですが、いつもいつも同じことを繰返したところで自由經濟的精神の殼が破れない彼等の間ではそれは最早單なるお題目以上の何ものでもありません。何が故に貯蓄すべきか、何が故に增產に精力を傾倒しなければならないか、これを尋ねて一村の人中何人の人が答へることができるか、數日前私をたづねて來た二人の中堅靑年は恐らく誰も答へることはできまい、我々は未だそんな話はきいたことがないとして私の話を冗談のおどかし文句とし か考へてゐません……」

「……闇をしないで物を賣ると笑はれる狀態の中で、人々は嚴罰を科さねば闇がやまるものかといひ、經濟警察は何をしてゐるかといひ乍ら、罰が輕いこと、警察が叱らないことが闇を許されたるものとでもする樣に平氣で闇をやつてゐる。嚴罰は刑事政策的にも問題でありませうし單に威嚇でをさまるとも思ひませんが、效力のないことでもないでせう。しかし最近警察殊に經濟警察への信賴感のうすれた下では農民の反感をそゝるかも知れません。警察官はもつと自重してくれないと純な人々の心は荒むばかりです。私の見る所では、農民は無知といつても馬鹿ではないのだから、闇の恐るべきことを敎へることこそ嚴罰以上に急務であつて、純な心のうすれてしまはない間はかなりの效果が期待出來ると信じます……。」

以上の外、此學生は、農村民の間に眞の勤勞精神が缺けてゐること、泥棒根性が段々に人心を荒廢せしめつゝあること、農村指導者の不認識と技術的貧困等につき幾多の實例を擧げて誠に戰慄に値すべき農村の實情を詳しく記し、此現狀を救治するには是非共現在戰はれつゝある戰爭の本質に關する認識を深めると共に、農村民の間に眞の勤勞精神を興し、道義精神を高める爲めの敎育運動が必要であると主張してゐる。

此農村は決して新聞も讀まず、ラジオも聞かないやうな寒村ではない。それにも拘らず、吾々が從來屢々新聞なりラジオを通して見聞きしてゐる大臣その他の高官の講演や專門の學者實務家等に依つて行はれる時事解說の類が此農村の人々一般には殆ど通じてゐないと思はねばならぬ。此農村にも大政翼賛會なり翼賛壯年團の地方組織は相當の程度まで働きかけてゐるに違ひない。それにも拘らず、これ等を通して此農村の人々が時局に關して正しい認識を與へられてゐるとも思はれないのである。これは一體どうしたことであらうか。中央では相當大掛りで民衆の啓蒙宣傳に力めてゐる積りでも、全國の隅々までは中中徹底しない。恐らくはひとり此農村のみならず全國一般の農村には原則として徹底して居らず、都會でさへも一般市民には恐らく十分に通じてゐないのではあるまいか。さう考へて見ると、從來我國に於て行はれてゐる社會敎育が時局認識を全國民の間に徹底するに付き方法的にも內容的にも極めて不完全であつたと思はざるを得ないのであるが、政府殊に文部省並に情報局當局や新聞社關係の方々はこの點をどう考へて居られるのであらうか。

時局認識に徹せず、總力戰の本質を理解せず、決戰下尙自由經濟とその倫理とに慣れて何等顧る所なき民衆に對し、如何に遵法精神の貴さを說いても恐らくは馬の耳に念佛であらう。かくして闇の絕滅を期待することは恐らく百年河淸に待つの類であらう。政府當局者が此際一日も速に構想を新にして民衆の啓蒙敎育に付き一段の大努力を爲さんことを希望してやまない。

よろしく先づ知らしむべし、理解せしむべし、かくするとき民自ら據るべき所以を悟るに至るであらう。此理を理解することこそ遵法精神昂揚の要諦であると私は考へてゐる。

法の尊重と法の活用

決戰下諸事迅速を旨とすべき今日、官吏の間に今尙繁文褥禮の弊ありと傳へられてゐるのは甚だ遺憾である。最近一般官吏に對し、法條の末に捉はるゝことなく、よろしく法の精神を活かして事を處理すべしと言ふ趣旨の諭示が上司から與へられたのも恐らくそうした實情に原因するものと想像する。

非常の際と雖も濫りに法の無視すべからざるは素より言ふを俟たない。否非常の際こそ法に依つて秩序を整然たらしめ以て兎角陷り易い混亂に備へる必要がある。所が永きに至る平常時の法治行政機構に慣れた一般官吏は唯々責任を負はざらんことにのみ專念して行動の規準を專ら法規に求め、法規なくんば動かず、法規に疑ひを有するも亦動かず、疑はしき場合自己の責任を以て獨斷專行して臨機變に應ずるの道を知らない。無論行政一般は戰闘と本質を異にするから、たとへ戰時と雖も獨斷專行の必要が戰闘の場合に比べて極めて少かるべきは當然であるけれども、同じく行政と言つても戰時非常の際には自らそれに相應した執務振りがなければならぬ。專ら唯責任を負はざらんことを念とするが如き消極的態度を以て執務することは絕對に許されない。殊に何よりも「時間」が物を言ふ決戰下の今日假初にも責任回避の動機から事務を延滯せしむるが如きことは一瞬時と雖も絕對に許されないのであつて、官吏一般が此點に付き深く反省するの要あること素より言ふを俟たない。

たゞし如何に決戰下危急の際とは言へ、制度並に行政慣行を現在のまゝにして置きながら、當面の責任者たる下僚に對してのみかゝる反省と發奮とを求めても、それは無理な注文であつて、それのみでは結局大した實效を擧げ得ないと思ふ。よろしく緊急の際寧ろ自己の判斷と責任とを以て獨斷專行すべきことを達示し、その際處置よろしきを得るものあらば大に之を賞し、假りに又後から考へると多少處置を誤つたと考へられるやうなことがあつたとしても事情により必ずしも深くとがめないと言ふ趣旨の訓示を與ふるに依つて、大に官吏一般の志氣を鼓舞すべきであると思ふ。

それにしても、法治行政の本領はもとより之を守らねばならぬこと勿論であるから、軍人が戰鬪の場合から類推して直に同様の獨斷專行を一般官吏に求めるのは無理であつて、行政には自ら行政の道があることが十分に認識され尊重される必要がある。さもないと、官吏の一擧手一投足がやがて一般民衆の間に混亂を惹起し不安を釀成する虞が大にあり得るからである。要は法を尊重しながら而かも法を活用して臨機の處置をとるにつき萬遺憾なきを期することであつて、非常時の故を以て濫りに法を輕視すべきにあらざること素より言ふを俟たない。政府當局者の深き考慮を要望してやまない。

一九四四（昭和一九）年

時評

一九四四年一月号（一六巻一号／通巻一六九号）

學術研究會議と法學

従來自然科學にのみ局限されてゐた學術研究會議が新に文化科學を取り上げてその中に法學部門を置くに至つたことは誠に喜ぶべきことである。全國の法學者が此機會を利用して大に研究協働の實を擧げ、以て法學の「國家ニ須要ナル學術」たる所以を發揚せんことを希望してやまない。

従來我國の法學界には全國的の研究協働組織が缺けてゐる。部分的には多少の共同研究が行はれてゐるけれども、全體としては全く無組織である。それが爲め、研究題目も一般的には學者各自の好む所に放任されて居り、一方に於て同じ題目が無秩序に重複的に研究されてゐるかと思ふと、他方では必要な事柄が殆ど何人に依つても顧みらるることなしに放擲されてゐる有樣である。要するに、大體に於て學者各自がその大學に於て擔當する講座に關聯して好きな題目を研究してゐるのが我國法學者の現狀である。大學內部に於てさへ研究の組織と計畫とをもたないのが一般である。これでは、法學が「國家ニ須要ナル學術」としてその本領を發揮し得ないのは當然であつて、此弊を打破することは刻下の急務である。

それが爲めには、全國の法學者が自らその國家的使命に目醒めて研究協働の組織を建設することが望まれる譯であるが、今回學術研究會議內に法學部門が設けられたことは正に此問題を解決するに付き絶好の機會が提供されたものと言ふことが出來る。希くは、文部當局並に會議の幹部の指導よろしきを得、極力全國有爲の學者を漏れなく網羅して有力なる研究組織を作ると共に、適切なる題目を擇んで研究の總力をそれに向つて集中せしむるやう配慮されたい。

唯此際特に一言注意して置きたいことは、從來政府指導の學會が動ともすると、單なる寄り合ひ式に墮し、總花主義に陷つて、結局有力なる指導組織の下に重點主義的に着々仕事の效果を擧げてゆくことが出來なかつたことである。單なる寄り合ひの下に眞の協働は成り立ち得ない、中心に有力なる指導組織を作ることに成功してこそ眞に研究協働の實を擧げ得るの理を、此際會議の幹部に於て呉々も考へて欲しいと思ふ。端的に言ふと、ひとり法學に限らず、學者の集まりと言ふものは、とかく大小の天狗が角を突き合はせながら而かも互に批評を加へることを遠慮し合ひ勝ちなものであり、それが爲め折角の會合も十分の成果をあげ得ないものである。この弊を防ぐが爲めには、是非共初めから十分の組織を作り、研究題目の選定、協働方式の決定等に付いても、一面會員のすべてをしてその意を盡さしむると同時に、他面總花主義の弊に陷ることを避くるが爲め中央の統制力を強固ならしむるの用意が必要である。此點に付いて會議の幹部が豫め十分の考慮を拂はれんことを希望してやまない。

大日本報國法曹會の提要

最近結成された「大日本報國法曹會」が公表した實踐要綱の中に、『我國民は民事上の問題の生ずるや「法律を拔きにして道德で解決しやう」と云ひ、道義的解決を爲すを普通とす。是非明治以來の法制が歐米法を繼受したる形式論理的巧利法にして日本人の道義觀と一致せざるによる。故に「道德で決めやう」と云ふは外來法律に依らず、日本人固有の法的確信（道義）によりて解決せんと云ふに歸するものとす。然るに、玆に此解決に應ぜず、成文法を盾として權利を主張し、責務を免かれんとする者の出づるに及び、訴訟となるときは、裁判所は歐米的なる法律によりて裁判せざるべからざる爲め、世俗の道義的解決とは異なりたる結果を判示することとなる、是れ道義を頽廢せしむる一大原因にして、近時に於ける日本法への叫びは之が革新の聲に外ならず』なる一節があるのを吾々は非常に面白いと思ふ。而かも同會はその所謂「日本法」を理論的且體系的に確立することを實際的に難事業なりと考へ、寧ろ實踐的方面から事の解決を圖るを以て近道なりとし、その目的から「戰時民事和協手續法」なる具體案を提議してゐるのであるが、吾々の信ずる所に依ると、敢て戰時に限らず、平戰兩時を通じて道義的解決を實現すべき制度を作る必要があり、又普通の訴訟制度の外にかゝる手續法を作らうとするよりは寧ろ進んで民事訴訟制度そのものを全面的にかゝる主張の線に沿うて改革すべきであり、又それが可能であると考へるのである。

抑も現在の民事司法には民事政策がない。裁判所は與へられたる爭訟に對して形式的に合法なる裁判を與ふるを以て足れりとし、爭訟の原因たる生活關係に對して實質的の法的調整を與へることを目的としてゐない。刑事の裁判がすべて刑事政策的考慮に基いて行はるべきであると考へられてゐるのに比べて著しくその基調を異にしてゐるのである。これは現在の民事司法が積極的に法的正義を社會に實現せんとするよりは、寧ろ發生した爭ひ、提起せられたる訴に對して一應の法的解決を與ふるを以て足れりとする受働的の仕組みに出來てゐることに原因してゐるのであつて、民事訴訟法もその考に基いて出來て居り、民事の實體法もそれに相應して作られてゐるから、現在としては個々の裁判官が如何に努力しても大局的に事態を改善することは到底望み得ないのである。從つて徹底的に言ふと、民事司法に關する國家の政策を根本的に改めて豫算的にも民事司法にもつと金を使ふことを考へ、機構施設をも徹底的に改善擴充する必要がある譯であるが、報國法曹會が主張するやうに民事の實體法を全體として「日本法」的に改革することは此際必ずしも絕對的に必要だとは考へられないのであつて、必要なのは寧ろ民事司法の立前を全面的に改革することだと私は考へるのである。

その意味から言つて先づ改革を要すと考へられることは數多くあるけれども、先づ第一には民事裁判の目的に關して新原則を樹立し、裁判官をして從來の如く單に爭訟に對して形式的に合法なる裁斷を與ふるを以て滿足せしむることなく、凡そ民事裁判の目的は係爭の生活關係そのものに實質的なる法的調整を與ふるにあることを闡明する必要がある。而してその目的を達するが爲めには、裁判官に與ふるに衡平的見地よりする廣い裁量の權限を以てする必要もあるであらうし、裁判官をしてその職權を自由に行ふことを可能ならしむるが爲め職權主義を擴大すると同時にその實行を可能ならしむる爲め費用の問題を考へる必要があることも素より當然であるが、何よりも大事なことは民事裁判の目的に關する在來の考方を根本的に改めることである。

第二に必要なるは、第一審裁判所に老練なる裁判官を配屬することである。現在では、民事裁判の目的を專ら爭訟に對して合法的の裁斷を與ふるにありと考ふるが故に、大審院に法學的に練達した裁判官を置くことが如何にも自然であるかのやうに考へられてゐるけれども、事件そのものに對して實質的な調整を與へることが民事裁判窮極の目的であると考へるならば、第一審裁判所にこそ法學的にも練達し生活經驗にも富んだ裁判官を配屬すべきが當然であつて、此點を改革することは、裁判を道義的ならしむるに付き絶對的に必要である。

尙第三に考ふべきは、大審院に衡平裁判所的職員《ママ》を課すると共に、それに必要なる權限を賦與することである。現在では大審院は所謂法律審として專ら下級審判決が法律に適法するや否やを審査すべきものだとされてゐるけれども、民事裁判窮極の目的が事件に對して實質的な法的調整を與ふるにありとすれば、大審院の職員《ママ》をかゝる點に限局するのは絶對に誤りである。よろしく上告理由に關する現在の規定を改めて、下級審の裁判が實質的に見て民事裁判窮極の目的に合致しないと考へられるならば、それを理由として上告することを許し、以て大審院をして衡平裁判所的機能を十分に發揮せしむべきである。

之を要するに、民事司法の消極性を當然のことと考へ、裁判所の機能を極力機械的ならしむるに依つて形式的に法的安全を求めようとする第十八世紀以降の歐米に通用な司法政策思想を無批判に繼受してゐることが、民事裁判を非道義的ならしめてゐる最大の原因であるから、その點を根本的に改革することが何よりもの急務であつて、實體法の改革は寧ろその跡を追ひながら必要に應じて逐次に行はれればいゝのだと私は考へてゐる。

時評

一九四四年二月号（一六巻二号／通巻一七〇号）

法學雜誌の統合問題

出版物一般の整理問題に聯關して法學雜誌に付いても統合の問題が起りつゝあると傳へられてゐる。時局下思ふに必至已むを得ざるのこと、希くば當局者の親切な斡旋と關係者の賢明な善處とに依つて一日も速に最善の策が立てられるやう、此點につき特に考慮を要すと考へられること一二に付き意見を述べて置きたい。

ひとり法學雜誌に限らず、學術雜誌はすべて當該學科の進歩發展と極めて密接なる關係を有するものであるから、これが改廢の學科に及ぼすべき影響は極めて深刻甚大である。從つて事の取扱は極めて愼重なるを要し、一時の必要に迫まられ若くは一時の勢に動かされて不合理な處置をとるやうなことがあると、長く後々まで惡影響を殘す虞がある。此事を關係當局者は何よりも先づ第一に理解して欲しいと思ふ。

我國在來の法學雜誌を概觀すると、本誌のやうに廣く一般讀者を相手とし、執筆者として廣く當該事項に關する權威者を求めながら成るべく時の問題を捉へて計畫的に編輯をしてゐるものを除くと、その大多數は官私立の諸大學、法曹會その他の團體を背景とし言はゞ機關誌的の形で發行されてゐる。尤もその外に民商法雜誌、公法雜誌の如き專門別の雜誌があり、國際法外交雜誌の如き特に全國的學會を背景とする專門雜誌もあるけれども、此等は寧ろ例外であつて、大多數は大學の雜誌であり、會の機關誌である。

此等の雜誌はその性質上當然の結果として、掲載論文が專門別に分類せらるゝことなく、その上同じ大學の關係者の論文であれば、法學關係のものも政治學關係のものも、場合に依つては經濟學關係のものも同じ一の雜誌に掲載されてゐる有樣である。これは學問研究の便宜から言ふと甚だ不合理であつて、それがため、例へば一事項に關する文獻を調べるためにも多數の雜誌を涉獵せねばならぬやうな不便がある。理想を言へば、國際法外交雜誌の場合のやうに、背後に全國の國際法關係學者を網羅した學會があり、その會の編輯幹部の計畫に依つて國際法に關する論文なり資料を成るべく網羅的に一雜誌にまとめてゆくやうな遣方が最も望ましい譯であるが、法學雜誌のすべてを此流儀に整理してゆかうとすると、その前に考へねばならない色々の實際的難問に逢着する。

先づ第一に、現在のやうに大學乃至團體單位で雜誌を出す方式を改めて專門單位に改めるためには、その前提として全國の法學者を漏れなく網羅した專門別の學會組織が必要である。それに依つて初めて學會の權威と統制との下に合理的な編輯を行ふことが出來る。この學會組織の基礎なしに、大學乃至團體單位の雜誌を廢止し、之に代ふるに專門別の雜誌を以てしようとすると、結局編輯首腦部が偏在的となるため、自然全國に散在する各專門の學者が偏頗なしにその意見を發表する機會を與へられないことになり易い。此故に理想を言へば、雜誌統合のことが問題となりつゝある此機會を利用して、全國の指導者が一丸となつて新に學會組織を作ることが望ましいのであつて、これあつてこそ初めて雜誌統合問題も合理的に解決し得る譯である。しかし實際問題になると、人の問題殊に經費のことに聯關して學會の組織には色々六かしい問題がある。これ等すべてを解決するに依つてのみ如上の目的を達成し得るものだと言ふことを忘れてはならぬ。

次に、大學別にそれぞれ雜誌を出してゐる現在の制度は、雜誌を讀む側から言ふと不便であること上述の通りであるが、同時にこれあるがために各大學の研究者殊に若い研究者が適時且容易にその業績を發表して廣く學界の批判を求め得るのであつて、此事の我國法學の發達に寄與する所は極めて大きいのである。現在のやうに學會の組織もなく、從つて學會會合の席上多數學者が意見を戰はすが如き機會が一般的に與へられてゐない狀況の下に於ては此種の大學雜誌こそ研究者にとつて比較的手輕に其業績を發表し得る唯一の手段であつて、これあるに依つてのみ學術進歩の必須要件たる研究者相互の切磋琢磨も行はれ得るのである。此故に、現状の不合理なる方面のみを重視して不用意に統合を策するが如きは最も愼むべきであつて、此點特に關係當局者の愼重なる考慮を希望する次第である。

學術雜誌と言ふものは局外者の眼には一見甚だ不急無用の存在として映るかも知れないけれども、學者にとつては生命的存在であり、學術はそれを樞軸として動いてゐるのである。從つて、學術雜誌の整理統合を考へるに當つてはその現状に卽して動いてゐるのである。現状が如何に不合理であるとしても學界はその學界に及ぼす影響を彌が上にも重視するを要し、假初めにも輕擧して禍を永く後に殘すが如きことがないやう萬全の用意を要する。昨秋文科系學生の徵兵猶豫撤廢に關聯して、政府當局者は態々文科系學術の輕視すべからざる所以を聲明してゐるが、その點から考へても今回の統合問題を考へるに付き政府當局者側に一層愼重なる考慮が望まれる次第である。

教授餘力の活用

學生が減つたからそれに比例して教授が暇になるだらうと考へるのは素人考へである。法學教育の理想から言ふと、從來が寧ろ變態的であつて、官立大學に於てさへ教授數に比べて學生數が不當に多過ぎたのである。從つて、學生が減つた此機會に於て、各大學並に教授等の力むべきは教育そのものの改善であつて、それに努力する限り他に轉用し得べき餘力の生ずる筈はなく、從つて餘力活用の問題を生ずる餘地はない譯である。

しかし、これは要するに教育本位の理想論であつて、全國官私立大學の全體を通じて實際的に考へると、學生數の大量的減少は必然教授側に相當の餘力を生ぜしめて居り、從つてそれを如何に活用すべきかの實際問題が起る。

そこで誰しも思ひ當るのは、この餘力を官民各方面の重要なる實務に轉用することであるが、實務的の仕事には性質上大學教授の誰もが適任者であるとは考へられないから、これを以て本格的の活用方法とするのは誤りである。それよりも、教授本來の任務である學的研究の方面に全力を集中せしめ、これに依つて從來我國の法學が全體として手薄であつた方面の補强を圖ることが此際何よりも適當した活用方法であると私は考へてゐる。

全體的に見て我國法學界最大の弊は、教授の大多數が解釋法學に努力を集中してゐることであり、殊にその研究範圍が各自の大學に於て擔當する講座に屬する科目に限局されてゐることである。その結果、憲法、刑法、民法、商法等大學で講義のある科目に付いては教科書が不當に澤山あるにも拘らず、直接講義に關係のない法律に關しては大學教授の著作が殆どないと言ふ極めて變態的な現狀が生まれてゐる。試みに、工業所有權法、鑛業法、漁業法、水法其他產業關係の法律に關する圖書目錄を檢べて見るがいゝ。誰しも直に氣付くことはそこに大學教授に依つて書かれた本格的な學術書が殆どないことであつて、これが我國法學の缺陷でなくて何であらう。

此種の缺陷を補塡することは吾々の前々から最も强くその必要を感じてゐた所であるが、その希望を實行に移すべき好機が今正に到來したのである。今まで大學の講義に聯關して專ら主要法令の解釋的研究に沒頭してゐた多數教授が此機會に於て其研究を此方面に向けてくれるならば、これに因つて我國法學界の得る所極めて多大であらう。私の考へではひとり各教授の自發的研究を俟つを以て足れりとせず、此際學術研究會議あたりの斡旋に依つて全國的の研究組織を作る必要さへあるやうに思はれるのである。

尙餘力活用の程度では到底十分には目的を達し得ない事柄ではあるが、此機會に於て特に全國法學者の注意を惹きたいのは南方諸地域の法制並に慣行を研究する必要の極めて大きいことである。此事は大東亞戰爭勃發此方既に多くの人々に依つて說かれた所であり特に本誌は前々から極力此方面の研究を進めることに努力してゐるのであるが、殊に前號に揭げられた高柳教授の論稿を讀まれた方々は此問題の研究が現下の我國にとつて如何に重要であるのみならず、學問的にも興味あり且困難な仕事であるかを十分に感得されたことと思ふ。全學界を動員し組織の力に依つて本格的の研究が進められる機運の一日も速に熟することを期待してやまない。

時評

一九四四年三月号（一六巻三号／通巻一七一号）

教育機關としての大學と研究機關としての大學

一

大學は一面研究機關であると同時に他面教育機關であり、而かもこの兩面が密接不可分の關係に立つてゐる所に大學の特質がある。而して此事は大學の教育の上にも反映してその特質をなしてゐること勿論であつて、教授は單なる教育者にあらずして、その研究者たることが教育者たることの必須的要件である。良き教授は同時に必ず良き研究者でなければならず、それあるに依つてのみ大學教育の名にふさはしい眞の大學教育が行はれ得るのである。理想の大學は教育機關としてかゝ特質をもつべきであると言ふのが從來一般に認められたる吾々の信條である。

所が、この理想の實現は、言ふに易くして、行ふに難い事柄であつて、實際には可成り理想に遠い大學があり得るのである。殊にこの頃のやうに、國家並に社會の大學に對する要求が變りつゝあり、大學も自らその要求に應じて成るべく速に且大量に實際の役に立つ人間を世間に送り出す必要に迫まられるやうになると、所謂自由主義時代卽ち萬事につきゆとりがあつて大學が一應自己を世間から引離して獨自的に自己決定を爲し得た時代には、理想的だと考へられ、世間からも別段の非難を蒙らず、從つて大學自らも特に反省を要しなかつた大學教育に對しても色々の批評が行はれるやうになり大學自らも自然反省の機會を與へられるやうになる。

批評若くは注文は表面上色々の形になつて現はれてゐるが、要するに、大學教育をもつと實用的見地から効果的にしたいと言ふのがそのすべてに通ずる根本の考である。先頃高等學校の修業年限短縮が行はれた前後政府筋一部の意見なりとして傳へられてゐた大學と大學院とを分離し、大學は專ら之を教育機關とし特に高度の研究を爲さしむるに適する少數者のみを大學院に入學せしむべしと言ふ論の如きこの種の考を最も端的に現はしたものであつて、當面の問題は差し當り主要大學に大學院特別研究生を置くと言ふ中途半端なことで解決したけれども、問題の本體はまだ〳〵實際に解決してゐないのである。既に昨秋の學徒出陣に端を發した大學統合問題に聯關して文科系大學の或るものを此際寧ろ專門學校に格下げすべきであると言ふ論が一部の人々に依つて爲されたのもその爲めであつて、問題はまだまだ未解決のまゝ殘されてゐるものと考へねばならない。

大學教育を實用的見地からもつと效果的ならしむべしとの論はそれ自身確に正論である。しかし、今日此論の線に沿ふて主張されてゐる改革意見は多く主として戰時下特殊の事情に動かされてゐるのであつて、我國文化の將來を永く看透かしてゐるものが少ない。大學に於ける研究と教育との關係を如何にあらしむべきかは我國今後の文化に對して根本的の影響を及ぼすべき重大問題であつて之が解決には十分愼重なる考慮を必要とし假初にも目前一時の現象に眩惑されて輕卒なる措置に出づるが如きことを許さないのである。

二

此問題を考へるに付いて、先づ第一にとり上ぐべきは大學と大學院との分離論である。此種の論を爲す人々は、一般多數の大學生には卒業後直に實務に就き得るだけの資質が與へられゝば足りる、必要あらば特に優秀者を擇んで之を大學院に入學せしめ以て高度の研究を爲さしめれば足りる、從つて教授も大學にあつては專ら教育を職とすべく、研究は主として大學院に於てなさしむべきであると言ふやうなことを主張するのであるがこれは言はゞ大學を專門學校的の職業教育機關にすべしと言ふに外ならない議論である。

此種の論は、全國の官私立諸大學全體を通じ、又文科系理科系の諸大學すべてを通じて考へると、或程度まで成り立ち得る議論であると私は考へてゐる。何故なれば、現在大學の中には遺憾乍ら大學の名の下に眞に大學らしい教育をしてゐないものがある、世間でも大學の卒業生であると言ふことだけで就職採用上特別扱をする風がある、それに聯關して青少年が無用に大學に入りたがつて而かも大學らしい教育を受けず勉强もしない風が相當廣く認められるからである。こうした實情を考へると大學をもつと少くし、大學生も少くして之を專門學校方面へ轉ぜしむべしとの論が生まれて來るのは當然であるが、そのことと大學一般を專門學校程度まで引下げてい丶かどうかの問題とは別事である。大學は最高の教育機關である。そこでの教育は一國文化の平均水準を決定する。その教育の程度を下げることは我國に於て最高の學校教育を受けたもの一般の資質低下を意味する。別に大學院を置いて高度の研究を爲さしめ高等の教育を行ひさへすれば、我國學術文化の最高水準を維持するに足るべしと言ふのは教育及び文化の實情に通ぜざる机上の空論であつて、平均水準の低下は自ら最高水準の低下をも結果すべきこと理の當然である。

元來大學教育は單に差し當り役に立つ智識を授けることを目的とするものにあらずして、自ら物を考へ事を處理し得る能力識見を養ふことを目的とするものであつて、大學と專門學校との間にその差異あることは從來の實情から見ても明かである。大學卒業生は成程直ぐには役に立たなくともやがて使つてゐる内に伸びると言ふのは從來一般に與へられてゐる批評であるがこれこそ實に大學教育の特質の反映に外ならないのである。而して吾々は我國今後の文化が此程度の教育を受けた青年を愈々多數に必要とすべきことを信ずるが故に、大學を一般的に專門學校化せんとする主張に對して全面的に反對の意を表せざるを得ないのであつて、眞に大學の名に値する大學は寧ろ愈々之を增加すると同時に其內容を充實すべきであると考へてゐる。

三

無論、この點に關しては大學側に於ても大に反省を要すべき點がある。と言ふのは、現在の大學殊に法學部の如き實用を主とする學を研究し教授する大學が研究の名の下に理論の爲めに理論を弄び、それが爲め學窮局の目的たる實用を蔑視する傾向がありはしないかと言ふことである。無論法科の學科の中にも法史學比較法學その他基礎科學的のものがあり、それは恰も理學部に於ける物理學化學等に於けると同樣、差し當り實用を離れて研究せられ教授せらるべきものなること勿論なるも、性質上寧ろ實用を重んずべき解釋法學に付いてまで理論の爲めに理論を弄ぶが如き風あることは到底許し難いことであると思ふ。無論學問は理論的なるを本質とし窮局に於て實用を目的とする。學と雖も、理論を通して實用を指導するを任務とするものなるが故に、實用を重んずべしと言ふことは決して理論を輕んずべしと言ふことを意味するものではない。又大學に於ける教育は、上にも述べたやうに、單に差し當り役に立つ智識を與へることを目的とするものにあらずして物事に當面して自ら考へ自ら處理し得る能力識見を養ふことを目的とするものなるが故に、その教育も亦必然理論的に物事を考へしめるやうに行はれねばならない。ところが、正直の所理論を扱つてゐるとやゝもするとこの理論が一體何の爲めにあるのかを忘れて理論そのものに興味をもち易いものであつて、それがやがて理論の爲めに理論を弄ぶ風を馴致することとなるのであり、殊にそうした風の教育を受け學生はやゝともすると唯理論的に說かれた所を形式的に知つてゐるのみであつて獨創的に物事を考へる能力を殆どもたないやうなものになり勝ちである。世間の人々が近頃の大學卒業生は役に立たぬもつと役に立つ人間を作つて欲しいと言ふやうなことも恐らくそうした事情に基くものと私は考へてゐる。

理想を言へば、凡そ實用の學を研究するものは、先づ實用的考慮を徹底した上で、自らの體驗から理論の必要を感ずるやうになり、その結果自づと理論に戻つて來るやうでなければならない。然るに、我國現在の法學には今尙輸入的殘滓が多分に殘つて居り、次から次へと輸入される理論を唯理論としてそれに興味をもつ風が多く、それが爲めかいつまでたつても吾々の生活體驗から生まれた眞に日本法學の名にふさはしい日本法學が生まれない、眞に日本らしい日本法理論が生まれないのである。少しく分析法學の弊を感ずれば、直に西洋の流行に倣つて「自然法に戻れ」と言ふやうな議論が流行したり、日本法學の名の下にナチス法學を模倣したやうな議論が横行するに至るのもすべてかゝる宿弊の結果であつて、この種の弊を一掃するが爲めには、すべての人々の注意を一度先づ――私の言ふ意味での――「實用」に引き戻し、理論はともかくとして先づ自らの眼で日本の社會を見、政治を見、經濟を見、自らの心で自ら處するの道を考へしむる必要があるのだと私は考へてゐる。かくして我國の法學がその本然の姿に立ち還へるとき、法學に於ける理論と實用との調和が取り戻され、理論的研究の府としての大學がその權威を回復して政治に對する指導性を有するに至り、そこでの教育も亦理論的にして而かも實用的のものとなつて眞に國家有用の材を育成するに足るものとなり得るのだと思ふ。此意味に於て、私は今こそ諸大學の當局者が自ら深く反省して自らを改造し、以て國家社會の要請に應ふるべく積極的の努力を爲すべき秋であり、理論の美名に隱れて消極的抵抗を續けたり、又反對に輕々しく世間の批評を聞いて屈從的態度をとるが如き斷じて許すべからざるものと考へて居る。そうして教育機關としての大學が眞にその權威を取り戻して國家社會の要請に應へ得るの道は此外にないと確信してゐる。

之を要するに、大學教育をして眞にその使命を達成せしめんとせば、今後と雖も教育と研究とは絕對に之を分離すべきではない。不可なるは唯研究の名に隱れて理論を弄ぶの弊、之を改むることこそ刻下の急務なりと言ふべきである。

時評

一九四四年四月号（一六巻四号／通巻一七二号）

論文の簡素化

出版物一般に對する用紙の配給が窮屈になるにつれて學術雜誌も相當に大幅の減頁を行はねばならぬ立場に置かれてゐる。之に對する對策については各雜誌の編輯者それ〲に於て色々と工夫が要る譯であるが、こゝに一の提案として執筆者側に於ても之に協力するやう相當工夫をする餘地はないかと言ふことを問題にして見たい。

遠慮なく言ふと、私の信ずる所では、從來我國の法學論文の中には必要以上に長過ぎるものが少くない。必要なる限りに於て長いことは素より何等差支へないのであるが、序說的の裝飾に無用の頁數を費してゐるもの、今更詳說の必要なき自明の事柄に付いて長々しい教科書的解說を爲すもの、無用に長い史的乃至比較法的敍說を附加するもの、ペダンテリーとしか思はれない程度に無用の文獻引用を爲すもの等不當に長過ぎると思ふ文章に接する場合が非常に多い。つまり明治大正時代この方の因習を受けて法學論文一般に一種のマンネリズムが行はれて居り、何か一定の體系を整へないと學術論文としての體を爲さないと言ふやうな因習的の考方が不知不識の裡に一般を支配してゐるのだと私は思ふ。

吾々お互が此種の論文を見慣れてゐるから、特に疑問が起らないのであるが、試みに之を例へば理科系統の學術論文と比較して見ると、吾々は容易に吾々が不知不識に陷つてゐるマンネリズムの弊に氣付くことが出來るのである。無論理科系統の學問に於ては論旨の表現上數式圖表等を利用して事を簡明に敍說し得る便宜があるに反し、吾々の學問にはそうした便宜がないと言ふ不利のあることは之を否定し難い。しかし、從來吾々は一般にそうした表現的便宜の問題とは別にマンネリズム的冗長の罪を犯してゐるのではなからうかと私は思ふのである。もつと、當面の題目に關し特に問題となる點のみを擇んで必要にして十分な論旨を簡潔に書き現はし、之に依つて反つて論旨を直截明確ならしむるに力めることが、不可能若くは困難である理由は少しもなく、それが反つて學界一般にとつて寧ろ便宜であり經濟的であるやうに、私は考へるのであつて、要は吾々一般が因習を清算して事をまともに考へ直ほす必要があるのだと思ふ。

無論今まで吾々の見た論文の中にも、長いもので非常に良いものがあるのは勿論であるが、同時に簡潔に優れた論旨を說き盡した名論文に接することも時にはあるのであつて、必ずしも長短そのものを問題とするのではないが、マンネリズム的冗長を戒めて極力論旨の表現を簡潔率直ならしむることは決して無意味でないと言ふことを、減頁必至の此際特に直言して學界同志の考慮を乞ふ次第である。

學徒動員の强化

學徒の產業方面への動員が愈愈强化されること丶なつた。決戰下勞力に對する需要愈々增大の趨勢にある今日蓋し當然のことである。希くば企劃指導よろしきを得て、彼等の勤勞能率を十二分に發揮せしむると同時に彼等をして勤勞報國の熱意を彌が上に燃上がらしむるやう、萬々遺憾なからしめむことを。

元來學徒が勞力資源として重要視せらる丶所以のものは決して單にその量の故のみではない。學徒が尙一般には未熟の體力を有するに過ぎざるに拘らず、勤勞能率に於て徵用工はもとより一般職工に比して何等劣る所なきのみならず、寧ろ反つて優位を示す所以のものは、彼等が勞力資源として特に特殊の優れた資質を備へてゐるからであつて、此點に格段の注意を拂ふことこそひとり彼等の勤勞能率を確保する所以であるのみならず、勤勞そのものを教育的ならしむる所以でもある。

然らば、彼等が勞力資源として特に備へてゐる長所とは何であるか。一言にして言ふと、彼等が學徒として特別の矜恃をもつこと及び教育の效果として時局に關し格段の認識をもつてゐることである。彼等はその勤勞に對して何等の報酬を求めない。勿論彼等と雖も人間であるから、受入れ側から受ける精神的乃至物質的待遇に對して多大の關心を示すことは言ふまでもない。しかし、彼等の只管求めてゐるものはその勤勞が國家の爲めに役立つことであつて、そのことさへ理解され丶ば、如何に苦しい仕事でもいとはない、否苦しければ苦しい程元氣を出して働いてくれるのが彼等である。

此故に、彼等に對して勤勞を要求する政府乃至學校當局にとつても、彼等を受け入れる職場の側に於ても、彼等の此特質を十分に理解することが何よりも大事であつて、その用意なしに唯漠然「學行一如」であるとか「勤勞則學業」と言ふやうなことを言つても、彼等から心よりする勤勞を求め得ないのみならず、勤勞そのものを教育的ならしめることは出來ない。殊に、大學生の如き理智に富んだ學徒に勤勞を求める場合には、作業種類の選擇その他に付き萬全の注意を拂ふを要し、彼等の理解を通して勤勞が自發的に行はれるやうに仕向けることが何よりも大切である。

最近私は私の關係してゐる法學部の學生約三百人が靜岡縣下の六箇村に分れて土地改良事業に從事するのを視察したが、その中、學生に對して作業に對する理解從つて興味を與へることに成功した村に於ける勤勞能率が最も擧がつてゐたに反し、村民の事業に對する熱意足らず、其結果學生をして作業の實質的效果に付き多少共疑惑を抱かしむるに至つた村に於て最も好ましからざる狀況を見出して學生に對し非常に氣の毒に感じたのみならず、一人の勤勞力でも無駄にしてはならぬ今日、村の選擇その他に關する關係者間の不用意から多少共か丶る狀況を生ぜしめたことに付き私自らとしても非常な責任を感じたのである。

此故に、今後學徒の勤勞を强化するに付いて最も意を用ふべきは、作業の選擇、受入れ側の態度等に留意して彼等の勤勞に對する熱意を多少共減殺するが如き一切の因素を一掃することであつて、此點動員の中央機關たる文部省竝に地方當局に於て最も注意されることを希望したい。假りにも數字上の成績を上げることにのみ專念して事を十把一からげに處理するが如きことがあつてはならない。

此際動員機構として最も望ましいことは、直接學徒を把捉し學徒を理解してゐる學校の敎員を成るべく多數動員し企劃の樹立竝に實行に參加せしめることであつて、現在のやうに文部省と地方廳と受入れ側と學校當局とが人的の有機的關係なしに相對立しながら、單に書面を以て相連絡してゐるやうな有樣ではひとり勤勞能率を上げ得ざるのみならず、勤勞と敎育との調和を十分に圖ることは出來ない。こうした有樣では、適時適所に學徒を動員して國家の爲めその勤勞能率を最高度に發揮せしむるが如き到底望むべくもない。關係當局者の猛省を希望してやまない次第である。

學徒動員と學校教育

學徒をして勤勞に從事せしめることも、企劃指導よろしきを得れば、大に敎育的意味がある。從つて、動員强化の爲め敎授時間が減少する面だけを見て、學校敎育の爲めに憂慮するのは當らない。殊に決戰下學徒動員に依る勞力充足の必要は絕對的であつて、此際全力を擧げてこの國家的要望に應ふべきは正に國民としての義務である。

學校當局として此際考慮すべきは勤勞の爲め敎授時間を多分に削らるゝにも拘らず、尙且敎育能率を成るべく低下せしめない工夫をすることであつて、その具體的方策は各學校當局のそれ〴〵考案すべき所なるも、一般的に考へて大事なことは授業內容を合理的に減縮して、たとへ敎授時間は少くとも敎育として全體的に纏まつたものにする工夫をすることである。從來一般の例によると、こうした際にもとかく人々は制度に捉はれて中途半端の處置をとり、制度をそのまゝにして置きつゝ唯內容のみを機械的に壓縮するが如き弊に陷り易いものであるが、少くとも事敎育に關する限りかゝる措置は最も之を避けねばならぬ。さもないと、敎育が形式的にのみ行はれて實質的には全く無意味なものになり、あらゆることが敎へられるけれども、一つとして徹底しないと言ふやうな弊に陷り易いのである。

元來大學に於ける法學教育は、徒らに既成の智識を授けることを目的とするものにあらずして、寧ろ法學的に物事を考へ思惟力を錬成することを目的とするものである。從つて現在の如く教育を全體として時間的に壓縮するの必要あるとせば、たとへ教授される課目數を減少しても、重點的課目については徹底的の教育が行はれるやうにすることが望ましいのであつて、機械的且平均的な減縮の如きは教育的に見て最も不合理であることを此際特に力說して置きたい。

時評　一九四四年五月号（一六巻五号／通巻一七三号）

法律測候所の提唱

制度を改正し、法令を實施した後その實績が果してどうであるかを速急且精密に調査して適時に警報を發する「測候所」的の施設を設ける必要があるのではあるまいか。

朝令暮改はもとより愼むべきである。しかし一度法令を實施すると、その實績如何に關係なく、よく〳〵不都合な結果に逢着するまではそのまゝ實施を續けてゆくのが在來一般の仕來たりになつてゐるが、これは甚だ面白くないことだと思ふ。役所でも新に法令を制定する前には相當資料を集めて準備調査に力を入れるのが普通であるけれども、一度その法令が實施されて仕舞ふと、その種の調査をその後に續けてゆかないのが一般の例となつてゐるが、これでは到底社會の實情に卽した法令の實施を期待し得ないと思ふ。

殊に、現在のやうに急場の必要につれて臨機速急に法令を制定改廢せねばならぬ場合が多くなると、此種の事後的實績調査を組織的に行ふ機關を設ける價値は非常に大きいのであつて、諸官廳がこの種調査の結果を參考として適時に善後の措置をとるやうにすれば、之によつて得る所は非常に多いと思ふ。

此種の調査機關はそれ〴〵の官廳に置いてもよろしからうが、私の考へでは寧ろ相當大規模にして且權威ある中央機關を內閣法制局に附置し、組織的且統一的に調査を行ふべきであると思ふ。かくすることに依つて法制局の法令整備的作用を從來の消極的なものから積極的なものに轉換せしむることは法令全體の整備上大に有意義であらうと私は考へてゐる。

此種の機關に於て調査に從事せしむべき人に關しては、專任の調査官を置くことも無論必要であらうが、全國諸大學の教授に囑托してその學的能力を組織的に利用することが最も望ましい。嘗て法制局で二三の官立大學教授を兼任參事官として顧問的に利用してゐたことがあるが、あゝした意味とは違つて、もつと多數の大學教授を組織的に動員して科學的の調査を爲さしむべきであると言ふのが私の考へである。

尙調査資料の蒐集整備も組織的且繼續的なるを要し、外國の法制資料の如きもこゝに行きさへすれば世界各國の法制を何時でも容易に見得ると言ふ程度まで完備した組織的の蒐集が望ましいのであつて、現在のやうに事が起る都度臨時に資料を各所に探し廻はるが如きことを是非共やめたいと思ふ。尤も此調査機關自らがすべての資料を手元にまとめて置くことは必ずしも必要ではなく、事柄の種類に依り甲の事項に付いては甲大學研究室に、乙の事項に付いては乙大學研究室に資料を蒐めるやうにし、調査機關を中心として全國諸大學との間に組織的な關係を作つて、全體が有機的に利用されるやうな仕組みを作ればいい譯であつて、此點は上記人の問題をも考へ合はせて如何やうにも工夫し得ると思ふ。

司法官と會計學

經濟統制違反事件が増えてから此方、判檢事が直接會社其他の帳簿を檢閲すべき機會が非常に多くなつたと傳へられてゐる。從來司法官一般の素養から考へて、果してその種の仕事が實際に旨く行はれてゐるであらうか、多少の疑問を抱かざるを得ない。司法官志望者を養成する大學に於ては專ら法學を敎へるに過ぎずして、商業技術的のことは少しも敎へられない。無論商法の講義に於ては商業帳簿その他商業技術に關聯したことを敎へるけれども、高々法學的見地からそれに關する法規が敎へられるに過ぎない。學生は一般に商業帳簿の實物を見たこともないと言ふのが實情であり、况んや會計學の技術的智識なぞは少しも與へられない。司法官試補の修習が從來如何にして行はれてゐるか、部外の吾々には知るべくもないが、恐らく主として行はれてゐるものは法的技術の實地訓練に過ぎないと思ふ。かゝる方法で養成された判檢事が一般には會計學的智識をもたないのは當然であるが、實際上果してそれでいゝのであらうか。

ひとり統制違反事件の取調に限らず、判檢事が各種の事件を取調べるについて商業帳簿その他會計に關する智識を要する場合は非常に多いと思ふのであるが、これを今までは判檢事各自の個人的經驗によつて得た常識に依頼してどうやら處理してゐるものと想像するが、それでは判檢事自らも實際に隨分困るであらうし、全體の執務能率も擧がらないと思ふ。從つて私はもつと組織的に判檢事一般に會計學の智識を與へる必要があるのだと考へてゐる。判檢事にとつて最も大事なことは事件の取調べ能力であつて、如何に法學智識に富んでゐても、事件を迅速且適確に取調べる能力がないやうなことで一人前の司法官とは言ひ得ないと思ふからである。

此種の缺陷を取除く爲めには理想を言ふと、先づ第一に大學に於ける商法學の授業を全面的に改革し、全般的に商業學と結び付けて商業の實際に卽しつゝ法を敎へるやうにすべきであると思ふ。ひとり商業帳簿のことに限らず、廣く商業技術の實際に關聯して商法を敎へるやうにすれば、單に商法運用の實際的智識を與へ得るのみならず、商法そのものをもつと容易に理解せしめ得るのではなからうか。これはひとり商法に限らず、他の法律に付いても言へることであつて、例へば民法第百七十七條に關する繁雜な議論の如き不動產登記の實際に卽して敎へさへすればもつと容易に理解せしめ得る筈である。然るに、從來法學敎育は一般に法規に關する理論的智識を與へることにのみ專念して、法的規律の對象たる事實に關する智識を與へることを怠つてゐる。法學敎育一般が徒に深遠なる理論を說いて實用を忘るゝの弊あることは嘗ても說いたことがあるが、此際重ねて此弊を除去するの急務なる所以を力說して置きたい。

大學でそうした敎育が出來なければ、せめて司法官試補の修習に於て大學敎育のかゝる缺陷を補ふべき特別の敎育が行はれて然るべきであると思ふ。專門家を賴んで組織的に敎へて貰ひさへすれば、大した時間をとることなしに一通りのことは容易に習得し得る筈である。かくして司法官一般が商業技術に關する一應の智識をもち、その他經濟の實情に關して常識をもつことは、彼等の審理能力を向上せしめ、裁判その他司法事務の改善に資する所が非常に大きいと私は考へてゐる。

尙此際急場の必要に應ずる爲めには、司法省が專門の計理士を技術官として採用する道を開き、之を裁判所に配屬して、判檢事の仕事を輔助せしめるがいゝのではなからうか。此事も此際司法當局に於てお考へ願ひたいと考へてゐる。

少年保護事業の綜合化

緊迫した戰局の下に、少年法實施第二十二回紀念日を迎へて保護事業の愈々重要なる所以を痛感すると共にその內容を益々强化整備するの必要あることを强調して置きたい。

戰時下少年不良化の傾向は從來廣く他國にも見られたことであり、特に現在の我國に限る特別の事柄ではない。しかし、長期に亙る戰爭に因つて必然數的に減少すべき國民の資質を維持し向上せしむるの必要あるは勿論であつて、これに向つて全力を傾注することは此際として刻下の急務であると言はねばならぬ。

一般犯罪に於けると同じく、少年の場合に付いても、既に一旦犯行ありたる後に於て對策を講ずるよりは、寧ろ未然に事を察して豫防の方途を講ずるを可とすべきは素より言ふまでもない。特にこのことは少年に付いては大切であり、又實際可能でもある。此故に、現行の少年法に於ても「刑罰法令ニ觸ルル行爲ヲ爲シ」たる少年のみならず、「刑罰法令ニ觸ルル行爲ヲ爲ス虞アル少年」に對しても保護處分を爲し得べきこと、してゐる。しかし、現在少年審判所の配下にある機關のみの手に依つて、果して此種の少年を見出して豫防的措置を講ずる機能が十分に行はれてゐるのであらうか。私の想像する所、結局少年審判所に實際引渡される少年は「刑罰法令ニ觸ルル行爲ヲ爲シ」たる少年に限り、その虞ある少年に對し事前に豫防の處理をするが如きことは殆ど行はれてゐないのではなからうか。さうして審判機構が現在程度である限り、かくの如きことを望むことそれ自身が既に無理であるやうに考へられるので、此際何等かの方法に依つてこの缺陷を除去し、これに依つて少年法の實質的に企圖する所をもつと十分に實現し得るやうにしたいと言ふのが私の考へである。

この點に付いて何よりも第一に考へられるのは、少年審判所と學校並に工場事業所との間に密接な關係を作り、要すれば廣く國民學校、多數の少年を使用する工場の青年學校等の關係者を少年保護司に任用して、彼等の教育教化機能と審判所の機能とを密接に連絡せしめることである。我國行政の習慣として、例へば或る一の法律の實施を中心とする事業が或る一省の管轄に屬することになると、その事業そのものが實質的には廣く他省に關係ある場合に於ても、とかく仕事が主管の一省限りで行はれ、他省との連絡が十分にとれない實情であるが、少年保護事業に付いて實際上果してか丶る缺陷はないのであらうか。此事業は何と言つても教育と最も密接の關係を有するものであるから、縱令少年法そのものの施行は司法省の主管に屬するとしても、教育を主管する文部省と十分連繋して少年保護事業の大目的を實質的に達成するやう希望したいものである。

要するに、少年保護事業を少年法施行と言ふ形式的の殼の中に閉ぢ籠めることなく一切の關係方面と有機的に連絡して事業實施の綜合化を圖るべしと言ふのが私年來の念願であり、戰時下紀念日を迎ふるに當り特に素懷の一端を述べる所以である。

時評

一九四四年六月号（一六巻六号／通巻一七四号）

司法官養成につき特別の措置を講ずるの要なきや

昨秋文科系學生に對する徴兵猶豫撤廢が斷行されたのみならず、本年は高等試驗が實施されないこと〻なつた爲め、司法官採用の道は今の所全く杜絕されてゐる。戰爭の必要上已むを得ないと言へばそれまでのことであるが、私は司法の特質から考へてどうもこのま〻ではいけないと言ふ感を禁じ得ないのである。今後のことについて現在政府に如何なる考があるのかは知らないけれども、或は決戰下の今日こうしたことは大したことではない、此際特に對策を講ずるの要なしと言ふやうな風が支配的になつてゐるのではないかと想像されるので、特に私見を述べて當局者の考慮を望む次第である。

抑も一國司法の權威を維持する爲めに司法官が一般に優秀であることが絕對的に必要であるのは言ふまでもないが、それには常時あとから〱優秀な青年を司法部に迎へて立派な司法官に仕立ててゆく用意が必要である。現在では全國の法學部が殆ど閉鎖に近い狀態に陷り、其結果司法官の供給源が全く閉ざ〻れてゐるが、若しもこうした狀態が長く續くとその惡影響は恐らく十年十五年の後になつて強く現はれて來ると思ふ。此事はひとり司法官に限らず、すべての官吏についても同様だと人は言ふかも知れないけれども、私は司法官の特殊性に鑑み事は著しく違ふと考へるのである。一般の行政官に付いては必要あらば必ずしも大學に於て組織的な法學教育を受けたもののみを唯一の供給源と考へる必要はない。必要あらば別に道を開いてその補充を圖ることも可能であり、それが爲め行政能率の上に必ずしも大なる支障を生ずることは考へられない。現在では大學卒業生にして高等試驗に合格した者を採用するのが行政官補給の本道であると一般に考へられてゐるけれども、それは單に實際上の便宜から生まれた仕來たりに過ぎずして、必要があれば制度を變へて軍人からでも民間人の間からでも立派な行政官をとることが出來る。之に反し、司法官はその仕事の性質上初めから組織的に法學教育を受け、永年に亙つて司法官たるの修業を積んだものでなければ一人前にはなれない。況んや優秀な司法官を育成する爲めには、初めから優秀な青年を司法部に迎へるにつき、別段の考慮を拂ふ必要があるの外、その育成についても永年に亙つて本人にも司法官としての苦勞をさせ上司に於ても適切な指導を與へる必要がある。行政官のやうに、優秀な人物でありさへすれば、軍人をつれて來ても民間人をつれて來ても直に役に立つと言ふものでは絶對にない。

從つて、如何に戰爭の必要があるとは言へ、若しもこの所數年に亙つて司法官の供給源を絶つやうなことをすると、先々に行つて取り返へしのつかない缺陷が不知不識の内に釀成され、惹いては司法の權威を失墜せしめることになるであらうことを私は恐れるのである。此故に、必ずしも多數を要しないから、必要な最小限の數だけを確保して戰時と雖も司法官の養成を組織的に繼續實施すべきことを此際特に政府當局に進言したいのである。

その具體的方策としては色々なことを考へ得るが、私案としては（一）司法省内に臨時の司法官養成機關を設置すること、（二）高等學校又は大學豫科の卒業生中より優秀者を選拔して採用すること、（三）それ等の者には徴兵猶豫を與へること、（四）養成機關の教職には司法官及び官私立大學教授中より適任者を選拔任用すること、（五）教育は主として司法官養成を目的として行ふべきも、單なる技術的職業教育に墮することなく、廣く法律家としての教養を與ふるに留意すること、（六）從つて卒業生には大學卒業生と同一の資格を與ふるの外、無試驗にて司法官試補として採用すること等を要綱とする養成機關設置案を提議したいと考へてゐる。

司法省内にかゝる特別の機關を設けずとも、大學法學部の中どれか一を選んで此仕事をやらせた方が實際上便宜ではないかとの意見もあり得ると思ふけれども、そうなると結局どの大學を選ぶか問題になつて實際上の困難に逢著すると思ふから、實際的には私案に依るの外ないと思ふ。司法省にかゝる機關を置くことは教育系統をみだるものだと言ふ批評もあり得ると思ふが、此際臨時の措置としてはかかる形式論に捉はるべきではなく、要するに實質的に司法官補給の道を絶たないやうにすることが私案の眼目である。政府當局者の深甚なる考慮を希望してやまない。

時評

一九四四年七月号（一六巻七号／通巻一七五号）

學徒勤労と學業——特に法經學部の學生について——

學徒の勤労動員もやゝ軌道に乘つた觀がある。しかし當初の計畫そのものが速急に立てられたものであるだけに、實施上幾多の支障を生じたのは當然であつた。之を過去に遡つて求める必要は勿論ないけれども、當局者としては實施の經驗に鑑み關係諸方面の意見を聽いて改むべきものは一日も速に改むべきであると思ふ。それは學徒の熱意を活かして勤労の生産的成果を完璧ならしめ以て國家の要請に應へる必要から言つても、又教育的目的から所謂行學一體の精神を極力活かさねばならぬ點から考へても絶對に必要であると私は考へてゐる。

學徒勤勞の能率を向上せしむる方途については既に各方面からも色々な意見が述べられてゐるから、私として今その問題には立ち入ることを差し控へたいが、所謂「行學一體」の問題に至ると、私一人の僅かな見聞だけから考へても言ひたいことが少くない。以下に問題を――本誌の性質上――主として大學々生特に法經學部學生に限りながら所見の一端を述べて見たい。

先づ第一に、當局の動員方針によると、理科系と文科系とを區別し、前者についてはその最高學年學生を就職と聯關せしめながら個人的配置の方針をとれるに反し、後者については――中等學校や高等學校の生徒と同樣――集團的に配置する方針がとられてゐるが、私は後者についても前者と同樣の取扱を爲すべきが寧ろ策の得たものであると思ふ。その理由の第一は、既に最高學年にまで達した學生の特殊技能は――文科系の場合と雖も――之を尊重してその活用を圖ることが生產增强の見地から考へても又教育的見地から考へても當然であると言ふことである。理科系の最高學年生がそれ〴〵の專門に應じその特殊技能を活かして工場その他に於て生產に直接する技術的の仕事を擔當し得る特色を有することは事實である。しかし、凡そ生產に關する仕事は決してかゝる直接「物」に接した面にのみ限らるべきにあらずして、企業の經理その他物に接しない面に數多くの仕事があり、それ等の協力あるに依つてのみ生產が全體として圓滑に行はれ得ることは今更言ふまでもない。その上現在のやうに軍官民一致の力に依り國家の總力を擧げて戰つてゐる以上、戰爭の遂行に必要なる生產の爲めにする仕事が個々の企業の中にあるだけでなく、官廳にも又各種の統制團體の中にも必要なる仕事がいくらでもある譯であつて、それ等のすべてが必要なる人手の配置を得て圓滑に動いてこそ戰力の基礎たるべき一切の生產が完全に行はれ得るのである。そうだとすれば、此際生產增强の爲め法經學部最高學年學生の擔當すべき仕事は直接機械に接觸し、又直接鍬を手にせずとも隨所にあり得る譯であつて、彼等をしてそれ等を擔當せしめてこそ彼等の特殊技能を最大に活かす所以でもあり、又「行學一體」の目的を達成する所以でもあると私は考へるのである。無論こうした面には直接機械に接觸する面に於ける程人手を要しないのは事實である。しかし、幸にも現在文科系の學部には――學徒出陣の結果として

――か丶る面が消化し切れない程の學生は殘つてゐないのであつて、計畫的に配置を行へば人員は寧ろ不足であるとさへ私は考へるのである。現在に今秋卒業すべき法經學部の學生に對する諸官廳を初め會社方面からの求人申込は非常の數に昇つて居り、而かもその大半は人を得るに至らずして終はつてゐる。この一事を見ても此種學生の勤勞力を戰力增强に活用すべき部面が此方面にいくらでもあることは明かであつて、是れ私が此種學生の勤勞動員を將來の就職と聯關せしめつ丶個人的配置の方針に依つて行ふべしと主張する第二の理由である。

第二に、文科系低學年學生の取扱に關する政府當局の方針に依ると、第一學年は緊急必要ある場合の外動員せずして專ら修學せしめ、出來得べくんば第二學年の學科をも第一學年に廻はして授業を行ひ、之に依つて第二學年以上の學生の通年勤勞と學業との調和を圖らうとしてゐるが、私の考ではそれよりも第一學年も第二學年も一年の二分の一づ丶を授業と勤勞とに分けた方が遙かに教育的であると思ふ。蓋し授業は敎室に於てのみ行はれるけれども、教育は決して敎室內にのみ限らる丶ものではない、二年分の授業を一學年に壓縮して行ふよりも、二學年に亙つて二分の一づ丶の授業を行つた方が遙かに教育効果があがり、その間に學生等の實力が自ら伸びると考へられるからである。

以上は當面の問題に關する私見の一斑に過ぎないが、こうしたことは他の學校、他の學部についても色々あると思ふ。當局者が一日も速かに教育者側の意見を聽いて來學年に對する動員方針に改訂を加へんことを希望してやまない。若しそれ學徒勤勞に對する國家的要請眞に急迫せるものあり、此際一人でも多くの學徒を動員して通年勤勞せしむるの要ありとせば、學業との調和に關する考慮を一擲して寧ろ學校閉鎖を斷行すべきであると私は考へてゐる。

時評

一九四四年八月号（一六巻八号／通巻一七六号）

緒方新總裁に望む

生粋の新聞人緒方竹虎氏が情報局總裁の要職に就かれたことは、對外宣傳と輿論指導の重要性が愈々高まりつゝある今日、極めて有意義のことゝ言はねばならない。希くは、新總裁の施策よろしきを得て、對外宣傳を愈々効果的ならしむると共に、國內輿論の指導に萬遺憾なきを期せられたい。特に私が此際新聞人を總裁に迎へたことに特別の意義を認むる所以のものは、凡そ宣傳の仕事位人心の機微を未萠に捉え得る能力をもつ者にあらざれば能く之を爲し遂げ得ない仕事はない、そうしてかゝる能力に於て新聞人に優る者は他にないと考へるからである。從來は恐らく對外宣傳を重んずるの精神からであらう、歷代外務官僚を迎へて情報局の首班に置くを例としてゐたが、如何に明敏の士と雖も官僚は要するに官僚であつて、外交官として練達の士必ずしも宣傳の人として最適と言ふべからず、況んや長く在外公館にあつて比較的國內の事情にうとい外交出身者は大體に於て國內宣傳の適任者とは考へ難い。此意味に於て私は小磯米內兩大將が在來の行き掛りを捨てゝ新に新聞界の第一人者を此要職に迎へた英斷を偉なりとするものであつて希くは此新人に全幅の信頼を拂つて自由にその手腕を奮はしめられたい。

從來は、折角民間人を官界の要職に迎へても、官僚的の仕來たりに依つて手枷足枷をはめられて結局動きがとれなくなる例が多い。緒方氏の場合どうか此覆轍を踏むことのないやう吳々も希望してやまない。

世間が新總裁に求めるものは多々あるがその中最大なるものは輿論の明朗化といふことである。此問題は勿論一情報局の手のみでは解決され得ない事柄であるが、少くとも一面に於て一般民衆に戰爭に關しもつと豐富な智識と理解とを與へることに依つて自發的に協力的精神を起さしめるやうに指導する必要があると共に、他面に於ては民意民情がもつと迅速且適切に上通するやう仕向けてゆく必要があると思ふ。勿論戰爭のことであるから、萬事を漏れなく人民に知らせることの出來ないのは當然であるが、今までは餘りにも一般人が戰爭の實情を理解してゐない。それが爲めに、局部的の戰局に一憂一喜するのみであつて、苦しい戰時生活に堪えながら根氣よく共々に戰つてゆかねばならぬ理が十分に呑み込めてゐない。唯上から言はれるから、何となく動いてゐる、と言ふやうな人が一般民衆の間には可成り多いのではあるまいか。宣戰の大詔を拜したる一億國民誰れ一人として今次戰爭の目的を理解しないものはない。それにも拘らず、此戰爭が之を戰ひ拔く爲めに如何に大きな努力と犧牲とを要するものであるかを一般民衆に十分具體的に教え込むことが出來なかつたのは何と言つても從來の輿論指導に缺くる所があつた結果であると考へざるを得ない。

又民意の暢達を圖る必要があると言つても、戰時のこと故勝手なことを勝手に言はせる譯にゆかないのは言ふまでもない。しかし、今のやうに一般人士が何となくおびえて言ふべきことも言はないやうな氣分になつては人心は暗くなるばかりである。言つてよいことをハツキリ言ふ機會を與へないから、自然陰でブツ〳〵言ふ暗い氣風を作る。一面に於て民心を惑亂するが如き言論を抑へながら、他面に於て民意の暢達を圖ることは實際には非常に六ツかしい仕事であるに違ひない。しかし、今までは少くとも一般の人々が不當に言ふべきことをも言つてはならぬと言ふ考へに捉はれて暗い氣持になり過ぎてゐたと思ふ。希くは新總裁の手腕と工夫とに依つて此點に付き何等か打開の道を開いて頂きたい。

研究要員の補充

文科系はもとより理科系の大學に於てさへ、今の狀態が長く續くと、有能なる研究要員を得ることが出來ない爲めに近い將來研究能力の著しい一般的低下を見るに至るであらうことを心配してゐる向きが多い。無論、國家あつての學術であり文化である。眞に國家の興廢を決すべき此切迫した戰局の下に於て、誰一人として勝つが爲めにはあらゆるものを犠牲にせねばならぬことに反對するものはない。しかし、このせつぱ詰まつた苦しい中にも細かく親切に工夫して見れば一面戰爭の要請を全面的に滿足せしめながら、尙他面に於て學術文化の低下を防止することに多少とも役立つ道を見出すことは絕對に不可能だとは言へない。そうしてかゝる道を見出すことこそ戰時下と雖も國家の爲め絕對に必要であつて、この切迫した戰局下に今更研究要員のことなどどうでもいゝではないかと言ふやうなことでは到底長い戰爭には勝てないと思ふ。

これはホンの一例に過ぎないが、同じく應召したものでも部隊其他への配屬上少し注意をしてくれゝば、そのものを將來歸還後研究者として仕立てゝゆくにつき非常に役立つと思はれる場合が少くないのであるが、これなぞ軍から見ると小さいことのやうでも大學研究所から見ると相當大きいことである。文部省あたりの斡旋によつて然るべく工夫して貰ふ餘地はないのであらうか。

時評

一九四四年九月号（一六巻九号／通巻一七七号）

學術研究會議の建議

最近學術研究會議は政府に對して時局下極めて有意義適切な建議を爲した。曰く「作戰に關係ある研究については研究者をして軍の戰術及兵器の研究並に整備に直接參畫せしむると共に當該部局と緊密なる連絡を保たしむること」又曰く「生產增强に關係ある研究については研究者をして整理當局及生產現物と緊密なる連絡を保たしむると共に積極的に技術指導並に査察に當らしむること」、之がその要旨である。

事は主として直接自然科學に關係してゐるが、而かもそこに此際特に私の興味を惹くものがあるのは外でもない。從來とても學者にして直接間接に軍若くは生產工場の爲めに働いてゐるものは決してその例に乏しくない。又研究所教室等にして軍その他の委囑に依り兵器その他戰爭に必要なる事項の研究に從事してゐる例も極めて多い。しかし、此等の場合學者の立場は一般に受働的たるに過ぎない。卽ち學者に委囑する研究事項は專ら委囑者側が決めて、學者は唯之を引受けてその研究に從事するに過ぎないのが一般の例である。その結果學者の働きは著しく局限されて十分その學識と創意とを發揮せしめることが出來ない。元來學者と言ふものは、實際にこそ通じてゐないけれども、平素物事を廣く原理的に且組織的に考察してゐるから、一面に於て常人の企て及ばぬ洞察力と批判力とを有すると共に、他面特殊の構想力をもつてゐるものである。從つて、學者を生まの現場に臨ましめると、その現場に慣れた人の眼から見ると當然事と考へてゐるやうな事柄の內に不合理を發見したり、その不合理を打解する道を思ひつくものであり、その點平素實際に觸れてゐないことが反つてその長所となつて現はれることさへ考へられるのである。

その上、凡そ人間と言ふものは自ら解決し得る見込みのある事柄しか問題にしないものである。事を問題にしてゐるときは既に解決の端緖が開けてゐるとも言へる。だから、軍その他現場に關係する人々が問題を作つて學者に研究を依賴し、學者は唯受け身でその依賴された事柄だけを研究すると言ふやうな現在の仕組みに依ると、提出される問題そのものが初めから著しく局限され易い。何となれば、現場に直接する人々の事を問題とする能力そのものに自ら局限があり、從つて學者が見れば問題とすべき事柄をも問題とすることなしに看逃がして仕舞ふことになり易いからである。

従つて、學者をして「作戰に關係ある研究」を爲さしむる以上「研究者をして軍の戰術及兵器の研究並に整備に直接參畫せしむる」ことが必要であつて、言はゞ學者を「科學參謀」的の地位に任用して、大本營には無論のこと、最前線に至るまで、それを組織的に配置して直接生まの現實に直面せしめながら、彼等の科學力を戰力化することが必要である。現在のやうな遣方では、たとへ前線で何事かを問題にしたとしても、それが問題として中央部に取り上げられるまでに時間がかゝる。その上前にも言つた通り前線の人々の事を問題にする能力そのものに限りがある。之に反し、中央から最前線の末端に至るまで組織的に科學參謀を配置するやうにすれば、刻々に變化して我の虚を衝かんとする彼の戰術兵器に卽應して敏活に對策を講ずることも出來るし、更に進んでは積極的に「機を見て奇を放つ」兵の要請をさへ迅速に充たすことが出來ると思ふ。此事は生産增强の問題に關しても同じであつて、平素現場に慣れてゐる工場關係者なり、監督官廳の人々に比べて學者こそ反つて新鮮なる感觸を以て利益打算その他一切の行きがゝりに捉はるゝことなしに端的に所謂隘路を發見し又それを打開する方途を考案工夫する特異の能力を發揮するに違ひないと考へられるのである。是れ今回の建議が「生産增强に關係ある研究」に關し學者をして「積極的に技術指導並に査察に當らしむ」べきことを提案してゐる所以である。軍官民關係當局の深甚なる考慮と敏速なる反應を期待して已まない。

尙今回の建議は直接には自然科學にのみ關してゐるけれども同じことは政治・經濟・法律等文化諸科學についても言へるのであつて、例へば大陸並南方の諸占領地に於ける軍政その他諸々の經營に關し、軍が初めからもつと組織的に學者を科學參謀的に使ふことを考へてゐたならば、恐らくその成果は今に比べて遙に著大なものであつたであらうと私は考へてゐる。成程、軍もその後事態が落付いてから部分的には或程度まで學者を活用する道を講じてゐるけれども私の希望としてはもつと組織的に學者を科學參謀的に使ふべきであると思ふ。日淸戰爭當時から國際法學者をかゝる目的に使つた例は廣く人々の知る所であるが、現在の戰爭のやうに大規模に異民族と接觸し異民族をして協力せしめつゝ一面生産他面戰鬪の戰爭を戰はねばならぬ以上學者の戰爭に直接參畫する道はひとり國際公法に限らるべきではなく、廣く一切の文化諸科學が此面に於て大に活用されねばならない。此事は生産增强、食糧配給等の問題についても同じであつて、學者の直接參畫に依つて打開せらるべき諸問題は此方面に於ても極めて多いと私は考へてゐる。

皇國の興廢を決する決戰を前にして學者はすべて覺悟を固めてゐる。政府當局者よ、よろしく彼等の科學力を一刻も速に戰力化すべき萬全の方途を講ずべし。此事を熱望するもの恐らくは私一人のみではあるまい。

時評

一九四四年一〇月号（一六巻一〇号／通巻一七八号）

勤勞行政機構の根本的刷新を望む

厚生大臣が決戰段階に對處すべき厚生行政の焦點化を目指して省內に「決戰勤勞推進本部」を設置し、同省の總力を擧げて勤勞諸問題の解決に乘り出したことは、事や〻遲きに過ぎたるの感なきにあらずと雖も、尙時宜に適したる措置と評することが出來よう。蓋し國民の勤勞總力を動員して組織的に其戰力化を圖り、之に依つて軍需物資・食糧はもとより決戰下國家經濟全體の圓滑なる運營に必要なる勤勞體制を確立し、一面に於て一人の遊民をなからしむると共に、他面に於て人なきに苦しむ一の生産部面をもなからしむることは刻下の急務なりと言はねばならないからである。

新聞紙の報ずる所に依ると、推進本部には戰時勤勞行政の推進徹底の企畫をはかるべき事務部と現地に於ける綜合協力を促進するための機動部を置き、更に後者には地方別分擔による六班を置き、次官局長級の班長と勤勞局のみならず省內各局より練達なる書記官事務官を選んで班員とし、交替に常時地方に駐在し各地方行政協議會と緊密なる連絡の下派生する各種の勤勞問題に對し適時適確なる對策を講じてゆかうとするのであつて、その運營よろしきを得るに於ては吾人も亦之に依つて刻下喫緊なる勤勞諸問題に對して相當の解決が與へられるであらうことを期待するものである。

しかし、遠慮なく私をして言はしめるならば、此考案たるや要するに急場の間に合せ的措置に過ぎず、そのねらひ所を更に徹底せんとせば正規に勤勞問題のすべてを綜合的に主管する統一官廳の設置にまで進まねばならないと思ふ。盟邦獨逸はもとより敵米英等にしても現在の主要交戰國にして我國の如き貧弱なる勤勞行政機構を以て此大戰に臨んだものは一もないのであつて、これでは戰局が急迫するにつれて勤勞に關し現在の如き各種の難問に逢着してその解決に苦しむこととなるのは當然である。時旣に聊か遲れたりと雖も、現內閣が此缺陷を徹底的に是正して勤勞行政の根本的擴充刷新を斷行せんことを希望してやまない。

此際の勤勞行政擴充策について私の希望する事項は極めて多岐に亙るが、こゝにはこの中一二重要なる點を摘記したい。何よりも先づ第一に希望したいのは勤勞省若くは勞務省とも名付くべき獨立の一省を設置し、之をして軍並に軍需省その他生產行政各省と對等の立場に於て勤勞行政の一切を綜合的に管掌せしむることである。かくして勤勞事情に精通する行政要員が常置され、勤勞に關する統計その他の資料が豐富に且經常的に用意されるのみならず、勤勞行政の首腦部が企業並に勤勞兩面の人々と接觸して適時に機動的に適宜な處置をとり得るだけの人的關係が平素から常備されてゐるとき、生產力增產の要望に卽應して勤勞行政の能率を最大に發揮し得る。現在のやうに勤勞行政の中央部が厚生省の一局に壓縮されてゐるのみならず、地方に於ても警察行政の一部として勤勞行政が行はれてゐる有樣ではかゝる效果を期待し得ないのは當然で、此點を根本的に改めることは戰局急迫の今日と雖も絕對的に必要である。

次に言ひたいことは、現在勤勞行政の一部として他の部分と同一機構内に包攝されてゐる業務的乃至技術的の部門は寧ろ之を營團的の仕組に依つて一般の勤勞行政から分離せしめ、專ら練達した專門職員をして科學的に且永續的に之を經營せしめる方がいゝと言ふことである。例へば、健康保險其他社會保險一般、職業紹介の如き仕事はそれぞれその仕事に熟達した人々を一貫して經營に當らしめるがいゝのであつて、場合に依つては之を民間團體に移讓して營團的に經營せしめるのがいゝのだと思ふ。此種の仕事は政治的であるよりは寧ろ業務的であり、機動性よりは寧ろ安定性を重んずべき性質をもつてゐる。これを勤勞行政一般と引離し、專門職員をして業務的に之を經營せしめた方が事の能率を發揮するに適するなのみらず、現在のやうに勤勞配置その他につき機動的措置を要する場合にも專門職員の練達した技術的能力を十分に利用し得て萬事がうまくゆくのだと思ふ。私の想像する所、例へば職業行政一つを例にとつて見ても、嘗て中央職業紹介事務局を中心とし、勞働市場の實情に卽して全國的に職業組合網を張りめぐらしてゐた時代の方がたとへ當時と今日とでは經濟事情に著しき差異があるとは言へ、昭和十三年に紹介機關が國營化されて地方行政機構の中に織り込まれて仕舞つてからよりも、反つて能率よく仕事が出來たやうに思ふ。紹介機關を國營化し、職員を國の官吏として優待することそれ自身は誠に結構のことであるけれども、元來職業紹介のやうな仕事は平素から勞働事情全般に精通し民間の企業主とも十分の聯絡をもつ專門の機關をして之を經營せしめる方が、仕事の能率は遙に上ると思ふ。出來得れば例へば產報の如き民間團體を單なる國民運動的の團體たるに止まらしめず、その機構を十分に刷新擴充した上に、之に業務を移讓した方が、仕事も圓滑にゆくし、產報それ自身としても企業主及び勤勞者を人的に把握し得て全體の仕事がやりよくなるのではあるまいか。產報それ自身については倘別の機會に述べたいと思ふが、要するに勤勞行政中業務的に經營するを可とするものは寧ろ之を專門化して一般行政と分離するより反つて其機能を發揮せしめ得ること及びかゝる事務は之を官廳に於て之を直營するよりは寧ろ獨立の營團的機關をして管理せしめ官民の協力に依つて事を處理してゆく方がいゝと言ふことを言つて置きたい。

時評　一九四四年一一月号（一六巻一一号／通巻一七九号）

研究動員と基礎研究

一切の自力を動員して戰力化するの必要ある今日、法學知識も亦その線に沿ふて極度まで動員され戰力化される必要あること素より言ふを俟たない。今や全國各大學の學者もその意味に於て一人の例外もなくすべて十分奉仕の覺悟を固めてゐるものと想像されるが、官民一體の動員組織が未だ十分に確立されてゐない今日、無闇にすべての法學者が立ち上がつて見ても、必ずしもすべてのものに配當せらるべき動員業務が十分組織的に用意されてゐる譯ではない。

從つて、吾々は一面に於て政府及び各大學の協力に依つて完全なる動員組織の一日も速に確立されることを希望すると同時に、他面學者の側では寧ろ落着いて御用のあるまでは各自の本務たる基礎研究に沒頭すべきであると考へてゐる。大した用のないものまでが戰時研究を名としてウロ〳〵して見ても徒に混亂を來たすのみであつて眞の戰力は出來ない。戰時と雖も學者の本分は基礎研究を通して自らの學力を深めるにあることを呉呉も忘れて欲しくないと私は考へてゐる。

法學雜誌の整理問題

印刷用紙の不足が激化するにつれて學術雜誌一般の統合整理問題が再び話題にのぼりつゝあり、法學雜誌のことも自然一部の人々に依つて問題にせられてゐると傳へられてゐる。

純理的に考へると、現在のやうに各大學がそれ〴〵綜合的法學雜誌をもつてゐることは如何にも不合理のやうに考へられ、いつかは之を全國的に學科別專門別に編成替せねばならぬ時が來るに違ひないと考へられるけれども、現狀がかゝる有樣であることにもそれ相應の理由があるのであつて、之に改變を加へる爲めにはその前に十分考慮されねばならぬ幾多の問題がある。それを十分考慮に入れずに整理のことのみを考へると徒に混亂を來たすのみであつて、惹いては學術の進歩を妨げる結果をさへ生ずる虞がある。

先づ第一に、專門別雜誌を作る前提としては必ず當該學科に關する學會を作る必要がある。かゝる學會が當該學科を專攻する學者を全國的に網羅するのみならず、全國的に統制のきくやうな幹部組織を有し、且集會の開催、雜誌の編輯發行等の諸事務の爲めに有能なる人的施設と相當豐富なる資金その他の物的施設とをもつとき、雜誌編輯のことも初めて圓滑に行はれて學界の要望を充たすことも出來るのである。現存の專門雜誌中國際法外交雜誌が國際法學會を背景として初めて成り立つてゐることを考へれば此間の事情は容易に理解し得ると思ふ。

嘗ても書いたやうに、現在の大學別綜合雜誌は一見無駄のやうではあるが、これあるに依つてのみ當該大學に所屬する學者は比較的容易に適時にその勞作を公表して學界の批判を受けることが出來るのであつて、殊に若い研究者にとつては此雜誌が殆ど唯一の利用し得べき發表機關である。これなしには彼等は自分の存在をさへ學界一般に知らせることが出來ない。況んや學界に批判を求めて自己研究の資とするが如き到底之を望むべくもない。殊に最近のやうに著書出版が困難になると、若い研究者の爲めに成るべく容易に作品を公表し得べき機會を作り與へることは彼等個人の爲めには勿論學術を全般的に奬勵する上から言つても絕對に必要であつて、その意味に於て、私は現在の各大學專屬の綜合雜誌に多大の價値を認むるものである。

從つて、若しも此種の雜誌に代ふるに、專門別雜誌を以てせんとするならば、各雜誌の背景たるべき學會が設立され、且その組織よろしきを得るに依つて全國の研究者が廣く公平に作品を公表する機會を與へられるやうな仕組が出來ることが絶對に必要であつて、それなしに輕率に專門別雜誌を作ると、結局學界一部の有力者に壟斷されて他の一般研究者は全く作品發表の機會を與へられないやうなことになる。此事を私は學術進步の見地から考へて最も恐るゝが故に、此際整理統合のことを考へて居られる方々に對し特に此點に對する注意を希望する次第である。

尙良い學術雜誌を出す爲めに如何に優秀な人的施設と豐富なる物的施設とを用意する必要があるかは、部外の方々の想像以上であつて、現存の雜誌中優れたものはいづれも各大學の研究室を背景とし、且それ〴〵相當の資金をもつてゐればこそ今日あるを致してゐるのである。もしも此種の用意なしに新に專門別の雜誌を出さうとすれば、結局營利出版業者の手を借るの外なく、それでは純學術雜誌として優れたものがあらゆる專門に就いて出來ることは到底望み得ない。

こうしたことを考へて見ると、現在の法學雜誌を專門別に編成替へすることは言ふに易くして行ふに難い難事業であつて、用紙不足と言ふが如き一理由から輕々に手を着くべき事柄でないことが何人にも容易に理解し得ると思ふ。從つて私としては此際無闇に雜誌統合のことを急ぐよりは寧ろ全國的の法學會組織を作ることを考ふべきであり、此機會に於て此點に關する在來の缺陷が補塡されゝばこれに越した幸ひないと考へてゐる。

時評

一九四四年一二月号（一六巻一二号／通巻一八〇号）

調査戦線の統一を望む

科學技術の方面に於ては比較的早くから研究調査を全國的に聯絡統一する企てが行はれて來た。それでさへ今尙實情は必ずしも滿足すべき情態に到達してゐないやうに思はれる。

それに比べて遙に立ち遲れた文化科學の調査戰線が今尙甚しく混亂の狀態にあることは必ずしも異とするに足りない。しかし一切の科學力を戰力化するの必要極めて緊切なるものある今日、この現狀を打開して官民一切の研究力を急速に單一戰線上に統一し、之に依つて決戰政治に科學的基礎を與へ以てその能率を最大ならしむるの要あること今更喋々を待たぬ。今こそ官民眞に協力一致して速に此問題の解決に邁進すべき秋である。

文化科學に關する我國調査研究組織の現狀を見るに、文部省關係の綜合機關でさへ學術研究會議、日本學術振興會、日本諸學振興會の三があり、その各が互に何等の連絡なしに仕事をしてゐる。その上此等諸機關の研究調査事項は各自が任意に之を決定し、政府の要請は直接その上に反映してゐない。無論此等の諸機關は初めから必ずしも戰爭の必要に應じて創設されたものでないから、その研究事項の中に今日の決戰段階から見ると不急と思はれるものがあつても必ずしも異とするに足りない。しかし、あらゆる科學力を戰爭目的に向つて集中せねばならない緊迫した現狀から考へると、事の急不急を分別して力を先づ前者に集中すべきは勿論、研究事項の重複もすべて之を整理して、一切の無駄を省くことに全力を盡さねばならぬ。此等三の會そのもの若くはその事業を統合するの要は今正に急迫してゐる。關係當局の善處を希望して已まない。此等三の會を主管する文部省内の部局が偶々三に分れてゐることが萬一にも事の解決に對し何等かの障害を爲すが如きことがなければ幸である。

次に政府は今春此方調査研究動員本部を設立し之を通して一切の調査研究を統合動員することを企てたるにも拘らず、その動員力の及ぶ範圍は制度上民間の調査機關に限られて官立大學その他學術研究會議の如き官立機關には及ばないものと考へられてゐる。その理由は、動員本部が一私法人に過ぎないと言ふにあるやうである。しかし、同本部設立の目的から考へると、それは形式上に於てこそ私法人に過ぎないとは言へ、その實質は調査研究を目的とする政府の外廓團體であつて、寧ろ官廳に準ずべき性質を有するものと考ふべきである。從つて政府にして若しも同本部の設立を通して調査研究を擧國的に統合動員することを希望するならば、よろしく官廳その他官立機關の調査研究をもすべて同本部の下に統合すべきが當然である。

制度論的に考へても、現在では形式上私法人にして實質的には官廳的性質を有する團體が少くない。各種の營團金庫がそれであるのは勿論、公益法人の中にもその種のものが少くない。情報局の主管する社團法人たる各種報國會、厚生省の主管する財團法人たる大日本體育會、大日本武徳會の類がその例である。此等はいづれも本來政府の直營すべき事業を事の性質に鑑み便宜上の理由から私法人の形式で保管せしめてゐるに外ならないのであつて、さればこそ此等の團體に對する政府の補助金は團體固有の資産を著しく超えてゐるのであつて、會計法的關係に於ても之を單なる補助團體として取扱ふのは間違であると私は考へてゐる。此種の團體はいづれも官廳事務の一部を下請するものであつて、實質的には官廳若くは公法人的性質を有するものと考ふべきである。調査研究動員本部の如きは此例として最も顯著なものであつて、之を單なる私的團體と解すべきではない。かく考へると、制度論的に言つても同本部をして官廳關係の調査研究をも統合動員せしむべきは寧ろ當然であつて、政府が此點について今尚消極的態度を持してゐることを私は甚だ不可なりとするものである。

司法官補充の一方法

戰時と雖も司法官の補充を怠るべからずと言ふのが私の持論である。司法の權威を今後に亙つて永く保持するが爲めには絶えず優秀なる靑年を迎へて之に十分なる教習を加ふると同時に相當長年月に亙り法官としての經驗と教養とを□ましめ、之に依り後から後から一人前の法官を仕立てて法官陣營を整備する必要がある。如何に戰爭の必要からとは言へ現在のやうに司法官の補充を全面的に停止すること長きに及べば、必ずやその惡影響は十年十五年に至つて著しく露呈されるであらうことを私は恐れるのである。

然らば、決戰下の現狀に卽し而かも戰爭の必要と牴觸することなしに法官の補充と教習とを圖る方法があるか。現在のやうに法學生の大部分が學習の中途から出陣すると同時に、司法科試驗をも停止せねばならぬ狀況では尋常一樣のことではそれは不可能である。しかし、政府さへ此點について眞に問題の重要性に關する理解と熱意とをもつならば解決の途は尙あると私は考へてゐる。例へば、陸海軍が法學生を迎へて經理幹部としての教育を施してゐると同じやうに、彼等の一部を法務官候補者として採用し、一面司法當局と協力し他面大學の援助を得て相當期間特殊の法學教育を施した上之に司法官試補の資格を與へて法務官に任用するが如き方法をとれば少くとも問題は部分的に解決されるのではなからうか。現に軍では法務官の補充につき相當苦慮しつゝあると傳へられてゐる。此際軍と司法當局と心を協せて此種の打開策を講ずる必要と價値とが大にあると私は考へる。敢て提案して當局者の考慮を促す所以である。

一九四五（昭和二〇）年

巻頭言

一九四五年一月号（一七巻一号／通巻一八一号）

政治には本末がある。本を十分に立て、置けば、末は治め易い。故に「大學」にも「其本亂而末治者不者」とある。然るに、今日政治の局に當つてゐる人々の中にはとかく末節に精通してゐながら政治の根本を解せずして之を輕く見る傾向が見受けられる。明治の末葉から大正・昭和と打續く太平の御代に生まれ、無事安易に正規の學校敎育を受け、多く實際社會の苦勞を體驗することもなしに專ら規矩權勢を以て民に臨んで來た軍官吏僚出身の人々が主として政治の局に當つてゐる爲めであると思ふ。平和平常の時代ならば兎も角として、現在のやうに萬事に付き自ら考へ自ら變に處する道を見出さねばならぬ時勢になると、か丶る安易の世界に住み慣れた人々はとかく事に臨んで處置を過り易い。自ら政治の本を立て丶自ら政治の道を考へる修業をしてゐないからである。心靜かに我國今後のことを考へて見ると、此點直接政治行政の局に當る人々に反省して貰はねばならぬことが非常に多いと思ふが、同時に此等の人々の育成に當つてゐる學者並に學校に於ても深く思ひを此點に致して大に改むべきものがあるやうに考へられる。今の學者が政治經濟法律に付いて說いてゐる所を見ると、體系の整つてゐること、理論の精緻を極めてゐること等誠に讃嘆に値すべき幾多の長所をもつてゐるけれども、之を諸學草創の時代に書かれた幾多古典の所論に比べて見ると、自ら「本」を立てて自ら考へると言ふ點に於て大に缺くる所があるやうに思ふ。か丶る學者に依つて敎へられた學生も、とかく既に先人先師に依つて分析究明された智識を機械的に吸入するのみであつて、自ら咀嚼し自ら消化する力に缺くることになり勝ちなのではあるまいか。此意味に於て吾々は今こそ學者の間學生の間に古典を味讀して先人の苦心の跡を偲びつ丶現代に處して自ら苦心し工夫するの氣風を興起すべき時であると言ふ感を禁じ得ない。

時評

一九四五年一月号（一七巻一号／通巻一八一号）

法學教育者の反省

皇紀二千六百五年の新春を迎ふるに當り、現に吾々法學教育者が爲しつゝある所に省察を加へながら、吾々の仕事のあるべき將來について多少の感想を述べて見たい。

先づ第一に考へねばならぬことは、現に諸大學に法學部一般に於て行はれつゝある法學教育が眞に國家將來の要請に卽しつつ今後司法、行政その他政治經濟方面に於て活躍すべき幹部候補者を育成するに適する方法に於て行はれてゐるかと言ふことである。現在法學部に於ける教育の根幹を爲す講座制度は凡そ明治の末葉に完成せられてより此方、爾來多少の補正が加へられた事の外、大體はそのまゝ今日に傳へられてゐる。此制度には一面に於て大學教育に安定性を確保する長所があるけれども、同時に他面大學教育を保守的ならしめ時運に遲れしめる短所をもつてゐる。諸事變革の機運に溢ちてゐる今日虛心淡懐に我國の將來を考へながら大學教育の現狀を省るとき、吾々は一面此長所の遽に棄つべきものにあらざることを考へながらも、此際講座の徹底的改廢を行ひ、以て此短所を極力矯正することに全力を盡さねばならぬのではないかと言ふ感を禁じ得ない。

次に考へたいのは、現在一般に行はれてゐる法學教育の實質が果して如上の目的に適合してゐるかと言ふことである。私の考へる所では、現在の法學教育は一般に具體的に目的を考へずに行はれ過ぎてゐる。唯所定の學科目について各教授がそれぞれ思ひ思ひのことを敎へてゐるのみであつて、學生個々の將來向ふべき道を考慮に入れた敎育が計畫的に行はれてゐない。無論大學教育は單なる職業教育であつてはならぬ。しかし、大學敎育と雖も決して現在のやうに教育目的を具體化してはならぬと言ふ譯はない。司法官たらんとするものを育成する事はそれに相應した教育があり、行政官たらんとするものを養成するには又それに相應した教育があつて然るべきである。然るに、現在大學では一般に制度の上だけ法律學科政治學科等の區別を設け、それに配置する學科に或る程度の差別を設けてゐるけれども、實際行はれてゐる個々の學科目の教育に至ると、法學科目のそれも政治學科のそれも一樣なるを通例とし、例へば一民法學を敎へるにしても、司法官たらんとするもののためにはそれに相應した授業を行ひ、行政官たらんとするもののために又その目的に適した授業を行ふべきが當然であるにも拘らず、その點を區別してゐる大學は殆どない。結局今の大學教育は唯漠然と卒業者に「學士」のレッテルを貼つてやり若くは高等試驗を受驗し得る程度の能力を與へてやる働きをしてゐるのみであつて、眞に皇國の將來を荷負ふべき青年を育成すべき使命の確乎たる意識の下に行はれて居らず、學生も亦一般に單に就職の便を得るのみの目的から入學就學してゐるに過ぎない。此弊を一掃するがためには、各大學それぞれがその教育目的に關する意識を新にし、以て教育內容の根本的刷新を圖ることが、何よりの急務であると私は考へてゐる。

學徒勤勞の能率を更に向上せしむるの途

學徒勤勞が更に一段と强化されることになつたこの機會に於て、學徒勤勞をして一層能率的ならしむる一方途として兼々考へてゐることの一端を述べて置きたい。

現在でも學徒自らはそれ〴〵實に良く働いてゐると思ふ。所が私の見る所では一般に學校當局の彼等に臨む態度と會社側の態度とが逆になつてゐる。此際學徒を激勵して職場に敢鬪せしめるのは教育者たる學校當局として當然に執るべき役割であり、之と反對に極力學徒をいたわつて出來るだけ働きいゝやうに仕向けてやるのは彼等を援助者として迎へた會社側の當然に執るべき態度であると私は思ふ。何となれば、彼等をして此際に處する皇國民としての責務に目醒めしめ、學徒たるの誇りとそれに伴ふ義理とを自覺せしめつゝ、勤勞に全力を傾けしめることは、教育者として平素から彼等を預かつてゐる學校當局の職責上當然に爲すべき「教育」だからである、又彼等を急場の手助けとして迎へた會社としては飽くまでも感謝の念と同情の心持を以て彼等に臨み無理をしてゞも出來得る限り彼等の爲め萬事を考へてやるべきが常識上當然だからである。然るに、昨春以來私の見聞した事例に依ると、此關係が反對になつてゐるのが寧ろ通例である。會社側は動ともすると此際勤勞報國會に依つて學徒を受け入れることを當然の權利であると考へ、純眞なる青年の意氣を好意を以て買ふことを忘れ勝ちである。之に對應して、本來ならば學徒を督勵する立場に立つべき學校當局が反つて彼等をかばふ立場に立ち、教育擁護の名の下に學徒を甘やかす傾向に陷つてゐる。世間一般の常識から考へて此位順逆をあやまつたものはない。恰も家庭に於ける父の役目と母の役目とが逆になつてゐるやうなものだと私は考へてゐる。

學徒をして現在以上效率的に働かしめる爲めには、速急に此現狀を極力打破せねばならぬ。私は今茲に事をここにいたらしめてゐる原因如何に言及することを避けるが、會社側も學校側も此點を十分反省して欲しい。文部省も軍需省も又關係地方廳も此點につき學校並に會社の指導を誤らざらんことを希望してやまない。

巻頭言

一九四五年二月号（一七巻二号／通巻一八二号）

政府は經濟統制に關する現行法令の亂雜せる現狀に鑑み、新に學者を動員して之が整備に關する具體案を研究立案せしめる意向であると傳へられてゐる。事稍遲きに過ぎたるの憾みなきにあらずと雖も、蓋し時宜に適したるもの、吾々も亦一日も速にその成果の擧がることを期待してやまない。たゞし此際特に一言して置きたいのは、整備事業を單に現存法令の形式的整理に止むることなく、更に一歩を進めて現狀の由來せる原因を探求し、以てその徹底的除去を圖る必要があると言ふことである。さもない限り、現存法令の整理それ自身だけでさへ完全に爲し遂げ得ないのみならず、一應整理を爲し遂げ得た後からすぐに再び現狀に均しい混雜狀態が發生して來るに違ひないと考へられるからである。此點に付いて特に重要視すべきは、法令の制定一般に關する現行の制度及びその運用に關する從來の行政慣行に再檢討を加へることである。統制法令の混雜も窮局する所この制度並に慣行に由來してゐるのであつて、法令一般に通ずる同じ原因が偶々統制法令についても同じ結果を惹き起したものと考へねばならぬからである。無論統制法令については更にそれに特有な他の原因も存在するやうに思はれるが、重要なのは寧ろ一般的の原因である。然らばその一般的原因とは何か。一言にして言ふと、關係官僚が自分等の便宜的考慮若くは單なる仕來たりから、本來ならば一個の法令を以て規定して然るべき事柄を二以上の法令に分けて規定したがることである。甚しきに至ると、例へば同じ森林組合に關する規定を森林法、同施行規則、森林組合令及び同登記取扱手續の四法令に分けて規定するやうなことをするのであるが、此場合の如き森林組合に關する大綱は之を法律たる森林法の中に規定する必要があるとしても、それは極めて僅な大綱的規定にのみ限りその他の細則はすべて之を一省令の中に一括して秩序正しく規定することは現行法上でも決して不可能ではない。それを現在のやうに法律と勅令と二省令とに分けて規定するから、事が複雑になつて一般人には解り憎くなるのである。統制法令に付いても、若しも關係官僚がも少し一般人の便宜を考へて、斷然この種の官僚的仕來たりを捨てるならば、現在のやうな混雑状態の大半は之を除去し得ると吾々は考へるのである。

時評

一九四五年二月号（一七巻二号／通巻一八二号）

「根こそぎ動員」の前に豫め考へて欲しい事共

政府は現下の戰局に鑑み生産増强の爲め勤勞力の「根こそぎ動員」を決行する豫定だと傳へられてゐる。企畫よろしきを得て一日も速かにその實績の實現すべきことを心より希望する。

具體的の企畫については、關係當局の間で十分案が練られてゐることと想像するけれども、多少とも從來の實情を知つてゐる吾々としては、此際尚多少の注意的意見を述べて見たい感を禁じ得ない。それ程、從來の勤勞動員には結果から見て否定し難き幾多の缺陷が見出される。此種の缺陷を完全に豫防する用意を怠る限り、徒に人を集めるのみで勤勞能率擧らず、やがては反つて全體的には生産を低下せしむることになる虞、十分にありと考へられるからである。

議會でも此問題については色色と論議が行はれ、それを通して吾々も略政府の意圖する所を察知し得る譯であり、新聞紙も此點に付き「かくて議會終了後決戰勤勞政策として速かに實施される段階は先づ勤勞行政の一元化、ついで國民勤勞動員令實施に依り機動的配置を斷行し、現在の工場内又は工場間の勞務だぶつき現象の是正、最後に全國民の根こそぎ動員の實施である」と報道して居る。

第一の勤勞行政一元化は吾々も前々から要望した所であつて此際その急速なる實現は勿論絶對に必要である。之に依つて勤勞動員行政と管理行政とが一貫した方針の下に敏活に運營されることとなれば、現狀の改善せらるゝもの多大なるべきを期待し得る。しかし勤勞管理の完璧を期するが爲めには、狹義の勤勞管理の外それと密接に結び付けて生產管理並に生活管理のことを考慮せねばならぬから、勤勞行政一元化の名の下に現在厚生省軍需省の間に分裂せる勤勞行政事務を一機構の下に統合し得たとしても、金融、資材、食糧、運輸その他生產管理並に生活管理に關係する一切の行政が之と歩調を合はせて機動的に運營せらるゝ態勢が整はざる限り實質的に勤勞管理の完全なる運營を期し難い。此意味に於て私は現在の內閣制度は素より地方行政の末端に至るまで萬事を統合的に運營し得るが如き強力なる行政機構を確立する必要があると考へてゐる。

此事を私が特に強調したいのは、最近某地方の一重要工場を視察した際に聞いたことであるが、現在工場側として困るのはひとり地方廳と軍需管理部とが分立してゐることのみならず、地方廳それ自身の內部が分裂して居り、同じ一のことをするについても甲事項に關しては警察部、乙事項について第二經濟部に一々連絡する必要があると言ふやうな具合であつて、僅か一地方に關してさへ廣義の勤勞管理を圓滑に運營するに付き行政機構上の支障が少くないからである。尙その際聞いたことであるが、某縣に於ては某工場の緊急疎開に當り、知事自らが陣頭に立つて關係各部を指揮した結果事務が極めて敏活に運んだとのことである。此一事から考へても、中央地方を通じて行政の運營を徹底的に統一的ならしむるにあらざれば、「根こそぎ動員」を眞に效果的に實施することは不可能であることが解るのであつて、此點政府當局に於て十分に考慮を拂ひ、一切の行掛かりに捉はるゝことなき勇斷を決行されることを希望したい。

次に我國從來の勞務動員、配置、管理等に關聯して最も大きな缺陷と考へられるのは勤勞組織の不備である。工場一般が主として定傭工員に依つて動いてゐた時代ならばともかく、現在のやうに應徵士□學徒、女子挺身隊等外來の一時的勞務者が工員の重要部分を占むるやうになつた以上、個々の企業を單位とした內部的統率組織を考へるだけでは、到底全工員の紀律ある勤勞を期待することは出來ない。從來でも、學徒勤勞が比較的良く行はれてゐるのは、ともかく學校單位の組織が出來てゐるからである。此事を考へると今後國民一般を廣く各方面の勞務に大量的に動員する爲めにはかくして動員せらるべきものを統率する組織を豫め十分に用意して置く必要あるは明かである。ドイツの所謂ゲッペルス動員が如何にして行はれたかに付いて今私に詳細の智識をもたないけれども、恐らくは永年に亙り黨を中心として作り上げられた國民組織が大きな役割を果たしてゐるものと想像してゐる。之に比べると、我國には產報、勞報ありと雖も何等の組織力をもたず、翼贊會を通しての國民組織も名實伴はざるもの大にして此際の仕事に役立つべしとも思はれない。地方的には多少實質的に組織力をもつ翼壯も今では翼政との政治的鬪爭の渦中に捲きこまれて中央部は半身不髓に陷つてゐる。此有樣で、全國民を總動員しても如何にして之に組織を與へて能率よく働かしめることが出來るか、此事を私は最も心配してゐるのである。我國の官僚にはとかく前々から官權に依つて觀念的に國民を統べることを以て能事了れりとし正規の行政組織の外に國民組織の出來ることを嫌ふ傾向がある。折角近衞公爵に依つて創められた大政翼贊運動が終に今日の如き骨拔き狀態に陷つたのもそれが爲めである。しかし、いよいよ現在のやうに全國民を總動員しようと言ふことになれば官僚の力のみではどうにもならないことが能く解ると思ふ。今からでも遲くない。急速に擧國的國民組織を樹立して當面の必要に應ずる用意を固めることを希望してやまない。たゞし念の爲めに言つて置きたいのは私の言ふ國民組織とは今政府と翼政幹部との間に談合されつゝあるやうな政黨組織のことではなくして、現實に國民を統率して動く人の仕組とその統率に從て規律正しく動く國民の氣組みとを作ることだと言ふことである。

巻頭言

一九四五年四月号（一七巻三・四号／通巻一八三号）

戦局が緊迫化するにつれて、現在の政治に關し最も物足りなく思はせられることの一は言論を通しての民心指導乃至把握の貧困である。成程從來とても週報や新聞紙、ラヂオを通しての政府發表、新聞紙其他印刷物の統制に依る言論指導等に依つて民心指導上相當の努力が拂はれてゐることは認められる。しかし、それ等努力の實質的効果を事實に付いて考察して見ると、それが如何に民間に徹底してゐないかを見出して寧ろ驚きに堪えないのである。然らば、その原因は何所にあるか。一言にして言ふと、宣傳に對する科學的研究の不足と宣傳技術の蔑視、從つて拙劣に在ると吾々は考へる。例へば、一定の重要政策の閣議決定が行はれたとする。その場合政策の完遂を期する爲め一般國民の心よりする協力を必要とするとせば、是非共國民に對する適當の呼びかけに依つて彼等の理解と熱情とに訴へる努力が拂はれねばならぬのは當然であるが、その際最も注意せねばならぬのは呼びかけの內容・方法・形式であつて、その如何が如何に民心に反響するかを十分に考慮せねばならぬ。然るに從來政府の此點につい て爲す所は一般に甚だ事務的であつて、國民の間に政策に對する理解を徹底せしめると同時に、政策への協力につき國民の熱情を燃え上がらしむるにつき、特別の苦心と努力とが拂はれてゐない。殊にラヂオと言ふ民心指導上最も有力なるべき武器をもつてゐながら、之が利用上民心への反響までをも十分に考へて、呼びかけの內容と形式とをきめてゐる跡が殆ど認められない。吾々は決してヒットラーの如き又ゲッベルスの如き雄辯を總理大臣なり、情報局總裁に望むのではない。しかし、たとへ雄辯ではなくとも、もつと力と熱とを以て直接國民の魂に訴へ、國民の心を把握するにつき苦心を拂ふべき餘地は尙ほ大にあると吾々は考へてゐる。空襲激化、本土上陸等々戦局の切迫につれて民心の動搖を來たすべき事件は今後愈々累加するに違ひない。此情勢に卽應して刻々直接國民に訴へてその冷靜にして而かも熱情ある協力態勢を振作する工夫をすることは此際政府として最も留意を要する事柄であることを特に聲を大にして主張したい。

時評　一九四五年四月号（一七巻三・四号／通巻一八三号）

授業停止と教育

戰局の切迫につれて何時かは實現せらるべく期待された學校全般の原則的授業停止が愈々決行されることゝなつた。かくして吾々の直接關係する法學敎育の如きは全面的に停止せらるゝに至るべきこと必至である。敎育のことのみを特に引き離して考へれば事や極めて重大、一部には相當の批評もあり得ることと考へられるけれども此際に於ける學徒勤勞の重要性及び過去一ケ年間行學一如の名の下に行はれて來た學徒勤勞が敎育との調和の爲めに實際上幾多の障害に逢着して十分其能率を發揮し得ず、而かも敎育としても極めて不徹底に終はつた實情を考へ合はせて見ると、政府今回の措置たる寧ろ遲きに過ぎたりとの非難はあつても、事それ自身としては當然正に爲さるべきものが爲されたに過ぎざるものと考ふべきであると私は考へてゐる。

授業停止は、文部當局も强調する通り、學校閉鎖ではない。學徒は飽くまでも名實共に學徒として勤勞に從事するのであつて、學徒たる身分を離れて普通一般の勤勞者になり切つて仕舞ふのではない。學校も亦飽くまでも敎育者たる立場を堅持し、此際學徒をして一切の私事を抛擲して一意專心君國に奉仕せしむることこそ教育者としての責任なることを自覺すべきである。私が今更言ふまでもなく、勤勞を通して學術を教育すると言ふやうなことは此際の急場として原則的には不可能でもあり不必要でもある。しかし、授業を通して學術を教育することのみが學校教育の目的ではなくして、一旦緩急あれば義勇公に報ずべき國民としての資質を實踐的に錬成することこそ教育目的の重要な半面たることを考へて見れば、授業を停止して學徒のすべてを勤勞に專念せしめる此機會こそ教育者にとつて寧ろその責任を果たすべき絶好の機會であると考へねばならぬ。世間には授業停止に因つて學校教師が一般に暇になる、その暇を如何に活用すべきかと言ふやうなことを問題にしてゐる向があるやに聞くけれども、私をして言はしむれば、かくの如きは畢竟授業を以て教師の能事終れりとする俗論の所産に外ならない。此際教師として爲すべき最要事は、自分の預つてゐる學徒をして一意專念全力を擧げて勤勞に徹せしめるやう指導もし、世話もすることであつて、此責任の重要性及びそれを十分に果たすことの六かしさを考へて見れば此際の教師にとつて聊かたりとも暇などのあり得る筈はない。文部當局にしても、此點十分に腹をきめて指示上萬遺漏なきを期して欲しい。昨年のやうに「行學一如」の美名の下に學校當局を迷はしめるやうな指示を與へることは絶對に愼んで欲しいと思ふ。

尙此際學徒の指導上特に注意して置きたいことは、授業を停止し學徒をして專念勤勞に挺身せしめるとしても、常に彼等の好學心の持續及び昂揚に留意せねばならぬことである。授業停止は確に學力向上の停止を結果するに違ひない。これは遺憾ではあるが、此際として萬已むを得ないことである。しかし、學徒の教育上永い將來を考へて憂慮せねばならないのは、學力の一時的停止ではなくして、動ともすれば之に伴つて生じ易い好學心の低下である。好學心さへ立派に持續されてゆけば、學力の一時的停止の如きは毫も恐るゝに足りないが、好學心がゆるみ學問を馬鹿にする氣分が學徒一般を支配するやうにでもなつたら、その將來に對する影響は眞に憂ふべきものがあると私は考へるのである。昨年の文部當局のやり方のやうに行學一如の空題目の下に碌に教育を施すこともせずに進學させることばかりを考へると、學徒一般は一面に於て自己の學力に對する自信を失ふと同時に、やがては學問を甘く見るやうになり易い。今年のやうに授業を停止し從つて進級進學をも原則的に停止することにすれば、その點の心配はなくなるけれども、その代はり永く學業から離れることから起る好學心の弛緩的傾向は免れ得ないのであつて、これを防ぐ工夫をすることは此際敎育者に課せられた重大な任務であると私は考へてゐる。文部當局談として新聞紙の傳へる所に依ると、二宮金次郎の例を引いて心掛け次第では勤勞の合間にも勉强は出來ると言ふやうなことが言はれてゐるけれども、學徒、殊に低學年學徒一般に對しさうした理想的なことを望んでも一般的には出來ない相談であつて、彼等の好學心を授業停止の間にも尙保續せしめる爲めには特別の工夫がいると私は考へるのである。

好學心さへ弛緩しなければ、學力向上の一時的停止は必ずしも恐るゝに足りない。好學心さへ保續されてゐれば學徒たるの矜恃も自ら保存される。さうすれば、勤勞の間にも學徒たるの特色を發揮してよく普通工員の爲し得ざることを爲し遂げ得るのみならず、時至れば何時でも再び敎育を施して學力の伸長を圖ることが出來る。否好學心さへ保續されてゐれば、勤勞の間にも學力は自ら伸長するのである。此事をよく〳〵考へて特別の工夫をして欲しいと言ふのが、此際に於ける學校敎育者へのお願ひであると同時に、當局の指導上特に留意をして欲しい要點である。

巻頭言

一九四五年五・六月号（一七巻五・六号／通巻一八四号）

筆者と同年配の人々は誰しも覺えてゐること、思ふが、吾々が幼時小學校で使つた修身教科書の中に「司馬光破甕之圖」なるものがあつた。大甕の周圍に唐子風をした多數の子供が立ち騒いでゐる、其前で一人の子供が石を以て甕に穴を開け、そこから迸り出る水と共に子供が救ひ出されて來る瞬間を畫いた圖である。言ふまでもなく宋代の學者として又政治家として名聲一世に高かりし司馬光が幼時既に衆に優れた少年なりしことを畫いたものである。最近さる人に敎へられて出典を調べて見ると宋史巻三百三十六列傳第九十五に「群兒戯于庭、一兒登甕、足跌沒水中、衆皆棄去、光持石撃甕破之、水迸兒得活、其後京洛間畫以爲圖」とある。之に依ると、光少年のこの行爲は當時世間賞讃の的になつて繪にまで畫かれたものであることが解る。吾々の教科書の編纂者は言ふまでもなく之をそのまゝ模倣したものに外ならないが、しかしともかく危急の際應機の措置に依つて人命を救つたこの行爲を一の美徳として特に兒童に敎ふべきものと考へたその見識には一應敬服に値するものがあると思ふ。

決戰下行政萬端の運營に付き急速なる臨機的措置の要請される度合が高まれば高まる程、「法治行政」の短所が益々露呈される。各方面に之が矯正を要望する聲日に〳〵高まりつゝあるにも拘らず、改善の實殆ど見るべきものがない。官吏は相も變らず法規を規準として行政することにのみ專念し、徒に法規に捉はれて危急の際尚機宜の措置をとることを敢てしない。それが爲め最近朝野の一部には法治行政の根本的改革を斷行し、危急の際必要あらば法規に依らずして應機の措置をとり得る制度を設くべしとの意見が行はれてゐる。頓ては結局そこまで行かねばならぬこと、思ふが、今日の官吏一般にして若しもいざと言ふ場合に光少年の如く甕を破るだけの勇氣を備へてゐれば、特に制度を改革せずとも萬事は旨く運ぶのであり、又反對によしんば制度を改革して「法に依る行政」に代ふるに「人に依る行政」を以てするとしても、其局にその人を得なければ到底圓滑に應機の措置をとり得ないと思ふ。結局法治行政の溫室内に樂々と育つていつの間にやら自ら考へることを忘れた官吏が萬事の禍根なのである。歴代の政府も此事に氣付いてしきりに信賞必罰を高調してゐるが、生易しいことでは到底いざと言ふとき甕を破る程の勇氣を彼等にたゝき込むことは出來ない。永年に亙る官吏の訓練に根本的缺陷があるのである。

巻頭言
一九四五年一〇月号（一七巻七号／通巻一八五号）

萬事につき「道理」を重んずる氣風を興すことが此際の我國にとつて何よりも大事であると吾々は考へてゐる。國際關係に於ては動ともすると「道理」が「力」に押され易い。それが爲め我國同胞の間にも從來兎角國際社會を支配するものは結局「力」であつて「道理」ではないと言ふ考が行はれ勝ちであつた。吾々と雖も今後の國際社會が容易に「道理」が完全に支配する世界になると言ふやうな甘い考をもつてゐる譯ではないが、今や完全に「力」を奪はれた我國にとつては少くとも今までよりもつと「道理」の力を信じ「道理」を主張する勇氣をもつのでなければ、國際的に立つ瀬は全くないと思ふ。永い目で見ると國際社會を支配するものも結局は「道理」であつて、「道理」に背く「力」の支配は永續きしないものだと言ふことを呉々も反省して今後の國際社會に立つ腹をきめるべきであると思ふ。かくして吾々が「道理」の行者として武威に屈することなく敢然「道理」を主張して一歩も退かない態度を堅持し得るに至るとき我國の國際社會に於ける地位は從來より反つて高まるのだと吾々は考へてゐる。國内に於ても、兎角「道理」を通すことを忘れて「力」に依る無理押しや情實による妥協が政治其他社會萬般の關係を支配してゐたことが我國宿弊の最大なものであつたことを此際吾々は深く反省すべきである。立憲政治が旨く行かない。政黨が信用を失墜した。其原因の最大なるものはこゝでも亦「力」に依る無理押しや情實による妥協であつたことをよく〳〵考ふべきである。今や議會が再び政治上の力を囘復し政黨政治が復活しやうとしてゐる。今こそ皆々の努力に依り「道理」の支配する政治を實現すべき時である。さもなければ再生「民主々義」の政治も結局一般民衆の信用を失つて國運再建の重責を果たし得ないであらう。「道理」を無視する多數が頓て直に沒落の運命を辿るやうな政治慣行を確立することこそ政治家今後の最も力を入れるべき仕事である。政治法律の學問は彼等に「道理」の何たるかを敎へることを其使命とする。その意味に於て今後政治法律の學に志すもの、責任は極めて重いと吾々は考へてゐる。

巻頭言

一九四五年一二月号（一七巻八号／通巻一八六号）

此秋になつてから「天氣豫報がどうも當らない」と言ふ小言をよく聞くが、その原因をさる人に訊くと、答は次の通りであつた。「終戰後豫報の資料たるべき氣象情報が充分に集まらない、從來は南方からも支那からも又滿洲からも廣い地域から澤山の情報が入つた、それが終戰以來全く入らなくなつたのだから當らないのは已むを得ない」。此話を聽いてゐて吾々が聯想的に直に思ひ出すのは、滿洲事變此方戰爭指導の局に當つてゐた軍人その他の人々が類似の原因から萬事に付き將來の看透かしを誤つてゐたと言ふ事實があつたのではなからうかといふことである。自惚れと傲慢との結果いつの間にやら廣く智識を世界に求めることを忘れ、他人の批評を聽くことを潔しとせず、好んで自ら視野と見識とを狹め、かくして獨り善がりの希望的憶惻に陶醉しながら知らず識らずの裡に大きな過誤に陥り、その結果終には敗戰の憂き目をまで見るに至つたのではあるまいかと言ふことである。かく考へると、吾々は何となく同じ傾向が吾々法律家の間にもあつたのではないかといふ感を禁じ得ない。明治此方無反省に唯々西洋法學を模倣して來た我國法學者間に戰時中、日本的反省が擡頭して來たことは非常に喜ばしいことであり、かくして初めて吾々が吾々の身についた眞の日本法學をもち得るに至るのだと今も尚吾々は考へてゐる。しかし當時日本法理の名の下に言はれ又書かれたもの、中には、日本的獨自性を強調するの餘り強いて眼を世界からそむけて偏狹なる獨善の裡にひとり陶醉するが如き弊に陷つてゐたものはなかつたであらうか。日本的反省に依つて眞の日本法學を樹立するの必要は今も尙變はりなく存續してゐる。終戰の悲劇も此點何等變化を與ふべき原因とはならない。吾々が平和日本を建設して眞に世界に誇り得べき法律文化をもつが爲めには、日本的にして而かも世界的にも學的價値をもつ我國獨自の法學を樹立する必要がある。今人々はしきりに日本人を世界的に通用する德性の持主に改造せねばならぬと言つてゐるが、かくして改造されるのは、日本人そのものであつて抽象的な世界人ではない。吾々の求むべきものが中外に施して悖る所なき日本的道義であると同じやうに吾々の求める日本法學も亦世界的に價値あるものでなければならぬ。此意味に於て吾々は我國今後の法學者一般が、一面日本的自覺に立脚しつゝ、同時に他面法思想史的に、法史學的に又比較法學的に知見を弘めつゝ不斷の世界的反省の下に、眞に世界に誇り得べき日本法學と法律文化との樹立に努力せんことを希望してやまない。

一九四六（昭和二一）年

法律時評

一九四六年一月号（一八巻一号／通巻一八七号）

憲法改正問題管見

內大臣府內の憲法改正審議、次いで政府部內の改正調査會と今や憲法改正に關する議論は朝野到る所に日に日に盛になりつつある。此時に當り民間文化人の間に此問題の研究をひとり憲法學者や政治家の手に委ぬべきにあらず、廣く國民各層の人々に依つて各方面から討究せらるべき國民的問題なりとする意見が擡頭しつゝあることは大に注目に價する現象であつて、私も至極尤なことだと考へてゐる。何となれば、憲法學者や政治家の改正意見はとかく從來憲法の運用上實際問題になつた狹義の政治的事項のみに集中されて、廣く實質的に庶政の民主化に役立つべき事項を考究するのを忘れることになり易いからである。現に今回民間文化人の提案の一として勞働に關する條項を憲法中に加ふべしと言ふが如き、其好適例であるが、尙此外にも同樣のことで比際大に考へられ言はるべき事項は少くないと思ふ。

例へば、從來憲法は立法事項として教育のことを規定してゐないのみならず、明治以來の慣行として教育はすべて勅令の規定に任されて今日に及んで居り、而かも何人も之を怪まないのであるが、私をして言はしむれば此慣行こそ我國の教育制度が民間人の批判から遮斷されて軍部官僚の手中に壟斷さるるに至つた最大の原因である。最近滿洲事變此方教育制度が心ある教育關係者の意見に逆ひながら逐次改惡の一途を辿り來れるが如き、一に文部官僚が軍部の不當なる壓迫に屈從して其意を迎ふるに汲々とし、而かも勅令改正を以て隱密に事を運び得るを利用し、廣く豫め民間の批判を受くることなく、僅に樞府の審議によつて簡易に事を遂行し得たことに原因してゐる。若しも教育が憲法の明文上若くは慣行上立法事項になつてゐたとすれば、たとへ近時の議會が軍部に對して如何に無力化してゐたとしても、法案の議會提出を機會に政府の改正意圖が公表されて廣く世間の批判を受けること丶なるから、これ程まで輕々しく制度の改惡が決行されることにはならなかつたのだと私は思ふ。今文政當局は終戰此方前田文相を迎へて專ら教育の民主々義化を急いでゐるが、如何にせば最も能く民主々義化の目的を達し得るかの具體的問題は文政部內の人々に依つてのみ考へらるべきではなくして、廣く天下の衆智をあつめて論究せらるべきであると思ふ。殊に文相其他新に補任された幹部諸公が如何に民主々義の理想に燃え、又其理想を實現すべき智謀に長じて居られるとしても、諸公を圍繞するものが十年一日の如き文政官僚であることを考へて見ると、此際此重大なる改革が部內の意見のみに依つて決定されることを甚だ心元なく感ぜざるを得ないし、又か丶る事の運び方こそ正に非民主々義的であると私は考へるのである。此故に私は此際文相が教育を憲法上立法事項とする案を政府の改正審議に提案するのみならず、其以前と雖も在來の慣行を打破して改正案を法律案として次期議會に提出すべきことを要望したいのである。

次に、官吏制度竝に行政機構改革のことも終戰以來內閣に於て審議の對象となつてゐると傳へられてゐるが、これも亦私は現在官制が大權事項となつてゐるのを立法事項に改めて、少くとも官制の大綱は立法事項として議會の議を經ることにせねばならぬと考へてゐる。憲法學者は從來一般に憲法第十條の解說として行政のことが原則として大權に屬せしめられてゐる以上官制の決定が大權に依つて專行せられることも亦當然なりと說いてゐるけれども、官制が大權に依つて專行的に決定されると言ふことは、卽ち事のすべてが政府と樞府とによつて專擅的に行はれることを意味する。換言すれば、議會從つて廣く民間の意見を聽くことなしにすべてが決定されることを意味するに外ならないのである。從つて、例へば現在各方面から官吏制度改革の要望が盛に主張せられつ丶あるにも拘らず、時の政府その必要なしとすれば要望は全く達成の道なく、又假りに政府が問題を取り上げるとしても改革の原案を立てるものは內閣關係の官僚であり、之を元として政府案を決定するものは內閣であり、法律上之を最後的に決定するものは樞府である。無論議會も建議の方法に依つて意見を進言することは出來る。又豫算審議の機會に批判を官吏制度改革のことに及ばしめることも出來やう。しかし此等は要するに間接的であつて、事は結局政府部內に於て決定される。其結果結局問題の決定上實質的に重きをなすものは原案者たる內閣官僚の意見であつて、事がとかく保守の傾向に傾き易いのは常法である。何となれば、現在の官吏は現在の制度の上に其地位を築いてゐるものであるから、たとへ外部の革新要望が如何に盛であらうとも、出來得る限り現狀を維持せんとする傾向に走るのは人情の自然と言はねばならぬからである。同樣の現象は他にも多く認められることであつて、例へば大學教授をして大學制度改革を議せしめれば、萬事がとかく現狀維持に傾き易く、衆議院議員に選擧法改革を議せしめれば、成るべく現議員に都合のよい改革案を作らうとする。言はゞ、「泥棒に牢屋の設計をさせる」やうなもので、第三者の公正な眼から見ると物足りない結果に陷り易いのは遺憾である。

　行政機構、官制等の改革にしても、細かい點は別として、少くとも大綱だけは之を大權に一任すべきではなくして、權限を議會に移し、以て輿論の要望をもつと確實に反映せしめる道を開くべきである。さもないと內閣諸公がたとへ事の斷行に付き相當强い熱意をもつてゐても、結局官僚の保守的傾向に押されて一般社會の要望を滿足せしめ得るだけの徹底した改革の實現は出來ないのである。

　此種のことを考へると、此際憲法の改正として議すべき問題は現在內閣に於て取り上げられてゐるもの丶外に尙多くのものがあるやうに思へる。當局者が此點に思ひを致して廣く意見を天下に求むるの擧に出でんことを希望してやまない。

法律時評

一九四六年二月号（一八巻二号／通巻一八八号）

憲法改正隨想

憲法改正に關する論議も段々に熟して來た。中心問題たる天皇制に關しても各方面の意見が略出揃つた。松本國務相を中心とする現政府の改正原案がどの程度のものであるかも、去る臨時議會に於ける同氏の答辯を通して略之を察知し得る。又森戸辰男氏等を中心とする民間の改正案なるものも舊臘公表され、政黨の中でも共產黨の如き逸早く其考の大要を發表してゐる。結局は、今後尙相當の迂餘曲折はあるとしても、最も微溫的の政府案が骨子となつて、議會に提出される原案が作られること丶なり、議會でも總選擧の結果政黨の分野がどうなるかに依つて相當の差異が出るものと考へねばならないのは無論だが、結局は政府案が通過するものと考へて間違でないと思ふ。

そうなると、憲法改正に關する限り憲法第七十三條の解釋上議會には修正權なきものと考へねばならないから、政府が勅令に依つて議會に附議する最後の原案を決定するまでには、十分各方面の意見を聽くにつき此際として爲し得べき最大の努力を爲すべきであり、强いて一部の人々の手のみに依つて原案を作らうとするやうな官僚的の態度を極力避くべきであると私は考へてゐる。

私は今こ丶に改正案の內容に關し深く議論しやうとは思はないが、今後政府が調査事業を進めてゆくについて手續上是非共考へて欲しいと思ふことの二三を此際の感想として述べて置きたい。

先づ第一に、私は現政府が現在まで調査を松本國務相を中心として專ら憲法專門の法學者のみを委員とする委員會をして行はしめてゐることに多大の疑をもつ。明治の初め外國の例を模倣しなければ憲法らしい憲法を作り得なかつた時代ならばともかく、現在では最早憲法の制定乃至修正に關し純法學的技術的智識はそれ程重きを爲すものではない。寧ろ政治の各分野、社會各方面各階層の人々に依つて今後我國のもつべき憲法が如何なるものであるべきかを根柢から實質的に考へさせ、法學者としては單に參考人的に或は外國の立法例、或は我國憲政史上の事例、又或は純法的技術に關する智識を提供する役目を受け持つ立場に立つべきではないかと私は考へるのである。

私は決して現在委員會を構成してゐる法學者が不適任だと言ふのではない。しかし、法學者は要するに法學者であつて、法學者以上の何物でもない。偶々その人が優れた政治的識見をもつとすれば、それは唯その故を以て憲法審議の適任者であるのみであつて、法學者たるが爲めではない。例へば、天皇制を如何に取扱ふべきかといふことが問題となれば、そこでは最早法學者が法學者として何等特別の權威をもつのではなくして、彼等が偶々各自個人的にもつてゐる國家觀乃至政治的意見が事を決するに過ぎない。從つて、現に今政府がやつてゐるやうに改正審議最初の仕事を先づ專ら憲法學者其他法學者の手に委ねることにすると、改正の根本問題たる天皇制に關しても、結局此等の法學者が偶々もつてゐる國家觀乃至政治的意見が事を決し、それを基礎としてその他の事を考へるから、例へば大權事項の制限、國務大臣の專任、天皇と議會との關係を如何にすべきか等の問題の考方もすべてそれに制約されることゝなり、現下の事情に鑑み凡そ憲法改正として考慮研究を要すべき事柄をあらゆる角度から廣く考へて見るといふやうな調査研究の態度は到底望まるべくもない。

此故に、私の考としては、政府は恐らく今の遣り方で作成した原案を更に正式に調査委員會にかけた上で上奏すべき最後案を決定する豫定であらうと想像するが、その前に廣く民間各方面の意見を徵し、調査委員會に於て最後案を議する場合にはそれ等をも十分參酌するやう努力すべきであると思ふ。さもないと、最後案も結局最大限度現狀維持的のものとなり、それが爲め或は聯合軍司令部側を滿足せしめないやうなことも起り得るし、又或は假りに今回は一應改正に成功するとしてやがて近く再び徹底的の改正を餘議なくされることになりはしないかと私は特にそのことを恐れるのである。

第二に、政府は現行の憲法に一部修正を施す形で改正を加ふことに決心してゐるやうであるが、私には內容のことはともかくとしても、法の形式を今のまゝにして置いたのでは實質的に改正し規定したいことも十分法文上に表現し得ず、それが爲め改正上無意味な制約が與へられることになりはしないかといふ疑念を禁じ得ない。といふのは、今の憲法は力めて簡潔にして崇重な表現を用ひ、解釋上曖昧の點を殘しながら必要なことを十分詳細に規定してゐない缺陷をもつてゐる。而してこれが從來とても憲法の解釋を不明ならしめ政治の實際に不都合を生ぜしめたこと周知の事実である。

所が今度民間から提案された改正案を見ると、其の中の例へば經濟に關する條項の如き、事の實質上從來の憲法風の文章では到底適確にその精神を表現し得ないやうな事項が少くない。尙勞務法制審議會その他からも勞働條項を憲法中に加ふべしとの提案が爲されてゐるが、これも現在のやうな形式の表現に從へば高々「日本臣民ハ法律ノ定ムル所ニ依リ勞働ノ義務ヲ負フト共ニ勞働ノ保護ヲ受クル權利ヲ有ス」位のことしか書けない。所が最近數十年此方諸外國の新憲法に書かれてゐる勞働條項は一般に遙かに詳細であり、現在我國としても若し眞に勞働の國家的價値を重んずる精神から勞働條項を設けるのであるとすれば略それに近い規定を設けねばならぬと考へるのであるが、この理論上實質的に當然と思はれることも、もしも今回の改正を一部修正の形でゆくとすると、單に文章の表現形式の點から來る支障の為めに事實實現されないこと、なるのである。これも一見下らぬことのやうであるが、改正の現狀維持的傾向が生まれる原因の一が此種の點に伏在してゐることは此際忘れてならぬことではないかと私は考へてゐる。憲法だからといふて、何も特別に莊重にして含蓄の多い表現方法を用ひねばならぬといふ理由は少しもない譯である。敢て政府當路者の考慮を促す所以である。

法律時評

一九四六年三月号（一八巻三号／通巻一八九号）

官界刷新の要諦

政府の官吏制度改革案なるものが一新聞紙上に掲載された。一讀して直に私の感じたことは、立案に關係した官僚諸君としては相當思ひ切つた改革を斷行した積りであらうが、官吏をして民衆の公僕たらしめよといふ聲が天下の輿論となりつゝある今日、此程度の改革に依つて果して徹底的に官界刷新の實を擧げ、以て輿論の要望を十分に滿足せしめ得るや否や甚だ疑はしいといふことである。今茲に一々その内容に立ち入つて批評を加へる餘白をもたないけれども、少くとも次のことをいつて置きたい。

先づ第一に、私は官吏制度の改革は憲法改正の上法律に依つて之を行ふべきことを主張する。毎度いふやうに、官僚自らの手で官吏制度を改革しやうとしても決して徹底的なことは出來ない。天くだりの委員會を作つて審議せしめても結果は略同じことになる。官界の宿弊を一掃して眞に民主々義日本の公僕たるにふさはしい官吏を作り上げやうと思へば、是非共現行憲法の官制大權に關する規定を改正して官制の大綱を立法事項に移し、議會をして官吏制度のことを公議せしめねばならぬ。此意味に於て、私は憲法を先づ改正せよ、その上で新憲法の規定に依つて官吏制度の根本的改革を斷行すべきであることを提案するものである。

第二に、今回の政府案が官吏の階級を成るべく少くすることに力めてゐるのに對しては一應の賛意を表するけれども、それよりもつと大切なことは所謂出世主義の宿弊を根本的に一掃する爲めもつと徹底的な改革を斷行することだと思ふ。現在のやうに、大學法學部に僅か二學年學ぶと容易に合格し得るやうな試驗制度を設け、しかもそれに合格したものでありさへすれば、特別の才能がなくとも事務官、書記官、課長、局長とか何々部長から知事へといふやうな具合に順押しに出世してゆけるに反し、その以外の者に對しては入口が狹く閉されてゐるのみならず、彼等が如何に優れた才能技倆をもつてゐやうとも、一定以上に官等も上がらず俸給も上がり得ないやうな制度を根本に於て維持する限り、末葉の點を如何に改めやうとも官界永年の宿弊は矯正される見込がない。よろしく法學部卒業生にあらずとも、それぐ〵その專門とする所に於て優れた才能をもつ者はすべて平等の立場に於て採用され得るやうな工夫をすべきである。そうして各自の才能に應じて適職をあてがつた上、成るべく長く同じ職に留まらしめて各々その專門とするところに習熟せしめる爲め、たとへ一事務官一技師と雖も特に其職に於て優秀な才能をもつものに對しては局長次官否大臣にも劣らない待遇を與へ得べき工夫をすべきである。現在官界の最も惡い弊害は、官吏が自己の出世榮達のみを考へて一の地位から他の地位へと渡鳥のやうに渡り歩くの外ないやうに制度が出來て居ることである。其結果行政の實質が屬僚の手に移り、而かも屬僚の多くは比較的教養の足りない判任官、いつまでたつても制度上或限度以上に出世する見込みのない下級高等官、技師等から成り立つて居り、中には當該事務について相當優れた智識經驗をもつてゐても、職權がそれに伴はない爲め、結局その才能を十分に發揮し得ず、當該事務についてはは寧ろ素人に過ぎない課長なり局長なりにこき使はれるの外なく、自然仕事の仕振りもお座なりになり易い。此等の弊害を一掃して適材を適所に配して各その才能を發揮せしめるやうにすれば、恐らく官吏の定員數も大幅に之を減少し得るものと思ふ。

政治の民主化と民間研究所

政治を民主化する必要條件として缺くべからざるものは各政黨がそれぐ〵優れた政務調査の能力をもつことである。さもないと、如何なる政黨が政權を得やうとも、其黨獨自の政策を自力で具體化することが出來ず、結局官僚に引き廻されることになり易い。政治行政に關する基礎資料と智識とが官僚に依つて獨占されてゐる限り、如何なる政黨が政權を得やうとも、實際の政策を立てるに當つては官僚の手を借りるの外なく、其結果政黨は單に政治の表面を泳ぎ廻はるのみであつて、政治の實質はいつまでも官僚の手中に握られてゐることになる。吾々は此種の弊害を嘗ての政黨内閣時代に多分に經驗したのである。

此故に、今や政治民主化の波に乘つて復興せんとしてゐる政黨政治をして嘗ての失敗を繰り返へさゞらしむるが爲めにも、各政黨がそれ〳〵十分な政務調査能力をもち、自ら獨自の政策を自力で立て得るのみならず、官僚の智識と資料とを自黨の立場から十分に使ひこなすだけの實力をもつことが絶對に必要である。尤もさらばといつて各黨が夫々別々に有能な調査機關をもつことは事實不可能であるから、結局此際として最も重要なことは民間に完備した政治經濟研究所を作り各政黨をして自由に之を利用せしめ、その需めに應じて各種の調査を行ふやうにすることだと私は思ふ。

新聞紙の傳へるところに依ると、民間の經濟學者を中心として社會主義政治經濟研究所を設立し、今や漸く政權に近付かうとしてゐる社會主義諸政黨の爲めに智的參謀本部たる働きをさせやうとする企てがあるとのことであるが、私の考では必ずしも新興の社會主義政黨の爲めのみならず、すべての政黨の爲めにかゝる調査施設を設立する必要があると思ふ。研究所としては何人が智識を求めて來やうとも、その要求に應じ得るだけの用意をして置き之に依つて各政黨がそれ〳〵實質的に意味のある獨自の政策を立て得るやう世話すべきである。政府としても、やがて必然に來るべき政黨政治をして健全なる發達を遂げしむる爲め、國費を以て之に助成を與へる價値が大にあると私は考へてゐる。

法律時評

一九四六年四月号（一八巻四号／通巻一九〇号）

憲法改正案の司法規定について

一

今回政府が發表した憲法改正案の司法に關する規定の特色の第一は、一方に於て最高裁判所を司法全般の中心權威とすると同時に、其裁判官の適格を國民の審査に依つて決定せんとしてゐることである。卽ち先づ第一に最高裁判所は「訴訟手續、辯護士ニ關スル事項、裁判所ノ內部規律、司法事務處理及司法權ノ自由ナル行使ニ關スル事項ニ付規則ヲ定ムルノ權限ヲ有スル」の外、下級裁判所の裁判官を指名する權限を有し、又「檢察官ハ最高裁判所ノ定ムル規則ニ從フコトヲ要シ、最高裁判所ハ下級裁判所ニ關スル規則ヲ定ムルノ權限ヲ之ニ委任スルコトヲ得」と定められてゐる。かくして最高裁判所は現在の大審院の如く單なる終審裁判所たるに止まることなく、司法行政全般に關する最高の權威者たる地位を與へられることゝなる。而かもかくして司法最高の權威的地位に置かれた「最高裁判所ノ裁判官ノ任命ハ其ノ任命後最初ニ行ハルル衆議院議員總選擧ノ際國民ノ審査ニ附シ爾後十年ヲ經過シタル後最初ニ行ハルル衆議院議員總選擧ノ際更ニ審査ニ附シ其ノ後ニ於テ亦同ジキコト、前項ノ場合ニ於テ投票者ノ多數ガ裁判官ノ罷免ヲ可トスルトキハ當該裁判官ハ罷免セラルベキモノトスルコト」と定められ、之に依つて最高裁判所裁判官の任免は國民の意思に依つて左右せらるゝことゝなつた。

かくして司法權は完全に行政權から獨立し、その任免が國民の意思に依つて左右せらるゝの外極めて廣汎な自治權を與へられること、なつた譯であつて、司法民主化の基礎は正に之に依つて確立せらるゝものと考へられる。しかし、同時に吾々の最も危惧に堪えないのは、最高裁判所裁判官の任命を國民の審査に附するといふこの制度が果して原案者の豫期するが如き立派な成績を擧げ得るや否やである。裁判官を國民の審査に附する制度はつとにアメリカに於て行はれてゐる。私は嘗て昭和六年「司法の權威とデモクラシー」と題する論文に於て、此種制度が司法に對する民衆の信頼を高むる所以であることを主張し、從來やゝともすれば民衆より離れて孤高的態度をとることが司法の權威を保持する所以であるかのやうに考へ勝ちな傳統的の考方に對して批判を加へたことがある（法窓漫筆一一三頁以下）。しかし、此制度をして眞に其價値を發揮せしめる爲めには、色々の條件が必要であつて、これなしに濫りに此制度を實施することは民主化の名の下に裁判官を人氣取りの弊に陷らしめ、やがては反つて司法の權威を失墜せしめること、なる虞が多分に存在する。

先づ第一に、アメリカに於ては民衆一般が平素から裁判に對して深い關心と理解とをもつてゐる。學校敎育公民敎育等に於ても此點の敎育に十分の注意を拂つて居り、新聞紙の裁判に關する記事が詳細精確であつて民衆一般の好讀物になつてゐる。從つて彼等は平素から如何なる裁判官が如何なる裁判をする傾向があるか位のことを常識的に十分心得てゐる。之に比べると、我國の民衆は裁判に對して一般に極めて無關心であり、無智である。從つて先づ相當の年月をかけて此の風習を改めざる限り、新制度から善き成果を期待することは殆ど不可能に近いのではないかと思ふ。

次に、注意すべきは、我國の合議裁判に於ては、それに關與した裁判官個々の意見は全く表明されてゐないのに反し、アメリカの裁判に於ては裁判官中何人が如何なる意見を述べたかゞ一々判決書に表示されてゐる。從つて會議の結果少數者として敗れたものゝ意見も立派に判決書の上に表明され、これに依つて例へば一般の裁判官が社會問題に對して無理解である爲めに裁判が一般に保守的傾向をもちつゞけてゐる中に立つて、永年に亙り堂々進歩的意見を述べて少數者の立場に甘んじてゐる裁判官が民衆一般から尊敬を受けるといふやうなこともあるのである。從つて、我國に於て改正案の提議するが如き國民審査制を實施せんとするならば、それに先立つて判決書の書き方を上述のやうに改め、之に依つて國民の裁判官個々に對する關心を深めることが必要であつて、これなしに新制度を實施してもその善き成果を期待することは不可能であると思ふ。此故に私は、最近政府が發表してゐるやうに、憲法改正案を特別議會に提案する前に、憲法附屬の諸法令等をも審議せしめる爲め審議會を置くとせば、ひとり裁判所構成法の類を審議するのみならず、よろしく此等新制度の基礎背景をなすべき諸條件をも十分考慮に容れて、その充足を圖ることに萬遺憾なからんことを希望してやまない。

二

次に、改正案が司法に關して提議してゐる重要事項の第二は、最高裁判所に法令審査權を附與せんとしてゐることである。

裁判所に法令審査權を認める制度の政治的意義については、從來我國憲法學者の間にも色々の議論あること周知の通りであるが、此制度のアメリカに於ける永年に亙る實績から考へて、一つには我國の裁判官が此制度に依つて課せられる重責を十分に果たし得るだけの實力と政治的識見をもち得るや否やについて大に疑ひを抱かざるを得ない。第二には一面此制度に依つて憲法と司法權とを以て國會――從つて政府の横暴を抑へ得る長所は考へ得るとしても、同時に他面憲法の解釋を名として政治を保守的ならしめる短所のあることを看逃がし得ない。此點は今後審議會乃至議會に於て政府原案を檢討するに當つて十分愼重に考慮されねばならぬところである。

從來のやうに議會が憲法の解釋權をもち、たとへ憲法違反の虞れある法律と雖も、議會がその多數を以て通して仕舞へば、それが結局有效な法律として通用することになる制度にも無論缺點がある。しかし、此制度の爲の幾多の社會立法が憲法違反の名の下に葬り去られて社會政策の進歩を著しく阻害したアメリカの歴史は、何といつても此制度に免れ難い大なる短所のあることを敎へるものと考へざるを得ない。殊に從來我國の司法官が一般的に社會問題に關する思想的訓練を缺いてゐることを考へると、今後制定を豫想せられる進步的の諸法律に對して無理解な保守的態度を示して社會問題の合理的解決に對して著しい支障を來たさしめるやうなことがないと誰れが保證し得やうか、此點特に意を用ゐて愼重に考慮されねばならぬ重要問題であると私は思ふ。

三

我國々民は從來一般に司法に對して無關心である。昨秋此方發表された各方面の憲法改正案に於ても深く考慮を司法のことに及ぼしてゐるものは殆どない。しかしながら、徹底した民主々義政治はその中心的權威を「法」に求めねばならない。「法」を中心に全國民、從つて政治的諸勢力が闘爭の間にも自ら秩序と規律とを求めてゆくところに初めて民主々義政治が成り立ち得る。この故に、イギリスに於てはコンモン・ローの權威を政治の上に立つものと認め、司法官を極力權威付けることに努力してゐる。アメリカの最高裁判所が同國政治の中心的權威として憲法の番人となり、之に依つて政治がその時々の政治的必要に因つて中道を踏み外すことを防止する政治的作用を營みつゝあることは周知の事實である。此故に、今後我國の政治を徹底的に民主化するとせば、司法權がかゝる政治に於て占むべき地位を如何にすべきかは極めて重要な問題であつて、私は世人一般が此問題にもつと大きな關心を向けられることを希望し、各方面の此問題に關する議論を喚び起す機緣にでもなればといふ念願から急遽此小文を草する所以である。

法律時評

一九四六年五月号（一八巻五号／通巻一九一号）

新高文試驗制度

政府の新高文試驗制度が發表された。

世間では、從來の法科中心的色彩が著しく拂拭されたことを喜んでゐるらしいが、私には腑に落ちないことが二つある。

先づ第一に、政府は既に自ら憲法改正案を發表してゐる。それに依ると、官制大權がなくなるから、今までのやうに勅令を以て天下り的に官制や官吏登用制度を定めることはなくなり、すべては國會の手に委ねられること〻なる譯である。か〻る憲法改正案を無理にも總選擧後の議會に提案せんとしてゐる政府が、此際從來通りの官僚獨善的の態度で唐突に新試驗制度を決定するのは矛盾ではないか。制度改正の要あるは天下の輿論であり、現行制度の法科偏重に對する非難も亦天下の輿論である。しかし、政府にして眞に心からこの輿論の要望に應へんとする誠意があるならば、よろしく如何に改革すべきかを直接輿論に聽くべきであつて、斷じて政府部內の手のみで獨善的の改革を行ふべきではない。來るべき國會を待つて直接民意に依り事を決せしめることこそ此際政府として執るべき常識的の態度ではないか。

第二に、私が贊意を表し兼ねるのは、折角法科以外の受驗者にも均等の機會を與へると稱しながら必須科目として依然憲法及び行政法を存置してゐることである。政府としては恐らく苟も官吏である以上、憲法及び行政法に關する智識をもつことは最小限度の要件でなければならぬものと考へてのこと、想像するが、折角法科以外の受験者に均等の機會を與へんとするのならば、彼等に必須科目として此等科目の受驗を强要するのは根本的に間違つてゐると思ふ。その理由の第一は、これでは結局法科出身者が依然として受驗上不當の利益を受けること、なるからである。私の考では法科出身者をとるのならば法科出身者として優秀なものをとり、文科出身者をとるのならば文科出身者として優秀なものをとるやうにすべきが條理であつて、文科出身者ではあるが、少くとも憲法及び行政法だけは法科並みに出來るといふやうな人物のみが法科出身者と略平等の立場で受驗し得るやうな制度は間違ひである。この制度に依れば、表面上門戸を開いたとはいふもの、今後と雖も受驗者、そうして合格者の大多數は依然として法科出身者に依つて占められること、なるに違ひない。それでは結局に於て法科偏重の弊は修正されないと私は考へるのである。第二に私が賛意を表し兼ねる理由は、政府當局者が憲法及び行政法に關する法學的智識をもつことを官吏にとつての最小限度の要件のやうに考へてゐることである。當局者としては恐らくは苟も行政の局に當らんとする者である以上行政の規準たるべき憲法及び行政法に關する智識をもつべきは當然である位に考へてゐるのであらうが、假りに憲法については一歩を譲るとしても、行政法の如き技術的の法學智識をもたなければ行政の局に當り得ないと考へることそれ自身が官僚氣質の缺陷を曝露してゐるものだと私は思ふ。行政の宿弊たる繁文褥禮の根源は主として現在の行政技術機構が無用に複雜にして而かも形式化してゐることにある。而して行政法は要するにか、る行政技術の法たるに過ぎず、か、る法に捉はれて行政の實質よりは寧ろ形式を整えることにのみ汲々たるのが現在法科萬能の名に於て非難されてゐる官僚の通弊であることを考へると、多少とも法科萬能の弊を矯める目的で試驗制度を改革せんとするに當り、行政法を必須科目として、法科出身者以外のものにまで强要せんとするが如き甚だ筋の通らない話であると私は考へるのである。

私は法科萬能の弊を修正する必要を前々から最も力強く主張するもの、一人であるが、同時に官吏としての適格者は今後と雖も主として法科出身者から出ると考へてゐる。而して大學法學部の教育を刷新して、現在のやうに形式的な法技術的智識を授けることに重點を置く教育を根本的に改め、之に依つて法をその規律對象たる事實との關係に於て考へるやうな能力を與へることに力めることこそ法科萬能の弊を矯正する方策の本道であると考へてゐる。高文試驗制度改革の如きはかゝる教育の刷新と相俟つてのみ考へらるべきものなることを此際特に强調して置きたい。

總選擧雜感

その一、民主政治の確立を目指して物々しい宣傳の裡に施行されたこの總選擧も殘念ながら結局政治を保守的舊勢力の手から引き離すことに成功せずに終はるのではないかと私は懸念してゐる。若しも、この私の懸念が不幸にして杞憂に終はらないとすれば、その主なる原因は選擧法の缺陷にあるといふのが私の考である。

成程、總選擧法は選擧年齡を引き下げた、婦人參政權も認めた。その意味に於ては進歩的な選擧法だといへる。しかし、選擧機構に至ると、中選擧區制限連記といふ――寧ろ多くの弊害を豫想される――制度を採つた以外、すべて從來通りであつて、少しも改められてゐない。その結果、選擧區が廣くなつた上に候補者は濫立し、それが各自一人々々別々に選擧運動をするのであるから、金と勞力のかかることは大變である。こうなると、金に縁があり、地盤をもつ保守的舊勢力が得をするのが當然であつて、追放令によつて舊政黨人が退陣した位のことでは、舊勢力を議會から追ひ出すことは容易に出來ない。考へて見れば、去る十二月の臨時議會を構成した舊政黨人等は、自分等自らの退陣を豫期しながら、彼等の後繼者に有利なこの選擧法を作つたのであつて、今日事こゝに至るのは當然である。

人或は自由な選擧に因つて與へられた結果である以上、それが實質的にどうあらうとも、要するに民意の歸するところ之を尊重するのが民主的であるといふかも知れないが、私をしていはしめれば、惡い選擧法に依つて與へられた結果は要するに惡い、眞に政治的に意味のある民意の表現はそれからは與へられないのである。

此故に、私は今議會に於て改めて選擧法を根本的に改正すべきことを提言したい。議會が始まる頃になれば、恐らく政黨の分野もはつきりして來るから、今度は是非共政黨本位の選擧制を作らねばならない。そうして全國一選擧區の比例選擧制を採用すべきだと思ふ。そうすれば、一人々々の候補者が無駄な金と勞力を使ふこともなくなり、金と地盤に惠まれた候補者が得をする程度も少くなり、選擧權者としても主として政綱政策を目安にして投票し得るやうになる。かくして初めて正に進出して然るべき新政治勢力が進出の機會を惠まれるのである。

吾々が今求めてゐるものは、決して民主政治の形式ではない。自由な選擧に依つて與へられた結果であれば、その實質がどうあらうとも差支ない譯ではない。自由な選擧といひながら、實は金のある候補者が得をし、我國選擧の宿弊ともいふべき地盤が物をいふやうな選擧制度に依る選擧は斷じて眞に今我國が求めてゐる民主々義的な政治を生み出す所以ではない。この意味に於て、私は此際選擧法を改正して、議會を解散し、新法に依つて改めて選擧を行ふことこそ眞に民主々義的な政治を實現する所以であると考へてゐる。

その二、選擧權者が倍加したのに比べて、投票所の數が足りないのみならず、設備にも新工夫がない、それが爲め投票に無用の時間がかゝる。私自身三十分間待たされたが、中には二時間も待たされたものがあるとのことである。これでは如何に國民の義務だといつても、投票を面倒がる人間が出るのはやむを得ない。何とか工夫はないものであらうか。私の考では、要するに選擧の正確を期するの餘り、全國劃一的な方法で而かも官公吏の手だけで投票を管理しやうと思ふところに抑もの無理があるやうに思ふ。もつと人民を信用して、投票所の仕事を人民にやらせることを考へれば、投票所の數を增すことも容易に出來るし、投票手續ももつと簡易化し得るのではあるまいか。外國の事例など參考にして大に研究して欲しいと思ふ。

その三、每朝每晩の選擧放送を聽いてゐて、つく〴〵考へさせられたのは、我國の政治上に民主々義を實現する、前途尙程遠しといふことである。何故か。私は政治の民主化の要諦は政治の合理化にあると思ふ。政治の徹底的合理化、換言すれば合理的な正しい發言は誰れの口からそれが爲されやうとも、すべて取り入れて政治の指標とせねばならない、その覺悟を以て政治の行き方を根本的に改革してこそ民主々義的政治の實現を期し得ると私は考へるからである。

然るに、諸政黨諸候補者の選擧放送を聽いてゐると、そこには不相變甚しい非合理主義が支配してゐる。選擧民の理性に訴へんとするよりは寧ろ感情に訴へてその甘心を買はうとする發言、科學的に根據のない諸般の改革論等々、合理主義的に考へると殆ど聽くに堪えない議論が支配的に行はれてゐる。こんなことでは民主々義政治の實現なぞ到底期待し得ないといふのが私の僞はらざる感想である。

例へば、共產黨以外の候補者は殆ど例外なしに天皇護持論を以て選擧民の御機嫌をとり結ばうとしてゐる。彼等は共產黨の初め主張した天皇制打倒論が民衆多數の反感を買つたのをいゝことにして、天皇護持を主張しさへすれば選擧民の甘心を買ひ得るといふ利己的な考方から、あゝした選擧放送をしてゐるものと思ふが、もしも彼等が我國の政治を眞に徹底的に民主化せんと欲してゐるのだとすれば、それとの聯關に於て天皇制の維持が理論的に考へてどれだけの政治的意義をもつかといふことを合理的に考へ又說くべきが當然である。單に民衆の多數が共產黨の天皇制打倒論に對して反撥を示してゐるから、その民衆感情を利用して選擧運動上利益を得やうとするが如きは、最も民主政治の理想に遠い卑怯にして劣惡な態度と言はねばならない。成程天皇制の問題は此際の政治問題として最も重要な事には違ひない。しかし、天皇制さへ維持されゝば他のことはどうなつてもいゝ譯でないのは勿論、天皇制を廢止しなければ政治の民主化は絕對に不可能な譯でもない。憲法改正のことを考へたゞけでも、此際政治の徹底的民主化を圖るについて考ふべきことは天皇制の外に數多くある。然るに、今回の選擧演說にしてそれ等の諸問題について具體的の意見を述べてゐるものが極めて少ないのは甚だ遺憾であつて、その原因は主として候補者等が理性に訴へて選擧民を說服しやうとする政治的良心をもたないにあると私は考へてゐる。

法律時評

一九四六年六月号（一八巻六号／通巻一九二号）

法文の口語體化

憲法草案が口語體で發表されてから此方、法文一般の口語體化が話題となるに至つた。私は勿論双手を擧げてこれに賛成するものであつて、これに依つて法令を民衆化し得る效果は極めて大きいと思ふ。殊に從來文章體では十分明瞭に表現し得なかつたことをなだらかに言ひ現はして法令の意味を民衆に徹底せしめ得る效果は非常に大きいであらう。しかし、此目的を十分に達成する爲めには、豫め大に研究を要すべき事柄が少くない。

先づ第一に、同じく口語體といつても色々の文體があり得るが、その中法文に最も適する文體を研究決定することは極めて重要であらう。平易にして何人にも容易に理解し得べき文體でなければならないのは勿論であるが、同時に簡潔にして冗長ならず而かも品位ある文體でなければならぬことも此際特に注意して置きたい。今度の憲法草案の文體なども、その點から尚大に檢討を加へる餘地がある。殊に文章にしまりがなく稍品位に缺くるところあるは吾々の最も遺憾とするところである。例へば、第二條の「皇位は世襲のものであつて」云々は「皇位は世襲とし」云々と改めるべきであり、又所々に見られる「ことが出來る」といふ文句も寧ろ「何々し得る」と改めた方がよいと思ふ。多少話し言葉とははなれてもこの方が文章が引きしまる。例へば第四條第二項にしても「天皇は法律の定めるところによつてその權能を委任し得る」とした方が「その權能を委任することが出來る」といふよりもよいと思ふ。又文章體ならば、例へば「財產權は之を侵すべからず」と書いて「これを」といふ文句を使ふのもよろしいが、これをそのまま口語體に書きかへて「財產權はこれを侵してはならない」といふやうな具合に一々「これを」を使ふと反つて文章がぎごちないものになる。これなぞ率直に「財產權を侵してはならない」とか、財產權を侵してはならぬ」とか書けばよいと私は考へてゐる。要するに、口語體といつても文章であつて話し言葉そのものではないのだから、讀んで讀み易く解り易いことが何よりも大切であつて、讀んだ感じが最も大切である。だから、例へば第十六條末尾の「その意に反する苦役に服させられない」のやうに讀んで舌がもつれるやうな表現は面白くない。これなぞは「苦役に服しない」とか、「苦役に服せしめない」とかでよいと思ふ。此種の例を一々書くときりがないが、要するに憲法草案の口語體には檢討を加へる餘地が大にある。

次に大切なことは法律用語の簡素化を圖ることである。現在のやうに六かしい用語を保存する限り文體だけを如何に口語體化しやうとも法令民衆化の目的は十分に達成されない。よろしく使用漢字を徹底的に制限して、在來の用語中その制限內に入らざるものはすべて之を書き變へるところまで進むべきであらう。そうして將來の國語ローマ字化にも備へる必要があると私は思ふ。しかし、それには今から十分に調査硏究を進める必要があること勿論であつて、此際至急に國語審議會內に各專門別の分科會を設け、法律用語についても特別の分科會を設けて徹底的に用語の簡易平明化を圖るべきであると私は考へてゐる。今度の憲法草案の中にも此點からいつて批議を挾むべき用語が少くない。例へば、第八條の「賜與」の如きも「讓り渡す」でよい譯で、特に「賜與」といふやうな聞いて解らない言葉を使ふのはよくない。是非共皇室の威嚴を示す爲めに「賜」といふ字を使ひたければ率直に「賜はること」と書けばよい譯で、態々「賜與」といふやうな用語を用ゐる必要は斷じてないと思ふ。

公聽會

法律を制定するに當つて最も大事なことは原案の作成に衆智をあつめることである。その意味に於て今回勞務法制審議會が勞働關係調整法の原案を作る爲めに公聽會を開いて廣く勞働者竝に使用者側の意見を聽いたことは極めて注目に値する事柄であつて、私は今後の法律制定に當つて政府當局が大に此種の制度を利用することをおすゝめしたいと考へてゐる。

今回の公聽會は一には準備が十分でなかつたこと、二には招請された關係者がこうした事に不慣れであつたことの爲めに、必ずしも吾々が豫期した程の成果を擧げ得なかつたけれども、從來普通の委員會等では到底得られなかつた幾多貴重の資料が與へられたことは何といつても大きな收穫であつたと私は考へてゐる。

從來政府が重要な法律案を作成する場合に所謂智識經驗者を集めた委員會をしてその審議に當らしめた例は非常に多いのであるが、私の知る限り此種委員會の審議は多くの場合形式的であつて、眞に衆智をあつめて實質的に法律案の完璧を圖ることに役立つてゐない。殊に惡いのは政府當局が部内で作つた原案を政府の都合から天降的に人選した委員會の審議に附し、これに依つて如何にも衆智をあつめて原案を作成したやうに擬裝する場合であつて、此種の委員會は多くの場合結局議會に對する政府の責任免れにしか役立つてゐないのである。殊に此種委員會に於ける我國の委員は多くの場合一般に甚だ不勉强であつて、多くは委員會の席上お座なりの思ひ付きを述べるに過ぎず、豫め問題を十分に研究してその成果を席上に述べるやうな委員は極めて稀れである。だから形の上だけ委員會を開いて廣く意見を聽いたやうでも、實際は官僚の原案がそのまゝ通るのが實情であつて、これでは眞に社會の實情に卽した法律案が出來る筈はなく、折角智識經驗者を委員にしても結局實質的には何の役にも立たないことゝなるのである。

場合に依つては、當事者が原案を出さずに委員會自らをして原案を作らしめることもある。しかし、此場合でも我國の委員は一般に不勉强であり、殊に平素から當面の問題を科學的に研究してゐる人が少い爲め、結局資料を官僚に求め官僚の手を借りなければ草案を作り得ないのが通例であつて、結局官僚的の原案が出來るに過ぎないのが現實の事實である。

此種の弊をためる爲めには、民間の政黨人があらゆる政治問題について原案をたて得るだけの智識と資料をもち得るやうな民間研究機關を作ることが絶對的に必要であつて、我國の政治を徹底的に民主化する爲めには此種の用意が絶對的に必要である。

農地制度改革と農民運動

去る十二月の臨時議會に於て制定された農地調整法改正法律は結局地主の爲めに現行の農地制度を維持する役目をつとめてゐるに過ぎない感がある。

我國の政治その他を徹底的に民主化する爲めには、封建的な農地制度を徹底的に全廢する必要がある。それには何を措いてもとり敢えず先づ第一に耕作權の確立を法制化する必要がある。然るに、改正農地調整法は結局大正時代からの自作農創設政策を大規模に法制化したに過ぎないのであつて、耕作權確立の問題を解決してゐない。

然るに農民達は現在の――單に過渡的現象に過ぎない――農村景氣に有頂點になつて階級的立場を忘れ、その結果折角與へられた絶好の機會を階級的立場から利用することを忘れて、農業會の徹底的民主化をさへ實現し得ない憐むべき有樣である。

耕作農民がそんな考でゐればこそ、改正農地調整法を利用して地主等が耕地の不當取上げを敢行するのである。傳へるところに依ると、政府は此弊を防ぐ爲めに「地方長官が認めたあとでなければ市町村農地委員會は小作地取上げの承認書には移轉の證明書を發行出來ない、又すでに農地委員會が不當な承認を與へた事件は提訴にもとづき地方長官が取消命令を發する」といふ趣旨の通牒を地方長官に發したとのことであるが、こうしたことは、敢て官憲の干渉をまつまでもなく、耕作農民が團結して階級的立場を主張しさへすれば簡單に出來るのである。禍根は要するに今の耕作農民達がインフレに因る一時的の農村景氣に眩惑されて彼等自らの階級的立場を忘れてゐることにある。農地調整法を更に徹底的に改革して耕作權の確立を期するのも一策には違ひないが、それより大切なことは耕作農民が彼等の階級的立場に目覺めて斷然自力的に闘爭することだと私は考へてゐる。

法律時評

一九四六年七月号（一八巻七号／通巻一九三号）

政府の生産管理對策

政府は生産管理を非合法とする立場から、之を抑壓する方策をとると同時に、之に聯關して經營協議會法を制定する意向だといはれてゐる。尙資本家側の生産サボに對しては生産命令を出すなり、第三者をして委託經營を爲さしめるといつてゐる。此方策が此際の勞働政策として機宜に適してゐるかどうかについては大に疑を容れる餘地があるけれども、それは別として、こゝには專ら法學的の見地から多少の批判を加へて見たいと思ふ。

生産管理そのものが政府のいふやうに非合法なりや否やは今こゝに重ねて論じないこと、するが、假りに非合法なりとして、政府は果して之を抑壓する爲めに如何なる方策をとらうとしてゐるのであらうか。

元來、生産管理そのものとその目的を達する爲めに行はれる個々の行爲又は生産管理の際派生的に行はれる行爲とは嚴格に之を區別せねばならない。ところが從來行はれた生産管理について使用者側の訴へてゐるところを聽くと、その多くは後者の中に犯罪的の行爲あることを例に擧げて生産管理そのものを非難してゐるのである。後者の行爲にして暴行、竊盜、横領等刑法上犯罪を構成するものがあれば、勿論之を取締るべきが當然であるし、勞働者としても亦斷然此種の行爲を爲すべからざるはいふまでもない。しかし、このことと生産管理そのものが非合法であり、從つて犯罪を構成するや否やは全く別問題であつて、前者が犯罪であるの故を以て、後者をも當然犯罪を構成するものといふを得ない。從つて、今政府が特に生産管理を禁じやうといふ以上、何等か新に立法的措置をとらねばならぬと考へるのであるが、此點につき政府當局は如何なる腹案をもつてゐるのであらうか。

此際考へ得べき案を想像して見ると、生産管理を勞働組合法第一條第二項に該當せざるものとし、之に依つて業務妨害罪、家宅侵入罪等に關する刑法の規定を適用する道を開くことであるが、此案に對しては、先づ第一に生産管理のすべての場合を非合法なりとして勞働組合法第一條第二項の適用外に置かうとすることそれ自身が勞働組合法の根本精神を蹂躪するものではないかといふ疑を容れる餘地が大にある。成程、生産管理にも色々あつて、やり方によつては組合法第一條第一項の精神に反すと認むべきものがあるけれども、それが節度を守つて行はれてゐる限り、爭議行爲として特に「正當」の範圍をはづれたものと一概に考へるのは不當である。殊に、現在の事情の下に於ては、生産管理が勞働者にとつて可能なる殆ど唯一の爭議行爲であると同時に社會一般にとつても最も迷惑の少ない爭議行爲であることを考へて見ると、此際生産管理を一律的に非合法視して、第一條第二項の適用外に置かうとするのは、明かに爭議權に對する不當な制限であると思ふ。政府として此際とるべき態度は寧ろ生産管理の實情をもつと精確に調査して、生産管理の實行が節度をはづれないやうにする方法を考案するに在る、そうして節度を守る限り寧ろ之を合法視すべきであると思ふ。

第二に、政府當局者の間には、生産管理を非合法とするに依つて業務妨害罪の成立を認めることが出來るやうに考へてゐるものがあり得ると思ふが、生産管理は一般的にいふと重役その他幹部の指揮を拒否して業務を行ふことであつて、その業務執行が平常通り正常に行はれてゐる限り、「人ノ業務ヲ妨害」するものとは言ひ難い。無論、幹部の決定した計畫を濫りに變更して勝手な生産行爲を行ふことは許されないけれども、善良なる管理者の注意を以て會社として當然行ふべき行爲を行ふ限り、幹部の意に反すること必ずしもすべて違法なりとはいひ難い。例へば、重役が先き〲の値上りを見積して不當に商品を賣り惜みしてゐる場合に、勞働者がその商品に對する社會的需要の緊急なるものあるを認めて賣却するが如き、反社會性は寧ろ重役の賣り惜みにあるのであつて、勞働者にあるのではない。成程かくの如き行爲は、會社に損害を與へるには違ひないけれども、此際の爭議行爲として、特に勞働組合法第一條第二項の適用をはづさねばならない程反社會的の行爲とは考へられないのである。次に現行刑法に依ると、業務妨害罪が成立する爲めには、「虚僞ノ風說ヲ流布シ又ハ僞計ヲ用」ふること又は「威力ヲ用」ふることを要するのであるが、實際生產管理を行ふ爲めには、決してかゝる行爲を必要としないし、又現に實際にも一般的には行はれてゐないのである。成程使用者側から見れば、衆をたのんで重役の指揮を拒否する行爲は威力と感ぜられるかも知れないけれども、業務妨害罪を成立せしむべき威力は客觀的に見て特に違法性を帶ぶる暴行若くは威迫的の行爲たることを必要とし、單に重役の指揮を拒否することそれ自身を威力といふ譯にはゆかない。無論、重役を一室にとぢ込めるやうなことをすれば、不法監禁罪を成立せしめるし、從つて又「威力ヲ用」ひて業務を妨害したものといひ得る。之に反し、單に「重役出社お斷はり」といふやうな掲示をしたとか、組合代表が重役に對して「出社を遠慮されたし」と通告するやうなことをしたからといふて、之を「威力ヲ用」ひたものと言ひ得ないのは勿論である。つまり現行法のままでも、重役の指揮を拒否する爲めに暴力的の手段を用ひれば業務妨害罪を構成することは當然なのだから、今更改めて特別に法律を作つて生產管理を全般的に業務妨害罪と認めるやうな法律を作らうとすることは不必要でもあるし、又勞働組合法第一條第一項の精神にも違反するものといはねばならない。

更に第三に、政府は生產管理を家宅侵入若くは不法占據として處罰する意圖をもつてゐるとも想像されるけれども、勞働者が平常通り自分等の職場で働くことは合法行爲であつて、之を不法占據と認める譯にはゆかない。資本家の間には今尙工場事業場は彼等の所有物であるからこゝに働くものは彼等の任命した重役の指揮に從ふべきであり、從つてその指揮を拒否して働くことは不法であると考へてゐる人が少くないと思ふが、かくの如きは勞働者を單なる商品としての勞働力の賣手に過ぎず、從つて企業の構成分子にあらずと考へるものであつて、現在の企業の實情を無視するものといはねばならない。尙假りに不法占據が成立するとしても、之を理由として勞働者を職場から追ひ出すことは事實上非常に困難であつて、勞働者の準備と結束が固ければ相當大きな警察力を使はない限り事實生産管理を中止せしめることは出來ず、反つてその爲め社會不安と混亂とを惹起するばかりであると思ふが、政府には果してそれだけの腹があるのであらうか。

次に、民事的制裁として想像されるのは、生産管理を勞働組合法第十二條の適用からはづして、生産管理の結果使用者の蒙つた損害の賠償請求を許すといふ案であるが、生産管理を特に同盟罷業その他の爭議行爲と區別してかくの如くに取扱ふべき合理的の理由はなく、強いてそれを行ふことは勞働組合法の根本精神を蹂躪するものだと思ふ。

かくの如くに考へると、政府は非合法を理由として生産管理を抑壓すると言つてゐながら、實は直接之を抑壓する殆ど何等の法的手段をもたないのではなからうか。政府が生産管理對策として經營協議會法案の制定を宣傳しつゝあるのは恐らくその爲めであらうと想像する。

しかし、生産管理と經營協議會との間には何等直接の關係はないのであつて、經營協議會を作つたからといふて生産管理がなくなる譯でもなく、經營協議會をやるから生産管理は禁ずるといふのも筋の通らない話である。無論、十分に勞働者を滿足せしむるに足るだけの經營協議會が與へられゝば自ら勞働爭議がなくなり、從つて生産管理もなくなるといふことはあり得るであらうが、政府に果してそれだけの經營協議會を與へる勇氣があるのであらうか。

尚政府は生産管理抑壓の代償として、資本家側の生産サボに對しては生産命令を爲すとか委託經營を行ふとかいつてゐるけれども、生産管理と生産サボとの間にも必ずしも關聯はないのである。その上、生産命令とか委託經營とかいつても、その實行は極めて困難であつて、政府が眞面目にそれを考へてゐるとすれば、おかしなものだと私は考へてゐる。

法律時評

一九四六年八月号（一八巻八号／通巻一九四号）

政府の社會秩序保持に關する聲明と勞働爭議

一

政府は去る六月十四日附の社會秩序保持に關する聲明の中で、（一）「勞働爭議に際し暴力の行使されるやうな場合には經營者、勞働者何れによつて行はれるかを問はず嚴重にその取締を勵行すること」及び「生産管理なるものは正當な爭議行爲と認め難い」ことを宣言した。

一片の政府聲明に過ぎないけれども、恐らくこれを契機として今後警察官憲の勞働爭議に對する干渉が活潑化し、萎いてはいま成長の途上にある勞働組合運動に對して惡影響を及ぼす處少からずと考へるが故に、敢て茲に多少の批判を加へて政府の反省と自重とを要望する次第である。

二

敢て勞働爭議の場合に限らず暴力行爲の許すべからざるは當然のことであつて、今更政府の聲明を俟つまでもない。而して近時社會各方面に暴力的傾向のまま看のがし難きもの屢々その發生を見つつあるは事實である。從つて、此際政府が之に對する取締を嚴にすべきことを聲明したことそれ自身は敢て異とするに足りない。

しかし、勞働爭議と暴力行爲との關係については特に考慮を要すべき點が少くないのであつて、それを怠つて濫りに唯暴力行爲のみを抑へやうとしても、よくその目的を達し得ないのみならず、反つて別に弊害を生ずる虞がある。勞働爭議に關して暴力行爲の發生を防止するには自ら道がある。刑罰若くは警察的取締のみが決して唯一の手段でないのみならず、それが反つて爭議の暴力化を激發するものなることを忘れてはならぬ。

先づ第一に、爭議が暴力化するには自ら原因があるのであつて、その原因を切り離して暴力行爲のみを抑へやうとしても、將來に向つて暴力行爲を豫防するには役立たない。從來爭議の實例について暴力行爲の發生した經路を觀察すると、使用者側にも非難せらるべき點が多く見出されるのであるから、政府にして爭議の暴力化を防がうと欲するならば、よろしく使用者に對しても警告を與へて暴力行爲の發生を未然に防ぐべき措置をとるべきである。勞働組合法が團體交渉權を認めてゐるにも拘らず、重役が故なく面會を回避したり、誠意を以て隔意なく話し合ふことを爲さずして事の解決を無用に永引かせたり、又場合に依ると使用者の側から暴力行爲を挑發するやうなことをすればこそ、勞働者側もとかく暴力的になり易いといふ事實を見逃がしてはならない。政府はよろしく最近中央勞働委員會が三菱美唄の人民裁判事件に對して與へた裁定に於て特に此點を指摘してゐることに深く想ひを致すべきである。

第二に、政府が今度のやうな聲明を發すると、再び嘗てと同じやうに警察が不當に勞働爭議に干渉する風を馴致し、やがては彈壓時代を再現する虞がある。政府に言はせれば、暴力行爲を取締らうとする以上、警察官をして爭議の現場に臨ましめるの外はないと主張するであらうが、私に言はせれば警察官が濫りに爭議の現場に出入することそれ自身がよろしくないのであつて、それがやがて爭議そのものに對する官憲の不當干渉の原因ともなり、爭議の暴力化を誘發する原因ともなるのである。

爭議は元來原則的には使用者勞働者間の私事であつて、その解決は之を當事者相互の自治的交渉に放任せらるべき事柄なのである。それを嘗ての彈壓時代には官憲が公益公安の保護を名として濫りに干渉の手を差し延べ、それに依つて結局使用者を援助したのである。そうして、その際官憲の慣行した干渉方法は、刑法所定の現行犯を理由とする逮捕の外、治安警察法に依る拘留若くは行政執行法に依る檢束の形で行はれたのであつて、今後と雖も警察官憲が濫りに爭議の現場に立ち入ること、なれば、此種の弊風の再現すべきことは容易に之を豫想し得るのである。勞働組合法第一條第二項は此種の多年に亙る官憲の弊風を一掃する目的を以て設けられたのであるから、政府としても此際の措置に當つて此規定の精神を十分に尊重しなければならない。

人々はよく我國の勞働者が爭議の際とかく暴力的になり易い缺陷をもつてゐると非難するけれども、爭議の暴力化は組合に對する彈壓時代には何所の國にも見られた現象であつて、決して我國特有の現象ではない。官憲の彈壓がなくなり、使用者も組合に平等の立場を認めて、之となだらかに交渉取引をするやうになれば、組合も自ら平穩に交渉を行ふやうになることは各國勞働運動史の敎へるところである。もしも我國の勞働者に特に暴力化的傾向があるとすれば、それは明治此方今日に至るまで永年に亙つて繼續した官憲の彈壓が自ら此風習を涵養したものと見るべきであつて、折角昨秋此方彈壓がなくなり、これに因つて我國の勞働運動も漸く軌道に乘るであらうと豫想されてゐた今日、再び暴力行爲の取締を名とする警察官憲の不當干渉が初められることは、かゝる勞働者の弊風を更に助成するばかりであると私は考へてゐる。

暴力行爲そのものを取締るのは勿論よいとして、その爲め勞働者の團結權及び爭議權に不當の抑壓を加へることは絕對に之を許し得ないのであるから、政府が此際取締を勵行するにしても、具體的の處置については更に一層工夫を要する譯であつて、もしも先日の讀賣爭議の際警視廳が行つたやうなことが今後大に行はれるとすれば、勞働組合法の精神は根本的に蹂躪されることになることを呉々も忘れないで欲しいと思ふ。

三

生產管理を正當の爭議行爲と認め難いとする政府の主たる理由は、「今日迄の實例によれば、國民經濟全般の立場から見れば結局各種の好ましくない結果を生じ、これを放任しておくと、遂に企業組織を破壊し、國民經濟を混亂に陷しいれるやうになるおそれがあるものといはなければならない。その上もし、暴行、脅迫等の暴力がこれに伴つて行使されるやうな場合には、社會秩序に重大な脅威を與へることゝなる」といふにある。生產管理を非合法視する政府の見解とその論據とが、これに依つて初めて明かにされたことは誠に結構であるが、單にこれだけの理由で生產管理を全面的に「正當な爭議行爲と認め難い」と聲明し、之に依つて今後は生產管理のすべてを刑罰的に訴追すべきであり、又之に因つて使用者の被つた損害に對しては、すべて賠償請求を爲し得べきであるといふやうな感じを社會一般に與へやうとしてゐるのは、政府の遣り方として明に行き過ぎだと私は思ふ。

政府が生產管理を非合法視する理由の第一は、「企業組織を破壞し、國民經濟を混亂に陷れるおそれがある」といふにあるが、從來行はれてゐる生產管理のすべては一時の爭議手段として行はれてゐるに過ぎないのであつて、成程爭議中は企業管理權の一部が勞働者の占有に歸することゝなり、從つて從來全く勞働者の參加を認めずに經營を專檀的に行つて來た使用者側の眼にはそれが著しく不當に映ずるかも知れないけれども、凡そ爭議といふものゝ性質上、表面に現はれる形こそ違へ此程度の混亂は爭議行爲の種類如何に拘らず常に起るのである。それを特に生產管理のみを取りあげて「企業組織を破壞」するとか、「國民經濟を混亂に陷れる」といふやうな誇張的の言葉を使つてあしざまに言ふのは、——資本家の言葉としてならばともかく——政府の正式の聲明としては如何にも不公正にして合理性を缺くものと評せざるを得ない。成程從來行はれた生產管理の中には——私が前々からいつてゐる——合理性の範圍を逸脫したものもまゝ見受けられる。しかし、それにはそれとしてそれぐ〜適當な法的制裁を加へればいゝ譯で、生產管理そのものを以上の理由に依つて全般的に「正當な爭議行爲」にあらずとするのは鬼面以て人を脅さんとするものといはねばならない。

政府にしてもしも生產管理を全般的に非合法なりとする點について十分の確信をもつてゐるならば、前記の理由の後に「生產管理は經營者側が生產サボタージを行ふ結果ひきおこされたものもあると思はれるから、經營者側も生産管理を生ぜしめた原因について眞に反省すべきであり云々」といふやうな言譯がましいことを言ふ必要はない譯で、經營者側に反省すべき點があらうとなからうと、それには關係なく斷然取締ればいゝではないか。第一生産管理が經營者側の生産サボタージに原因してゐるといふことも、實は一部の勞働運動者が揚言してゐる程重きを置くべきことではないのであつて、實例について見れば生産管理はすべて單なる爭議手段として行はれてゐるといつても過言ではない。從つて、政府が一方に於て生産管理を非合法視する代償として、經營者側の生産サボに對する對策を云々してゐることそれ自身が既に意味を爲さないと評せざるを得ないのである。尚生産管理と暴力とは何等本質的に關係ない事柄であつて、政府が何等かその間に關係がありそうなことを言つてゐるのも、事實に對する認識不足であるか、若くは故意に社會一般に錯覺を與へやうとする悪質の作爲であると考へざるを得ない。

政府が眞に生産管理の絕滅を希望するならば、具體的の事例について、もつと綿密な調査をする必要がある。それを怠りながら、殆ど何等合理的の根據を示すことなしに、漫然「正當な爭議行爲」と認め難いといふやうな聲明をしても勞働大衆は到底納得しないのである。私は此種の問題の取扱方について政府がもつと親切に勞働大衆を納得せしめるやうな態度を示して欲しいと思ふ。

法律時評

一九四六年九月号（一八巻九号／通巻一九五号）

更始一新すべし

憲法がこれ程徹底的に改正される以上現行憲法に依る政治は新憲法實施と同時に成るべく早く切りをつけて、萬事を新憲法に依つて新に組織すべきが常識の要求だと思ふ。

現政府も現在の議會も或るべく速にその地位を退いて、新憲法に依る議會の成立と內閣の組織とを急ぐべきである。

然るに、政府は憲法改正案の通過を見越して、今やしきりに憲法附屬の諸法規の原案を整備して次回議會に提出しやうとしてゐる。

無論、新憲法を實施に移す爲めに必要な最小限度の法律は現內閣と議會とに依つて作られねばならない。例へば、國會法、參議院法の類がそれである。之に反し、此等以外の法律は成るべく新憲法に依る內閣及び國會の手に依つて制定すべきが當然であり、現內閣が此等の制定までをも自分等の手で行はうとしてゐるのは不合理である。政府當局者は恐らく新憲法前文中に「われらは、これに反する一切の憲法、法令及び詔勅を排除する」とあるから、憲法實施までには此等法令のすべてを改廢する必要があるやうに考へてゐるものと想像するが、私には此前文をそれ程窮屈に考へる必要はないと思ふ。

現內閣として此際とるべき態度の第一は、憲法實施に必要な最小限度の法案を用意して次回議會に提出すること、第二に、右法案が議了成立したならば直に議會を解散し、總選擧に依つて新に衆議院を成立せしめると共に、之と雁行して參議院を成立せしめること、第三に、かくして國會が成立したならば、內閣が直に總辭職し、新憲法に依つて新內閣の成立する道を開くこと等であると私は思ふ。

かくして、新內閣の手に依り新憲法に基く多種の法律改廢が立案され、新に成り立つた國會の手に依つてその制定が行はれるやうになるのが、新憲法の精神を最もよく活かす道である。

世間の人は、とかく法令立案の仕事を輕く見る傾向があるけれども、從來の經驗に依ると法令內容の實質は殆どすべて立案者に依つて決定されるのであつて、議會のその際演ずる役割は受身的である。從つて現內閣のやうな過渡的存在に過ぎない政權が天降り的に指名した委員會の手に依つて、新憲法實施後の政治行政を支配すべき多數法律の立案が行はれることは、決して新憲法の精神を活かす所以ではないと私は考へるのである。

新憲法と民法改正

政府は憲法改正に伴ひ、附屬法規の一として、民法中親族篇及相續篇の規定に改正を加へやうとしてゐる。それは恐らく新憲法第二十四條所定の趣旨を一日も速かに制定強化したいといふ精神に基くものと想像される。

しかし、私の考へるところ、事民法に關する限り、それ程改正を急ぐ必要もなし、又急ぐべきでもなく、も少し愼重に調査考究を重ねた上、改正案の立案に着手すべきであつて、もしも十月に開會を豫定されてゐる次期議會までに成案を得たいといふのであれば、それこそ以ての外のことだと思ふ。

その理由の第一、同じく憲法の附屬法規といつても、その中には國會法や內閣法・裁判所法のやうに憲法施行と同時に是非共なければならぬものもあり、又民法・刑法・勞働法のやうに此等の改正をせずとも憲法の施行に必ずしも支障のないものもある。前者の制定を急ぐ必要があるからといふて、後者までも急速に改正せねばならぬ必要は絕對にない。

第二、後者の中労働法については、今期議會で勞働關係調整法案の審議に聯關してその急速な整備を要望されたといふ政治的理由もあるから、これについては次回議會までに法案の整備を急ぐ必要もあらうが、民法については全くそうした事情は存在しない。

第三、刑法は法律の中特に政治的意味の大きい法律である、從つて今度のやうに憲法が根本的に改正される以上、それと雁行してその改正を急ぐべき政治的理由が多分に存在する。之に反し、民法についてはかゝる政治的理由は全く存在せず、吾々の重きを置くべきは寧ろその實在の社會生活關係への影響如何を考慮することである。新憲法第二十四條所定の趣旨を技術的に法文化することは容易であるが、凡そ身分關係については習俗的法規範が深く民衆生活の中に根を下ろしてゐるから、それとの關係を十分考慮せずに法規を作つても、一面に於ては實質的に法規が行はれない虞があると同時に、他面に於ては社會關係に無用の混亂を生ぜしめる虞がある。例へば、改正要綱が提案してゐる「家」の廢止、從つて戶主權、家督相續制等の廢止は此際當然斷行せらるべきものなること勿論であるが、「家」が廢止されても實在の社會關係としての家族團體が社會からなくなる譯ではなく、單に觀念的存在としての大家族主義的身分型態が法上の型として制定法の面から姿を消すだけのことである。從つて、少くとも實在の家族團體に關して團體內部の問題として又對外的に各種の法律問題を生ずべきは當然であり、自然法律としても此等の解決に規準を與ふべき裁判規範を十分に用意する必要がある。更に進んでは、かゝる家族團體を法上の存在として認める爲めに、これに關する組織規範的の法規を設ける必要もあり得る譯であつて、その用意なしに唯「家」を廢止すると、實在の家族團體生活に無用の混亂を生ぜしめる虞が多分に存在する。而かも此種の法規を作る爲めには、一面十分に比較法的研究をする必要があると同時に、實在の社會關係につき十分法的慣行の調査を行つた上、資料をとゝのへて考察を立てる必要がある。

第四、「家」の廢止は必然に戶籍制度の根本的改正を伴はねばならない。「家」が廢止される以上、現在のやうに戶籍と寄留を區別することは無意味となり、新に實在の家族團體を基準とした身分登錄制度を作る必要が起るであらう。而かも、此制度を遺漏なく作ることは技術上至難の事業であつて、諸般の關係を十分に考慮して愼重に研究を要する問題である。

之を要するに、私は民法を憲法の附屬法規だと考へて、その改正を急ぐことに絶對に反對したい。此改正の爲めには、別に錬達の法律家を以て構成する委員會を設けると共に、廣く非法律家の助力をも求めて愼重に調査研究して欲しい。法律の制定といふと、とかく法律家を集めさへすれば容易に出來るといふ考が一般に行はれてゐるけれども、訴訟法のやうな純技術的の法律であればともかく、民法特に身分法のやうに人情風俗道義と深い關係をもつ法律を法律家の手だけで作らうとするのはあやまりである。よろしく各方面の人々の意見を聽くと同時に、法的慣行を調査し、之に依り法的規律の對象たる社會關係について十分の認識をもつやう努力すべきである。さもないと、法技術的に如何に立派な法規が出來ても、結局社會の實情に添はない爲め、立法者所期の結果が十分擧がらないことになる虞があると私は思ふ。

法律時評

一九四六年一〇月号(一八巻一〇号/通巻一九六号)

法學教育の革新

教育制度刷新のことが漸く具體的に論議されるやうになつた。しかし、私に言はせると制度の刷新もさることながら、それにもまして大切なことは教育内容と方法との刷新である。なぜなれば、制度を如何に刷新しやうとも、制度は要するに形式・機構・手續に過ぎない、その形式の中に盛らるべき教育が內容的に又方法的に改められない限り、制度の刷新も結局教育そのものに大した革新的效果を與へ得ないと考へられるからである。

文部省は審議會を設けて教育刷新のことを審議せしめやうとしてゐる。しかしこゝで爲さるべき審議の目的は制度の刷新であつて、教育內容と方法との刷新は此種の審議會の手では到底出來難い。それは結局それ〴〵の部門の教育者の手に依つてのみ爲し遂げ得べきものと思ふが、文部當局は此點をどう考へてゐるのであらうか。

之を大學について言へば、そこでの教育を內容的に又方法的に檢討してその合理的改革を圖り得べきものはひとり大學自らでなければならない。のみならず、他の諸學校に比べると極めて廣い教育の自由と自治とを與へられてゐる大學としては自らかゝる改革を實行すべき責任を負擔してゐるものと私は考へてゐる。

ところが、從來の經驗から考へると、理論的には最も適格者であり又責任者であるべき大學が自らの教育改革を實現するについて實際的には甚だ無力であるといふ半面のあることを私は看逃がし得ないのである。そうしてそれは現在に於ける大學內部の機構とその運用上の慣行から來る結果なのである。部外の人々には解り憎いと思ふから、簡短にその點を說明すると、大學で此種のことが問題になつた場合、制度上之を解決すべき職責と權限とを與へられてゐるものは各學部の教授會である。各學部の教授會は大學自治の名の下に、それ〴〵自らその教育內容を決定すべき權限を有し、教授會が同意しない限り他から之を如何ともし難いのが現在の制度である。然るに、教授會なるものは性格上極めて保守的であつて、各教授の利害に關係する事柄については教授がお互に遠慮し合ふから、多數決に依つて徹底的な刷新を斷行するなぞ思ひも及ばないことである。講座の改廢はもとより、從來必修科目であつた科目を選擇科目に變へるといふやうな簡短なことでさへ、關係教授が反對する限り容易に實現し得ないのが實情であつて、殊に關係教授が偶々有力教授であるやうな場合にその教授の擔當する科目に何等かの變更を加へるやうなことを企てると、局外者には到底想像出來ない程の抵抗に逢着するのである。

この故に、大學に於ける教育の內容と方法とに徹底した刷新を加へる爲めには是非共何等か外部からの壓力が加はることが必要であつて、場合に依つては或る程度まで大學制度そのものに改革を加へる必要があるのではないかと私は考へてゐる。少くとも現在のやうに事の決定を各大學各學部の自由にのみ放任することなく、文部當局の斡旋によつて官私立諸大學の教授を以て構成する教育刷新委員會を學科別に組織せしめ、之をして各大學各學部の內部事情に拘束せらるゝことなしに、純理的に事を審議せしめ、それに依つて得られた改革要綱を基準として、更に各大學各學部をして細目を具體的に審議決定せしめるやうな方法をとることが此際是非共必要ではないかと私は考へてゐる。

大學に於ける法學教育については從來とてもこれに根本的改革を加ふべしとの論を爲すものが少くなかつたが、憲法改正を基礎として庶政百般の一新せらるべき今日、法學教育を徹底的に改革して新日本建設の戰士たるにふさはしい青年の育成に努力することは此際焦眉の急であつて、法學教育關係者一般が最大の注意をこれに向けられることを私は希望してやまない。

我國の法學教育は明治時代に定められた根幹を墨守して、その後殆ど何等の重要な改革も加へられてゐない。その結果現在の法學教育は學生の或るものに對しては無駄が多く、又他の或るものに對しては不足が多く、學生一般は結局教育から實質的に何物かを得るといふよりは、試驗成績表の上に一でも多く「優」をとつて就職上の便宜を得やうとあせつてゐるやうな有樣であつて、その意味に於て今や我國の法學教育は言葉通り「パンの科學」Brotwissenschaft に墮落してゐる。

此缺陷を根本的に矯正する爲めには、學科目の改廢、學修課程の改正、教授方法の革新等考へられねばならぬことが非常に多いと思ふが、重點は飽くまでも「法學的に物事を考へ得る人物」を育成することに置かるべきだと私は考へてゐる。今までの我國の法學教育は、その他の部門の教育一般と同樣詰め込み教育の弊に墮して、自ら考へ得る人間の育成を怠つてゐる。最近には演習等の奬勵によつて此種の弊を多少とも救治せんとする企てが部分的には行はれてゐるやうであるが、私の考へるところでは、現在のやうな大衆講義を根幹とする教授方法がつづけられてゆく限り、此種の補正が多少加へられても、大局を動かすことは出來ない。此際是非共教授方法を根本的に改革して、自ら考へ得る能力の育成に全力を擧ぐべきときだと思ふ。

此意味に於て、私は此際改めてアメリカの大學に於る法學教育の根幹をなしてゐるケース・メソッドの價値を再認識し、その精神に從つた教育方法を採用するの適否乃至要否を考へて見ることを廣く法學教育關係者の前に提唱したいと思ふ。

ケース・メソッドの長所並に短所については學者の間に色々の意見がある。又同じくケース・メソッドといつても大學により各教授によつてその遣り方には相當の開きがあると聞いてゐる。しかし、少くとも學生自らの努力に依つて自らの法學的な物事の考方を養成してゆくといふ此教育方法獨特の長所は、此際我國の法學教育を刷新する上に之を活かしてゆく價値が極めて大きいと思ふ。

私の狹い經驗だけから考へても、此方法が理想的に行はれる限り、自ら努力しない學生はたとへ教室に出てゐて教授のいふこと他の學生のいふことを聽いてゐても何等得るところはない、教授は原則として何等理論的のことを敎へず、唯適時の示唆によつて學生自らをして事理を悟らしめることを主眼として教育を行ふから、一面自ら努力しない學生には殆ど何等得るところがないと同時に、他面學生はすべて敎へられることを受働的に受け入れる代はりに自ら萬事を考へてゆくから自ら思考力の錬成が出來てゆく。だから、學生の思考力育成を忘れて暗記萬能の詰込み主義に墮した我國法學教育の根本的缺陷を矯正する爲めには、このケース・メソッドの長所をとり入れてゆくことが最もよいのではないかと私は考へてゐる。

世間には、英米の判例法主義とケース・メソッドとの間に理論的關係があり、從つて、我國のやうな成文法主義の國にはケース・メソッドは不向きだといふ風に何となく考へてゐる向きが少くないけれども、それは凡そ法學教育は成文法の註釋を主軸として行はるべきものなりとする在來の因習的な考方に捉はれてゐるのであつて、ケース・メソッドは決して判例法主義の國にのみ適當する教育方法ではない。法學教育の主目的を凡そ法學的に物事を考へる力の育成に置く限り、成文法主義の下に於ても此方法が最もその目的に合ふのであつて、ケースブックで敎育するといふのはそこにかゝれてゐる判例そのものを敎へるといふよりは判例に對する理解と批判とを通して、凡そ法學的な物事の考方の何であるかを自ら悟らしめるのがケース・メソッドの目的であることを理解すれば此理合を十分呑み込むことが出來ると私は考へてゐる。

尙法學敎育を改革する爲めにはこれに關聯して高等試驗制度その他官吏登用制度全般に改革を加へる必要がある。大學に於ける法學敎育だけを如何に改善しても、そこで敎育を受けたものを受け入れる側の氣持が今まで通りであり、今までと同様の規準によつて人を採用しやうとする限り、大學に於ける敎育改革も徹底的にその實效を發揮し得ないことになるから、憲法改正に伴つて官吏制度全般が根本的に改正されやうとしてゐる今日、政府當局は勿論、政黨關係の方々も此點に十分に注意を拂つて、此點の徹底的な改革こそ我國官吏の間を支配してゐる形式主義を打破する捷徑であることを十分理解して欲しいと思ふ。

法律時評

一九四六年一一月号（一八巻一一号／通巻一九七号）

政府は勞働問題を輕く見過ぎてはゐなかつたか

勞働の所謂「十月攻勢」に當面して政府は聊か狼狽の體に見受けられる。

政府は今燃え盛りつゝあるジェネ・ストを専ら共產黨の使嗾に基くものとしてしきりに攻撃の矢を同黨に向けて

ゐるが、假りにこれが事實であるとしても、かくの如きは結局、對策なきに苦んでゐる政府の言譯としか考へられない、それ自身現下の問題解決の策として少しも役立つてゐない。成程、政府のこの聲明に依つて、國民の間に共產黨に對する反感をあおり立てることは出來るかも知れない。しかし、それにも拘らず事實爭議の火が愈々燃え盛れば、結局國民怨嗟の的となるのは當面の責任者たる政府であつて、「政府も何か打つ手がありそうなものぢやないか」といふやうな非難が出て來るにきまつてゐる。現に今日既に資本家の間に多少とも政府の無策を非難する聲があるのを聞くと、何となく一葉落ちて天下の秋を知るの感を禁じ得ないのである。

もしも現政府にして組閣の初めから、勞働問題を重視し、これに對して確乎たる政策をもつてゐたとすれば、問題は決して今日のやうに惡化してゐないと私は思ふ。卽ち一方に於ては爭議の豫防並に解決の爲めに合理的な萬全の對策を用意すると共に、他方政治的爭議に對しては戰ふか讓歩するか又は妥協するかの政治的心構えさへ出來てゐさへすれば、現在程問題が惡化するに至らないのは勿論、政治的ジェネ・ストに對しても適時に適當の政治的解決を與へ得る筈である。然るに、初めから勞働問題を甘く見てゐた政府は、六月先づ秩序維持聲明を以て勞働階級を威嚇するに依つて反つてその反感を招き、次いで一方に於て何等具體的の失業對策を講ずることなしに專ら資本の立場のみを考慮した企業整理計畫を發表し、擬制資本を整理する以上擬制勞働をも整理すべきが當然だといふやうなことを聲明して勞働者一般の激怒を買つたのである。所謂「十月攻勢」も畢竟政府のかくの如き態度が度重なるにつれて段々と釀成されて來たのであつて、いはゞ今政府は自ら蒔いた種子の結果を刈り取らされてゐるのだと私は思ふ。

元來勞働問題の解決について重んずべきは、如何にせば勞働者を納得せしめて心から働かしめ得るかにある。單に爭議をなくするだけのことであれば、彈壓に依つても尙よく其目的を達することが出來やう。しかし、かくして爭議そのものは一應之を絶滅し得るとしても、勞働者の心の中に怨恨と不平とを殘すこと、なれば事は決して根本から解決されないのである。然るに此極めて自明の理が政府に依つて無視乃至輕視されてゐるところに抑の禍根があるのだと私は考へる。

もしも政府にして勞働問題に對する理解と之を心から重要視する誠意があるとすれば、此際何よりも先づ爲すべきは、勞働行政機構の整備に依つて問題の合理的解決に備へる體制をとゝのへることである。それには、先づ第一に勞働省を設置せねばならない。勞働行政の政治全體に於ける比重が日に〳〵高まりつゝある今日、現在厚生省を中心として形成されてゐるやうな貧弱な勞働行政機構を以てして事を十分に處理し得ないのは明かである。殊に閣議に勞働行政を專門的に擔當する閣僚がゐないことは政府の勞働施策を適正ならしめるにつき多くの支障を與へてゐると思ふ。同じ勞働の問題を經濟の面から又治安の面から考へる閣僚がゐると同時に、此等と對等の立場に立ちながら、勞働政策の面から事を考へ又意見を述べる閣僚がゐてこそ平均のとれた適正な政府の施策も生まれ出るのは理の當然である。さればこそ厚生省內の官僚は勿論、朝野の心ある人々は均しく勞働省の一日も速に設置せらるべきことを待望してゐる。それにも拘らず、政府が何かと理由をつけて躊躇してゐる譯が吾々には解らないのである。

次に、行政機構の整備に關聯して、是非共急速に行はれねばならないのは、勞働委員會の機構を擴充してその活動を萬全ならしめ、政府の施策と相俟つて組織的に勞働關係の調整に當らしめることである。現在の勞働委員會は勞働組合法施行の際早急に設立されたものである爲め、委員の人選も臨時的であり、その上これに附置された事務局も委員會を助けて十分にその活動を爲し居るだけに內容が充實されてゐない。從つて、此夏以前のやうに、組合の資格審査であるとか散發的に發生した爭議を調停するやうな仕事をしてゐた間ならばともかく、現在のやうに爭議が頻發して問題が深刻化して來ると、今の事務局の機構を以て問題に對處し得ないのは當然であつて、此際何よりも大事なことは事務局の充實だと私は考へてゐる。

アメリカの一九三五年の勞働關係法に依つて設立された勞働委員會は、我國のそれに比べれば遙かに狹い權限しかもつてゐない。その仕事の大部分は我勞働組合法第十一條に相當する規定の適用を確保する爲めの仕事である。

それにも拘らず、その事務機構は極めて雄大であつて、我國現在の事務局機構なぞそれに比べると全く問題にならぬ程貧弱である。これでは今や怒濤の如く押しよせてくる勞働問題に對處して適時適所に機宜の措置をとり得ないのは當然であつて、此際何よりも私が希望するものは勞働事務局の機構擴充である。

もしそれ、今や內閣の門にまで迫つて來た政治的爭議に對して政府のとるべき手段如何と問はれるならば、それは飽くまで抑へてゆくか、讓步するか、若くは又妥協するかの三途しかないのであつて、それのいつれかを擇んで當面の爭議に對處し、これによつて爭議を全面的に解決することに努力することこそ現在政府に課せられた責務であると答へざるを得ない。右三途の中いづれを擇ぶことが最も賢明であるかについては今玆に言ふべき限りではない。しかし、そのいづれでもよいから、速に具體的な爭議對策を樹てよ、これこそ吾々が今政府に對して言ひたい唯一つの言葉である。

良き勞働協約の普及を圖るべし

勞働組合の組織率が大きいのに比べて勞働協約の締結率が低いこと、その上現に出來てゐる勞働協約の內容が一般に不備であつて、協約制度本來の役目である產業平和の確立に殆ど役立つてゐないかに見えるのは、吾々の最も遺憾とするところである。

勞働協約制度の目的は何は兎もあれ少くとも協約の有效期間中協定された勞働條件の下に勞働關係を安定せしめるにある。然るに、我國現在の勞働協約の大部分は勞働者の爲めに基本的權利を確保するに必要なる程度の內容を有するに過ぎずして、具體的に賃金率、勞働時間等を規定して產業平和を確保する用意をしてゐるものは殆ど存在しない。

このことの主たる原因は、勞働者一般が協約制度の使命を十分自覺せざると同時に、使用者も亦團體交涉と協約の意味を十分理解せざることにある。その爲め折角の勞働協約も必ずしも產業平和確立の爲めに役立つてゐないのが現在の實情である。

此故に、今私が政府にやつて欲しいと思ふことは合理的な勞働協約を廣く一般に普及せしめることであつて、それさへ出來れば今紛亂を極めてゐるやうな爭議を豫防することに可成り役立つに違ひないと吾々は考へてゐる。

無論物價が安定してゐない今日、賃金率を具體的に協定するやうなことが出來ないのは當然であつて、現在アメリカで見るやうな勞働協約をそのまゝ我國に普及せしめやうとしても、それは出來ない相談だと思ふ。しかし、それにしても現在我國の勞働協約は一般に內容が空漠としてゐて具體性をかいてゐる。その爲め折角勞働協約が締結されても、それに依つて必ずしも勞働關係が安定せず、産業平和の確立に資するところが少くない。此現狀を打破してより良き勞働協約を普及せしめることこそ刻下の急務だと私は考へてゐる。

法律時評

一九四六年一二月号（一八巻一二号／通巻一九八号）

議員提出の法律案

從來我國に於ては、法律案の殆どすべては政府案である。議員提出案は極めて少いのみならず、それが兩院を通過することは實際上極めて稀れである。今囘の第九十臨時議會にしても、政府提出の法律案は總數五十六件の多きに及び、內僅に一件が未決に終はりたるに過ぎざるに反し、議員提出案は僅に九件、而かも內五件は撤囘、三件未決、可決されたのは僅かに「地方競馬法案」一件あるのみである。

しかし、新憲法に依つて與へられた國會の新しい國政上の地位から考へると、今後の立法について國會がもつと大きなイニシヤチーブをとらねばならぬことになるのは當然であつて、國會がかゝる任務を完全に果たし得る爲めには、それに必要な各種の用意が爲されねばならない。

先づ第一に、各政黨が自由に利用し得べき立法資料を蒐集整理する施設が必要である。從來各政黨はいづれも政務調査機關をもつてゐたけれども、その內容は一般に極めて貧弱であつて、政府提出の法律案に對して獨自の批判を加へ得るだけの資料をさへ十分にもつて居らず、況んや自ら法律案を立案するに必要な資料と技術とを準備するやうなことは事實到底不可能な實情にある。無論今後と雖も、各政黨がそれぐ\かゝる設備をもつことは望むべくもないが、各政黨が必要な場合いつでも自由に資料を手に入れるだけの共同施設を設けることは是非共必要であるのみならず、事實可能でもある。

かゝる共同施設として、最も本格的なものは國會圖書館である。圖書館といふと、人はすぐに書籍を蒐集分類して供覽の便を圖る普通圖書館の例を考へ勝ちであるが、國會が必要とする圖書館は政治に必要な活きた智識を適時に迅速且豐富に提供し得るやう物的にも亦人的にも施設されることが必要であつて、物的施設として蒐集整備されねばならぬ書籍、文書その他の資料の種類範圍も自らその線に沿ふて定められねばならない。一面に於て一般圖書館のやうに無闇に唯出版物を蒐集するのがその能でないのは勿論、他面普通の圖書館では一般に蒐集保存されないやうな、雜多な文書資料もこゝでは豐富に之を蒐集して、何人でも容易に利用し得るやうに分類整理して置かねばならない。そうして、議員の要求があれば、直に資料を揃へて調査の世話をしてやれるだけの有能な調査員が豐富に常備されてゐることが必要である。その種の人々は常々から一定の計畫の下に諸官廳は勿論大學研究所その他一般の研究調査機關、內外の新聞社通信社等とも連絡をとつて組織的に資料を入手して、それを科學的に整理し、必要の際十分議員の要求を滿足せしめ得るだけの用意をしてゐなければならぬ。

尙、完全な法律案を作り上げる爲めには、有能な立法技術者を必要とするが、今まではそれが官廳の手に獨占されてゐる。だから今後議員提出の法律案が多くなるとすれば、是非共國會內部にかゝる優秀な立法技術者を常備して、議員の相談相手になれる仕組が是非共必要であらう。國會圖書館の一部にその種の人を置くことも此際考へていゝことゝ思ふ。

團體交渉の精神

常日頃勞働爭議に關係して數多くの爭議當事者に接しながら最も強く感ずるのは一般に團體交渉の精神が著しく缺けてゐるといふことである。勞働者に團體交渉權を適正に行使する訓練が缺けてゐるのみならず、使用者側にも一般に團體交渉の精神が理解されてゐない。その爲め無用の爭議が發生し、平和的に處理せらるべき紛爭がやゝともすると罷業になり易く、その上解決も長引いて無用の損害を生じ易い。當事者双方にもつと團體交渉の精神が徹底して居り、互に相手の立場を認め合ながら、條理をつくして話し合ふ訓練が出來てゐさへすれば、紛爭の大多數はもつと合理的に且迅速に解決されるのではないかといふのが私の僞らざる感想である。最近入手した資料に依ると、アメリカでは爭議件數二萬五千の中聯邦調停局の斡旋によつて九十五パーセントまでが罷業その他業務の停廢を見るに至らずして平和的に解決してゐるとのことである。我國には不幸にして現在此種の統計がないから、數字をあげて正確な比較をすることは出來ないけれども、私の知り得る限り本來平和的に解決せらるべき紛爭が不必要に爭議化してゐる率は彼に比べて非常に高いやうに思ふ。これは一には我國の調停機構が彼に比べて比較にならぬ程內容が貧弱であつて、事前に爭議を豫防する活動を爲し得ないことにも原因してゐるけれども、それより大きい原因は當事者自らに自力で事を解決しやうといふ團體交渉の精神が缺けてゐることにあると私は考へてゐる。

元來勞働組合法が勞働者に團結權を保障し、團結を通して團體的に交渉する權利を法認したのは、これに依つて交渉當事者相互間の實力均衡を圖らうとするにある。使用者と個々の勞働者との個別的交渉では、相互の實力の間に大きな懸隔がある爲め、事實對等の話合ひも出來ず、自然心から勞働者を滿足せしめ得るだけの公正な結果に到達し得ないのは當然である。是れ法律が團體交涉の權利を認めて、當事者相互の間に實力の均衡を作らうとしてゐる所以である。

從つて、今まで團體交涉權を認められなかつた勞働者にとつては、急に交涉上極めて有利な立場が與へられた譯であるが、さらばと言つて勞働者がその有利な立場を利用するには自ら道があるのは勿論であつて、もしも勞働者がその道を守らず、濫りに多衆をたのんで無理押しをするやうなことをすれば、法律が團體交涉權を認めた本來の精神は沒却されることゝなるのは當然である。直接間接に見聞するところに依ると、勞働者の團體交涉上の態度にも今春此方一般には段々に進步のあとが認められるやうであるが、今尙多衆を以て威壓せんとする氣風が到るところに見受けられるのは甚だ遺憾である。

無論、長年に亙り上から一方的に勞働者を使ふことにのみ慣れて來た使用者にとつては、團體に依る交涉はすべて或程度威壓的に感ぜられるに違ひない。しかし、それは團體交涉ともなれば當然のことで、それを使用者が嫌ふのは我儘である。私の見るところ、現在使用者の多數は、口に民主々義を說き、勞働組合を認めると言つてゐながら、眞に心から團體交涉の精神を體得してゐない。勞働組合が出來た以上、今までのやうに萬事を使用者が一方的にきめて上から君臨してゆく心構えをもつてゐない。勞働者と隔意なく話し合つて相互の理解の下に共々に仕事をしやうとする態度を以てしては到底勞働者の心からなる協力を期待し得ないのは當然であるにも拘らず、多くの使用者は今尙自らかゝる態度をもちつゞけながら、無闇に唯勞働者の無智・無作法等を叱責し、出來れば成るべく團體交涉を回避したがる氣風が廣く見受けられる。

今新聞紙面を賑はしてゐる田中文相の教員組合に對する會見拒否問題にしても、成程此春教員組合側のとつた交涉態度には甚だ面白からぬものがあつたに違ひないけれども、かゝる過去の事實を口實とし、組合側自ら爾來萬事が改善されてゐることを說明して平穩裡に會見を要望してゐるにも拘らず、組合幹部の中に依然好ましからぬ人物がゐるといふやうなことを言つて會見を拒否してゐるのは、勞働組合に對する態度として決して正當のものとは言ひ難い。勞働者が如何なる組合に屬するかは勞働者の自由である。組合の幹部組織如何も組合が自ら自由に之を決定し得るのが法律の立場である。その爲め、使用者側から見れば、話し合ひ憎い人物が交渉相手に出て來ることがあるからといつて、それを擇り好みする權利は使用者側にないのである。この當然の理が十分呑み込めてゐないところに、世間の使用者一般に共通な團體交渉を嫌ふ氣風が生まれる原因があるのであつて、文相此度の態度も畢竟この氣風の現はれに外ならないと私は考へてゐる。そうして、使用者一般がこうした態度をもちつゞける限り、勞働者側の態度も容易に改まらず、本來平和的に解決せらるべき事柄がやゝともすると爭議化する傾向は中々なくならないのではないかと私は考へてゐる。

一九四七（昭和二二）年

法律時評

一九四七年一月号（一九巻一号／通巻一九九号）

法律と常識

書齊と研究室に立籠つて、法學者や法學生のみを相手として約四十年の學究生活を續けて來た私にとつては、此春此方教職を辭して專心從事してゐる勞働委員會の職務は全く經驗のない新しい仕事である。毎日々々新しい人に會ひ新しい問題に當面しながら、失敗のあとに失敗を重ねて、而かもその失敗に教えられながら反省を通して自己の足らざるところを補正してゆく努力の間に新しい生き甲斐を感じてゐるのが、私今日此頃の僞らざる感想である。以下にこうした生活の間に感じたことの中特に若い法學者や法學生諸君に興味があると思はれることを少し書いて見たい。

何よりも先づ言ひたいのは、世の中は決して法律論だけでは通らないといふことである。法學者や法學生を相手とする場合ならば、これ〳〵の理窟を言へば必ず相手を説得して同意せしめ得ると思はれる、その同じ理窟を例へば勞働組合の人々なり使用者なり、若くは又法律家でない仲間の委員の人々に言ふと假定する。その場合永年法學仲間の人々を相手にして來た體驗から、こういへば必ず相手が納得するといふ自信の下に話をして見ると、案外に仲々思ふやうにゆかない場合が非常に多い、といふ事實を段々の經驗から分つて見ると、流石に私自らが反省せざるを得なくなるのである。

今更こういふことを言ふと、非法律家である世間の苦勞人達はそんなことは當り前ではないか、と笑ふにきまつてゐると思ふ。がしかし、それにも拘らず、この世間の人々には當り前と思はれるやうなことを、今更らしく法學仲間の人々には特に話す價値があると思ふ程、この經驗は私にとつて貴重であり、而かもそれはひとり私一人にとつてのみならず、法學者や法學生、否日夕世間の人々に接してゐる行政官や司法官にとつてさへ、大事なことだと私は考へるのである。こういふと、行政官や司法官は恐らく、吾々はお前のやうに永年象牙の塔に立て籠つて來た大學敎授とは違ふ、といふに違ひないと思ふ。しかし、それは結局程度の差に過ぎないのであつて、大學に法學を學び、法學的科目を主とした高文試驗を通り、それから以後官廳なり裁判所の机の上で、主として法規をたよりにして人民を相手にして來た官吏には程度の差こそあれ結局大學敎授と大同小異の偏癖があることを否定し難い。そうして、我國の官吏には特にそうした偏癖が缺陷と言つてゐゝ程強いのではないかと私は思ふ。世間の人々が所謂法科萬能と非難し官僚的であるといふことと獨善的であり手前勝手であるといふことを同義語のやうに考へるのは、すべて官吏一般にかゝる缺陷があることの結果に外ならない。

無論、官吏も古くなると、永年世間の人々に接した經驗から、法學的にのみ物を考へなくなる。永年の經驗から、こんなことでは世間に通用しない、人々を納得せしめ得ないことを敎へられるからである。だから、そうした人々はよく、役人も法律を忘れた頃に一人前になる、といふやうなことをいふ。これは確かに妙味のある言葉である。無論正確にいふと此言葉は間違つてゐる。本人は法律を忘れたといつてゐるが、實は忘れたのではなくして、その人の考方が法律一天張りでなくなり、その人の法律論がこなれて來たことを意味するに過ぎない。專ら法律に據つて裁判をする裁判官にしても、永年の經驗から法律一天張りの議論では訴訟當事者が納得しないといふことを悟ると、書面は法律論をしてゐても、裏には酸いも甘いもかみ分けた全人格的な判斷が十分行はれてゐて、自ら人々を納得せしめ得るやうな名判決を與へ得るやうになるのである。況んや行政官吏のやうに、必ずしも法規に捉はれずに自由裁量的に雜事を處理し得る立場にあるものは本人の努力次第によつては經驗を積みさへすれば、立派に世間の人々を納得せしめ得るやうな人間的判斷を爲し得るやうになるのであつて、現に吾々も時々そうした老吏なり官吏出身の人々に接する機會をもつ。しかし、その場合でさへ、官吏出身者には何となく官僚的な臭味があり、物の考方に法律的な捉はれが多少見出されることが多い。それ程、大學に法學を學び、法規に從つて物事を處理して來た人々には、とかく專ら法の立場から物事を考へ易い習癖が出來易いのである。

だから、私のやうに、大學を出てから永年に亙り主として書齋と研究室に立籠り、高々學生を相手に生活をして來たやうなものに、とかく法律的にしか物事を考へない習癖が強いのは當然であつて、今更それに驚く自分自らがおかしいのだと、讀者諸君はいふに違ひない。それにも拘らず、こゝにその當然のことを事新しくいはねばならぬ程、此事實を發見したことは私にとつて極めて重大であるのみならず、それを法律仲間の人々に改めていふ價値があると思ふ程事は極めて大切だと私は考へるのである。實をいふと、自分自らの自惚れでは、少くとも自分は永年特にスポーツの關係から色々の人に接してゐる。その經驗から一般の大學教授に比べると遙かに世間ずれがしてゐる。その上自分の學問的傾向からいつても、觀念的な理論を考へる前に先づ事實を知り社會を知ることに力めて來たから、愈々世間に出ても相當のことはやれると自惚れてゐた譯であるが、さて今から過去八ケ月の生活を省ると、その自惚れは完全に打ちくだかれねばならぬことを發見するのであつて、その僞らざる感じを今こゝに正直に表白することが、自分自らの進歩の爲めには勿論、特に若い法學生諸君の爲めにも役に立つと考へる次第である。

それでは、以上にいつたことをも少し理論的にまとめていふと、どういふことになるのか。一言にしていふと、世間のことはすべて常識を中心として考へねばならぬといふことである。日本人は、どういふものか一般に常識を輕蔑する。學問的だとか理論的だといふのに比べて常識的だといふと何となく下等のやうに考へるのが吾々日本人一般に通ずる傾向である。ところが實をいふと、それは常識といふことを本統に理解せず、現に吾々日常の生活が常識によつて導かれながら行はれてゐるといふ簡易な事實を看逃がし、所謂學問的若くは理論的といはれる考方こそ實は片面的な考方に過ぎないといふ事實を看逃がしてゐるのだと私は思ふ。

常識の本體を理論的に考へて見ると、それは物事を綜合的に判斷する準則であり、社會的規範に外ならない。それは、勿論法的規範をも含みながら、その他道徳的、宗教的、禮儀的、習俗的等々これ等あらゆる規範を綜合する高度の社會規範に外ならないのであつて、法的規範その他個々のあらゆる規範の上に立ちながら、實踐的にはそれ等個々の規範を指導する立場に立つ高次の規範に外ならないのである。然るに、吾々日本人は明治此方急に西洋の文物制度をとり入れ、西洋風の學問なり物事の考方なりを斷片的にとり入れた爲め、個々的な智識が進んだ割合に、それ等を綜合しながらその上に立つて高次な判斷を與へる習慣が今尙十分に出來てゐない。言葉を換へていへば、物事を常識的に綜合的に考へる能力が今尙十分に洗練されてゐないのである。その爲め、國民の常識が一般に著しく低いのみならず、人々の常識を尊重する精神も一般に發達してゐない。教育にしても洗練された常識を養成することを忘れて、專門的智識を與へることにのみ專念し、その結果專門的智識に優れてゐながら、綜合的に物事を判斷する能力のない片輪者を澤山世の中に送り出してゐるのである。

私が勞働委員會の仕事に從事してから此方、自ら省て最も自らの缺陷と感じてゐることは、こうした意味での常識が缺けてゐることであつて、自分ではこれでい﹅と思ふことを人に話して見ると、案外容易に納得してくれない場合があるのはすべて此缺陷に因るのだと私は考へてゐる。

無論こういふたからといつて、自分の法學的素養が何の役にも立たないといふのではない。元來法學者に特別な物の考方は一の具體的事件に對して判斷を與へる場合にも、判斷の對象たる事實の中から夾雜物を取除いてそれを單純化し、これに依つてその事件を類型的に把握し、他にもしもこれと類型を同じうする事件があれば、それにも當てはめて差支ないと思ふ原理を考へ出し、事件を公平に判斷し得る點にある。法學的素養の足りない人はとかく眼前の事實の複雜さに目を奪はれて具體的の情實に捉はれ易く、その爲め當面の事件をともかく然るべく解決することにのみ專念して、反つて公平を失ひ、その爲め當事者の信をつなぎ得ないといふ弊に陷り易いものである。だから、法學的素養それ自身は無用どころか爭議調停の場合など寧ろ大に役に立つ長所である、と私は考へてゐるのであるが、それにも拘らず永年法學的思惟の世界にのみ住み慣れたものにはその長所が又反つて短所になる惧れがあることを此際特にいつて置きたいのである。

法律時評

一九四七年二月号（一九巻二号／通巻二〇〇号）

議會と彌次

議會に彌次はつきもの、やうに思はれてゐる。しかし、過去はともかくとして、今後苟も議會自らが新憲法の下に民主議會として發足せんとしてゐる以上、彌次は絶對に之を禁止せねばならない。私はこのことを國會法又は議事規則の中に規定すべきことを提言したい。

といふのは、民主々義に於て最も大切なことは、言論の自由であり、何人にも成るべく自由に物を言ふ機會を與へることであり、誰のいふことでも理のあるところには聽從することでなければならないからである。然るに、現在議會の實情に於ては、彌次に依つて他黨議員の發言を阻害する惡風が極度にまで横行してゐる。過日野黨から解散決議案が提案された日の議場の如きこの弊を最も露骨に示したものと言はれてゐる。こうしたことが今後引續き彼等によつて行はれる限り、新憲法が如何に制度上國會の政治的地位を高く規定してゐやうとも、民衆の國會に對する信頼は日ならずして完全に失墜するであらう。政府と議會とは新憲法に關する智識を民衆の間に普及する爲め態々巨額の豫算をとつて大々的に宣傳運動を行ふとのことであるが、私をして遠慮なく言はせるならば、今までのやうに彌次を以て他黨の發言を阻害する弊風が根絶されない限り、政黨從つて國會に對する民衆の信頼は失はれてゆくばかりで、新憲法の智識を如何に民衆の間に弘めやうとも、我國の政治は永久に民主化される見込がないと言はざるを得ないのである。

曾て彌次の名手としてその名を謠はれた田淵仙人は、彌次は少數者に與へられる唯一の發言の特權であるといつたと傳へられてゐるが、この言葉は以上のことに關聯して大に意味をもつてゐると思ふ。といふのは、今までの議會は餘りにも不當に少數黨の發言を制限し過ぎてゐたと考へられるからである。勿論田淵仙人のやうに一人一黨を標榜する變り者に一一發言を許してゐては議事の能率を害するから、或る程度の制限は素より已むを得ないと思ふけれども、例へば共產黨のやうに立派に一貫した特異性をもつ政綱主張をもつ政黨に對しては、それが如何に少數であらうとも、私はもつと發言を許して然るべきであると思ふ。何となれば、共產黨の議員數は成程少ないには違ひないけれども、彼等の背後には相當數の主義主張をもつた政治的勢力があるのであるから、彼等の意思を議會に代表せしめる爲めもつと〳〵共產黨の發言を許してい〻のだと思ふ。さもないと、此等の政治的勢力はやがて議會に愛憎をつかして議會外の運動に主力をそ〻ぐようになり、それこそ我國政治の將來の爲め望ましくないと考へられるからである。

勞働組合法第十一條と現行の刑事手續

現在我國では、刑事訴訟に於ては、檢事が原告、被疑者が被告の立場に立つて對審が行はれるのが當然のことのように一般に考へられてゐる。その爲め、現に刑事訴訟法改正のことが全般的に問題になつてゐるにも拘らず、實際右の點を問題にしてゐる人は一人もないように想像される。それ程、この訴訟形式は常識化してゐる。

ところが、吾々が常日頃勞働組合法第十一條を實際に運用する場合のことを考へてゐると、同條違反の事件が愈々公判に附せられる場合を想像して、圖らずも次のやうな疑問に行き當るのである。このことをそのま〻こ〻に記して、現に刑事訴訟法改正のことに當つてゐる人々の參考に供したいと思ふ。

勞組法第十一條違反事件は勞働委員會の請求を待つてこれを論ずることになつてゐることは今更説明するまでもないが（同法第三十三條參照）、さて勞働委員會の請求があつた場合、檢事がそれを如何に取扱ふであらうかを想像して見ると、そこに一抹の不安を禁じ得ないものがある。

といふのは、先づ第一に、勞働委員會の請求があつても、檢事が諸般の事情を考慮して不起訴處分にして仕舞ふ場合が今後屢々起る惧れがありはしないかといふことが心配されるのである。假りに結局起訴處分をするにしても、それまでに不當に長い時間がかゝることも想像されるのであつて、その位ならば一層のこと、勞働委員會から直接裁判所に起訴することを許した方がいゝのではないかといふ疑問を起さゞるを得ないのである。

現に今まで吾々が知り得た限りの事實だけから考へても、奈良縣及び石川縣で勞働委員會の請求があつたにも拘らず、檢事がその後事件を内濟にすませようとして當事者双方の間を斡旋して不當に事件の處理を遷延せしめた結果問題を起したような事例がある。このことを考へると、現在のやうに檢事を中間に介在せしめるよりは、一層のこと事件を具體的に審査した勞働委員會から直接裁判所に起訴し得るように制度を改めた方が事件の性質上適當ではないかと考へられるのである。といふのは、實際第十一條違反の事件が起つてゐる場合には、問題の勞働者は既に解雇されて食ふに困つてゐるのである。從つて使用者がもしも實際第十一條違反であるとすれば、一日も早く事を決定して、かれを復職せしめることが望ましいのは當然であつて、檢事が介在する爲め事件の解決が延び〳〵になることは事の性質上甚だ好ましくないのである。刑事の公訴は必ず檢事の手によつて爲されねばならぬといふ理論的要請が絶對にある譯では毛頭ないことを考へ合はせて見ると、此際思ひ切つて勞働委員會から直接裁判所に提訴して事を成るべく迅速に處理する道を開くことが望ましいのではないかと吾々は考へるのである。

更に事件が公判に附せられた場合を考へて見ると、檢事が原告の立場に立つことの妥當性が愈々疑はれて來る。なぜなれば、此場合被告は必ず富有であり、從つて優秀な辯護士をつけて極力自己の立場を有利に導かうとするに違ひない。この場合檢事が果してそれに對抗し得るだけの熱意と能力とを以て十分勞働者の爲めに戰つてくれるかを想像して見ると、必ずしも安心はならないのである。私は必ずしも検事が一般的に反動的だといふやうな偏見をもつてゐる譯ではない。しかし、第十一條違反問題に於ける原告の立證は非常に困難な仕事であつて、餘程此種の事件の取扱になれた錬成の辯護士でないと、被告の辯護士に對抗して十分勞働者の利益を護ることは出來ないと私は思ふ。だから、勞働者の利益を十分に護る爲めに、勞働者又は勞働組合から辯護士を出し、それが原告の立場に立つて被告の辯護士に對抗するやうにする方が、第十一條の精神を十分貫徹するには寧ろ適當な訴訟形式ではないかと考へるのであつて、此事を今刑事訴訟法改正のことに當つてゐる人々に偏見に捉はるゝことなく考へて欲しいと思ふのである。

もしも、刑事訴訟の面で此種の改正がどうしても出來ないといふことであれば、私は代案として寧ろ次のやうなことを考へた方がいゝやうに思ふ。卽ち、現在の第十一條及び第三十三條は現在のままにして置いて、それとは別に勞働委員會が使用者の解雇又は不利益の取扱を與へた處分を第十一條違反と判斷したならば、直にその處分を取消し得ることゝする趣旨の規定を置き、使用者もしその處置に不服であれば民事の裁判所に異議を申立てる道を開くが、その裁判が確定するまでは勞働委員會の處置をそのまゝ效力を有するものとすればいゝのだと思ふ。そうすれば、勞働委員會の處置に依つて、不當解雇を受けた勞働者は一應速かに復職し得るし、他方勞働委員會の處置を不當とする使用者の爲めには立派に救濟の道が開かれてゐることになるから、制度として極めて公正にして妥當なものが出來上ると私は考へるのである。

私がこうして色々のことを考へてまで、第十一條の適用を極力實效的ならしめようといふのは、今のまゝでは同條の存在が有名無實に終はるおそれが多分に存在するのみならず、事が迅速に運ばない爲めよしんば結局使用者が第三十三條に依つて處罰されるとしても、それまでに時間がたつて、不當解雇を受けた勞働者は長く失業の悲運にさらされることゝなるからである。

我國の第十一條に相當するアメリカのワグナー法は同國の勞働委員會に依つて極めて有力に活用されてゐると傳

へられてゐる。それによつて勞働者の團結權が保障されてゐる効果は極めて大きいと言はれてゐる。我國に於ても使用者の勞働組合を毛嫌する傾向は決してアメリカに劣つてはゐない、使用者が色々と口實を設けて勞働組合を弱體化せしめ、色々巧妙な脫法的方法まで考へて極力勞働者の團結を妨害せんとする傾向の極めて顯著であることは各方面からの報道によつて十分之を察知し得る。それにも拘らず、今までのところ第十一條違反事件が餘り多く摘發されて來ないのは、制度のどこかに缺陷があると考へざるを得ない。從つて、他にも尙此缺陷を補正する爲め考ふべきことは色々あり得ると思ふが、少くとも以上に述べたようなことは、此際至急にその實現を圖る價値が十分にあると私は考へるのである。

法律時評

一九四七年三月号（一九巻三号／通巻二〇一号）

立法事務局設置の提唱

一

終戰此方吾々は既に幾多の重要な新立法に接したが、今や議會は更に新憲法施行に伴う極めて多數の重要法律を世の中に送り出そうとしている。

私はこの機會に於て、政府が內閣若しくは國會附屬の機關として立法事務局を新設して、今後の立法をもつと科學的ならしむべきことを提唱したい。

私は立法學の重要視すべき所以を、昨年正月の法學協會雜誌に一應略說して置いたのがあるが、その後一年幾多の法令が次々にと立法されて來た經過を見ていると、そこでなされてゐることは大體に於て舊態依然たるものであり、そこには科學的に見て殆ど何等の進步も認められず、多くは官僚と學者との職業的熟練と個人的智識との持ち寄りによつて手細工的の仕事がなされてゐるに過ぎない。勿論、十分準備のないところに、突然大きな而かも困難な仕事を引受けさせられたのであるから、當面の責任者である官僚にしても、これを助ける各種の委員會にしても、十分滿足すべき仕事をなし得ないのは、無理からぬ次第であるが、それにしても明治憲法制定前後に多くの新立法が行はれてから既に四五十年を經ている今日、そうしてその間我國の法學が全體としてはかなりの進步をしてゐるにも拘らず、今尚科學的に立法を行ふ學問的準備が殆どないのは勿論、政府の立法機構に殆ど何等進步のあとが認められないのは甚だ遺憾である。

現に立法事業に參加せしめられてゐる法學者にしても、その多くは解釋法學者であつて、法律社會學的素養をもつものが非常に少ない。彼等平素の硏究對象は專ら法條であつて、法の規律對象である社會との關係において法を考へることをしない。そのため、既成の法條を系統的に理論を立て丶解說することに極めて優れた法學者も、法令の立案に當ると、社會に關する體系的智識の不足と法的技術の貧困と、そうして彼等の力を借りる役所に十分な立法資料がないこと丶のために、結局仕事が御座なりになり易く、新時代の要求に卽應して新しい構想の下に新しい法令を勇敢に立案してゆくことが出來ないのである。

か丶る缺陷を取除くためには、今からでも遲くないから、一日も速に立法事務局を設立して、今後の法令立案に當らしめる必要があると私は考へてゐる。

二

この機關を內閣に附置すべきか、國會に附置すべきかは、どちらでもよい。要は、政府と國會との中間に立つて、今後政府の立案すべき法令も、議員提出の法律案も、すべてこの機關の手を經るようにすればよいのである。

從來、政府が法令を立案する場合には所管官廳が原案を立てた上、すべてこれを法制局の議に附してゐるけれども、現在の法制局は人的にも物的にもその構成が不十分であつて、高々技術的に法條の體系を整えたり、各種法令間の矛盾を調節するような働きをしてゐるに過ぎない。その上惡いことは、そこで仕事をしてゐる人の全部が、もと〳〵各省において法的技術を操ることに優れてゐた所謂法律家型の秀才である上に、既に出身省を離れてから、相當の歲月を經てゐるために、とかく形式的な法律論に捉はれて法の實體を實質的に考へる能力をもたない。その結果、原案を立てる所管官廳でも法制局かうるさいからといふような理由から、とかくあり來たりの形式を追うて保守的になり易いのである。この意味に於て、私は此際法制局を全廢して、法令立案の仕事をすべて私のいふ立法事務局に移すべきことを提唱したいのである。

三

立法事務局の人的機構としては、內閣の更迭に關係なく、永く法令立案のことに專念し得べき長官の下に、專任の優れた調査官を相當多數置く外、各省から兼任者を出して各省との連絡に當らしめるような機構が必要であると思ふ。

尙この機關は、立法內容の實質を決定するよりは、寧ろ他で決定された立法內容に形式を與へることを職責とするものであり、而かもこの場合實質と形式との間には離るべからざる密接な關係があるから、この旨の調節を十分ならしめるため、人的關係に於て特に次の二のことが考慮される必要がある。

その一は、國會議員を委員とする常設の諮問委員會を置くことであつて、これは法律最後の決定者たる國會の意向が法令立案の過程に於て反映することは、立法の萬全を期するにつき理論的にも實際的にも是非共必要であるといふ考慮に基くものである。

その二は、各省で立法關係の委員會を置く際には、必ずこの機關の調査官を參劃せしめることであつて、これはこの種機關の仕事がとかく立法內容の實質から遊離して形式的になり易い弊を防ぎたいといふ考慮に基くものである。

四

この機關にとつて最も大切な事項はその物的施設である。

先づ第一に、立法資料を平素から蒐集してそれを科學的な分類法に從つて完全に整備して置く必要がある。この機關が自ら直接に各種の調査を行ふことは不可能であるから、各省その他民間の學者や研究所等で研究調査をした結果を平素から綿密に蒐集整備して置く必要があり、要すれば各省なり民間に特別の調査を委托して積極的に資料の整備を圖る必要がある。その種の仕事は從來とかく輕視され勝ちであつて、各省共具體的に問題が起ると急に立法資料を集めるために大騷ぎをするが、さて仕事が濟んで仕舞うと折角その際集めた資料も棚上げされて仕舞ふような傾向があるから、この種の資料は今後この機關がすべて漏れなく讓り受けて分業保管の責に任ずべきである。そうして、此種の資料整備のためには、優秀な專任の調査官を置くを要し、完全な資料圖書館を作る位の心構で事に當らしめる必要がある。

第二に、この機關に、國內の諸法令はもとより、廣く諸外國の法令を集めて、常にこれをアップ・ツー・デートに整備して置く必要がある。立法の完璧を期するが爲めに、比較法的研究の必要なことは今更私がいふまでもない。從來、各省が各種法令の立案をするに當つても、比較法的考慮は一般に相當深く拂はれてゐる。けれども、具體的に必要を感じた場合に急に外國法令をかき集めるため、專門學者の力を借りるようなことをしても資料そのものが十分に集まり憎いから、外國法令の類は平素から完全に蒐集整備して置くことが絕對に必要である。

その上、比較法研究は、唯單に外國の關係法令を集めて必要な場合とつさにそれを讀むようなことをしても決して、十分にその效果を發揮し得るものではない。各國の法令はその國の政治組織、法律機構等に關する全體的智識がなければ十分に理解し得るものではない。且、一つ一つの法令についても、それが如何なる政治的經濟的社會的事情の下に制定されたものであるかを理解し、更にはその法令實施の結果がどうであつたかにつき精確な智識をもつ者でなければ、比較法學的見地から見て十分に外國法令の智識を立法の上に活かすことは出來ない。すべての法令はその背景たる社會的環境との關係に於てのみ理解せらるべきであるにも拘らず、とかく我國ではそのことの重要性に氣付かず、唯形式的に諸外國の法令を比較して我立法の據りどころにしようとする風潮が官吏の間には勿論、學者の間にさへ認められるから、新設機關の調査官中には右に述べたような意味に於て十分比較法學的訓練を經たものを置くを要し、必要があればこの機關の外廓團體として比較法學會を設け、これを通して專門學者の協力を得る必要がある。

更に、も一つこの機關として是非共なさねばならないことは、施行された諸法令の跡を追うて逐一實施成績を調査し、その結果に基いて適時にその法令を改廢するよう絕えず資料を整備して置くことである。我國には從來とかく一度法令を出して仕舞うと、あとを十分に見屆けない惡習があるけれども、絕えず法令を社會の實情に合うようにして置くためには右に述べたような實質調査を組織的に行つて、この機關が法令改廢に關し氣象臺的の役割を積極的につとめる必要がある。

法律時評

一九四七年四月号（一九巻四号／通巻二〇二号）

二・一ストの教えるもの

國鐵、全遞その他全國官公吏の組合を中心として企てられたゼネ・ストは結局聯合軍最高司令官の命令によつて實現を見るに至らなかつた。しかし、ゼネ・ストがとりやめになつたことそれ自身は決して爭議が解決したことを意味するものではない。ゼネ・ストは目的にあらずして手段に過ぎないのだから、勞働者としてはこの上はゼネ・スト以外の許された手段を通して、要求の貫徹を圖るの外ない。政府としても、あらゆる手段を盡して、一日も早く勞働關係を正常に復し、官公吏が心から規律に服して秩序正しく働き、これによつて官廳公署の仕事が爭議の前にも增して能率よく行はれるよう努力する必要がある。それには、一面給與の改善、物價政策の徹底化等によつて官公吏一般のために最低生活を保障するため最善の努力が爲されねばならないのは勿論であるが、同時に現行の官吏制度並に永年に亙る官廳執務上の慣行等を徹底的に檢討して官廳における新しい勞働秩序を樹立すべき積極的の努力がなされねばならない。

民間の職場一般におけると同じように、官廳公署等においても舊來の勞働秩序が今や段々に崩壞しつゝある。而かし之に代はるべき新しい勞働秩序がまだ出來てゐないのが現狀である。凡そ多數の人々の協力によつて仕事をする以上、その仕事の種類如何に關係なく、そこには必ず整然たる勞働秩序がなければならない。一定の權威を中心として嚴格なる規律が行はれ、すべての勞働者が無理なく自らそれに服して秩序正しく働くことが必要である。然るに、今や民間の工場鑛山その他一切の職場に於ては、戰時中特に强化された產業報國會式の上よりする他律的勞働秩序が崩壞しつゝあり、而かも重役幹部は今尙一般に舊來の傳統的規律思想に捉はれて、勞働組合と協力して新しい方式によつて規律を樹て、自律原理によつて新しい勞働秩序を建設することに想をいたしてゐない。彼等は上から命令するより外に規律を立てゝ人を働かせる方法を知らない。だから秩序の根源たる權威をいつまでも唯自分等の手中に止めて置こうとする。そうして、產業民主化の名の下に勞働者がこれに反抗する運動の破壞的な一面を嘆くのみであつて、そこに躍動してゐる建設的なたくましい意欲を汲みとらうとしない。だから、勞働者の運動が激化すればする程、上下の摩擦ははげしくなるばかりであり、その結果職場の秩序はみだれて至るところに救うべからざる混亂と非能率とが現はれてゐる。人々は一般に、現在における生產低下の原因を專ら資材資金の不足等の物質的惡條件に求めてゐるけれども、私の見るところでは、これにも劣らない惡條件は以上に述べたような勞働秩序の崩壞にあるのであつて、このことに氣付かない限り、經濟の復興は到底これを望み得ないと思ふ。

以上のことは、官公吏一般の職場についても全く同樣にいえるのである。今回のゼネ・スト計畫にしても、實をいうと、官公吏自らが現在の窮情を打開して、もつと働き甲斐のある、働きよい職場を作らうと希望する積極的熱意の現はれと考へねばならないのであつて、給與增額その他物質的要求の如きもその熱意を達成する手段としてこれを求めてゐるに過ぎないのである。然るに、世間ではこの物質的要求の面のみをとり上げて色々に批判し、殊に政府の如きは唯々財政困難を理由として要求を拒否するにのみ力め、甚しきに至つては一般國民に向つて官公吏が單に自分等のことのみを考へて利己的に不當の要求をするものであるかのような宣傳を行つてゐる。政府としては恐らくこういう方法により輿論の力を借りて官公吏を抑えて仕舞おうと考へてゐるのであらう。しかし、假りにそれが成功するとしても、それでは爭議が唯形式的に片付くだけのことであつて、實質的には少しも解決されない。官公吏一般の生活難、從つて不平不滿の感情は何等除かれることなく、怠業的氣分が逐次に慢性化して官公廳における仕事の非能率狀態はいつまで經つても救はれないのである。

人々は一般に今回の争議に現はれた給與改善以外の要求を重く見てゐないが、私の見るところでは、こゝにこそ寧ろ今後の政府の努力を要すべき重要問題があるのだと思ふ。中でも、勞働協約の締結について人事に對する組合の干與權を要求し、業務の企劃經營に對する參加權を要求してゐるが如き、民間事業に於て組合が產業民主化の名の下に各種の要求を出してゐるのと軌を一にするものである。

例へば、國鐵を例にとつていうと、組合が反動幹部の退陣を要求し初めたのは、一昨年秋組合が結成された初めからのことであるが、今回の爭議においても、引續き上級幹部の人事に對して組合が口をきゝ得る條項を勞働協約の中に入れようとした。その外組合は組合員たる一般從業員の人事につき干與する道を開くべきことを要求し、又制度上今尚殘存してゐる各種の差別待遇の撤廢を要求してゐるの外、經營協議會を通して大幅に國鐵の經營に參劃することを要求してゐる。組合が昨秋鐵道會議が改組された際、當局から求められた組合代表者の參加を拒否し、經營協議會こそ寧ろ鐵道會議の上に位すべきであるというような極めて大膽な主張をしてゐるのも、すべて以上と一連をなす所謂民主化の要求である。

此等の要求は、內閣諸公や國鐵幹部の眼には恐らく甚だしく破壞的であり、官廳內部における規律秩序を紊亂せんとする許し難い要求のように映ると思ふ。しかし、彼等が反動幹部として排斥せんとしてゐるのは、戰時中天皇の名に於て彼等の上に君臨した上級幹部に對する反感が敗戰と共に漸次にたかまつた現はれに外ならない。又彼等が仲間の人事に口をきゝたがるのも、從來上級幹部が人事權の行使につきとかく獨善的であり、時に公明を缺くことさへあつたことによつて釀成され、鬱積した不滿の現はれに外ならない。そうして大幅な經營參劃を要求するのも、從來企劃經營を獨占して來た幹部に對する不信の聲であると共に、國鐵復興の責任は寧ろかゝつて吾々勞働者の双肩にあるといふような自負心と責任感との現はれでもある。此等が永きに亙り、殊に戰時中上級幹部の指揮の下に秩序正しく從順に働いてゐた一般從業員の口から叫ばれるのであるから、これが幹部の眼に綱紀の紊亂として映ずるのは當然であるが、凡そ人の上に立つて多數者と共に事をするものとしては、徒に綱紀の紊亂を嘆いたり、非難するだけでなしに、そこに激しく動きつゝある人心の機密を洞察して徹底的に變新の策を講じ、從來永きに亙つて行はれて來た他律的勞働秩序に代へて從業員一般と共に新に自律的な勞働秩序を建設することに努力すべきである。

勿論、吾々としても、今回組合側の提出した此等の要求をそのまゝ容認するものではない。多くは組合が過去をせめるにのみ急であつて、自らの實力若くは凡そ勞働組合なるものゝ本質を十分省察することなしに、性急に過激な要求をしてゐるものと吾々は考へてゐる。しかし、人の上に立つ人々としては、それらの一見不當過激と思はれる要求の中から、そこに動いてゐる氣持の動きを汲みとることが大切であつて、このことはひとり國鐵の場合のみならず、あらゆる官業、あらゆる官廳公署についても、同樣に言い得る事柄である。

今回の官公勞組のゼネ・スト計畫は、それ自身組合として決して賢明なものでなかつたのみならず、殊に最後の段階において許し難い失策を演じたことは吾々も亦これを甚だ殘念に思ふ。しかし、政府當局にしても、世間一般にしても、單にあのゼネ・スト計畫の無謀さを笑つたり非難するだけでなしに、寧ろその間に躍動した革新的なもの、建設的なものに注意を拂うべきであり、特に國家再建の重責に任ずる政治家としては、今までのように單に上から權威を以て臨むのみでは官廳公署に於ける勞働秩序の回復は到底望み難いことを十分に覺悟し、今こそ官吏制度を徹底的に改革して、名實共に國民の公僕たるにふさわしい新官吏の育成に努力すべき時だと吾々は考へてゐる。

重ねていうが、今動いてゐるのは決して單なる權威と秩序との否定ではない。舊き權威の否定を通して、新しい權威を樹立し、新しい權威の上に新しい規律と秩序とを建設しようとしてゐるのが、官公吏の、否一般勞働組合のすべてに通ずる念願である。舊い權威を以て古い規律の下に人を使ひなれた人々に、この組合の眞意が容易に讀みとれないのは無理からぬことと思ふが、古いものゝ維持に戀戀たるの餘り、新しいものゝ育成を怠ることは、新しい民主々義日本の建設を遲らすものであることをくれ〴〵も忘れないで欲しいと思ふ。

法律時評

一九四七年五・六月合併号（一九巻五号／通巻二〇三号）

人事調停と人事相談

新憲法實施に伴う應急の措置として人事法の暫定的改正が行われたが、これの一般國民に及ぼす影響の極めて大きいことを考えて見ると、此際新制度への轉換から起る無用の紛争と混亂を避けるため、政府において至急に何等かの措置をとつて欲しいと私は考えてゐる。

今のところ、司法當局も、最高裁判所その他司法機關の根本的變革で手一杯のようであるが、少くとも現在の人事調停制度を活用して、一面調停によつて紛争の和解的解決を圖ると共に、他面大規模に人事相談を行うよう工夫して欲しいと思う。

勞働組合と政治運動

一

昨秋この方、勞働組合がしきりに政治的の動きを見せるようになつたことは看逃がし難い事實である。その動きの主なものは、第一に吉田內閣打倒の運動であり、第二には最近における選擧運動であるが、これ等に對して各方面から色々の批判が加えられてゐるから、以下に多少これに關する私見を述べて見たいと思う。

先づ第一に、世間の一部には勞働組合は法律上その行動を經濟活動に限るべきであるとの意見が行われてゐるが、これは明かに誤りである。勞働組合法第二條によると、勞働組合は「勞働條件ノ維持改善其ノ他經濟的地位ノ向上ヲ圖ルコトヲ主タル目的トシテ組織スル團體」である、從つて「主トシテ政治運動」を目的とするものは、それがたとえ勞働者に依つて組織されてゐようとも勞働組合でない。しかし、經濟的地位の向上を「主タル目的」とする限り、副次的目的として政治運動を爲すことは毫も法律の禁ずるところではない。

第二に、勞働組合はその本質上政治運動を爲すべきではないとの議論がある。勞働組合は組合員の生活擁護を共同目的として結成されるものであつて、一定の政治綱領の下に結成されるものではない。從つて、その政治行動には自ら一定の限界があること勿論であつて、組合幹部が濫りにその限界を超えて政治行動を行うと、組合の結束に對して惡影響を與えるおそれがあること後に述べる通りであるが、勞働組合なるが故に絶對に政治行動を爲してはならぬという理法はない。成程イギリスの勞働組合は政治行動をその支持する勞働黨に委ねて、自らは政治行動を行わないのを原則としてゐる。しかし、そのイギリスでさえ、昨年十月の勞働組合會議では政府の外交政策に對して極めて强硬な反對決議を行つてゐる。アメリカの勞働組合も從來原則としては、その行動を經濟的部面《ママ》に限つてゐる。しかし、一定の法律の成立を促進したり、阻止しようとする程度の政治行動は古くから屢々これを行つてゐる。此等の國々の勞働組合が從來その行動を主として經濟的部門に限つてゐるのは、大體それによつて組合目的を達することが出來たからのことであつて、もしも必要があれば政治行動に出ることを少しも辭しないのである。

二

このことを考えると、我國現在の勞働組合が政治に關心をもち、政治的に行動しようとするのは當然であつて、これを組合として行き過ぎの行動なりと評するのは當らない。何故なれば、我國現下の政治經濟事情の下においては、組合がその經濟目的を達するためだけにでも、政治行動をとらざるを得ない實情にあるからである。例へば、昨秋この方勞働組合が吉田內閣打倒を叫んだ主な理由は、吉田內閣の勞働政策に對して抗議するにあつたのであつて、その主たる動機は寧ろ經濟目的にあつたのである。卽ち、先づ第一に、彼等は政府の產業合理化による經濟再建方策が勞働者の犧牲による經濟再建であり、勞働者の生活を脅かすものなることを理由として完全雇傭を強く要求したのである。現在のような經濟事情の下においては、一度產業合理化のため整理されたが最後、勞働者が再び就職する見込は中々ない。資本主義經濟が健全な平常時ならば、一時の不景氣のため整理された人員も、やがては景氣の回復によつて再び就職する見込がある。これに反し、我國現在の經濟が蒙つてゐる痛手は極めて深刻であつて、產業合理化的の方法をとつてもこれによつて短期間內に經濟が全面的に立ちなおる見込は絕對にない。その上現在我國には失業保險その他失業救濟の具體的方策が全く存在しない。嘗ては不況時代に失業者を吸收してくれた家族制度も今や殆どその機能を喪失しつゝある。從つて、今日勞働者にとつて產業合理化を理由として陶汰されることは、生活を根本的に脅かされることであつて、彼等が政府の此種方策に反對するのは理の自然であると言わねばならない。

第二に、電產爭議以降勞働組合は政府のインフレ對策に抗議して政府打倒を叫び、それがやがて十二月十七日の國民大會ともなり、終には二・一ゼネストにまでも昂進したのである。電產爭議に際し、中勞委の與えた調停案に對し政府はかゝる高賃金はインフレを促進すると稱して反對聲明を行つた。ところが勞働組合にいはせると、インフレを昂進せしめてゐるのは寧ろ政府の經濟政策である。政府は中勞委の調停案に示された賃金水準を高きに失するといつてゐるが、インフレに因る物價の昂騰を考え合せて見ればこの程度の賃金水準は寧ろ當然であつて、さもなければ勞働者は最低生活をさえ營むことは出來ない。だから、政府がもしも賃金水準の上がることを阻止しようとするならば、寧ろインフレ對策を徹底的に强化して物價昂騰を阻止すべきである。これが勞働組合の主張であつて、そのため彼等は政府の退陣を要求したのである。

かくの如く、昨秋此方勞働組合はしきりに政府に向つて政治的要求を行い、そのため政府の退陣までをも强硬に要求したのであるが、それ等はいづれも痛切な生活擁護の叫びに外ならないのであつて、現下の政治・經濟事情の下において勞働組合として當然爲すべきことを爲したに過ぎないものと私は考えてゐる。

勿論、勞働組合がかゝる政治目的を達成する手段として爲し得べきことには自ら限界がある。合法的の示威運動や國民大會の類によつて政府に對する反對意見を表明するのは素より差支えない。しかし、ゼネストのような強力手段によつて直接政府の退陣を强要するようなことは、苟も總選擧を基礎とし、議會を中心とする政治が成り立つてゐる以上、その許すべからざること勿論である。しかし、この種の限界を守る限り、政治目的のため勞働組合が動くことは、この際わが國の勞働組合として當然のことであるといわねばならない。

三

從つて、今回の總選擧に際し、勞働組合が全般的に大規模な選擧運動を行つたことは寧ろ當然のこと、言うべく、否寧ろ大に喜ぶべき傾向であると私は考えてゐる。

無論、勞働組合には勞働組合としての本領があるから、幹部が選擧運動に熱中するの餘り、□理をすると、組合の健全な發達に對して惡い影響を及ぼすおそれがある。殊に、現在の我國には、イギリスのように統一した勞働黨がなく、社會民主主義を標榜する社會黨と共產主義を標榜する共產黨とが對立して居り、勞働組合の中にも自然二の政黨的勢力が對立的に鋭く反映してゐる現狀であるから、その間に處して政治運動を行う組合幹部としては餘程愼重でなければならない。元來勞働組合は勞働者の生活擁護を目的として結成されたものであつて、一定の政治綱領の下に結成された政治團體ではない。從つて、事が一度政治の問題になれば、組合員一人々々の間に色々意見の違うものが出て來るのは當然である。勞働者の政治意識が十分洗練されてくれば、彼等の政治的の動きにも自ら一つのまとまりが出て來るに違いないけれども現在の實情はそこまで來てゐない。從つて、幹部が彼等の推薦する候補者のために組合員の投票を集めるについても、無理をしてはならない。選擧費用を組合員に割り當てたり、組合費を選擧に流用するについても組合規約に從つて正規の手續を經る必要がある。さもないと、結束を生命とする組合が政治に連關して分裂するおそれがある。このことを幹部としては最も重要視して無理をしないことが何よりも大切である。

今度勞働組合におされて當選した人々の中には、無所屬を標榜したものが多かつた。組合の現狀としては已むを得ないことであるが、近くそれぞれ立場を明かにせねばならぬ時が來るに違いない。その場合彼等のとるべき態度如何が組合に及ぼす影響の大きいことを考えて見ると、問題はまだまだこれからだという感を禁じ得ない。

法律時評

一九四七年七月号（一九巻六号／通巻二〇四号）―①

勞働法・裁判所・辯護士

勞働委員會にいると、正規の調停・斡旋に關する申請の外に、各方面の人々から凡そ勞働問題に關して實に多様な問題の相談を受ける。この中には、法律的でない問題も少くないが、多くは法律殊に勞働法に關する問題である。本來ならば、辯護士事務所にもちこまれたり、裁判所に訴えらるべき問題が、われわれの前に現はれるのである。

それ等の訴えるところを聽いていて考えさせられることの第一は、我國にもアメリカと同じように、勞働問題を法律家の立場から適當に處理し得る勞働專門の辯護士が欲しいということである。現在我國の勞働關係は法的に十分規整されて居らず、恰も國際關係と同じように多分に實力關係的の色彩を殘している。それは一つには勞働關係を規律する成文法の不備にも原因しているが、社會的法規範としての法的慣行や學說が十分に發達確立していないことがそれより大きな原因である。勞働關係が從來永年に亙り封建的な上下の關係であつたのが、終戰後急に勞働組合が發達普及した結果として對等者の平等關係に變わり若しくは變わろうとしている。それにも拘らず、この平等關係としての勞働關係をその性質に卽して規律する成文法規も不備であり、確立した學說もなければ、法的慣行も十分發達していないところに抑もなやみの原因があるのである。この缺陷を補うためには、一つには學者の間に勞働法に關する硏究が進んで權威ある學說が確立する必要があると同時に、辯護士の協力によつて訴訟的に若くは訴訟外において勞働關係を規律する法的慣行が發達して、勞働者使用者相互の間に彼等の關係を法的關係として意識し、自ら法的にこれを調整せんとする氣風が生まれねばならない。

そのためには、勞働者使用者共自力で解決できないような問題があれば、辯護士の力を借りて或は訴訟的に、又或は裁判外において事の法的解決を圖るようにならねばならないが、それにしては現在のところ辯護士の間に勞働法學的の智識が十分に行き亙つていない。この缺陷を是正するためには、一面辯護士自らの努力にまつべきもの、多いこと勿論であるが、他面大學における勞働法學の硏究竝に講義が盛になつて勞働法學的に素養のある法律家の數が大に增加する必要がある。かくして、辯護士その他法律家の力を借りて實在の社會關係として勞働關係がもつと法的に規整されるようになれば、今よりもつと爭議も減り、發生する紛爭ももつと簡短に解決して勞働不安が一般的に解消することになると思う。言葉をかえていえば、態々訴訟をしたり、勞働委員會の世話にならずとも、勞働法學的に訓練された優秀な辯護士が勞働者使用者双方を輔佐して自主的に相互の關係を規整するようになることを、私は希望しているのである。

尙我國には從來勞働に關する民事々件が極めて少ないが、今後は先づ第一に使用者側からの訴が增加すると思う。從來は問題の起つた場合、使用者は自ら手を下さずとも警察その他官憲の手を借りて事を解決することが出來たが、勞働組合法の制定によつて官憲の勞働問題への介入が阻止されるに至つた今後としては、使用者自らが裁判所の手を借り民事訴訟によつて救濟をもとめるようになると想像されるからである。第二に、勞働者側としても、從來は自力で裁判所に訴えるだけの力をもつていなかつたが、今後は勞働組合の力によつて勞働者側から裁判所に救濟を求める場合が增えると思う。そうなると、裁判官の間にも勞働問題に對する理解と勞働法學的素養をもつ人の增えることが必要であるが、も一つ是非共考えねばならないことは、現在の民事訴訟が不當に時間と費用とを要し、國民一般には之を利用する力がないことである。勞働組合の組織率が高いといつても、中以下の工場その他事業所には今尚有力な組合組織がないのが實情であつて、そこでの勞働者は今後と雖も容易に自力で訴を起すだけの力をもたないから、是非共輕費で而かも迅速に事を裁いてくれるような裁判制度を作る必要がある。

法律時評　一九四七年七—②月号（一九巻七号／通巻二〇五号）

「勤勞の權利」と完全雇傭

憲法第二十七條の規定する「勤勞の權利」の意味は、議會における法案審議の經過だけから見ると、必ずしもハッキリしていない。しかし、私は美濃部博士が本誌（一八巻一二號一二頁）において說いていると同じように、勿論これを「勞働權」の意味に解すべきものと思う。卽ち、國家は勞働の意思と能力とを有する國民のすべてに對して就職の機會を與えると共に、もしも職業を與え得ないならば、失業保險その他の方法によつて生活を保障する義務を負うものと解すべきであつて、これは「すべて國民は、健康で文化的な最低限度の生活を營む權利を有する」と規定する第二十五條との關係から考えても當然の解釋であると思う。

保守的な人々は、我國現在の實情においては、國民のすべてに職業を保障することは到底不可能であり、失業保險の如きも速急に實現することは勿論不可能だと言う。そうして、一面においてヤミの撲滅を叫びながら、國民の多數が正規の職業によつて生活することができず、ヤミをやるの外食えない狀態にあるのを放置している。のみならず、吉田內閣の如きは、一方において殆ど何等の失業對策を用意することなしに、僅かな退職手當を支給して多數の解雇者を出すような方法によつて產業の再建を企てたのである。

私と雖も、敗戰の結果崩壞に瀕している我國經濟の現狀が、國民のすべてに滿足な生活を保障し得ないことを十分知つている。又ソ連憲法が規定しているような方式で「勞働權」を完全に保護することは共產主義をとらない限り不可能であることも十分理解している。しかし、如何に崩壞に瀕しているとは言え、今後永きに亙つて國民の多數に對し最低限度の生活を保障し得ないようなことで、世間が承知する筈はない。かくの如くんば經濟組織そのものが終局的に崩壞するにきまつている。ソ連のような方式では、「勞働權」を保護し得ないとしても、何等かの方法で一日も速かに國民のすべてを働いて食えるようにする必要があり、そうすることが、憲法上國民に「勞働權」を認めた國家の責任である。

實を言うとイギリスが第一次世界大戰前から實施していたように國營職業紹介制度と國營失業保險とによつて「勞働權」を保障する方式は、資本主義經濟が大體において健全な正常の狀態にある限りにおいてのみ可能である。卽ち時々發生する恐慌に因つて一時多量の失業者が出ても、失業保險によつて救濟を與えている間に、やがて景氣が再び囘復して失業者を吸收し得るような狀態であれば、この方式も可能であるが、資本主義が行き詰まつて慢性的失業が多量に發生するようになれば、政府が相當多數の補助をしない限り、失業保險そのものが成り立たないことになる。このことは一九三〇年以來の世界的恐慌が明かに教えたところである。

だから、今次大戦後歐洲各國の經濟復興政策においては、各國とも「完全雇傭」によつて難局を打開しようとしている。無計畫に失業者をいくらでも出して、それを失業對策によつて救うと言う方式の代わりに、經濟復興を計畫的に行つて極力失業者を出さないようにする方式をとつている。その方が國家財政の見地から考えても結局有利だからである。このことは、我國の經濟再建についても十分考うべきことであつて、飽くまでも「完全雇傭」の立前で再建計畫を建て、これによつて極力失業者を出さない方針を堅持すべきである。片山內閣はやがて來るべき企業整備に因る大量解雇に備えて、失業保險法を制定する意向だと傳えられているが、私に言わせると、企業整備そのものを「完全雇傭」的立前で行つて、失業者を無計畫に出さない仕組みを考えない限り、失業保險そのものが成り立たないのではないかと思う。政府當局の愼重な考慮を希望してやまない。

法律時評

一九四七年八—①月号（一九巻八号／通巻二〇六号）

司法警察の獨立を喜ぶ

永年の問題であつた司法警察と行政警察との分離が、內務省の廢止解體と共に近く實現を見る運びになつたことを喜ぶ。司法警察が行政權から獨立することは、それが從來政治的に惡用され勝ちであつた宿弊を一掃する所以である。新憲法の精神に鑑み當然に行わるべき改革であるとはいゝながら、これによつて司法權の獨立が實質的に確保されると共に、人民の權利自由が伸張される效果は極めて大きいと思う。局に當る人々が、永年の因習に捉われることなく、新制度の精神を活かすことに萬全の努力を拂われんことを希望してやまない。

地方自治の確立と國の行政

地方自治の確立それ自身は誠に結構なことであるが、このため事の性質上當然國によつて全國的統一的に處理せらるべき事柄が實施上支障を受けるに至る弊はないであろうか。一例を食糧政策にとつて考えて見ると、在來でも府縣單位の食糧統制が不都合な結果を生んでいたことは周知の事實であるが、この種の弊が今後愈々甚しくなる惧れはないであろうか。國家的統制が力強く行われた戰時中でさえ、地方長官が管內の治安確保を理由として、食糧の他府縣への移出を不當に制限したことは廣く人々の知るところである。新制度による知事が、管下人民の人氣を氣にするの餘り、從來以上に管內の治安を名として、政府の全國的施策に協力を拒むに至る惧れは容易に想像し得るところである。從來でも、例えば昨年夏食糧事情が急迫していた際、九州の某縣においては、政府が炭礦勞働者への勞務加配米に當てるため態々他縣から米を急送したにも拘らず、知事が縣內の治安を名として、これを炭礦に優先的に配給することを躊躇した實例がある。在來の知事でさえ、こうしたことがあるとすると、選擧による新知事においてこの種の弊が愈々強くなるであろうことは想像に難くないところである。

最近片山內閣が組閣最初の仕事として發表した經濟緊急對策の中、物價と賃金との均衡をとろうとする政策は、その最も重要な部分である。これに成功するや否やはインフレの惡化を阻止し得るや否やを決する鍵であるのみならず、この內閣の死命を制する問題だともいえる。この政策を强行するため、今政府は全力を擧げて勞働組合の理解と協力とを求めているが、組合幹部にして見れば、政府の提示した產業別平均標準賃金案に賛成することは、何といつても賃上阻止の政策に協力することであるから、その前提條件として勞働者のために最低生活を保障するに足るべき確實な施策を要求するのは當然である。そのため、今組合幹部は今後愈々逼迫すべき食糧事情に鑑み、食糧配給の確保、殊に勞務加配米の確實な配給を求めている。これに對し、政府が一面急迫した食糧事情の眞相を發表して國民一般の理解と協力とを求めると同時に、その將に執らんとする措置につき新規工夫の數々を發表し、これ等を速急且確實に實行すると約束しているのは、誠に頼もしい態度である。その中で、政府は從來は專ら治安確保を第一として食糧配給のことを考えて來たが、今後としては、勞働力確保に一層重きを置くことにしたいといつている。しかし、例えば先に言つた勞務加配米の一事を考えて見ても、政府が如何に立派な施策を立てゝ地方に流しても、これが實施に當る末端機關、殊に現實に米を抑えている府縣知事が十分に協力してくれない限り、結局圓滑にその實效を擧げ得る見込みはないと言わねばならない。政府がこの點に思を致して、何等か特別の工夫をしない限り、選擧による新知事が、在來の知事以上に、この種政府の施策に十分協力しない惧れは大にあるのではないかと私は心配している。

法律時評　一九四七年八—②月号（一九巻九号／通巻二〇七号）

經濟實相報告書

片山內閣が經濟安定本部をして經濟實相報告書を發表せしめたことは、民主々義を最高理念とする新憲法の下に發足した最初の內閣の行き方として賞讃に値する措置だと私は思う。民主々義が「人民の、人民による、人民のための政治」を理想とする以上、人民をして先ず「事實」を知らしめることが極めて大切である。人民自らをして政治を考えしめ、人民から政治に關する意見を聽こうと思うならば、先ず彼等に與えるに「事實」に關する智識を以てすべきことは當然だからである。吉田内閣は自ら經濟危機を口にしながら、國民をして經濟の實相を知らしめることを怠つた。そうして、勞働者が我國經濟の實相をしらずに、濫りに賃上げ目的の爭議を行うことを、如何にも非愛國的であるかのような口調で叱りつけたのである。これに比べると、片山內閣が當面する經濟危機を打開する方策を行わんとするに當り、先ず經濟の實相を赤裸々に發表して國民一般の理解を求めようとしたことは、民主々義を標榜する政治家として極めて立派な態度であると私は思う。

殊に、嘗ても私が書いたように、お互日本人には、とかく問題となつている「事實」の眞相を確めることなしに、無闇に議論をしたがる惡い癖がある。議論をする前に先ず問題の事實を確かめ、事實に關する論者お互の認識を同じにしさえすれば、それだけで最早議論の大半は不必要になると考えられる場合でさえ、とかく日本人は事實を確めることを忘れて議論をしたがるのである。だから、今後政治の局に當るものとしては、萬事につき出來得る限り事實を國民の前に公表して、先ず國民をして事實を知らしめ、それを基礎として國民と共に政治を考え、政治を論じて欲しいと思う。その點からいつて、片山內閣此度の措置は今後の先例とするに足る極めて有意義なことだと私は考える。

民主政治と暴力

民主政治は「理」の政治でなければならない。結局は「數」を以て事を決せねばならないとしても、その前に先ず「理」を說いて互に相手方を說得し納得せしめるよう努めなければならないのは、凡そ民主政治の局に當るものにとつて最も大切な心掛けだと思う。多數をたのんで、理に聽從する雅量を忘れるとき、「數」も亦暴力と化し、民主政治はその事實を失つて暴力政治に墮する。

民主政治は法を尊重する政治でなければならない。法を立て法に從つて法の上に平和を築くことは、民主政治が成り立つための必須條件である。然るに、我國には前々から、善い目的を達するためには手段を擇ばずともよいというような考が相當根强く行われて居り、自ら善しと考えることを行うためには法を犯すことを意とせず、甚しきに至つてはかくして法を犯すものを讃美する氣風さえ見受けられる。赤穂義士を讃美し、强きをくじいて弱きを助ける勇俠の徒を讃美するが如きすべてその類であり、明治此方屢々政治家に對する暗殺が行われたのもその爲めである。

最近新聞紙の傳えるところによると、政府は終戰以來各地方に横行していた暴力の徒を大々的に檢擧したとのことである。當然爲さるべきことが爲されたまでのことであつて、特に賞讃するまでのことではないと思うが、前内閣が彼等の暴力行爲を放置していた無責任な態度、甚しきに至つては彼等の勢力を政治的にまで利用しようとしていた不都合さに比べて見ると、流石に民主々義を標榜する新内閣の處置として、肯けるものがある。希くは、これを一時の處置に終わらしめることなく、更にこれを徹底的に續行して欲しい。そうして、暴力の前に「理」が屈し、言論が封ぜられる惡習を根絶することに全力を擧げて欲しいと思う。

法律時評

一九四七年九月号（一九巻一〇号／通巻二〇八号）

家督相續廢止と共同相續

家を廢止する當然の結果として家督相續が廢止され、相續制度として後に殘るものは財産相續のみとなる。そうして、財産相續においては現行民法の遺産相續におけると同様、同順位の相續人が數人あれば一定の相續分によつて共同相續が行われることになる。これが民法改正案による相續制度の基本である。この考は既に「日本國憲法の施行に伴う民法の應急的措置に關する法律」において採られていたところであつて、改正案はこれを受けついだに過ぎないが、この制度が今後に恒久化してゆくことを考えると、その國民一般の家族生活に及ぼすべき實際的影響を考慮して、多少の疑問を提出せざるを得ない。

疑問の第一は、嫡出でない直系卑屬にも相續權を認めることの當否である。法案第九〇〇條が「嫡出でない直系卑屬の相續分は嫡出である直系卑屬の相續分の二分の一」と規定しているのは恐らく、現行民法の遺產相續に關する第一〇〇四條の趣旨をそのまゝ踏襲したものと想像するけれども、かくの如きは、果して婚姻に關する新憲法の精神に適合するものといえるであろうか。例えば、夫と妻との間に一人の嫡出子があり、同時に夫が妾に生ませて認知した庶子が何人かある場合に、たとえ相續分に差等があるにしても、これ等の庶子に相續權を認め、夫の死後母と共に遺產によつて生活を支えてゆかねばならない嫡出子から多額の相續分を奪うことを認めるのは、婚姻の神聖を保つ所以でないのみならず、家の廢止と共に今後一般化すべき家族形態たる婚姻を中心とした家團生活を不當に破壞するものである。新憲法の精神に從つて家を廢止するのは、これによつて傳統的な家族制度を廢止せんとするに過ぎない。そうしてかゝる家族制度の代わりに婚姻を中心とした小家族的家團の一般化すべきことを期待しているのである。そうだとすれば、夫の死亡によつてその家團生活の基礎をなす財產の一部が法律上當然にその家團に屬しない婚姻外の子に移ることを認めるのは、新民法全體の精神から考えて明かに不當である。かゝる子に對しては、父が生前贈與により又は遺贈によつて財產を分與した場合の外遺產に對して特に權利を認むべきではないと私は考えるのである。

疑問の第二は、共同相續の結果として當然行わるべき遺產分割に關して法案の規定するところが果して實際的であろうかということである。法案は單に分割の原則を定めているのみであつて、特に一般人民の便宜を考えて輕易迅速且適確に分割を行う手續を規定していない。從來は、遺產相續に因る共同相續に關して遺產分割上紛爭を生じた例は稀であつたけれども、今後家督相續が廢止されれば、遺産分割の問題は非常に多く起るものと考えねばならない。然るに、法案は被相續人が遺言によつて分割方法を定め、若しくはこれを定めることを第三者に委託した場合の外、共同相續人の協議を以てこれを定むべきものとしている。聞くところによると、協議が成立しない場合には、新に設立せらるべき家事審判所で分割方法を決定することにするとのことであるが、家事審判所が果してこの種の事件を敏速に處理し得るだけの機能を十分に發揮し得るであらうか、豫想されるその人的構成等から考えて甚だ覺束なく考えられる。當事者の立場からいうと、事件が審判所にもち出される前既に相當時間がかゝつているに違いない、それが更に審判所で敏速に處理されないというようなことでは、實際上非常な不便を蒙ること必然である。當局が、この點につき更に一段の考慮を拂われるよう希望してやまない。私の一案としては、複雑した事件の場合の如き、審判所が自らこれを處理することなく直に遺産全體を信託會社に信託して、その管理及び分割の事務を行わしめるようにしてはどうであろうか。そうすれば分割そのものも事務的に且迅速に行われるし、當事者としても分割前の共有狀態が長く續くことから受ける不便を免れ得るのではないかと思う。

尚遺産分割上の紛爭を避ける方法として、法案は被相續人が遺言を以て自ら分割方法を定め又は第三者にこれを委託する道を開いていること上述の通りだが、この外に、現に中國農民の間に法的慣行として行われている生前分産契約を正規の制度として採り入れることも一案ではあるまいか。卽ち、遺言による場合のように被相續人が一方的に事をきめずに、生前妻子と共に財産分割の方法を具體的に協議決定する道を開いて置き、當事者の希望があれば家事審判所がこれに介入し得るようにして置けば、恐らく遺産分割に關する紛爭を豫防する効果は相當大きいものがあるのではあるまいか。

使用者の勞働協約違反と勞組の態度

近頃、使用者の勞働協約違反を理由として、勞組が直に實力的手段によつてこれに對抗する傾向が著しく目につく。

最近、世間を騒がした全逓の暑中半休事件の如き、その最も顯著な例であるが、去る三月以來紛爭を續けている放送協會の事件もその一例であつて、こゝでは使用者側の人事發令が協約に違反するの故を以て、組合が直接組合員に指令して、發令による人事異動を阻止している。又教員組合の講習會事件も同類の事件であつて、こゝでは文部當局が教員再教育の短期講習を催し、これにより學力檢定を行つて教員免許の資料とすることを企てたのに對し組合は業務協議會にはからずして、この種の事を行うのは協約違反であると稱して、直接組合員に對して講習不參加を指令したのが紛爭の骨子である。

これ等の場合、使用者側に事實果して協約違反があつたかどうかは別として、組合がそれを理由として直に實力的手段にでるのは甚だ好ましからざる傾向である。もしも使用者に協約違反があるならば、先づ平和的に交渉して事の解決を圖るなり、必要があれば勞働委員會の手を煩わし、若くは裁判所に訴えるのが組合としてその際執るべき常道である。然らずして、直接組合員に指令して暑中半休を指令したり、人事異動を阻止するのは、勞調法第七條に所謂「勞働關係の當事者が、その主張を貫徹することを目的として行う行爲及びこれに對抗する行爲であつて、業務の正常な運營を阻害するもの」に相當し、明かに一種の「爭議行爲」といわねばならない。組合側に如何に理窟があるにもせよ、それを貫徹する手段として、直にかゝる爭議行爲を行うのは、勞調法の精神にも反する不當の所爲であつて、言い分があれば先ず平和的な手續によつてこれを主張し、その貫徹をはかるのが組合としてとるべき常道であると言わねばならない。

勞組がとかくこの種の好ましからざる態度を示すのは一には我國の勞組一般が未熟であることを示すものであつて、これが是正については、勞組關係者自らの反省と努力にまつべきものが多いこと勿論であるが、他面勞組をしてこの種の擧に出でしめる色々の事情もあることを忘れてはならない。そうして、この種の事情をなくさない限り、勞組の態度も容易に改まらないと思う。

第一に、使用者が一般に勞組のなかつた時代の氣分から十分に拔け切つていない。そのため事物の性質上一應は勞組の諒解を得べき筋道の事柄を不用意に獨斷專行して勞組の反感を買う傾向がある。

第二に、勞働關係一般が今尙實力關係的であつて、完全に法律關係化していない。勞組以前の勞働關係が對等者間の法律關係というよりはむしろ權力服從的の實力關係であつたと同じように、勞組ができてからの勞働關係も又別の意味においてまだ十分法律關係的に轉換されていない。組織化された勞働者と使用者とが實力關係的に對立しているのみであつて、對等な法的主體として法律關係的に結合していない。それは、國際法發達以前の國際關係によく似ている。だから、當時の國家がやゝともすると實力に訴えて國際紛爭を處理しようとしたのと同樣、我國現在の勞組にも使用者にも、とかく實力的手段によつて紛爭を解決しようとする傾向がある。

第三に、かゝる傾向をなくすためには勞働協約の普及を獎勵することが是非共必要であるが、それについて考えられることは現在のところ協約違反に對して法的救濟を與えて、その遵守を助ける法的施設が著しく足りないことである。成程民事裁判所はこの種の現存施設として正規のものであるが、現在の裁判所及び訴訟手續は實際上この種の事件を迅速且適切に處理するに適していない。勞働委員會も制度上又實際上かゝる救濟を敏活且適時に與え得るように出來ていない。勞組が使用者の協約違反をせめる方法として此等正規の法的手段よりは寧ろ實力的手段をとりたがるのは、こうした事情と關係があるものと考えることができる。從つて、この種の缺陷が適當に補正されて、勞組が手輕に法的手段を利用し得るようにならない限り、彼等がとかく實力的手段をとりたがる弊風は容易に收まらないと私は考えている。

だから、此等の事情を考えずに、頭から勞組の態度を非難し得ないのは勿論であるが、勞組自らも努力しなければならない。使用者も態度を改めて勞組の健實な發達に助力しなければならない。そうして、我國の勞働關係一般が一日も速かに法律關係化するように努めることこそ何よりもの急務である。

一九四七年一〇月号（一九巻一一号／通巻二〇九号）

先ず學會を整備すべし

學閥その他不合理な因縁關係に支配されて、永い間學界一般に不明朗な氣分をわだかまらせ、それがひいては學術研究の自由な發展をさえ妨げていた在來の學術體制を刷新するため、新に學術體制刷新委員會が設けられるに至つたことは、誠に喜ぶべきことである。殊に、この委員會の人選が、世話人會の骨折りによつて、不完全ながらも公選的方式によつて行われ、その結果豫想以上に新人の選出を見るに至つたことは、われ〳〵の最も喜ぶところである。

それにも拘らず、世間には尙この結果に對して色々と批評を加えているものが少くない。例えば、八月廿四日の朝日新聞は、この結果に滿足せずして、第一に依然として官學中心である、第二に東大中心である、更に第三には相變らず若年層が影をひそめていると批評している。朝日記者は、事がこゝに至つた原因として、選擧方法の本質的缺陷と科學人の無關心若くは無定見を擧げ、選擧に學界人の總意が必ずしも端的に反映していないことを指摘し、殊に「大部分の學會、協會では、直接選擧は費用と時日の關係で不可能だつたため、理事會又は評議員會で第一次選擧人を選定し、その互選で第二次選擧人を選び、さらに第二次選定人の互選で刷新委員を選擧したようである」、そのため選擧の結果が依然として舊體制の勢力によつて支配されていると說明している。

しかし、われ〳〵法學關係の者からいうと、問題はまだ〳〵そこまでも來ていない、卽ち法學關係には朝日記者が問題にしているような學會の組織さえまだ十分にできていないことを問題にする必要があると思う。現在我國の法學界には、一二の例外を除く外專門別の學會組織が殆ど出來て居らず、法學協會、國家學會等々色々の學會があつても、それ等はいずれも各大學單位に組織されているのみならず、その內容も全く學會の名にふさわしいものでない。例えば、私が最もよく內容を知つている法學協會を例にとつていうと、その會員の大部分が東京大學法學部出身者であるのみならず、會員とは名のみであつて、實をいうと同會發行の法學協會雜誌の豫約購讀者に過ぎない。役員も、同大學の現任並に舊敎授助敎授のみから成り立つて居り、理事會及び評議員會は寄附行爲上必要な業務上の會議を開くに過ぎず、學術的の仕事としては雜誌委員の手によつて雜誌の編纂發行が行われているの外殆ど何事も爲されていない。普通の學會が研究報告又は共同研究を行うため、年次大會その他の集會を行つているようなことは全く行つていない。從つて、この會を通して會員の中、誰が現にどういう研究をしているとか、どういう學問的業績を擧げているとか、というようなことは全く知る由もない。無論偶々雜誌に論文を掲載する機會を得たものだけは、それを通して、その名を讀者の間に知られ、又その業績に對して學界から批判を受ける機會をもつこと、なるけれども、かゝる機會をもつものゝ大部分は敎授助敎授助手等同大學の關係者であつて、一般會員が此雜誌によつて自由に自己の研究成果を會員全般の批判に訴え得るような機會は殆どなく、從つて此會を通して會員一般が互に學問的に知り合うようなことは全くあり得ないのである。私は、だからというて、決してこの種の會の存在價値を否定するものではないけれども、これが所謂學會の名にふさわしい團體でないことについては何人も異論のないこと、私は考えている。

そうして、現に官私立の諸大學において、何々學會の名で雜誌を出している團體は、多少の差こそあれ、殆どすべて右と同樣のものであることを考えると、わが國には學會を通して、廣く學に志す人人が互に學問的に知り合う仕組みは殆どできていない、從つてこれ等の學會を選擧母體として選擧を行つても、實際は結局大學中心となり、大學を通して偶々知り合つているものが互選し合う結果となるに過ぎないのは當然である。朝日記者が官學中心、東大中心と非難している結果も、この間の事情から生まれたに過ぎないのである。

これに反し、もしも專門別に組織された民主的な全國的學會が前々から成り立つて居り、官私立大學の別なく、司法官、辯護士、行政官吏その他職業の別もなく、苟も學に志すものゝすべてが、各專攻するところに從つて、自由にそれ〴〵の學會に參加する仕組みができていたとすれば、よしんば選擧の結果が實際に東大關係者が多く當選しようとも、所謂東大中心といつて非難されるようなことは起らなかつたのである。

だから、刷新委員會今後の仕事としても、一面在來の機構に對して刷新的作用を强力に押し進めてゆくことも勿論必要であるが、それよりも大事なことは、委員會が斡旋して、專門別の全國的學會、ひいてはこれ等を網羅した全國的學會組織の成立をはかることだと思う。この種の眞に學問的な學會組織ができるとき、われ〳〵は初めて眞に實力のある研究者が學問的の殼を破つて自由にその研究を伸ばすことができるのであるから、委員會としては何を措いても先ず此點に力を集中して欲しいと思う。

今までの學術振興會及び學術研究會議が、形式こそ全國的組織であつたもの丶、實は文部官僚の支配の下に學閥指導諸勢力の妥協によつて、如何に不合理な總花式の研究助成金の分け方をしていたかは周知の事實である。だから、今後としては、此等の官僚的學會組織を全部解消して、研究組織をすべて民間の自主的な專門別學會組織に集中し、政府はこれに十分な補助金を與えてその自由な研究活動を助成すべきである。

もしそれ、學士院に至つては、現在のものを一應廢止し、新に自主的な學會組織が整備した上で、新な構想の下にこれを再組織するのが最も理想的だと思うけれども、學界の長老に敬意を表する意味において現在のものをいわば我國學術文化の象徵的存在としてそのまゝ存置せしめて置いても、大した害はないと考えている。

漱石商標問題

夏目漱石の遺族が、漱石作品の著作權の期限がきれたあと尙引續き作品頒布の獨占權を確保したいという目的から、作品名を商標として登録したことを、世間では色々問題にしているけれども、少しでも商標権制度を理解しているものから見れば、そこには何等問題にすべきものがないように思われてならない。法律的にいえば、抑も特許標準局がかゝる登録申請を受理したのが間違いであり、従つて又かゝる商標登録があつても、一般出版業者はそれに關係なく自由に漱石の作品を出版して差支えないのは勿論であつて、特に問題とすべき何物もないと私は考えるのである。

今更改めていうまでもなく、商標權制度の目的は、一定の業者をして其取扱う商品に獨占的に特殊の標章を附することを許し、これに依つて一見容易にそれと他の商品とを識別せしめ、以て一面當該業者の爲めに得意先を確保すると同時に、他面一般公衆に向つて取引上の便宜を與えるにある。さればこそ、商標登録については、商標と營業並に商品との關聯性や特別顯著性のことが問題になるのであつて、商標權制度そのものが今度漱石の遺族が企てたような目的に利用し得るようにはできていないのである。

著作權の期限が切れた以上、著作は社會公共の共同財産であつて、何人でも自由にこれを商品化し得るのである。そうしてその商品には出版業者が商品内容を表わすため著者名及び作品名を記載し得るのは當然で、例えば「草枕」を出版する者がその表紙に「漱石著草枕」と書くのは、砂糖を賣る者がその容器に「砂糖」と書くのと全く同じことである。無論、漱石の遺族が、漱石遺作出版株式會社というようなものを作り、例えば漱石自筆の――いわば特別顯著性ある――「漱石」なる文字をその會社の商標として登録することは許されるけれども、それと今度のように作品名のすべてを登録することとは全く別問題であつて、私には、特許標準局がどういう理由でかゝる登録申請を受理したのか、その理由を理解することができないのである。

現行著作權法の保護期限が短きに過ぎるという點に至つては、私も勿論同感であつて、法律改正が一日も速に實現されることを希望するけれども、それと商標登録の問題とは全く別問題であること特にいうまでもない。

法律時評

一九四七年一一月号(一九巻一二号/通巻二一〇号)

新警察制度

新聞紙の傳えるところに依ると、政府は九月十六日附のマックアーサー元帥書簡の趣旨に従つて今春以來懸案となつていた警察制度改革の最後案を決定することになつたとのことである。それによると、國家警察と都市警察の分離、公安委員會制度に依る運營、國家警察と都市警察との間には平常時は何等の指揮命令の關係なく、唯全般の能率向上のため及び相互の援助、連絡並に調整を便ならしめるために技術的連絡關係を設けるが、國家的非常事態の際には內閣總理大臣が臨機措置として全警察に對して指揮權をもつこと、經濟警察等の行政的機能を警察以外の機關に委讓すること等が改革案の骨子である。そうして、此改革案の主要目的は、一方において一切の武力を拋棄して軍隊をもたざるに至つた今後の我國にとつて治安維持上缺くことのできない最少限度の警察力を確保すると同時に、他方警察力が從來のように中央政府によつて政治的に濫用されて人民の基本的人權を侵害することがないようにしたいというのである。

われ〳〵は、これによつて永年に亙る我國政治の癌であつた警察國家的弊風が一掃されることを期待し又希望するものであるが、同時に新制度が果して豫期通りの效果を擧げ得べきや否やにつき多少の危惧を感ぜざるを得ない。先ず第一に心配されるのは、國家警察と都市警察との技術的連絡が果して旨くゆくであろうかということである。今まで永年に亙り上からの統制指揮によつて規律を與えられて來た警察が、今後國家警察と都市警察とに分斷された曉において、相互の連絡を完全ならしめるためには、新な工夫と訓練とが要ること勿論である。當局者一般の努力を要望してやまない。

第二に、われ〳〵の最も恐れるのは、都市警察と政黨的勢力との悪質な結びつきから起る警察の墮落である。この種の警察はアメリカのような地方自治の發達した國においてさえ從來屢々見られたところである。それを考えると、自治的訓練の足りない日本人がこの種の警察なしに新警察制度を運用し得るや否や、甚だ心配に堪えないものがある。國家警察でさえ、嘗て政黨華やかなりし時代には、政黨の勢力下に立つて憎むべき幾多の弊害を生んだことがある。今後の警察が同様の弊に陷る惧れなしと誰が保障し得るであろうか。これに對する對策として、一には國民の自治的訓練を完全ならしめることが考えられるが、それにも增して大切なことは警察官に對する身分保障制度を確立するによつて彼等の獨立性を守ることであろう。

尙更に一層重要なことは、警察官を再教育して、今まで永い間天皇の、從つて官僚の手先としてのみ働いて來た彼等を、人民の公僕としての新使命に目醒めしめることである。しかも、このことたる言うに易くして、行うに極めて難い事柄である。なぜなれば、永年に亙り、天皇の警察官として、軍隊に準ずる上からの規律によつて訓練されて來た彼等を、民主的精神によみがえらせながら、しかも自主的に强固な規律を保ちつゝ人民の公僕として働かせるように再教育することは決して容易の業ではないからである。世上には軍隊的規律によるの外警察官を規律正しく動かすことはできないという考が今尙相當力强く行われているようであるが、かゝる考方に捉われている限り、新警察の制度はできても、精神はできないと思う。此點につき關係當局者の格段の考慮を希望したい。

新法令と民衆

嘗ても書いたことがあるが、新法令の周知方について、政府は此際何等か特別の措置をとる必要があるのではあるまいか。現在のように、官報の入手が一般に困難である上に、新聞紙も紙面の少い關係上新法令について正確な報道を與え得ない有様では、吾々法律を専門にしているものでさえ、新法令に關する智識を得るにつき非常な困難を感ずる。況んや一般の民衆は新に如何なる法令が制定されたかの事實をさえ容易に知り得ないのが現在の實情である。政府はこの現狀をこのまゝに放置してよいのであろうか。此際速急に何等か特別の措置を講じて欲しい。

その方法として考えられることは、いくらでもあるが、比較的容易なことから順を追うていうと、第一に、新法令の要旨を報道するため、新聞社に用紙を増配して、例えば毎週一回一乃至二ページの新法令欄を設けしめること、その内容は無論各社それ〴〵の工夫にまかせてい丶と思うが、ともかくそれを見ていさえすれば、何人でも容易に大體どういう法令ができたかを知り得るようにすること、更に正確な智識を得たいと希望するもののためには、當該法令の掲載された官報の號數を附記して貰うようにすればよいと思う。

第二に、ラジオの利用である。今毎日曜の夜行つている議會討論會も惡くはないが、あゝした半ば興味本位の放送もさることながら、せめてあれに使つている時間の半分でも割いて、毎週一度一定の時間に、新法令の制定された事實とこれに關する簡潔な要旨を報道して貰う價値は十分にあるのではあるまいか。この種の放送でも、編輯に頭を使いさえすれば、正確にして而かも面白い放送はいくらでもできると思う。

第三に、戰時中出していた週報のようなものを特に發行して、新法令の要旨をもれなく掲載すること、新憲法に基く新しい政治を一般民衆に理解せしめ、民衆をして政治に親しましめるためには、此際政府なり國會なりがこの程度のことを行う必要は大にあるのではあるまいか。例えば、新に設置せらるべき國會圖書館の一事業としてこの種の仕事を爲さしめるが如き一案であると思う。

第四に、警察署その他の官公署、學校等に簡易な閲覽室を設け、希望者に容易に官報を閲讀し得る道を開くこと、これは多少の親切氣さえあれば、多くの費用を要せずして容易にでき得ることではないかと思う。

考えて見れば、まだいくらでも方法はあると思うが、政府も國會も、また新聞社等もこの問題の重要性につき一考を拂つて貰いたいと私は念願する。

法學者と外國文獻

最近某紙の投書欄に一の注目に値する記事がのせられていた。それによると、東大圖書館に聯合軍司令部の好意によつて寄贈された新刊雜誌類を一般の閲覽に供したところ、理科系の雜誌は非常に讀まれているのに反し、文科系のそれは一般に甚だ利用されていないとのことである。終戰この方既に二年餘を經過した今日尙外國文獻を自由に手にし得ないことを、日頃最も遺憾としているわれ〳〵から考えて、この文科系の雜誌に限つて特に利用者が少ないという現象は如何なることを意味するものと理解してい丶のであろうか、われ〳〵法學に志すものとしても特にこれを問題にして見る必要があるように思う。

投書子は如何にも文科系の學者が外國文獻に無關心であることを非難するような筆つきで、この記事を書いているが、この考は部分的には正當であるが、他の一面文科系の學問の特質を考えていない缺陷があると思う。というのは、同じく學問でも、理科系のそれにおいては、科學に國境なしという言葉が文字通り當てはまる程、學問そのものが世界的であるから、この方面の學者が外國の新文獻に多大の關心をもつのは極めて當然である。これに比べると、文科系の學問の中でも、特に法學のように各國それ〴〵の國內法若くは國內的法律問題を主として對象としているものは、學問そのものが國內的になり易いのは當然であつて、例えば、外國の法學雜誌を見てもその國の法學者以外には全く價値がないと思われる記事が屢々見受けられる。だから、法學者が理科系の學者程外國文獻に熱心さをもたないのは當然であつて、この點の比較だけから法學者を非難するのは當らない。

しかし、さらばといつて、從來我國の法學者が一般に外國文獻に對して示していた態度のすべてを正當であるとは私は考えない。のみならず、投書子の非難している無關心も部分的にはこの態度に關係があると思う。詳しいことを書く餘白がないが、一言にしていうと、今まで日本の法學界には解釋法學的目的から模倣的に外國文獻を讀む風習はあつたけれども、正しい意味での比較法學的研究が發達していなかつたこと、これが解釋法學の發達につれて段々にわが國の法學者を外國文獻から遠ざからしめた最大の原因だと私は思う。昔は我國の法學者も熱心に外國雜誌を讀んだものである。しかしその主たる目的は解釋法學的目的のみにあつた。各國それ〴〵の經濟政治文化と共に動いている法律現象と、それにつれて動いている學者や裁判官の考方等を比較法學的に研究して、自らの法學的な考方を養う糧にしようというような考は十分發達しなかつた。だから、嘗て外國法學雜誌が比較的熱心に讀まれた時代に最も讀まれたものも、模倣の手本を最も多くのせていたドイツの雜誌であつた。本當の意味で比較法學的に研究すれば、法學にも亦國境はないと言えるにも拘らず我國の法學は今まで終にこの境地に到達しなかつたのである。永い戰爭の間、世界の學界から遮斷された我法學界が、新に外國文獻を見る窓を開かれても、多くの關心を示さない傾向があるのは、恐らくこゝに原因があるのだと私は考えている。

法律時評

一九四七年一二月号（一九巻一二号／通巻二一一号）

山猫問答

一

――最近東京中央郵便局に起つた集團缺勤に對して、政府は山猫爭議ともいうべき惡質な爭議行爲だと斷定して警告書を發しているが、一體その山猫爭議というのはどういうことだ?

――多分アメリカ語の wildcat strike の直譯……というより寧ろ誤譯だといつたらいゝかナ。

――というと？

――つまりアメリカ語で wildcat というのは wild cat 卽ち野生猫若くは山猫とは全然別の言葉で、「不正規な」とか「亂脈な」とか「信用できない」とかいうような形容詞に過ぎない。例えば、不信用な銀行、を wildcat bank というような具合に使われる形容詞に過ぎないのだ。だから wildcat strike も正しく飜譯すれば不正規な爭議とでもいえばいいので、山猫爭議は明かに誤譯だ。現にアメリカの本を見ると、wildcat strike のことを別名 outlaw strike 卽ち不法ストライキともいうと書いてある。

――成程ね。しかし語源的にいうと、やはり何か山猫と關係があるのだろう？

――語學者でないおれには、その點よく解らないが、或る米語通のいうところでは、この場合の wildcat は山猫ではなくて、さかりのついた猫、つまり例のギヤー〳〵いつて手におえない猫のことをいうのだとの說もある。

――すると、山猫爭議というよりは寧ろ戀猫爭議という方が正譯だということになるナ？

――ハヽヽそういえばそうだが、その語源論はおれも保證しないよ。が、いずれにせよ、山猫爭議は明かに誤譯で、この際あんな言葉を使つて無用に相手の感情を害するようなことをした政府の役人は、無論惡氣はなかつたことゝ思うが、少しどうかしている。

――確にそうだ。しかし、それにしても、一體どういう譯であゝいう言葉を態態使う氣になつたものかナ？

――それは無論今度の集團缺勤が一種の爭議行爲で、しかも不正惡質な爭議行爲だという見解を現わそうとしたのだ。

――そうなると、今度の集團缺勤が實質的に見て wildcat strike なる概念に相當するや否やが問題になるが、アメリカで wildcat strike というと、一體どういう爭議行爲のことをいうのだ？

――本に書いてあるところによると、組合支部又は單位組合が組合本部の命令をきかずに勝手にストライキをやることをいうらしい。

――すると、今度の集團缺勤が果して實質的に見て、かゝる爭議行爲であつたかどうかゞ問題になる譯だナ。

――そうだ。

二

――その點、君の考は？

――具體的に事實を調べていないから、何ともいえない。第一、あれが爭議行爲であつたかどうかゞ問題になる。政府は爭議行爲だと見て、あの警告を發しているらしいが、組合の側には異議がある……。

――どういう？

――組合にいわせると、あれは中央郵便局の連中が事實食えない、働けないから休んだまでのことで、その數がたまたま多くなつたからこそ一般の注意を惹いたまでのことで、決して爭議目的で計畫的に行われたものではないという譯だ。

――成程ね。すると、どつちの言分が正しいかは具體的に事實を調べないと、何とも判定し兼ねるという譯か？

――そうだ、無論、他の職場も一般に同樣に苦しいと思われる今日、中央郵便局に限つて突然あゝした多量の缺勤ができたということは、常識的に考えて決して單なる偶發的事件とは考えられない。だから、政府のいうように爭議行爲だという判斷も四圍の事情から考えて一應はなり立つ……。

――すると、それにも拘らず爭議行爲でないと主張するためには、組合側に寧ろ立證責任があるという譯か？

――マア、そんなところだ。

三

——それでは一應あれを爭議行爲だと假定して、あれが山猫的だというのはどういう譯だ。

——政府がどういう積りで、あゝいう言葉を使つたか、これは直接きいて見なければ解らないが、察するところ不正規な爭議行爲だという位の積りだろう。

——組合本部の指令をまたずにやつたという意味か？

——イヤ、それ程精確な意味ではなく、唯不正規な惡質な爭議行爲だという位の意味だとおれは想像している。何故かというと、もしも本部指令の有無が問題になるとすれば、今度の場合は四圍の事情から考えて、寧ろ指令があつたという見方さえ成り立ち得るからだ。

——というと？

——つまり今度の集團缺勤が爭議行爲であると假定すると、そのよつて來るところは全遞の松江大會で決定した地域闘爭主義にあるといえる。卽ち、組合の闘爭方針として、各支部毎に勝手に闘爭する、本部はそれを中央集權的に統制しないということを組合全體の方針としてきめたのだから、假りに今度の集團缺勤が爭議行爲であるとしても、それは本部の意思に反した爭議行爲ではなくして、寧ろ組合全體の方針に從つて行われた——從つて組合內部の關係においては——正規な爭議行爲だということになる。

——すると、アメリカ流にいうと、今度の集團缺勤が假りに爭議行爲であつたとしても所謂 wildcat strike ではなかつたということになるナ。

——正確にいえば、そうだ。

四

――そうなると、不正規な爭議行爲を行つたという理由で非難せらるべきは、中央郵便局の從業員ではなくして寧ろ全遞組合の本部だということになりはしないか？

――おれもそう思つている。全遞がいやしくも單一組合として全遞從業員全體を組織している以上、組合員の行動に對して責任を負うべきは組合本部でなければならない。それを地域闘爭主義などいうて、各支部はそれ〴〵勝手に闘爭しろというようなことを組合全體の方針として決定したことそれ自身が抑も甚だおかしいといわなければならない。

――そういう支部の行動に對して責任をとれない組合本部を相手にして團體交渉をし、勞働協約を締結している遞信當局もどうかしているナ。

――アメリカ流に考えれば確かにそうだ。

――アメリカ流でなくてもそうだよ。使用者が組合本部の役員を相手にして團體交渉をするのは、その役員等が組合員全體の行動に對して責任をとつてくれゝばこそであつて、そうした責任のとれない本部役員を相手にして交渉をしていることそれ自身がおかしい。然るに、遞信當局は一面組合の地域闘爭主義に閉口しながら、他面平氣で本部と交渉しているのだから、おかしなものだ。

――それは確にそうだ。自ら組合員全體の行動に對して責任のとれない組合本部が、組合員全體を代表して當局に色々と要求していることそれ自身が自己矛盾だといえばいえる。

五

――それでは、ついでにきゝたいが、今度の集團缺勤に連關して、政府が缺勤者には缺勤中日割にして給與を支給しないことにした、あの處分を君はどう思う？

——もしも、あの集團缺勤が爭議行爲であるとすれば當然の處置だといえる。

——というと？

——去年の十二月初旬に勅令が出て、今後官公吏が爭議行爲をして働かない場合には日割にして給與を支給しないことにすると規定されているからだ。

——しかし、その勅令そのものが問題ではないのか？

——そんなことはない。一體日本の勞働者は大正時代からの仕來たりで、ストライキをしても給料を貰えるものだと考えている。それが抑も間違いなのだ。ストライキというのは、勞働者の側も賃金を貰わないが、使用者もそのため利潤が得られない。そこのところを互にどこまでガンバレルかというところに、あの爭議行爲の意味があるので、ストライキはやる、賃金は貰うというのでは、勞働者の方が分がよすぎて問題にならない。勞働者としては、いやしくもストライキをやる以上、その間に賃金を貰わない覺悟でなければならない。

——しかし、そうなると、ストライキをやつては食えないから、自然爭議權が制限されることになるナ。

——そうだ。しかし、そのためには組合が平素から爭議資金を積立てたり、組合がお互に助け合つたりすればいゝので、ストライキはする、賃金は貰うというのでは、ひとり官廳從業員に限らず、民間企業の勞働者の場合でも問題にならない。

一九四八（昭和二三）年

法律時評

一九四八年一月号（二〇巻一号／通巻二一二号）

學位論文の審査方法について

私が大學にいた長い間常々疑問にしていたのは、學位論文審査の方法を改正する必要はないかということであつた。

私は決して從來諸大學で行われていた審査の公正さを全面的に疑うものではない。少くとも、私のいた東大法學部のそれには此點において甚しく非難せらるべきものはなかつたと思う。そこでは、論文が提出されると、敎授會でその審査を擔當する敎授（若くは助敎授）を指名する。その員數は通例三名である。各審査員が各別に論文を審査した上、三人の意見が略通過に一致すると、その中の一人が主任となつて、敎授會に提出すべき審査報告書の原案を書き、それをもとにして三人合議の結果報告書が作成されると、敎授會に提出されて多數決により最後の決定を見るのであるが、實際には審査員の報告がそのまゝ例外なく承認されるのであつて、否決された例は私の知る限り嘗てなかつた。

だから、事が順調に運んでいる限り、問題はないのであるが、惡い場合を想像して見ると、いくらでも弊害の生ずる餘地がある程、制度としては甚だ缺陷のあるものであつた。その中最も惡い場合を想像すると、審査員の個人的好惡が不當に介入する餘地のあることであつて、例えば審査員の中に一人でも當該論文若くはその提出者に好意をもたないものがあると、その通過は非常に困難となるのである。又、反對に審査員中の一人が論文提出者に對して特別の好意をもつようなことがあると、その一人の意見が他の審査員を動かし、ひいては教授會の大勢をも制することにもなり得るのである。無論、通過した論文はやがて公刊されて學界一般の批判對象となり、その論文に學位を授與した大學も自然一般から批判を受けることになるから、各大學も無論無闇に不公正なことはしない。しかし、それは幸いに論文が通過した場合についてのみあてはまることであつて、惡い場合を想像すると、一人二人の教授の個人的好惡によつて、相當立派な論文も闇から闇に葬られることはあり得る。要するに、審査手續が終始全く公行されないところに、そうした弊害の生じ得る原因があるのである。こうした缺陷のある制度をこのまゝにして置いては、眞の公正は期し得ないのは當然であつて、今まで多くこれを問題にする人がなかつたのを私は寧ろ不思議だとさえ考えている。

それで、私は前々から、我國の他大學は勿論、外國の諸大學が此點どんなことをしているかに多大の關心をもち、兼々多少の研究をしていた。そうしてその結果特にフランスのそれに興味を感じていたところ、最近の中央公論に一高教授前田陽一氏がその實情を次のように書いているので、それを讀者諸君に紹介して參考に供したいと思う。

「このことを最も端的に教えられるのは、各種の學位論文の公開審査を傍聽してゞある。これはドイトラ・ド・ユニヴェルシテの場合は三名、その上の大學教授資格のための國家のドクトラの場合は五名の審査員が高壇にずらりと竝んだ前に、學位請求者が聽衆に背をむけて坐り、四五時間にわたる各審査員よりの質問および批判に一々答えなければならないのである。第一次審査で印刷許可をえて公開審査にまで漕ぎつければ通過は確實であるが、通過にも段階があり、惡い成績で通つたのでは一生浮ばれないので、本人はこゝを先途と防戰する。從つて審査員の役割もなかなか樂ではないようである。その批判は實に微に入り細をうがち、いささかでも根據薄弱な點が見出されればこつぴどく非難される……」。

私の今まで聞いていたところによると、この制度にも色々難點があるようではあるが、我國のそれに比べると非常に公明であつて、個々の教授が私情私心をさしはさむ餘地が少く、自然學位の價値を高からしめることに役立つことが非常に多いと思う。我國でもこの種制度の採用を考慮する價値は十分にあるというのが私の持論である。

尙この種の公開的方法によつて論文審査が行われるようになれば、從來しばしば問題になつている教授助教授の任用資格として學位をとることを要件とする可能性も開かれる。公開的に論文の審査を受けて學位を授與されたものでなければ、教授助教授になれないようにすれば、從來しば〳〵批判の對象となつた大學人事の暗さも相當緩和されるものと私は考えている。

學術刷新委員會では、今しきりに色々と相當徹底的な刷新案を議しているとのことであるが、學位制度合理化の如きも是非共此際とり上げてい丶題目の一ではないかと私は考えている。

田中和夫氏著「英米法の基礎」

九州大學教授田中和夫氏が最近公にされた「英米法の基礎」は、近頃凡そ政治法律に關心をもつ人々によつて讀まるべき最も有益な本の一つであると私は思う。

恐らく英米法の專門家にいわせれば、學術的に見て必ずしも特別の價値をもつ著作ではなく、いわば啓蒙的な價値をもつに過ぎないのであろう。しかし、私は次の理由から、この際特にこの本の價値を高く評價し、これが廣く讀まれることをおすゝめする次第である。

第一に、新憲法は勿論、これに基づいて制定された新法令の多くが、英米法の强い影響を受けていることは周知の事實である。從つて、此等の新法令を正しく理解し運用するためには、英米法に關する智識が是非共必要であつて、これなしには恐らく憲法の運用さえ旨くゆかないと私は考えている。何となれば、新憲法の中にとり入れられた英米法系の制度乃至考え方は、それが今日の形をとるまでに長い歴史をもつているのみならず、それ等が現在英米兩國で動いているのにもその背景として具體的な政治的事情として看逃がすべからざるものが多くあるからである。田中教授も説いているように、英米法の諸制度は歴史的背景と離れては正しくこれを理解し得ない特質をもっている。それのみではない、現在でも具體的な政治的事情と離れてはその意義乃至價値を正しく理解し得ないのであつて、この間の事情は大陸法系に慣れた我國在來の法學者や役人には十分理解し得ないのである。例えば、新憲法は、田中教授のいわゆる「法至上主義」の影響を強く受けている。その上アメリカに倣つて、法令審査權を裁判所に與えている。從つて、此等新制度の背景をなしている歴史並に政治的背景を知ることなしには、これを正しく運用することは全く不可能であるとさえ考えられるのであつて、私がこの際に田中教授の著作を特に推賞するのは、この點についての我國法學者その他の缺陷を相當程度まで補塡し得るだけの智識が比較的容易にこの著作から得られると考えるからである。

第二に、田中教授の新著は明治此方われわれに與えられた外國法の紹介書に比べて相當高い價値があると私は考えている。例えば、明治此方我國の法制並に法學に最も強い影響を與えたドイツ法にしても、民法とか商法とか、個々の法典についてては相當精細を極めた紹介が與えられているにも拘らず、ドイツ法制を全體として吾々に紹介した著作は未だ嘗て與えられていない。そのため、我國學者のドイツ法に關する智識は一般に斷片的であつて、ドイツ法全體の智識は案外我國に傳わつていない。それのみではない、我國在來の比較法學は、多く表面的な比較研究に終始し、各國法制の背景をなしている政治・經濟・社會的事情が殆ど考慮に入れられていない。私は法社會學の立場から、從來しばしば我國比較法學のこの種の缺陷に對して批判的態度を示していたのであるが、今田中教授の新著に接して、この點全く趣を異にするものあるを見出したことを心より喜ぶものである。

我國の法史學は、例えばローマ法の原田教授等の努力によつて、最近非常な進步を遂げたと私は考えている。私が大學にいた當時聽講した戶水寛人教授のローマ法の如きは、全くローマの政治・經濟・社會事情から離れた觀念的な法體系に過ぎなかつた。次いで、春木博士は法源の忠實な研究を通して、我國のローマ法學に格段の進步を與えられたけれども、法社會學の立場からするとまだまだ吾々を滿足せしめ得ないものが多分に存在した。それに比べると、最近における我國のローマ法學研究の進歩は著しいものであつて、私は關係學者のこの間における努力に對して深甚な敬意を表したいと考えている。

私の考えるところでは、凡そ比較法學や法史學は、各國法制の背景をなしている政治・經濟・社會的事情との關聯において研究されてこそ初めて科學的價値もあり實用性もあるのであつて、明治の末葉この方我國法學界を風靡したドイツ法制並に法學の紹介の如きは、結局抽象的な法技術を我國に傳えた以外殆ど何等の價値がなかつたと評せざるを得ないのである。

皮肉な物の言い方をすると、ドイツ法制並に法學は、その法技術の便利さのために、餘りにも我國法學の自由な發達を阻害したのである。その法技術が直にとつて我國法の解釋に役立つため、反つて法學者一般がドイツ法制並に法學の背景をなしている政治・經濟・社會的事情を離れて、法技術の見事さに眩惑されたのであつて、これが我國法學の墮落に貢獻したことの大きいことを、今更ながら空恐ろしく私は考えるのである。

敗戰の結果、今われ〳〵は英米法系の法制を採用すべく餘儀なくされている。この機會こそわれ〳〵が眞に正しい意味において比較法學と法史學、そうして法社會學の價値に目醒めて、我國法學に新生面を開くべき好機であると私は考えるのである。その意味において、私は田中教授の新著が廣く讀まれることを一般におすゝめしたい。

法律時評

一九四八年二月号（二〇巻二号／通巻二一三号）

労働問題と民事裁判

外國の判例集を讀んでいて常に感ずることは、我國に比べて勞働問題に關する民事判例が非常に多いことである。このことは、勞働問題が民事々件として我國の裁判所に現われることが、かれに比べて少いことを示すものであるが、それは抑も如何なる理由に基くのであろうか。

それについて先ず第一に考えられることは、勞働者一般が民事裁判によつてその權利の貫徹をはかる實力をもたないことである。我國の民事裁判が徒らに手數と金を要すること多く、一般人と雖も、容易にこれを利用し得ないことは周知の通りであつて、これを勞働者が利用し得ない事情は十分これを理解し得る。無論今後は勞働組合の力を借りて個々の勞働者も民事裁判によつてその權利を主張し得る機會をより多くもつに至るであろうことは容易にこれを想像し得るけれども、それにしても民事裁判に關する諸制度をもつと簡易にして、何人も容易にこれを利用し得るようにすることは、國家としても、在野法曹としても、もつと熱心に考えねばならないことだと私は考えている。勞働問題というと、多くの人は勞働組合による大きな集團爭議のことだけを考え勝ちであるが、現在でも實際小工場等の勞働者は組織化されていないものが多い。假りに組織化されていてもその組織が弱いため、個々の勞働者のために權利の伸張を助けるような働きをなし得ないものが多い。大きい組合においてさえも、その幹部は花々しい集團的運動に熱心である割合に、個々の勞働者のために個別的に權利の伸張を助けるような働きをしているものは少く、反つて小さい個個の問題さえをも組合の力で解決しようとし、そのため無用に大きな集團的紛爭に導く傾向さえ認められる。この故に、勞働者の組織率が如何に高くあろうとも個々の勞働者のために權利の伸張を容易ならしめる道を開くことは、今後のため極めて重要なことであつて、このことを朝野の司法關係者一般が眞劍に取り上げてその解決を圖るよう希望してやまない。

第二に、集團的紛爭に關しても、現在我國の勞働者はもつと民事裁判を利用することを考えてい丶と思うのであるが、今のところ組合幹部は一般に實力的解決に熱心であつて、民事訴訟によつて事を平和的に解決することを好まない傾向がある。その原因の主なものは、現在勞働組合幹部の多數が實力的解決に興味をもち過ぎているという點にあるが、同時に考えなければならないことは、現在の裁判制度一般が迅速且適切に事を解決し得るようにできていないことである。殊に看逃がし難いことは、在野法曹のこの方面への協力機構が今尙比較的弱體であることであつて、勞働組合一般が容易に且これを信頼して利用し得ないような實情にあることである。辯護士も無論飯を食わなければならないから、その仕事に對して合理的な報酬を要求するのは當然であるが、私の知つているだけでも、この點において遺憾と思われる事例は少くないのである。私の希望を端的にいうと、報酬のことはともかくとして、勞働組合一般が安心して事の法的解決を依頼できるような勞働辯護士 labor lawyer がもつと數多くできることが望ましいのである。

なお第三に、看逃がし難いのは、使用者側にも民事裁判によつて勞働關係の問題を解決しようという氣風が一般にないことである。在來は爭議といえば、すぐ警察の力を借りることができたから、態態自ら民事裁判の力を借りる必要もなかつた譯であるが、勞働組合法實施この方この點の事情は全く變わつているにも拘らず、使用者一般は依然として權威に頼ることのみを考えて、自力で事を解決しようという精神がかけている。無論、現在の警察は勞働問題に關する限り必要以上にいじけて居り、そのため當然取締りの手を下してい丶と思われる場合までをも無爲に看過する傾向があり、そのため使用者側が頼りなく感ずる場合の少くないことは察するに餘りあるが、それはそれとしてもつと自力で事を解決する勇氣を起すことも必要だというのが私の考である。例えば、最近しば〳〵耳にする、勞働組合が暴力若くは强迫的の方法によつて團體交渉を行い、そのため使用者が心ならずも、組合側の要求を入れたという事件の如き、使用者が眞に組合の行動を强迫的だと感ずるならば、よろしく民法第九十六條によつて承諾の意思表示を取消し、必要があれば裁判所に訴えてその確認を求めるようにすべきだと私は思う。團體交渉がとかく强迫的傾向に陷り易いことは、甚だ遺憾なことであつて、組合としても大いに反省自肅して欲しいと思うが、使用者も組合もこの種の傾向に對しては毅然たる態度を以て法の力を借りるべきである。

勞働關係が使用者勞働者の對等關係となり、力の關係から法的な關係に轉化することが理想として考えられる限り、今後この關係に關して起るべき紛爭が民事裁判的方法によつて處理されるようになることは當然でもあり、又望ましいことでもある。このことを朝野法曹としても十分考えて、勞働問題の合理的解決に協力する用意と體制を整えて欲しいというのが私の願いである。

財政的裏付けのない文教政策

凡そ財政的裏付けのない政策位無意味なものはない。それにも拘らず、敗戰この方、文部省は次々にと教育刷新の諸計畫を机上に畫きながら、それに十分な財政的裏付けをすることを忘れている。その爲め、所定の計畫が滿足に實施されないのみならず、無用の混亂をさえひき起しつゝある。六・三制、それは成程教育制度として理念的には立派なものであるのかも知れない。しかし、その完全な實施を期するがためには、初めから十分それに財政的裏付をして、たとえ過渡的にもせよ支障を生ぜしめないだけの用意をする必要があること今更いうまでもないにも拘らず、文部當局はその點の用意を怠りながら、輕卒にも新制度の實施を急ぎ、そのため今や隨所に無用の混亂を惹起しつゝある。當局は恐らくいうであろう。教育制度を全面的に改革する必要が必至的である以上、その間過渡的に多少の混亂を生ずることは已むを得ないと。しかし、凡そ教育のことは、たとえ過渡的にでも、混亂してはならない。なぜならば、その時期にたま〳〵教育を受ける青少年は、そのため一生に亙つて囘復し難い損害を受けること、なるからである。國家全體の立場から考えても、教育の一時的混亂のため、國民の智性德性に斷層を生ずることはゆゝしい不祥事であつて、この當然の結果を十分豫測することなしに制度改革を急いだ文政當局の責任は極めて大きいと言わねばならない。

私と雖も、新日本建設のため教育全般に亙る根本的改革の必要あることを認める點において敢て人後に落ちるものではない。しかしながら、敗戰の結果疲弊しつくした國力を以てして、急速に必然經費を要すべき改革を實現し得ないことは今更言うまでもない。その當然の理を忘れて改革の實施を急いだところに抑もの過誤がある。この事實を十分に認識し徹底的に反省して欲しいというのが、この際における私の最小限度の願いである。

私が今このことを特に力を入れていゝたいのは、教育の地方分權が又しても財政的裏付けとの連關を十分考えずに實行されようとしているからである。私は必ずしも教育の地方分權そのものに反對するものではない。しかし、現在都道府縣の多數が財政的に極度の窮況に陷つていることを考えると、今にわかに地方分權を實行すれば、都道府縣中その負擔に堪え得ずして混亂に陷る惧れあるものが相當多數にのぼると豫期せざるを得ない。このことを文政當局は今どう考えているのであろうか。机上の計畫としては、恐らく地方團體の無力は政府においてこれを補塡するというようなことが漠然と考えられているものと想像するが、實際上かゝることが支障なく完全に行われ得るのであろうか。疑いなきを得ない。現在でさえ、地方財政は一般に疲弊している。これに地方分權の負擔を全面的に負擔せしめ得ると考えているのであろうか。又もしそれが出來なければ、國費を以て十分その間に生ずべき缺陷を補塡し得ると考えているのであろうか。

私をして遠慮なく言わしめるならば、成程教育制度の改革も必要であろう。しかし、財政上の無理を押して、無用の混亂を生ぜしめてまでも制度改革を急ぐ必要がどこにあるのであろうか。現在われわれの急速に必要とするものは、制度の改革ではなくして、寧ろ教育の方法及び內容の改革である。これならば敢えて多くの經費を要せずして、これを行い得るにも拘らず、私の知る限り、この點に關する文政當局の努力は十分でない。無論これは、理想的にいうと、文政當局の力だけではどうにもならないことであつて、直接教育の局に當る人々の協力に待たねばならない事柄であるが、文政當局としてもこの方面に努力を傾倒すべき時だと私は考えている。

法律時評

一九四八年三月号（二〇巻三号／通巻二一四号）

選擧公營の急速な實現を望む

片山內閣は今や總辭職必至の立場に追い込まれている。しかも、この際まだ受け入れ態勢ができない以上總辭職すべきでないという議論が一部に行われているのはおかしい。それは要するに、今尚政權を野黨に渡すことを恐れて、政權のたらい廻しを策しているものと評せざるを得ない。今の內閣が社會、民主、國協の連立內閣である以上、總辭職直接の原因が社會黨內部の紛爭であるにもせよ、その紛爭それ自身が他の與黨との關係において起つているのだから、この際責任をとるべきが與黨のすべてゞなければならないのは理の當然である。

憲政の常道を以てすれば、現內閣が總辭職した後の政權は勿論在野第一黨たる自由黨の手に渡るべきである。しかも、新內閣がこのまゝ國會に臨めば、多數を以て衆議院を乘り切れないのは當然であるから、その場合には解散して政局の處理を國民全般の批判に任せるべきが當然である。

しかも、この場になつて尚政黨人の多數がこの常道を踏むことを躊躇しているのは何故か。要するに、彼等が總選擧を恐れているからである。そして、それを恐れる理由は要するに選擧に金がいるからである。先日來の議場でも曝露されたように、各政黨各候補者が昨年四月の總選擧に費した費用は世人一般の豫想以上である。これでは、彼等が總選擧を恐れるのは當然であるが、こうした選擧が今後も行われるようでは、政黨人が選擧費用を得るために無理をする結果、政黨の墮落を來たすべきは當然であり、候補者にその人を得ないこと、なるのも當然である。

これに對する對策として考えられることは色々あるであろうが、何よりも大切なことは選擧を公營とし、各候補者の費用に關係なく、すべてに對して選擧運動上公平な機會を與えることである。幸い衆議院でもこれに關する法案を考案中とのことであるから、この際の處置としては何を措いても先ずこの法案を通過成立せしめた上、解散し、新しい公營方式によつて總選擧を行うべきであると私は考えている。

假處分制度の改革を望む

一

嘗て大正の末葉、小作爭議に關連して地主が立毛假差押、土地明渡假處分等を以て小作人に對抗し、そのため反つて紛爭を惡化せしめたことがある。

終戰後、勞働爭議に關連して、使用者が假處分を以て勞働組合の生產管理に對抗した事例が二三報道されている。又近くは勞働者が不當解雇に對抗する手段として假處分を申請した事件が報道されている。そうして、今後この種の事例は益益增加するのではないかと想像される。

ところが最近に至り、平野力三氏が政府の追放處分に對抗する手段として東京地方裁判所に假處分を申請したことに關連して、新に假處分問題が世人の注意をひくに至つた。

この平野問題そのものは、連合軍最高司令官の指令によつて事實上片付いたが、今後官廳の行政行爲に對して假處分が申請される事件が頻發するであろうことを想像すると、法律上考慮を要すべき問題は尙未解決のまゝ殘されているものといわねばならない。

二

これ等の事例に接して、われ〳〵が直ちに思いつくのは、「差止命令」Injunction に關連して古くからアメリカに起つた諸問題である。資本家が勞働爭議に對抗する手段として差止命令を使用したことに對して勞働組合が盛んな反對運動を起し、終に特別の立法を以て事を解決したまでのいわゆる labor injunction 問題は、同國の勞働問題、勞働法を研究した者の均しく知るところである。又アメリカにはわが新憲法におけると同樣、行政訴訟制度がないため、行政行爲を差止める目的を以て差止命令を申請する事例が前々から非常に多く、從つてこの問題に關する判決例にして研究の價値あるものの非常に多いことは、同國の憲法を研究した者の均しく知るところである。

わが國の假處分制度がドイツ民事訴訟法の流れを汲む制度であつて、これと英米法の差止命令との間には、制度の立て方として根本的に違う點があるから、かれに關する判例、理論等を以て直ちにわれの問題に臨むことは勿論できないけれども、兩者いずれも裁判所の命令により權利侵害に對して速急に暫定的の救濟を與えることを目的とする點において、實質的には極めて近似の性質を有するものということができる。

英米法にはこの制度の運用に關して古くから幾多の判例があつて、實際上多くの問題について或る程度の法的安定が確立されている。之に反し、我國では假處分が古い歷史をもつ制度であるにも拘らず、これに關する判例も少く、制度の運用も裁判所の裁量に任かされている有樣で、如何なる場合如何なる條件の下に假處分が許されるかについて、判例から具體的に敎えられるところが少いのみならず、學者の說くところも明確を缺いている。

ところが、最近のように勞働爭議に連關して假處分が利用される事例が增えて來ると、今までのように裁判所が安易な態度でこの制度を運用すると、反つて爭議を惡化せしめるおそれがある。又新憲法によつて行政訴訟制度が廢止された關係上、今度の平野氏と同じように、行政行爲の効力を阻止する目的で裁判所に假處分を申請する事件は非常に增えるに違いないと思う。それ等のことを考えると、わが國現在の假處分に關する法規に再檢討を加えて、今後におけるこの制度の運用を適正ならしめるにつき大に工夫するところがなければならないと私は考えるのである。

三

現行の民事訴訟法の規定する假處分制度は、もと〳〵大體において個人對個人の紛爭、殊に財產關係の法律的紛爭を目安にして考えられているのであつて、小作爭議や勞働爭議のように集團的にしてしかも法律的といわんよりは寧ろ實力的要素を多分に含む紛爭を處理する手段として考えられていない。從つて、裁判所が個人間の法律的紛爭に對處するような考えで、小作乃至勞働爭議に臨むと、有機的一體をなす爭議の一部分に對し、全體との關係を無視して、强力な停止作用を加えるため、全體の有機的調和に不自然な故障を生ぜしめ、その結果反つて爭議を全體的に解決する妨げにさえなることがあり得るのである。殊に、假處分は、言葉通り假りの處分に過ぎない。事の實體は後から正規の訴訟手續により口頭辯論を經て裁斷され、從つて假處分の結果が結局實質的には是正されることがあり得る譯であるが、小作爭議や勞働爭議の場合には、時が極めて重要な要素である。それは、恰も投票日の直前警察によつて行われる選擧干涉が事實上選擧の結果に大きな影響を與えると同樣、爭議の大事な瀨戸際で假處分で出鼻を挫かれると、實質的には正しい主張もこれを貫徹する機會を失い、後から正規の裁判によつて假處分の結果が是正されても、時旣に遲く、爭議は結局小作人なり勞働者側の敗北に終わること、なり易いのである。このことは、アメリカの labor injunction に對する批評としても、言い古されていることであるが、要するにこれは裁判所が個人的紛爭に臨むのと同じような態度で集團的爭議に臨むことから生ずる當然の結果に外ならない。

又、現行の民事訴訟法が初めから、行政行爲に對する法的救濟を豫想して作られたものでないことは言うまでもない。「日本國憲法の施行に伴う民事訴訟法の應急的措置に關する法律」第八條は「行政廳の違法なる處分の取消又は變更を求める訴」の處理方法に關して一應の規定を設けているけれども、これのみを以て、今回の平野問題のような事件を適切に處理し得ないのはいうまでもない。行政行爲に對して假處分を許す條件を如何にすべきかについては研究を爲すべき事柄が非常に多く、當然何等かの立法が至急に行われねばならない。

無論、貸すに時間を以てすれば、我國の裁判所も今後當面する色々の事件に對して具體的處置を與える機會が增えるから、自然判例も段々に增えて、いつかは英米法におけると同樣、判例法が確立するに至ると考えるけれども、現在のわが國は急激な變革期にある。色々の事件が次々にと起ることが豫想されるにも拘らず、裁判官は一般にこの種の問題を適當に處理する實踐的の訓練を經ていない。そのため、判例法の確立を見るまでの間に幾多の混亂が生ずるであろうことが豫測される。

この故に、今私は提言したい。速かに現行民事訴訟法の假處分に關する規定に徹底的な再檢討を加えて、今後頻發すべき各種の假處分事件をそれ〴〵の事件の特殊性に應じて適當に處理し得べき新制度を考案しなければならない。國會並に政府當局の深遠なる考慮を要望してやまない。

法律時評

一九四八年四月号（二〇巻四号／通巻二一五号）

勞働問題雜感

良き組合員たる前に先ず良き教員たれ

一夕アメリカ教員組合の書記長クェンズレー氏と會談する機會をもつた。その節、氏は「われ〳〵の組合では、良き組合員たる前に先ず良き教員たれということを組合員一般の心得としている」といつたが、この言葉は現在わが國の勞働組合、殊に若い組合員にとつて極めて有意義な教訓を含んでいると思う。

現在わが國勞働組合の役員には若い人が非常に多い。本來ならばまだ修業中の體、仕事を覺えるのに寸暇もない筈の勞働者が、所謂專從役員として常時組合活動に從事して、職場を離れている。成程、若い人のことであるから、地味な職場の仕事より、はでな組合の仕事の方が面白いに違いない。組合としても若い者の方が闘爭力が強いから、彼等を役員にする方が闘爭上便宜かも知れない。しかし、職場に入つた若い者にとつて最も大事なことは、何といつても、先ず專心勉强して仕事をおぼえることである。その仕事を二の次ぎにして組合活動に專念するが如きは、彼等の將來にとつて不幸であるのみならず、職場全體としても、否、社會全體としても損失である。わが國には、明治この方若氣の過ちで無分別に政黨運動に入り、その結果院外團のような政治ゴロになつて一生を過まつたのが少くないが、これと同じに修業中の若い者が職場を離れて組合活動に專念していると、終には一生ヤクザ者になつて仕舞うおそれが多分にある。成程今は大きな變革期である。組合のことも大事には違いないが、次代を荷負う若い者が立派な勞働者として育つてゆくことは尙更大事だと思う。組合にしても、又當人としても、この事をよく考えて、修業中の若い者は絕對に役員にならないようにして欲しいと私は思う。

現に、中勞委の事務室にいると、組合の仕事で上京したからといつて、面會に來る若い法學士が少くないが、その都度私は「若い內は組合の仕事よりは寧ろ職場の仕事を勉强しなければいけない」というのであるが、案外當人がこの當然の理に氣付いていない場合の多いのを見出して非常に驚くのである。わが國の勞働組合は一般に歷史が新しい。そのため組合の經驗をもつた年長勞働者がいないのみならず、年長者は寧ろ組合に無關心であつたり、組合の世話をするのを面倒がる傾向があるから、自然若くて元氣な口達者なものが役員に選ばれる機會が多いであろうことは、十分察するに餘りあるが、決して喜ぶべき傾向ではないと私は思う。

その意味において、私は前々から組合規約で入社後一定年限を經ないものを役員にしないことにきめるべきではないかと思つている。青年部というようなものも成るべく早くやめて欲しいと思う。現在の勞働組合がとかく鬪爭氣分に陷り、勞働者一般が必要以上組合のことに關心をもつ氣持は、現在各般の事情から考えて十分これを理解し得るが、勞働組合は要するに働くための組合であることを忘れてはならないと思う。

勞働組合の行政干與

昨年八月廿日の閣議で、今後諸官廳の勞働協約では、勞働組合の行政干與を認めないようにしたいという方針が決定されたことは周知の通りであるが、ひとり官公廳關係の組合に限らず、わが國現在の組合は一般に、賃金その他勞働條件のことを問題とするのみならず、經營に干與したがる傾向がある。そのため最近には民間でも使用者の間に經營權確保のことがしきりに問題になつているといわれている。

この傾向がどうして生じたかは、今ここに說かないが、アメリカあたりには餘り見られない特異の現象であるため、頭からこれを否定しようとする考えが、政治家や資本家その他上級官僚の間に有力であるけれども、私の考えでは、悪いのは行政干與の要求そのものではなくして、その方法であつて、力ずくで無理にもその要求を押し通そうとする態度に非難せらるべきものがあるように思う。官廳に限らず、凡そ職場における事業の方針は事業經營の責任者においてこれを策定すべきが本則であり、かくして一旦決定された事業方針は從業員一般によつて嚴格に遵守されねばならないこと改めていうまでもない。從つて、一旦正規の手續によつてきまつた方針に對し、從業員が組合の名において組合の力を借りて反抗し、力ずくでその實施を妨げるような行動は嚴にこれを戒めねばならない。しかし、經營責任者がかゝる方針を決定するにつき十分從業員の意見を聽くことは、少しも如上の理と背反するものではない。大臣や上級官僚は、われ〳〵は、國民の公僕であり、國會に對して責任を負うのであるから、國民の一部に過ぎない組合員の意志に拘束される譯にゆかないという。しかし、このことも彼等がその國民に對し國會に對する責任を盡すための方法として、業務方針決定につき從業員一般の意見を聽いてはならないという結論を導き出すものではない。その意見を聽く手續を合理化して、成るべく從業員全體の意思が業務方針決定の上になだらかに反映するようにすることは、業務の內容を改善する所以でもあり、その運營を圓滑ならしめる所以でもある。今では、從來永年に亘る習慣に捉われて、上級官僚のみが業務方針の決定に干與すべきが當然であると考えながら、組合の力に押されて業務協議會のような中途半端な協議機構を通して組合と協議するような方法をとつているから、無用の論爭を永引かせて業務の能率を惡化させるような結果を生ぜしめているけれども、これは在來の制度及びそれに伴う傳統的な上級官僚の考え方と協議會制度との間に矛盾があるにも拘らず、斷然それを調節するだけの勇氣をもたないところに原因しているのである。言葉を換えていえば、從業員一般の意見をきくことそれ自身が惡いのではなく、それを聽く手續が合理化されておらず、上級官僚は依然として在來の獨善的な權威思想を少しも棄てることなしに、上べだけ下部の意見を聽くような顏をしているところに禍根があるのである。彼等は恐らく、當分こうして頑張つていれば、その內に又元の形に歸ることができると考えているものと想像するが、かくの如きは結局在來永きに亘つて官廳を支配していた官僚主義的宿弊を溫存しようとする以外の何物でもない。わが國の政治行政を民主化するためには、形の上だけ國會中心主義の政治方式が確立されただけでは足りない。官僚主義的宿弊を一掃して官廳內部の空氣を一新しない限り政治の徹底的な民主化は望み得べくもない。

成程、現在官廳勞働組合の指導層の動きにはかなり面白くないところがある。これを改めて貰う必要があるのは勿論であるが、同時に改めなければならないのは上級官僚の權威思想とその溫存の溫床たる官僚機構である。聽くところによると、現在各官廳において組合運動が盛である半面、上級官僚の士官候補生である有資格の若手官吏群が暗に結束して組合に對抗する動きをしているとのことであるが、かくの如きは結局官僚主義的宿弊の溫存を圖ろうとする企て以外の何物でもない。無論、組合も反省しなければならない。さもないと、自らの無力と過誤とに氣付かないで空威張りをしている間に、反動陣營は漸次に固まつて取りかえしのつかない事態に立ち至るであろう。私は、このことを我國勞働組合の健實な發展のため、否官僚主義を政治行政の全面から驅逐するために心から憂えているものである。

教員組合と教育の自由

官公廳關係の組合の中で最も勇敢に行政干與的な行動を敢てして屢々問題を起すのは教員組合である。昨年八月の講習會問題にしても、最近の內申書問題にしても、明かに行政干與的の直接行動であつて、組合として確かに行き過ぎの點があると私は思う。

しかし、教員組合が特にかゝる行動をとる原因を組合の指導層を赤色分子が支配しているというようなことのみに求めようとするのは間違いである。成程、そういうこともあるであろう。しかし、それよりも看逃がしてならない大きな事實は、明治この方永年に亘つて教育者一般、殊に小學校教員が完全に教育の自由を奪われていたこと、最近には思想の自由、良心の自由さえ奪われて全く機械の如くに酷使されていたこと、そうして彼等の上には文部官僚を中心とした全國的官僚主義的教育機構が力強く支配していたという事實である。

敗戰は、かくの如く半ば奴隷化されていた教育者を一擧に解放した。それが今教員組合の形で、制度上與えられた自由を實質的に取り戻そうとしているのである。だから一面において自由の經驗をもたない彼等が自由の行使上過誤を犯し易い缺陷をもつのも當然であるが、同時に彼等が自由を取戻すことを通じて教育民主化の徹底的實現を圖ろうとしている熱意は高くこれを買わねばならない。こゝでも、組合の多少の行き過ぎを理由として、不當に組合を抑え、これによってわが國教育多年の宿弊である官僚主義を溫存するようなことがあってはならない。

法律時評

一九四八年五月号（二〇巻五号／通巻二一六号）

近頃教育につき感ずることども

一

大学に入りに來る学生よりは出に來る学生の方が多い。彼等の多数は眞に智識と教養の必要を感じて大学にその師を求めに來るのではない。唯学士の称号と成績表とが彼等に職業と出世とを約束するから入学して來るのである。この弊風は今に始まったことではないが、これを根本的に改めない限り、教育制度を如何に刷新しようとも教育の効果は決して挙がらない。このことを世間はもっと眞面目に考えなければならない。

熊沢蕃山が学を求め師を求めてやまずようやく藤樹先生の存在を見出しながらしかも容易に入門を許されず、とう〳〵門前に徹夜した結果僅にその熱意を認められて入門を許されたようなことは、今の世にもあってい丶ことなのである。かくして入門を許された蕃山が家庭の事情から泣く〳〵先生の膝下を去るまで師事した時間は僅に六七ヶ月に過ぎなかった。しかも蕃山がこの短期間の教育を基礎として爾後自学自励終にあれまでに大成したことを考えると、凡そ教育本來の面目が何であるかにつきわれ〳〵は心から考えさせられるのである。

デンマークの國民高等学校のことは可成りわが國にも傳えられているが、この教育制度の最も大きい特色は、普通教育を受けた後職業についた青年男女が、職業生活及び社会生活上の体験から眞に智識の必要を感じ、僅かに労働の間に余暇を見出して自発的に智識を求めに來る点にある。彼等は、実際職業について見た結果、職業に必要な自分の智識の不足に氣付く。又社会生活の実際的体験から公民としての智識の不足にも氣付く。そしてその不足を補うために、自ら進んで入学して來るのであるから、初めから学習の氣合が全く違うのである。だから國民高等学校には試驗がない。自ら学に志す熱意をもつ者を教育するためには試驗は不必要である。この理合いを、わが國の教育関係者はもっと眞面目に考える必要がある。

無論、学生が單に資格を得るために大学に入学して來る原因の一部は、官吏制度その他世間一般の人を採用する制度の欠陥にある。これを改めない限り、從來の弊風は今後も尙依然として続くであろう。一定の資格を得なければ一定の職業が得られず、一定の資格を得さえすれば学力教養の実質如何に関係なく比較的容易に一定の職業が得られるような仕組みが続く限り、青少年が競って資格を得ることに狂奔するのも蓋しやむを得ないと考えねばならないからである。この意味において、私は朝野各方面の人々がもっと眞面目にこの問題を取り上げてわが國教育の根本的刷新に協力されることを熱望してやまないものである。

二

大学における試験が形式的であって、必ずしも学生の実力を保証する力をもたないことは從來とても人々の氣付いていたところである。そのため、一面に試験制度の改革を問題にする人があるのも当然であるが、他面において平素の学習状態を改善して試験成績のウェートをもっと減らそうという考が浮んで來るのも当然である。しかし、現在の法学部や経済学部のように学生の数が大きい限り、このことは言うべくして実際には到底行われ難い。教授は試験の答案を通してのみ学生個人々々に接触し得るのが現状であって、これを根本的に改める道は現在のところ全くない。一部には講習制度の励行によってこの欠陥を補わうとする企てが行われているけれども、これさえ今のように学生数が多くては極めて限られた範囲においてのみ効果が期待されるに過ぎない。

傳え聞くところによると、今度の学制改革によって全國各地に亙って数百の大学が新設されることになるとのことであるが、もしもこれ等新設大学の教授陣が充実されると共に、眞に学を求める青年が全國に亙ってこれ等の大学に分散されるようになれば、或は現在の欠陥も矯正されることゝ思うが、上述したように單に資格を得る目的だけから大学に入りたがる氣風が一般を支配し続ける限り、そういう日が來るのはまだ〳〵遠い先のことと考えるの外ないであろう。

三

学制改革の結果全國各地に亙って数百の大学が新設されることはそれ自身誠に喜ぶべきことである。希くはそれ等のすべてが一日も速に眞に大学の名にふさわしい內容の充実したものになって欲しい。世界の一部には、これによって大学の権威と品位が全般的に低下すべきことを恐れている向きがあるようであるが、現在でさえ同じく大学の中に大きな差等のあることを考えると、そういう心配をするより、大学にも色々あることが世間一般に解り、それによって世間が段々と大学卒業という資格を重く考えないようになれば、非常な獲物ではないかと私は考えている。

本当をいうと、教育を普及するためには無闇に唯大学その他高等の学校を作りさえすればいゝと考えることそれ自身に根本的の誤りがある。從來教育が普及しなかったのは、学校の数が足りないためというよりは、働かなければ食えないため学校にゆきたくもゆけない人間が多かったからである。だから敗戰の結果わが國の経済力が全般的に著しく低下した今日としては、高等の学校を増そうとするよりは寧ろどうしたならば成るべく多くの人に働きながら教育を受け得る機会を与え得るか、即ち教育と労働との調和を如何にして実現し得るかを考えることが大切だと思う。そしてこの問題の解決は経済全体の力と極めて密接に関係しているから、アメリカのように極めて優れた経済力をもつ國のしていることを眞似したゞけでは決して満足な結果に到達することはできない。われ〳〵はわが國現在の実情に卽して自らこれを解決する道を見出さなければならない。

争議問答

——官公廳の労働争議がいつまでも中中片付かないのはどういう訳だ?

——政府も今度は愈々一昨年この方半ば慢性化している争議に一應の段落をつけようとしているからだ。君も知っている通り、去年の二・一ストがあゝしたいきさつで一應片付いてからこの方新給與水準を如何にすべきかについて引続き團体交渉が行われている。交渉の舞台なり形式こそ色々変っているもの、交渉そのものは引続き行われて、しかも終に今日に至るまで一度も妥結に到達していない。成程、この間に給與水準は一一〇〇円から一二〇〇円、一二〇〇円から一六〇〇円、それから又一八〇〇円へと順次にせり上がっているが、これ等はいずれも政府が一方的に行ったもので組合側は終に一度も諒承していない。それを愈々今度は組合に諒承させた上で支拂うことにしようというのだから中々骨が折れる…。

――諒承しなければしないで一方的に拂って置きさえすればいゝではないか？

――そうはゆかない。現に昨年中あんなことをして置いたからこそ、年末には調停の結果二・八ヶ月分の生活補給金を與えなければならないことになったのでもしもあれが一々組合の諒承を得て賃上げを行っていたとすれば、あゝしたことは起らない筈だ。それで中労委としても今後はあゝしたことを再びさせたくないと思って、過去は過去としてできるだけの赤字補塡をさせる代わりに、この一月以降は初めから組合を納得させて合理的な給與をすることにしたいと考えて、臨時給與委員会をして新給與水準を出させる案を出した訳だ。

――ところが、この委員会に國鉄以外の組合は初めから參加しないのだろう？

――そうだ。

――何故、參加しないのだ。

――全逓その他參加を拒絶した組合のすべては、初めから所謂理論生計費をもとにした最低賃金制の確立を要求し、それが容れられない限り一切の賃金協定に應じないという態度をとっている。だから、中労委がこの要求を容れずに、ＣＰＳの変化と民間給與との均衡を考えて実際上無理のない新給與水準を見出すために臨時給與委員会を作ることを提案したときも彼等はこれに參加することを拒む態度を示した訳で、彼等の態度そのものには一貫したものがある。

――しかし、政党ならばともかく、労働組合としてはもっと実際に卽して妥協的な態度をとるのが正しいのではあるまいか？

――それはそうだ。労働組合としては理論は理論として差し当りとれるものを逐次とるようにしてゆくのが実際的で、さもないと組合大衆は反って迷惑をする。組合幹部が余りにもアンビッシャスで一挙に政府の賃金政策を打倒しようと考えても、徒に摩擦が起るだけで容易に目的を達することはできない……。

――しかし、今のように、インフレがドシ〳〵高進してゆくようでは、よしんば一八〇〇円ベースを二九二〇円ベースに引上げても、すぐに又ベース引上げの問題が起るにきまっている。だから、組合幹部としては、そうした問題のために紛争を繰り返えすことを避けるために、何等かもっと徹底した賃金政策の樹立されることを要望するのは当然で、このことを政府としてももっと眞面目に考える必要があるな。

——それは全くその通りだ。今後と雖もインフレが高進するにきまっている以上、政府としてもそれによる生計費の高騰に卽して給與水準を自動的に変化させる仕組みを考えることは絶対に必要で、それをしなければ今度のような争議が今後もくりかえされることになる。

——困ったものだナ。

——だから政府もスライド式賃上げはインフレを助長するばかりだというような公式論に捉われずに、絶えず給與を生計の実態に卽應せしめるよう何等かの工夫をすべきだと思う。

——具体的に何かい〻考があるか？

——政府と組合との間に協議会を設け互に協力して絶えず給與問題に関する資料の蒐集検討をする、そして給與に無理があることが見出されたならば手早く且合理的に改正をしてゆくような仕組みを考えることが、何よりも先ず爲すべきことだと思う……。

——イギリスでは、例のホイットレー委員会式の協議会を作って非常に旨くやっているそうぢゃないか？

——われ〱もそんなものを作って官公吏の給與問題を一々ストライキをかけるような方法でなしに、解決する合理的な方式を至急に作らなければいけない。

法律時評

一九四八年六月号（二〇巻六号／通巻二一七号）

労働法改悪問題

労働法改悪問題が政治的問題化しつゝある。新憲法の下では、労働法を改正すべきや否やは、主として國会の決するところであり、國会がこの問題を如何に処理すべきかは又國民全体の意思によることである。従つて労働組合が政府を相手にして労働法を改正しないことを約束しろと要求するのもおかしな話であり、労働大臣が労働法は絶対に改悪しないなどと労働組合の人に約束するに至つては言語道断といわなければならない。

労働組合にしても、もしも労働法の改悪を希望しないのならば、この要求は國会に向けらるべきである。更には一般國民の世論に訴えることこそ彼等のとるべき常道であるといわなければならない。それを怠つて、労働大臣から改悪しないという證文をとるが如き、誠に笑うべき態度であるといわなければならない。

嘗ても書いたように、現在の労働法を改正するの必要があるかどうかを決する鍵は、実をいうと労働組合自らがこれを握つているのである。もしも労働組合が現行の労働法が現在かれらに與えている自由を今後も尚そのまゝ保持したいというのであれば、自らその自由の行使を愼んで社会全体との調和を自ら計ることに努力しなければならない。一面自ら自由を主張しながら、他面社會全体との調和を考えずに勝手な行動をするようであれば、社会がそれに対して反撃を企てるのは当然であつて、それが國会を通して法律によつて労働組合の自由に何等かの制限を加えるような形で現われるのは当然のことであるといわなければならない。

私は、労働組合が今尙発達の途上にある今日、成るべく彼等に廣い自由を與えて、自律的にその行動を社会全体と調和するように自制せしめるのが最も望ましい立法の態度だと考えている。殊に、資本家その他使用者一般が今尙在來の封建的傳統から拔け切らない以上、労働組合の力によつてこの因習を矯正せしめる必要は現在尙大にあると思う。労働組合が秩序を破るからといつて、在來の封建的な秩序を維持しようとするのは誤りで、労働組合に多少の行き過ぎがあろうとも、これによつて使用者側の不合理な因習を打破し得るとすれば、無闇に組合の行き過ぎを非難し得ないとさえ私は考えている。しかし、そのこと丶以上の所論とは別箇の事柄であつて、もしも労働組合の人々が労働法の改惡を希望しないのならば、世間がその必要を感じないように自らその行動を自制すべきである。

仮処分と労働組合の反抗

日本タイプライター工場に昨年以來立籠つて生産管理を続けている労働者を追出すために終に仮処分が行われた。ところが、労働者が他の組合の人の應援まで受けて反抗したため、執行吏はとう〳〵多数警察官の援助を得て執行を強行し、そのため怪我人がでたり、多数の労働者が警察に引張られたと新聞紙は傳えている。

いうまでもなく、仮処分に反抗するのは悪いことにきまつている。反抗した者を公務妨害罪として処罰するのも法律上当然のことである。しかし、もつと大きな見地から考えると、反抗するからというて直ぐに警察官を差し向ける官憲の態度にも反省すべきものがあると思う。殊に、日本タイプの場合には、事件が前前から東京都労委の調停にかゝつていたのであるから、裁判所がいよ〳〵仮処分をしようとする場合に、予めこれを都労委に內報し、都労委を間に立て丶平穏裡に立退かせることもでき得たのである。それをせずに、仮処分は法の執行であるから、反抗する者に対しては断乎権力を以て臨もうとするところに抑もの間違があるので、今後はこうした点にもつと細かい心使いをして欲しいと思う。仮処分は國家の権力行爲だから警察力を使つてでも強行し得るというのは法律上のことで、実際には成るべく穏便に実施するにこしたことはないのであるから、裁判所も警察力を借りる決意をする前に、も少し慎重に他の手段を考えて欲しかつたと思う。今後もあり得ること、思うから敢えて法務当局の考慮を促して置く。

法令の文体

穂積博士の「新民法讀本」を読んで、博士が新民法が口語体で書かれていることを喜んで居られる一節に及び、思わず私は微笑を禁じ得なかつた。蓋し、博士こそは法文の口語体書きを最も早く主張された方であり、又法律書の口語体書きを最も早く実行された方だからである。博士の満足さこそと思うと、微笑を禁じ得ないもの恐らくは私一人のみではあるまい。

ところが、私はこれと殆んど時を同じくして、一新聞紙の質疑欄に次のような文書を見出した。その要綱を記すと、

……私は最近結婚した未成年者であるが、新民法によると「未成年者が婚姻をしたときは、これによつて成年に達したものとみなす」とある、従つて私は結婚以後成年者として酒や煙草の配給を受ける権利がある筈であるのに、今尚依然として何等の配給も受けていない……というのである。

この青年のいうところが法律的に誤りであることは、大学で半年位法律の講義を聴いた者であれば、誰でも容易に理解し得ることと思うから、敢て説明をしないが、それよりも問題なのは「……成年に達したものとみなす」と書いているこの條文の書き方そのものである。

私は法文のすべてを一般民衆に解るように書けとは言わない。民事訴訟法や刑事訴訟法などは、裁判官や弁護士に解りさえすればよいから、専門家にとつて誤解が起らないような書き方をしさえすれば事が足りる。一般人には何のことか解らなくとも少しも差支ない。これに反し労働組合法や労働基準法はもつと一般の労働者にも解るよう

な書き方をすべきである。税法の如きももつと解り易く書いて然るべきだと思う。民法もできれば成るたけ一般人に解るような書き方をすべき法律だと思うが、この必要は必ずしも絶対的ではない。学者はよく、民法は一般民衆の日常生活に関する法律だから、一般民衆に解るような書き方をすべきだという。一應尤な意見のようであるが、これには行爲規範と裁判規範との区分を明かにしないところに根本の誤りがある。人はよく、民法は民衆の法律だというが、実をいうと民衆が日常生活上守るべき行爲規範を定めたものではなくして、日常生活に関して起る諸問題を裁判的に裁く場合の規準を與えるのがその主たる目的である。勿論、か丶る裁判規範も窮極においては一般民衆の生活に強い影響を及ぼす。殊に、新民法の如きは、此際一般民衆の利害に関係するところが極めて大きく、一般人が読む機会も少くないと思うから、成るべく誰にも解るように書かれることが望ましいのはいうまでもない。

しかし、それには唯法文を口語体化しさえすればい丶のではなくして、専門的法律家にのみ解るような表現を極力避けることが何よりも大切である。こうした見地から、新民法の各條を点検して見ると、そこには幾多の欠陥を見出されるが、こ丶に問題となつている「……とみなす」という規定の如きはその最も悪い例であると思う。

今でも思い出すが、私が大学に入つて法律を学び初めた頃、最初に最も理解に苦んだのは、民法第三十一條の「失踪ノ宣告ヲ受ケタル者ハ前條ノ期間満了ノ時ニ死亡シタルモノト看做ス」という規定であつた。その「看做ス」という文句が一般民衆にも解らせることを標榜している新民法の中まで持ち込まれたのだから、質疑子がこれを正しく理解し得ないのは当然と言わなければならない。

実をいうと、問題の民法第七五三條の規定は、有名なスイス民法の「結婚は人を一人前にする」Heirat macht mündig の拙い直訳に過ぎないのであつて、こうした表現も、スイスのように古くからの慣行がある國では一般に通用するのであろうが、新民法が同じ趣旨を「……成年に達したものとみなす」というような文句で表そうとしたところに抑もの誤りがある。専門の法律家は一般に「看做す」に慣れているから、不感症に陥つているが、実をいうとこの位理解し憎い表現はないのである。問題の條文にしてもこれを「未成年者が婚姻すると以後はこの法律の適用について成年者と同じ取扱いを受ける」というようにすれば、誰しも容易にこれを理解し得るのであつて、質疑子の提出した疑問の如きは初めから起す余地がなかつたのだと私は考えている。

元來「みなす」は法律家にとつては便利な表現であるが、一般民衆にとつては解りにくい表現である。現に最も労働大衆に解つて貰わなければ困る労働基準法が、この種の反省なしに、例えば「……これを裁判上の請求とみなす」というような表現（八五條三項）を使つているのは言語同断であると思う。

穗積博士は主として口語体を問題にしているけれども、私に言わせると、それは寧ろ末であつて、もつと大切なことは、法律家にのみ解り、一般民衆には解りにくい表現のすべてを法令から駆逐することだと思う。「看做す」を「みなす」と書き代えても同じことで、凡そこの「みなす」というような言葉を無反省に濫用することそれ自身が悪いのである。

法律時評

一九四八年七月号（二〇巻七号／通巻二一八号）

労働組合の行爲の正当性——労働法改悪問題に関連して

一

近頃労働組合の行動が一般に行き過ぎているのではないかという疑問を提出する人が増えて來た。そのため、所謂労働法改悪問題なるものが政治問題化しつゝある。以下にこの問題を法律的立場から少し考えて見たいと思う。特に「法律的立場」と断わる理由は、この問題は決して法律的にのみ考えらるべき事柄ではなくして、もっと大事なことは社会道義の見地よりする批判だと私は考えるからである。労働組合が労働力の独占者として社会的に大きな力をもつ以上、その行動の社会全体に及ぼす影響の大きいのは当然であるから、社会全体との関係を考えて、その行動を自律的に調節しなければならないのは、労働組合に課せられた社会的道義である。組合一般が、この大事なことを忘れて、社会全体に迷惑をかけるようなことを無遠慮に行うようになれば、社会が政治の力により、法律の形をとって、それに反撃を加えるようになるのは当然で、現在労働法改正の要望が各方面から唱えられているのもそれがためである。

現在の労働組合法は、もと〳〵この点につきでき得る限り労働組合の自律自制に信頼する立場の上に制定されている。制定当時には、まだ組合が殆どなく、従ってやがて生まれるべき組合一般が何をするかについても全く予測のつかない有様であったから、予め将來を慮って色々の法的制限をつけるよりは、寧ろ成るべくすべてを自由にして組合自らの節度に信頼しようというのが、この法律の根本的の立場である。従って、もしも現在組合の行動一般に行き過ぎがあり、組合自らが社会全体との関係を考えてその行動を自制する努力に欠くるところがあるとすれば、この法律も亦適当に改正されねばならないのは当然である。

労働組合の人々は、無論行動の自由が成るべく大きいことを希望するにきまっている。だから、彼等が「労働法改悪絶対反対」を主張するのは当然である。しかし、自ら自律自制することを忘れて、唯無闇に「絶対反対」を唱えても、世間は承知しないにきまっている。だから、組合人一般は今こそ心から大に反省すべき時だと私は考えている。

しかし、同時に、何が果して行き過ぎであるのか、又非難せらるべき行き過ぎが果して実際にあるのかは、十分事実を調査検討した上で判定せらるべき事柄である。対策としての法律改正もその実証的基礎の上に立って公明に行わるべきである。しかるに、現在労働法改正を唱えている人々は、政府関係の人にしても、政党人にしても、又経営者自体の人々にしても、一般にかゝる組織的な調査の上に立って事を考えていない。甚しきに至ると、タフト・ハートトレー法を無批判に模倣しようというような意見さえある有様で、これでは組合人が納得しないのも当然である。この故に、政府にしても、政党にしても、眞に労働法の改正を断行する必要を感ずるのならば、先ず第一に実情調査を行わなければならない。第二にその調査に基く改正案の立案が最も民主的な方法によって行われなければならない。第三に外國の立法を比較法学的に調査研究することも必要であるが、各國の立法にはすべてそれぞれ特殊の政治的経済的背景があるから、その研究に当っては單に法文を形式的に比較するだけでなく、十分その背景にまで立ち入って調査研究しなければならない。

この故に、私は、この際政府又は國会がこの種の調査研究を組織的に行わせるために、先ず調査委員会を設けることを提唱したい。そして、その結果に基き、飽くまでも理性に訴え、世論に聴いて民主的に改正案を決定すべきことを提唱したい。

無論、そういう手続をとっても、最後まで反対するもの、あり得べきことは予想される。なぜなれば、わが國経済の建て直しにつき根本的に違った政治的意見をもつ人々は、現段階に処しその労働組合の在り方行き方についても自ら根本的に違った考えをもつのが当然だからである。しかし、これ等の人々の反対を政治的に克服するにも、右に述べたように理性に訴え、世論に聴く態度を以て臨み、飽くまでも組合人を合理的に納得承服させようとする熱意と自信とを以て事に当らなければならない。これによって初めて、政治的動機から反対する人々が如何に反対しようとも、世論の批判を基礎としてよく多数組合人の協力を期待することができるのである。

二

労働組合の行き過ぎを抑えるための法律改正は、以上のような根本方針によってこれを行わなければならないが、同時にわれ〳〵は立法技術の面からも考えねばならない色々の問題がある。以下に、その問題の一を現行法の批判に托して多少論じて見たい。

現在の労組法が組合行動の合法非合法の限界を判定する規準として「正当」なる言葉を使っていることは周知の通りである（一條二項、一一條、一二條）。そして、この言葉の意味が不明確であるため、実際上不都合を生じていることも事実である。そのため一部には規準をもっと具体的且列挙的に規定すべきであるとの議論をなすものがある。この議論には、私も或る程度まで賛成であるが、列挙的の規定方法にも次のような欠点がある。先ず第一に、争議行爲を種類別けにして、種類によって合法非合法を判定することは不可能である。何となれば、同盟罷業、怠業、生産管理等々の名称を使って一應は争議行爲の部類別けをすることが可能のようであるが、実際の争議行爲は組合が各場合の情勢に應じて具体的に計画したものであるから、実際にはどの分類に入れてい〻か解らない場合がいくらでも起る。例えば生産管理と怠業との境にしても決して明確なものでなく、従って例えば法律を以て生産管理は非合法だと規定したとしても、実際には一定の争議行爲が果して生産管理であるか怠業であるか判定し難い場合が生ずる。そのため、結局は生産管理を非合法ならしめる條件を具体的に定めた定義規定を置かなければならないようなことになる。第二に、争議行爲のやり方は、争議の当事者が実際の必要に應じていくらでも考え出すから、仮りに或る程度列挙的の規定ができるとしても、結局最後には「その他正当なる争議行爲」というような概念的の規準を附加せざるを得ないこと〻なり、しかも実際にはその部分の解釈に関して疑問の生ずる場合が多いと考えざるを得ない。従って、現行規定の規準が不明確であることは確かに不都合に違いないが、さらばといってこれを完全に明確化するには立法技術上多くの困難があるのみならず、寧ろ不可能だとさえ考えられるのである。

次に、同じく「正当」なる言葉を使うにしても、その正当性を判定する條件の規定のし方についてもっと工夫する余地はないかという考も起り得る。例えば、現行労組法第一條第二項は「刑法第三十五條ノ規定ハ労働組合ノ團体交渉其ノ他ノ行爲ニシテ前項ニ掲グル目的ヲ達成スル爲爲シタル正当ナルモノニ付適用ス」と規定しているが、これは「刑法第三十五條」云々及び「前項ニ揭グル目的」なる二の規準によって「正当」の內容を或る程度具体化しようとしているのである。ところが、「前項ニ揭グル目的」が殆ど実際には具体化に役立たない規準であるのは勿論、「刑法第三十五條」云々も規準としては寧ろ甚だ不適当である。刑法第三十五條は「法令又は正當ノ業務ニ因リ爲シタル行爲ハ之ヲ罰セス」と規定しているが、この「正当ノ業務」の意味について從來刑法学者の說いているところを、労働組合の行爲、殊に争議行爲に当てはめて見ると、容易にこの規準の不適当であることが見出される。元來労働争議は活きものであって、各当事者が如何なる争議行爲を用いるかは相手方の態度若しくは行爲との関係できまるのである。一方がヒドイことをすれば、相手も自然対抗上はげしいことをせざるを得ないのが実情であるから、労働組合の行爲のみを切り離して、それが組合として「正当ノ業務」といえるかどうかを判断する訳にゆかない。無論、如何に組合目的だからといっても、殺人・放火等をしてはならないというように極端な場合を例にとって見れば、一應はっきりしたことはいえる。しかし、建物の占拠その他それが單独に発生すれば犯罪となるような行爲でも、比較的軽いものであれば、争議の実情から見て相手に対する対抗手段として許されて然るべきだと考えられるものがあると考えることができる。卽ち、この場合「正当」と認められる行爲の範囲は、客観的規準によって一律にこれをきめることはできない。相手に対する対抗手段として必要な程度を超えなかったかどうかを争議の実情に照して判断するの外ないと考えざるを得ない。他の例をとってこの理を說明すれば、喧嘩の場合一方が口を極めて相手を悪罵したため相手が終に我慢し切れずに殴ったというような場合に、成程殴ったのは單純暴行罪（刑法二〇八條）に該当する行爲に違いないが、相手の罵った程度如何によっては、その殴った行爲のみを切り離して処罰する訳にゆかないのが実情であると思う。

かくの如くに考えて見ると、労組法を改正して労働組合の行動の行き過ぎを抑えるにしても、立法技術の面から考えねばならない六かしい問題が少くないことに氣付く。私は、労働法の改正を問題にする人々がこの種の面にもその注意を向けて特別の研究をされることを希望せざるを得ない。

法律時評

一九四八年八月号（二〇巻八号／通巻二一九号）

軽犯罪法と労働運動

軽犯罪法の必要は私も亦勿論これを認める。しかし、何といっても、この法律は警察犯処罰令の代替物である。従って、國会における法案の審議に当り議員の間にこの法律の悪用によって労働運動が不当に抑圧されることを恐れる意見の多かったことは極めて当然のことであって、その結果、「この法律の適用にあたつては、國民の権利を不当に侵害しないように留意し、その本來の目的を逸脱して他の目的のためにこれを濫用するようなことがあつてはならない」という第四條の規定が附加されることになったのも当然のことだと私は考えている。

しかし、これだけで果してこの法律の濫用を完全に封ずることができるであろうか。この点について私には尚多少危惧の念を禁じ得ないものがある。成程、違警罪卽決例が廃止されたこと、労働組合の力が一般に強化されたこと等この法律の濫用を抑制する要素は、以前に比べると著しく増大している。従って、嘗て特高警察が警察犯処罰令によって直接労働運動に不当な干渉を加えたようなことが再現するおそれは恐らくあるまいと見られるけれども、それにも拘らず私は濫用の恐れが全くなくなったとは思わない。成程、今後は労働組合幹部等がこの法律違反の故を以て卽決的によって簡單に三十日未満の拘留に処されるようなことはなくなる。しかし、労働争議に対する干渉として実際上最も効果的なものは、選挙干渉の場合と同様、争議のクライマックスに当りたとえ一時的にもせよ指導者を現場から隔離して、争議團全体の氣勢を殺ぐような干渉方法である。彼等が結局裁判の結果処罰されることになるかどうかに関係なく、爭議のクライマックスにおけるかゝる干渉それ自身が労働者にとって最も問題なのである。そして、現行法上かゝる干渉に尙余地を残しているものとして現行犯人の逮捕に関する刑訴法第百三十二條の規定の存在することをわれ〳〵は忘れてはならない。それによると、「拘留又ハ科料ニ該ル罪ノ現行犯ニ付テハ犯人ノ住居若ハ氏名分明ナラザル場合又ハ犯人逃亡スル虞アル場合ニ限リ」、檢事又は司法警察官吏は犯人の逮捕を爲し得ることになっているけれども、労働爭議の場合の如きもしも警察官吏が現行犯であること、そして「犯人逃亡スル虞アル」ことを理由として、仮令一時的にせよ無遠慮に爭議指導者を逮捕するようなことをすれば爭議に対する不当干渉は容易に行われ得る。裁判の結果結局処罰されないことになるとしても、逮捕によって氣勢を殺がれることから受ける労働者側の損害は極めて大きいのであって、われ〳〵はこのことを度外に置いてこの法律の濫用問題を考えることはできない。何となれば、この法律の中には、警察官吏が現行犯を理由として爭議指導者を逮捕しようと思えば、その目的に利用され得べき規定が少くないからである。例えば、「公務員の制止をきかずに、人声、樂器、ラジオなどの音を異常に大きく出して靜穏を害し近隣に迷惑をかけた者」、「他人の進路に立ちふさがつて、若しくはその身辺に群がつて立ち退こうとせず、又は不安若しくは迷惑を覚えさせるような仕方で他人につきまとつた者」、「他人の業務に対して悪戯などでこれを妨害した者」等を処罰する諸規定の如き、もしも警察官吏が現行犯を理由として無遠慮に逮捕を行うとすれば、いくらでも爭議團彈圧のために濫用される余地のある規定である。だから、これ等の規定の濫用を徹底的に防ぐためには、第四條のような規定を設けるのみを以て満足することなく、今後尙別に工夫するところがなければならないのである。無論われ〳〵と雖も、現在の労働組合の團体交渉のやり方その他闘爭手段として行っているところには一般に可成りの行き過ぎがあることを否定するものではない。かゝる不当な行き過ぎに対しては軽犯罪法は勿論一般刑法を遠慮なく適用して、その矯正を図るべきだと考えるけれども、それとは別に軽犯罪法の諸規定が警察官吏によって容易に爭議彈圧のために悪用される余地が今尙大にあることを特にこゝに强調して置きたいのである。

邪　道

最近労働省労働基準局長の名で、次のような通牒が都道府県労働基準局長に発せられた。
「近時使用者の労働協約、就業規則又は労働契約の不履行に関する事件について、労働者より申告のあった場合、都道府県労働基準局又は労働基準監督署において、これを労働基準法第二條の違反事件として取扱い、違反の裁定を下し又は戒告を行うなど、監督権行使に類する積極的な措置をなしつゝある事例があるが、労働基準法第二條は労働條件の決定及び之に伴う両当事者の義務に関する一般的原則を宣言する規定たるにとゞまり、監督機関は右の一般的原則を具体的に適用すべき責務を負荷された機関ではないのであるから、今後労働協約、就業規則又は労働契約の履行に関する争については、それが労働基準法各本條の規定に牴触するものでない限り、監督権行使に類する積極的な措置は見合せ、これを当事者間の交渉により、又は斡旋、調停、仲介等の紛争処理機関、其の他民事裁判所等において処理させる様に取扱われたい。」

これは労働基準法第二條第二項に「労働者及び使用者は、労働協約、就業規則及び労働契約を遵守し、誠実に各〻その義務を履行しなければならない」と規定されていることを根拠として、労働組合が使用者の協約違反等を労働基準監督署に申告し、その裁定によって紛争を有利に解決しようとする戦術をとる傾向があることに関連して行われた措置であって、監督機関今後の機能にとっては勿論、労働組合一般に対する警告としても極めて重要な意義をもつものである。

先ず第一に、基準監督機関は基準法の番人である。この法律の実施を確実にするため工場その他事業場を実地に検査して違反事業を摘発し、これにより或は戒告を與えてその是正を図り、或は罰則適用のため事件を検察廳に送附することをその任務とする。他面この法律は労働者に違反事実を申告する権利を認めてこれを保護しているから（一〇四條）、監督機関がかゝる申告を受けたならば、速に現場について事実の調査をしなければならないのは勿論である。しかし、その際でも監督機関として為すべきことは、申告を機会に独自の立場から検査を行うことであって、申告に対して直接解答を與えるようなことはその任務ではない。検査の結果、申告内容に相当する違反事実が発見されたならば、その場合の具体的事情に應じて戒告その他自ら適当と考える措置をとりさえすればいゝのであって、直接使用者労働者間の紛争にまで立ち入ってその解決に干渉するようなことをすべきではない。然るに、従來労働組合の中には、申告を利用して監督機関を紛争の渦中に引き入れ、その裁定によって紛争を有利に解決しようとするものが少くないのみならず、機関自らも不用意に深入りする例が少くないと傳えている。かくの如きは、機関として本來の任務を逸脱した行動であるのみならず、労働組合としても監督機関のような権力機関に頼って紛争を解決しようとするのは邪道なることを悟らなければならない。

ところが、最近労働組合の中には、更に一歩を進めて上記の通り労働協約等の違反までをも監督署に申告し、その裁定によって紛争の解決を図ろうとするものが少くないのみならず、監督署の中にも組合の申告に應じて直接紛争に介入するような行動をとるものが少くない。上記通牒はこの傾向を不可なりとして今後を戒める目的を以て発せられたものである。成程、第二條第二項の文字だけを見ると、協約等の違反に対しても監督機関はその監督権を発動し得るようにも解せられるけれども、元來同條は労働條件の決定及び之に伴う両当事者の義務に関する一般的原則を宣言する規定たるに止まり、労働協約等の履行までをも直接基準監督の対象としようという趣旨ではない。無論、例えば協約で定められた賃金を一定の期日に支拂わないというように、協約違反の結果基準法各本條の規定に違反するような事実が発生したならば、これに対して監督権を発動すべきが当然であるけれども、協約違反の一切に亙って直接監督を加えるが如きは断じて監督機関の任務ではない。元來労働協約の解釈、従ってその履行に関する紛争は極めて複雑且微妙な内容をもつものが多いのであって、監督機関の如きはその解決者として決して適任者ではない。かゝる紛争は、当事者相互の直接交渉によって解決せらるべきが本筋であり、必要があれば労働委員会の斡旋調停等によって解決せらるべきである。民事裁判所さえかゝる紛争の解決者としては不適任であることを英米の経験は教えていることをよく〳〵考えて欲しい。

労働組合にしても、目先きの勝利を急ぐ余り、この種の紛争を有利に解決するために、基準監督署を利用しようとするのは邪道である。監督機関のような権力機関を利用することは、一見最も手取り早いようであるが、凡そ権力は労働組合にとって味方にもなるが敵方に廻わることもあり得ることを考えなければならない。

法律時評　一九四八年九月号（二〇巻九号／通巻二二〇号）

公務員法改正問題

マックアーサー元帥の書簡を中心としてまき起されている公務員法改正問題について多少の感想を述べて見たい。そこには、政治問題特に労働政策の面から論ずべき事柄も色々あるが、以下には専ら法学的に見て問題となる事柄だけを二三問題にして見る。

書簡は勧告であるか命令であるか

書簡には公務員法改正に関する元帥の意見が述べられている。公務員法改正の必要なこと、如何なる改正を必要とするか及びその理由について元帥の意見の大綱が記されているに過ぎない。だから、内情を知らない組合関係者は勿論、一般の人々がこれを單なる勧告に過ぎないと考えたのは当然で、実をいうと私も亦その一人であった。従って、われ〳〵はやがて政府がこの勧告に基いて改正法案を立案し、國会がそれを審議して改正法律が制定されるまで、國内法的には何等の変化も起らないものと考えていた。

ところが、政府は初めからこの書簡を單なる勧告にあらずして命令なりと解し、書簡の內容そのものが直に法的効力をもつという見解の下に、既に中労委で開始されていた調停への出席を拒否して來た。その理由は、書簡の趣旨によれば政府は最早調停に参加する資格をもたないのではないかという疑いがあるというにあった。そのため、中労委の調停委員会でも、政府のかゝる態度が非常に問題にされたのであるが、結局総司令部自らが書簡の意味についての解釈的意見を政府に提示した結果、政府も終にポッダム政令の制定を決意するに至ったのである。

つまり、政府は初め書簡そのものに命令的効力ありとし、従ってその趣旨に反する法令は國內法的措置を要せずして当然に効力を失うものと考えたのであるが、結局総司令部の意向として書簡の趣旨に反する法令が当然に効力を失うことはないが、最高司令官はその趣旨が即刻実施に移さるべきことを要求する意味だということが明かにされた結果、書簡直接の効力として法令が効力を失うことはない、従って書簡の趣旨を実行に移すためには國內法的措置を必要とし、そのため法律の制定を要することは勿論であるが、ポッダム政令によってゞも書簡の趣旨を成るべく速かに実行する必要があるという結論に到達したのである。これで一應問題の第一段は片付いたのであるが、何故に政府が初めにあゝした無理な解釈を下して無用な紛議を起したのか、われ〳〵には全くその理由が解らない。或は当時組合側が主張していたように、書簡がでたのを幸いこれに便乗して一方的に調停を回避しようと考えたのかも知れないが、いずれにせよ甚だ思慮の足りない態度であったと評せざるを得ない。

争議権の否定

書簡の內容は複雑であって意味不明な点が少くないが、その中最もハッキリしているのは争議権を全面的に否定していることである。書簡によると「雇傭若しくは任命により日本の政府機関若しくはその従属團体に地位を有するものは、何人といえども爭議行爲若しくは政府運営の能率を阻害する遅延戦術その他の紛争戦術に訴えてはならない」とあるから、狭義の爭議行爲は勿論苟も政府運営の能率を阻害する一切の行爲は禁止されるので、過去において官公廳組合が行った一齊賜暇、定時退廳、安全運轉、遵法運動等の行爲は原則としてすべてこの禁止に触れることゝなる。

この禁止の適用を受ける者の範囲は、「雇傭若しくは任命により日本の政府機関若しくはその從属團体に地位を有するもの」と書かれているから、官公吏は勿論單なる雇傭人も含まれるし、又「從属團体」の意味の解釈しようによっては公團の類まで含まれるようにも考えられる。要するに、この範囲は極めて廣いのである。

尙違反者に対する制裁に関しては、「雇傭せられているが爲に有するすべての権利と特権を抛棄するものである」と書いてあるところから考えると、少くとも免官解雇が予定されているものと考えることができる。

團結権の問題

新聞紙はしきりに政府筋の見解なりとして團結権の禁止が含まれていると報道しているが、書簡中には直接このことを明記した個所は全く見当らない。或は――後に述べる通り――團体交渉権が否定若しくは制限されている当然の結果として、かりに公務員が團体を結成しても、かゝる團体は労組法にいう團体交渉権をもたないから、これを労働組合と見ることができないという意見が成り立ち得るものとも考えられるが、かゝる公務員の團体が労働組合であるかどうかは労組法第十一條の保護を受けるかどうかにも関係する事柄で、これと無関係に團結権の問題を考えることはできない。

政府は或はこの機会に労働組合法の適用を全面的に外したい意図をもっているのではないかと想像する。そして、第十一條違反問題に相当する事件も人事委員会の手で処理するようなことを考えているのではないかと想像されるが、わが國の官公廳に今尙根強く残っている封建性のことを考に入れて見ると、仮りに人事委員会でこの種の処理をするとしても、その機構手続等につき余程の考慮を拂わない限り、公務員の團体結成権そのものが不当に犯されるおそれが多分に存在する。從って、仮に労組法の適用を全部外すのであれば、政府はこの点につき深甚の考慮を拂うよう要望したい。

團体交渉権の制限

書簡はローズベルト大統領の言葉を引用して「すべての政府職員は普通に知られている所謂團体交渉の手段は公務員の場合には採用できないものであることを理解せねばならぬ。團体交渉は國家公務員制度に適用せられるに当っては明確なそして変更し得ない制限を受ける」と書いているから、普通の労働組合に認められているような團体交渉権が否認されていることは先ず確かなようである。しかし同時に書簡が「自ら若しくは選ばれた代表を通し雇傭條件の改善を求めんが爲に自由にその意見見解若しくは不滿を表明する個人的若しくは團体的の妨げらるゝことなき権利」なるものを認めているところを見ると実質的には尙團体交渉権を有するものと解しなければならない。

然らば、その團体交渉権と狹義の團体交渉権との差異は何所にあるのか。書簡が公務員に狹義の團体交渉権を認め得ない理由として「政府の性質並に目的それ自体がその行政運営に当る官吏をして政府職員の團体との間の協議若しくは交渉において使用者を代表し又は之を拘束することを不可能ならしめている。使用者は全國民である、國民は國会におけるその代表者により制定せられる法律によりその意志を表明する」云々と書いているところから推して考えると、「行政運営に当る官吏」即ち大臣その他の行政長官も「政府職員の團体」も相互の協議交渉によって國会を拘束するような取り極めをする資格がない、そして狹義の團体交渉権は窮局においてかゝる法的拘束力をもつ取り極めをすることを目的とするものだから、かゝる権利を公務員に認めることができないというのが書簡の根本思想であるように考えられる。そうだとすると、法的拘束力をもつ取り極めを目的としない限り公務員は尙團体交渉の権利を有するもの、ように考えられる。

尙かゝる意味での團体交渉の方式手続については追って法律又は人事委員会規則で定められることになると思うが、これを單なる陳情、請願の程度に止まらしめてはならないのは勿論、場合によって現にイギリスの政府と職員組合との間にもたれている委員会制度に似たような交渉形式を設けることも或は考えられるのではないかと私は考えている。政府並に人事委員会がこの点につき十分の考慮を拂い、できる限り上記の「妨げらるゝことなき権利」を効果的に行使し得るよう工夫して欲しいと思う。

労働協約の問題

公務員に許される團体交渉が右の程度のものだとすると、公務員團体には正規な意味での労働協約を締結する資格がないと考えざるを得ない。しかし、同時に法的拘束力をもたない程度の申合をすることは差支ないとも考えねばならない。

尙政府は、單に將來に対して労働協約を締結し得ないのみならず、現行の協約も当然失効すべきものと考えて居り、組合側にはこの点を問題にしている向きが少くないと思うが、書簡のこの点に関する考方は恐らく次の通りであると思う。政府が組合と協議交渉して國会を拘束するような取り極めをする資格がない以上、現に締結されている協約も國会を拘束するものであるから当然廃棄せらるべきである。ドイツ流の言葉に言い換えると、政府にも組合にも協約能力 Tariffähigkeit がなくなるから、その能力があった間に締結された協約も將來に向って失効せざるを得ない。

しかし、そうだとすると、この際の経過措置としては、当然失効とのみ考えずに、ともかく政府が一應責任をもって組合と約束したことである以上、政府としては一應その内容を法規化して國会の追認を求めるようなことをする道義的責任はあるのではないかとも考えられる。

以上の外、尙書きたいことは色々あるが、紙面の都合上こゝに筆を止めるが、最後に一言いゝたいことは、政府が今後この書簡に基いて具体的の立法措置をとってゆくに当り、恐らく書簡に明記されていることの外尙総司令部から「助言」を得たり「相談」しなければならないことになると思うが、かゝる「助言」や「相談」は蔭のことであるから、それに対する責任は飽くまでも政府にあるということである。從來政府はとかくかゝる蔭の言葉や意向を理由として責任を免れようとする傾向があるから特にいって置く次第である。ゴンリュウの袖にかくれることが政治家にとって最大の悪徳であることはこの場合にも当てはまる原則であることを銘記されたい。

法律時評

一九四八年一〇月号（二〇巻一〇号／通巻二二一号）

公務員法改正問題雑感

公務員法改正をめぐって色々の問題が論議されつゝある。その中二三について感想の一端を述べて見たい。

政令第二〇一号無効論について

官公廳労組の側では一般に政令第二〇一号を無効だと主張している。既に北海道東北地方に行われつゝある國鉄組合員の職場離脱等の違反行爲も恐らくこの主張に基いて行われているものと思う。從って、この問題はやがて刑事法廷の問題となり、必然最高裁判所の問題とまでなるものと考えなければならない。

労組主張の理論的根拠については、今までのところ何等詳細の発表がない。私個人としては中労委総会の席上全遁の土橋委員長の口から全組合を代表しての無効論を聴いているが、当時はまだ問題が起ったばかりのこととて、その論旨も十分洗錬されて居らず、法学的立場から見て十分傾聴するに足るだけの理論的根拠は殆ど示されなかった。その他現在までのところ私のきいた議論の多くはポッダム宣言、労働組合に関する十六原則等を引用した政治的の議論か、若しくは素朴な憲法論違反論のみであるが、私の考えるところでは、法律論の中心は降伏文書の解釈問題にあるのだと思う。従って、中労委の総会でも、政府が今回の政令を出すにつき連合國最高司令官から正式に同文書に所謂「要求」があったかどうかが問題となり、この点につき苫米地官房長官から政府としては要求があったものと理解しているという答が爲された結果、一應形式的要件を備えているものと認めるという結論に到達したのである。

しかし、事が愈々法廷の問題になる場合を考えると、法律的には尚大いに研究の余地が残されているように思う。卽ち降伏文書によると、日本國政府はポッダム宣言を「実施スル爲聯合國最高司令官又ハ其ノ他特定ノ聯合國代表者ガ要求スルコトアルベキ一切ノ命令ヲ発」する義務を負担することになっているが、解釈論としては「聯合國最高司令官又ハ其ノ他特定ノ聯合國代表者」が「要求」し得る事項について何等かの制限があるのではないか、それとも又全く無制限に何事でも要求し得るのかを問題にする余地があると思う。又仮りに制限があるとして、それは國際法上のことであるから、その制限を超えた要求に基いて制定された政府が國內法的に見て有効なりや否やの問題は自ら又別の問題として研究されねばならないと思う。私は此等の点につき、わが國の法学者殊に國際法学者、公法学者等が十分研究を遂げて権威ある見解を発表されることを希望してやまない。

組合の粛清的機能

八月二十五日に司令部のフーバー公務員制度課長の発表された声明によると、公務員法は在來の擅断的な懲戒制度に代うるに人事委員会の公平手続 Equity processes を以てするによって一般公務員の権利々益を保護し、又能力 merit を基礎として一切の公務員の採用並に昇進を行うこと、するによって人事に関する上級官僚の独占的傾向を排斥し、すべて有能な公務員は如何なる地位にもつけるようにすることを目的としているから、「凡そ公務員が権利をもつことを認めたがらない或る種の封建的官僚」にはお氣に召さないかも知れないが、「正義と法と秩序を愛する市民」はすべてこの新しい公務員制度を歓迎するであろうという趣旨のことが言われている。

これは明かにわが國官公廳一般に通ずる在來の宿弊の一斑をついたものであって、もしもこの制度が立案者の予定した通りに旨く動けば、その粛清的効果は相当大きいであろう。しかしながら同時に忘れてならないことは同様の粛清的機能が労働組合にもあるということである。終戰以來の実狀から考えても、官公廳における労働組合が官僚主義的宿弊の打破に貢献した功徳は決してこれを軽視すべきではない。無論、この点にも多少の行き過ぎはあった。そのため職場の秩序と規律とが多少とも乱されたと認むべき事例は確かにある。フーバー氏の所謂「或る種の封建的官僚」はこの事実を誇張して組合を非難しているが、永年に亙る因習を打破して官公廳から不明朗な空氣を一掃するためには、過渡的に多少の混乱が起っても、このためにこの種組合の行動を全面的に不当視すべきではないと思う。既に第一次の國鉄調停の結果成立した労働協約は――フーバー氏が問題にしている――擅断的な懲戒制度を民主化すべきことを規定している。又上級官僚が人事を独占する派閥的傾向に抗議してこれを争議の題目とした労働組合は数多くある。その他労働組合が上級官僚の行動を批判しその是正を求めた事例も多々あるのであって、これらを通して上級官僚の封建的支配が打破され、官公廳における不明朗な因習を矯正するのに役立ったという事実は決してこれを軽視すべきではない。

無論フーバー氏がいっているように、組合の行動はこの種の場合にも兎角力押しになり易く、秩序を乱すことになり易い傾きがあるから、これ等弊害の粛清作用も公務員法が予定しているように人事委員会の活動によるのが最も理想的のように考えられるけれども、人事委員会がこの種の機能を十分果し得るようになるのはいつの日のことであろうか。人事委員会の機能がそこまでに十分整備されない間に、労働組合を去勢してその粛清的機能までも奪ってしまうようなことをすると、折角芽ばえかけていた官公廳民主化の動きも挫折して、反って官僚主義の温存に機会を與えることになるのではなかろうか。

人事委員会の機能が十分整備された後と雖も、私の考えるところでは、労働組合の監視的機能と相俟つによってのみ上級官僚の不合理な支配、怠慢、不正、非能率等の弊は十分これを矯正し得るのであって、フーバー氏は新公務員制度は欧米各國で試驗済みの制度だといっているが、同時に労働組合の監視的機能の重要性も各國で均しく認められている事実である。無論官公廳労働組合の行政干渉は嚴にこれを戒めねばならない。從來組合の中に官廳民主化の名の下に行政干渉のきらいある行爲までをも敢てしたものがあることは明かに行き過ぎである。しかし、この故を以て、組合の監視的乃至粛清的機能までをも全面的に否定することは、反って官僚主義打破の目的に副わない結果をひき起すであろうことを私は恐れている。

官僚主義と学閥の問題

わが國の官公廳に学閥の弊があることは前々から言われていたことである。フーバー氏も官僚主義打破のためには東大法学部閥の打破が必要であるという趣旨のことを色々の機会に述べて居られるが、その手段として單に東大法学部出身者の採用数を機械的に制限するようなことをしても容易にその目的を達し得るとは考えられない。

私も、フーバー氏がいうように、法科出身者のみが役人として適格者ではないことを信じ、前々からしばしばこの趣旨のことを書いている。又所謂東大法科閥なるものが或る種の役所にあるという事実もこれを認めているし、高文試驗偏重の弊も亦十分これを認めている。

しかし、これ等の弊を除いて、眞に民主的にして而かも能率的な公務員制度を確立するためには、深く弊害の原因をたずねてその除去を図らねばならない。公務員法は所謂メリット・システムによる試驗制度に事の解決を期待しているようであるが、問題はむしろ凡そ公務員としてのメリットとは何かをきめることであり、又そのメリットを検査する方法を如何にするかである。言葉を換えていえば、官公廳一般の事務が從來通りのやり方で運営されてゆくとすれば、役人としてこれに最も適格な者は今後と雖も法科出身者であろう。そうだとすれば、かかる適格を検査する試驗に最もよく合格するものも亦依然として法科出身者であるに違いない。從ってかかる試驗を受けるのに最も適した教育をする大学に官吏希望の秀才が集まるのも当然であって、從來官吏の中に東大法科出身者が多いのもその当然の結果に外ならない。だから、眞に東大法科閥を打破したいのならば、官廳の事務運営方法そのものから変えてかからなければならない。現在のように東大法科に在学すること僅か二箇年にしてたやすく合格し得るような高文試驗に合格した者を特に有資格者として珍重するような役所の仕組みこそ根本的に改められなければならない。今のような役所の仕組みを存続する限り、たとえ法科以外の者を数多く採用しても、それ等のものまでがやがては法律官僚になってしまうのであって、從來の経驗はよくこのことを教えている。

無論法科大学の教育それ自身もこの際徹底的に改革されねばならないが、それより大事なことは今のような教育を受け、今のような試驗に合格した者が特に珍重されないような官廳の仕組みを作ることであると私は思う。

法律時評

一九四八年一一月号（二〇巻一一号／通巻二二二号）

新刑事訴訟法と法律扶助

新刑事訴訟法の最も大きい特色は、何といっても公判中心主義であると思う。予審は既に臨時措置法で廃止されているが、今度は更に起訴狀一本主義が採られること丶なり、その結果として検事側の公訴資料も弁護士側の防禦資料と併んで初めて公判廷において提出されること丶なった。これによって、在來とかく検事の捜査記録を通して予断を與えられ勝ちであった判事が、全く白紙の立場で当事者双方の主張を公平に聽くことができるようになったことは、刑事裁判の公正を期する上において明かに大きな進歩であるということができよう。

ところが、理論的には優れたこの新制度も、これを実際に行った場合を予想して見ると、色々の不都合が起るように思われてならない。この中最も大きい不都合と思われるのは、優秀な弁護士を多数依頼できるような立場にある人は、検事に対抗して防禦資料を自由且豊富に集めることができるから、旧法におけるより遙かに有利になるに反し、自ら弁護士を頼むこともできないような貧困者、その他弁護士に十分自由な活動をして貰うだけの金を出せない人々は、非常に不利な立場になるのではないかということである。

從來でも、貧困者が訴訟上不利な立場にあったことはいうまでもないが、今までは検事の方から捜査記録を出してくれたから、弁護士はそれを頼りにしてともかく弁護をすることができたのであるが、新法の下ではそれができないから、弁護士が初めから自力で弁護資料を集めなければならない。そうなると、十分な手足をもって捜査し準備をしている検事に対抗し得るだけの資料を集めるためには、弁護士が非常な労力と費用とを使わなければならない。貧困者のためには國選弁護の制度があるとはいっても國選弁護人に支給される位の手当では碌な調査はできないにきまっている。その結果、被告人の貧富に因る利益不利益が旧法に比べて更に大きくなると予想せざるを得ない。

貧困者に対する法律扶助の問題は從來とても大きな問題であったが、今後新法の下では到底放置し難い程重大な問題になるのではあるまいか。從來法律扶助の問題は実際主として在野法曹の間でのみ考えられていたが、今後としては國会及び政府当局が直接手を出さなければ十分解決を與え得ない程重大になるように思われてならない。

著作権と相続税

菊池寛氏の相続人に課せられる相続税の課税価格中に算入された著作権の評価額に関して相続人から異議が申立てられ、著作者協会でもこれを問題にしていると傳えられているが、著作権も財産権の一種である以上、これに課税することとそれ自身には勿論何等問題はない、問題は寧ろその評價方法に関して現行法が何等特別の考慮を拂っていないため、菊池氏の場合にしても実際上不当な結果が出ているのではないかという点にある。

現行法は著作権の評價方法に関して特別の規定を置いていないが、この評價は著作者の死後当該著作の印税として遺族がどれだけの利益を受けるであろうかを予想するによって行われるのであるから、当該著作の種類性質その他色々の事情によって、その予想される印税類が著しく違うことを考え合わせて見ると、その評價それ自身が初めから非常に難かしい仕事なのである。今度の場合、税務署はどういう規準で評價を行ったか、未だわれ〳〵はこれを知らないけれども、著作者協会では是非この点を究明し問題にして欲しいと思う。

私の考えでは、かゝる評價困難な財産権の價格を無限に評價して、一挙にこれに課税しようとするのが抑も間違いであって、この種の財産権についてはその後相続人が印税の支拂を受ける都度、所得税とは別に相続税相当額を賦課するように法律を改正すべきではないかと思う。政府当局は勿論、参議院の山本有三氏あたりにも、是非この私の試案を問題にして欲しいと思う。

労調法第三十七條を改正すべし

労調法第三十七條は公益事業における爭議権の行使を制限しているが、この規定を実際に運用して見ると次のような二の欠陥が見出される。

第一、爭議権の終期が明かにされていないこと。

第二、現に爭議権がある場合でも、調停の申請、請求等があると、國会によって三十日間は爭議権の行使が停止されるのかどうかゞ明文上ハッキリしていないこと。

右の中第一点については、調停の対象となった労働爭議が、全面的に解決した時が爭議権の終期であるというのが大体一般に認められている解釈である。ところが、爭議が調停乃至それに引続いて行われる斡旋を通して解決してゆく過程を実際に見ていると、爭議が果して全面的に解決したかどうかの判定に苦む場合が少くないのである。それを二三例示して見ると、

一、組合の要求事項全部につき当事者双方の諒解が成り立って、爭議解決の協定書が調印されたような場合は先ず問題ないけれども、場合によると要求事項の一部についてのみ諒解が成り立ち、他の一部は未解決のまゝ協定書が調印されることがある。こういう場合に、その未解決の部分は今後の直接交渉に譲ることとして、爭議としては一應これを打切る諒解がハッキリ成り立っていれば、問題ないのであるが、実際にはその点がハッキリしない場合があり得る。

二、爭議解決の協定が成り立った以上、それによって爭議権は一旦消滅し、その後協定の履行に関して紛爭が起ったならば、改めて労調法所定の手続を得た上でなければ爭議行為を爲し得ないことは原理的にはこれを認めざるを得ない。何となれば協定不履行を理由とする紛爭は原則として新な爭議を認めざるを得ないからである。ところが、労働組合の人々に言わせると、そういう解釈を認めると、使用者は初めから履行の意思がないにも拘らず、協定書に調印して一旦組合側の爭議権を消滅せしめ、これによって後に不履行に因る爭議が起った場合には改めて調停を経なければ爭議行爲を爲し得ないようにすることができる。かくして極端な場合を考えると、調停—協定—不履行—調停というような過程をくりかえして、労働者は永久に爭議権なしに交渉せざるを得ない立場に置かれることがあり得る。そこで、組合としては爭議解決の協定書に調印するに際し、協定の履行が完全に行われるまで爭議権を留保すると一方的に宣言することも考えられるのであるが、法律上かゝる宣言に効力を認むべきであろうか。

三、調停乃至斡旋の結果或る程度の協定が成り立って事件が一應労働委員会の手を離れて、爾後の交渉が当事者相互の直接交渉に移された場合には、労働委員会における調停事件としては一應終止したこと明かであるが、これによって争議も亦一應終ったものと見るべきや否やは各場合の事情によることであって一概には断定し難い。かゝる場合には当事者双方共協定によって争議を打切り以後は改めて平和的交渉によって事の解決を図る意志を有するものと認むべき場合もあるが、それとは反対に労働委員会の手を離れた後も引続き争議状態をつゞけながら直接交渉によって事を解決する意志を有するものと認むべき場合もあり得る。

このように疑問はいくらでも起り得るから、理想をいえば私が労調法解説一〇五頁に書いたように、労働委員会が協定書調印に際し、特に争議権の問題を明確にするような條項を加えることが望ましいのであるが、実際にはそれが容易に行われ得ないのである。

次に第二の点については、一方において現に争議権がある場合には調停中も争議行為を禁止すべきではないという議論が成り立ち得ると同時に、他方には苟も調停の申請乃至請求があった以上たとえ争議権があろうとも調停中は争議行為を為さしむべきではないという意見も成り立ち得る。労働組合の立場からいえば、調停中と雖も随時争議行為に訴え得ることは組合にとって極めて有利である。この利益が調停請求によって奪われることは到底認め難い。しかし、他方からいえば、公益事業に関する限り争議行為は直接公衆の日常生活に影響するところが大きいから、組合としても三十日間は争議行為に訴えずに調停によってその解決を図ることに協力すべきが当然だという議論も成り立ち得るのである。

このように、第三十七條を現在のまゝにして置いたのでは、今後とも色々問題が起り得ると思うから、この際速に適当な改正を加えて、かゝる疑義が起らないようにして欲しいというのが私の希望である。如何に改正すべきかについては多少の私見をもっているがこゝには略したい。

以上は、目下問題になっている電産争議のことを頭に入れながら書いたのであるが、その目的は第三十七條の欠陥のために争議権の有無を判定することが一般的に見て非常に難かしい問題であることを説明せんとするにある。世間の人は、組合の人間にしても、政府の人々にしてもこの難かしいことに氣付かずに、簡單に争議権の有無を判定し得るように考えているらしいので特にこの然らざる所以を明かにして置きたい。

法律時評
一九四八年一二月号（二〇巻一二号／通巻二一三号）

法務総裁の人選

吉田首相が法務総裁の重要性を認めてその人選を愼重にしていると新聞紙は傳えている。党議により党員の中から人を求めることなしに、首相独自の考えによって廣く適任者を党外に求めようというのである。確に尊敬に値すべき一の見識だと思う。

ところが、その後実際に候補者を求めている方面について新聞紙が傳えるところによると、首相は結局法務総裁の仕事が党利党略によって動かされるのを避けることだけを考えているらしい。恐らく片山內閣から芦田內閣へかけての実際を見てそういう考えをもつようになったのだと想像するが、これでは法務総裁の重要性の一面のみを見て、他の更に一層重要な面を見逃がしているように思われてならない。無論、閣員党員の中から犯罪容疑者が続出するような現状を見ると、吉田首相でなくとも、法務総裁の人選を愼重にする必要を感ずるのは当然である。しかし、そうした考え方は結局法務総裁の任務の中検務局関係の事務のみを特に重要視するものであって、新憲法下の政治において法務総裁の占むべき役割の重要性を全面的に捉えているとはいい難い。

いうまでもなく、法務総裁は嘗ての司法大臣ではない。恐らくはアメリカのアトーニー・ジェネラルに倣って設けられたものと思うが、その職務の中心は、わが國の場合でも、法務廳設置法第一條第一項にある通り、「法律問題に関する政府の最高顧問として、內閣並びに內閣総理大臣及び各省大臣に対し、意見を述べ、又は勧告する」にある。アメリカ式のデモクラシー政治においては、政治的規律の最後の拠り所を法に求めなければならない。凡そ一の規律立てられた統一体として政治が秩序正しく行われるためには、その中心に一の権威が必要である。その権威を、アメリカ式のデモクラシー政治では結局「法」に求めて法至上主義 rule of law の政治原理を確立し、その具体的実践のために最高裁判所に極めて高い政治的地位を認めたのである。內閣內に法律問題に関する最高顧問として特に法務総裁を置くことにしたのも同じ精神に基くのであって、內閣による行政の中心的権威を「法」に求めようとするのがその究局の目的である。そして、その「法」の権威を具体的に表現する役目こそ法務総裁に課せられた中心的任務なのである。凡そ法律問題に関して閣內に論争が起った場合は勿論各省間各省內に法律問題に関する論争が起って、容易にその解決を見出し得ないような場合に、最後の裁断を法務総裁に求めて取りまとめをつけてゆこうというところにこの制度の政治的ねらいがあるのである。

この故に、法務総裁としての最適任者は、必ずしもその人が党員であると否とに関係なく、個人として法曹界法学界の第一流者でなければならない。凡そ法律問題であれば大体閣內各省の人々がその人の意見を尊重して事をまとめようと考えることができる程の人物でなければならない。無論、一人の法務総裁からあらゆる法律問題に関して適切な具体的意見が與えられることを期待し得ないのは勿論であるから、法務廳設置法でも法務意見調査局の制度を設けているのである。従って、この局に有能な法律官僚を常備して、何時如何なる問題に対しても適切な意見を提出して総裁を助け得るように用意がされていることが、同局をしてかかる機能を十分に発揮させることができるかどうかも、実をいうと法務総裁の人物力倆に負うところが極めて大きいと思う。

法務総裁の人選上、検務局関係の事務を重要視し、検察廳の公正な活動に対して政党勢力が不当に侵犯することがないようにすることは素より極めて重要なことである。その意味においては、人選上党員の起用を避けようとする吉田首相の意図には十分敬意を表し得るけれども、われ〳〵の希望として更に一歩を進めて眞に「法律問題に関する政府の最高顧問」たるにふさわしい人物を起用することによって、政治一般における「法」の権威を一層高めることに努力して欲しいと思うのである。

文献の科学的整理

最近アメリカから輸入される科学書を見て、最も目につくのは引用文献の豊富なことである。これは学者各自が平素からタイプライターとカードシステムを武器にして文献の整理に努力しているのみならず、研究室、図書館等でもこの種の仕事に力を入れて学者の共同利用を助けているからである。

アメリカの学者がこういう方法で文献の蒐集整理に力を入れることは敢て最近に初まったことではなく、私が三十余年前留学した当時、本や論文を書く用意や手順をどうすればいゝかということを、シカゴ大学の一教授にたずねたときにも、こうした方法を教えられた。日本の学者の多数が今でもやっているように、執筆の都度改めて参考文献を集めて、それからノートを取るようなことは当時も向うの学者は既に一般にやって居なかった。平素からその日〳〵に読んだ本や雑誌の中から、必要な資料をタイプして、カードシステムで整理して置き、いざ論文や本を書くというときには、項目別に整理されたカードの中から必要なものを抜き出して、更にそれを整理し、かくして足りない部分を多少補充すると、直に原稿ができ上がるというような仕組みで、極めて手順よく仕事がされていたのである。

私は留学前に「債権各論」という千頁にも余る比較的大きな本を書いたことがある。そして、そのために文献資料を集めるのに非常な骨折をした経驗をもっていた。だから、こうした方法を教えられて人一倍感心したのである。爾來留学中はもとより帰國後も不完全ながら、この方法で資料の蒐集整理をしつゞけたものであるが、帰國後いくばくもなく比較的豊富な資料で労働法の講義を初めることができたのも専らそのお蔭であり、「物権法」にあれだけ網羅的に判例を引用することができたのもそのお蔭である。そうして、あの物権法が用益物権までで中絶して終に担保物権に及び得なかった主な原因は、折角苦心して整理したカードを研究室に置いていたため震災で焼いて仕舞い、新に初めからやり直す勇氣が挫けてしまったからであって、今でも残念なことをしたと思っている。

尚私は帰國後この方法を研究室の若い人の間に宣傳した。そのため、今でも東大教授の中にはやっている人があると思うが、日本で結局これが普及しないのはタイプライターを利用できないことが最大の原因だと思う。私はそんなことから、比較的早くから日本ローマ字会に入会して、法律用語のコトバナオシ（ローマ字に書いて解るように法律用語を書き直すこと）に力を入れて見たこともある。戦後ローマ字運動が再び力を得つゝあるが、こうした面から、この問題をもっと熱心に考えてくれる人が若い法学者の間に出ないものであろうか。

無論、こうして文献資料をカードシステムで整理する仕事は、中々一人の手では十分にできかねる。各自が自分に必要なものだけを作ることは無論必要だが、更に完全を期するためには、研究室や図書館で一般学者の共用に供する目的で組織的に仕事をしなければならない。しかしそれには誰でも容易にカードを利用できるように科学的な分類配列法（ファイリング・システム）を立てる必要がある。さもないと、折角カードの整理ができても結局はその整理に当った当人しか利用できないことになる。

アメリカでは前々からファイリング・システムの研究と実践とが非常に発達している。それを、図書館などで図書の整理に使っているのみならず、役所や会社で文書を整理するにも使っている。役所や会社の文書は、そこに働く人のすべてが誰でも容易に利用し得るように整理されていなければならない。現在でも日本の会社や役所では、かゝりの者が欠席すると必要な文書の在りかゞ分らないというようなことを平氣でやっている。甚しきに至ると、かゝりの者が必要な文書を独占して私有財産化する傾向があるとさえ言われているが、これでは仕事の能率が上らないのは当然である。日本の図書館や研究室に雑誌論文や判例のカードが備付けられるようになるのは果していつの日のことであろうか。

文献資料の科学的整理は必ずしもアメリカだけで行われているのではない。既に地震前東大経済学部に來ていたドイツ人のウェンチッヒ教授なども研究室にそうした施設をすべきだということを熱心に主張していた。しかし、私の想像するところアメリカ位この種の仕事が眞劍に行われている國は少いのではあるまいか。

アメリカには大分前から、自然科学の雑誌論文の要旨を集めた雑誌がでゝいる。そして、恐らく読者がそれを切り抜いてカードに整理するためと思うが、希望者は片面刷りの雑誌をとることさえできていた。学者の仕事が一人々々の手内職から、学界全体の協同作業に発展してゆくにつれて、こうした雑誌の需要さえ生まれて來るのである。

今、日本の研究は一般に停頓している。自然発表される文献も比較的少い。これは如何に戰争の結果とはいえ誠に残念なことではあるが、考えようによつては、この文献の少ない時こそ新に整理の仕事を初めるに適した機会であるのかも知れない。学者各自はもとより、学会等でも眞面目にこの問題を取上げて欲しいと思う。

口先きだけで、如何に文化國家を標榜していても、この大きな明白な立後れを一日も早く取り返えして、一流文化國家の列に加わるためには、今までのような非科学的な仕事のやり方では駄目である。学者すべてが協力して、各人の個人的負担を成るべく軽くする仕組みを考えない限り、われ〳〵の文化國家は結局夢に終るであろう。

一九四九（昭和二四）年

法律時評

一九四九年一月号（二一巻一号／通巻二二四号）

東京裁判

東京裁判終に下る。國民均しく襟を正してこの世界的批判の前に謹んで頭を下げねばならない。われ〳〵は既に憲法制定を通して戰爭の放棄を誓っている。この誓の基礎がこの裁判を機会にいよ〳〵深められ固められることを祈念してやまない。

われ〳〵はこの際終戰時に見られたような國民総ざんげ的の說法や反省だけで満足していてはならない。戰爭の放棄を單なる言葉の上の誓に止まらしめないためには、これに経濟的政治的乃至社会的の裏付けをしなければならない。終戰この方既に三年を経過した今日、われ〳〵お互がこの面において果してどれだけの成果を挙げているか、又少くともどれだけ眞劍に努力をしているであろうか。このことを考えてみると、遺憾ながらわれわれの前途は遼遠にして尙おおいに暗いという感を禁じ得ない。

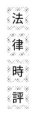

政治の自主性

連合國最高司令官が占領政策の見地からわが國の內政に対して命令・指示・示唆等の形で色々の指図をするのは当然のことである。

しかし、わが國の場合は、初めから直接統治的の形で占領政治が行われているのではないから、最高司令官の指図によったということそれ自身は決して政府の責任を解除するものではない。政府が最高司令官の指図に従って行動せんとする以上、その責任は飽くまでも政府自らがとるべきであって、指図の故を以てこの責任を免れ得べきではないことは嘗てもこの欄で書いた通りである。

同じように、野党にしても政府に反対する行動の根拠を最高司令官に求めるようなことは極力これを避くべきであって、党利党略に捉われるの余り、この種の行動にでるとは甚だ邪道だとわれわれは考えている。

最高司令官の占領政策は飽くまでもこれを尊重しなければならないけれども、最高司令官の権威をかりて内争するが如きは極力これを避けなければならない。殊に、今度の臨時國会に見られたように、國会自らが自主的に処置すべき事柄を自ら処置することができず、終には國会までが司令部の指示によって動いているような感じを國民一般に與えたことは誠に遺憾千万であると言わざるを得ない。日本に來ている外國新聞記者も「日本の政治家達は何もかも総司令部にもたれかかっていて、自ら何事をしようともしない」と批評しているとのことであるが、このことを政治家諸氏はもっと眞面目に考えて欲しいと思う。

自白に関する最高裁判所の判決

一

自白に関する憲法第三十八條の規定が、実際上如何に解釈適用されるであろうかについて私は前々から多くの興味をもっていた。永年に亙り自白に重い價値を認めて事件を取扱い慣れて來たわが國の裁判官が、果してこの規定を如何に運用するであろうかは、或る意味において新憲法下における裁判官の試金石だとも考えられるからである。

その意味で、私は前々からこの問題に関する最高裁判所の判決がでることを心待ちに待っていたのであるが、漸く最近に至って二三の判決を見る機会をもったから、以下にその中特に次の二件を紹介して多少の読後感を書き添えて見たいと思う。

二

憲法第三十八條第三項は「何人も自己に不利益な唯一の証拠が本人の自白である場合には、有罪とされ、又は刑罰を科せられない」と規定している。そうして、憲法はその自白がどこで為されたものであるかについて何等の制限をつけていないにも拘らず、最高裁判所は去る七月二十九日の判決で、この自白中には「公判廷における被告人の自白」を含まないという極めて重要な制限をつけている。その理由は多岐に亙っているが、その要点は、(1)公判廷における自白は身体の拘束をうけず、又強制、拷問、脅迫その他不当な干渉を受けることなく、自由な状態において供述される、(2)その上公判廷の自白は、裁判所の直接審理に基くものであるから、「被告人の発言、挙動、顔色、態度並びにこれらの変化からも、その眞実に合するか否か、又自発的な任意のものであるか否かは、多くの場合において裁判所が他の証拠を待つまでもなく、自ら判断し得る」、(3)「公判廷の自白は裁判官の面前で親しくつぎつぎに供述が展開されてゆくものであるから」、「裁判所はその心証を得られるまで種々の面と観点から被告人を根掘り葉掘り十分訊問することができる」、従って他に補強証拠がなくとも、事の判断を裁判所の自由心証に任せて置けば自ら眞実が捉まる云々というにある。

ところが、この判決に対しては、五名の裁判官がそれぞれ各別に少数意見を述べて居る。それを一々こゝに紹介する余裕がないけれども、その中には相当傾聴に値すべき有力な意見があるから、読者諸君は是非共直接それを読んで欲しいと思う。

この判決を読んで、私の最も強く感じたことは、自由心証主義に対する疑である。判決は、神のような理想的な裁判官を仮設して議論をしているが、すべての裁判官が果して判決がいっているように「根掘り葉掘り十分訊問」

して、他の補強証拠なしにも有罪の心証を得ることができる程、親切であり又有能であり得るであろうか、そこに抑も問題の根本があるように考えられてならない。そう考えて見ると、判決はあゝいっているものの、何かあぶなっかしいものがあるように考えられてならないというのが私の僞らざる感想である。

三

次に七月十九日の判決は「不当に長く抑留若しくは拘禁された後の自白はこれを証拠とすることができない」という憲法第三十八條第二項の規定の適用によって原審判決を破毀しているが、これを読んでわれ〳〵の最も驚くことは、新憲法施行後の今日、尙かくの如く不当に長い拘禁が故なく行われる事例があるということである。本件は極めて單純な窃盗被告事件であって、判決がいっているように、「事実は單純であり、数は一回、被害者も被疑者も各々一人で、被害金品は全部被害後直ちに回復せられて、現に証拠品として押収されている。ほとんど、現行犯事件といってもよいほどの事件で、被告人の弁解も終始一貫している。被告人が果して本件窃盗の眞犯人であるかどうかはしばらくおいて、事件の筋としては極めて簡單である。被告人が勾留を釈かれたからといって、特に罪証湮滅のおそれのある事件とも考えられない。又被告人は一定の住居と生業とを有し、その住居には、母及び妻子の六人の家族があり、尙相当の資産をもっていることは、記録の上で十分にうかがわれる。年齢も既に四十歳である。かような情況から考えて、被告人が逃亡する危険もまずないと考えなければならぬ。」然るに、第二審裁判所で被告人が公訴事実を自白するまで、前後百九日にわたる長期間被告人は拘禁されたのであって、最高裁判所はこの点に関して「本件においては、被告人に対して、あれ程長く拘禁しておかなければならぬ必要は、どこにもないのではないか。たゞ、被告人が犯行を否認しているばかりに――言葉をかえていえば、被告人に自白を強要せんがために、勾留をつづけたものと批難されても、弁解の辞に苦しむのではなかろうか。以上各般の事情を綜合して、本件の拘禁は、不当に長い拘禁であると断ぜざるを得ない」といい、かゝる不当に長い拘禁の後の自白を証拠にとることは、憲法第三十八條第二項の嚴に禁ずるところであるとの理由で、再上告を理由ありとし、破毀差戻の判決を與えたのである。

本判決そのものについては、あらためて特に批評に値すべきものはないと思う。しかし、判決もいっているように、この種の極めて單純な事件についてさえ自白強要のために、かくまで長く拘禁されるような事実が、新憲法施行後の今日、尚あるということは、われ〳〵の均しく注意しなければならない重要な事柄である。

法律時評

一九四九年二月号（二一巻二号／通巻二二五号）

政治の自主性を守れ

前にも書いたことであるが、その後國会をめぐって政府野党の間に行われている政爭を見ていると、ただただあきれるの外ない。勿論、占領下にあることだから、政府や國会の動き方につき司令部から指示があり得べきことは敢えて異とするに足りないが、政府と野党がそれぞれ自己の立場を有利にする目的から自ら進んで司令部に伺いを立て、その結果國会までがすべて司令部の意のまま動いているような感じをわれわれ人民に與えたことは甚だ遺憾である。

私は、占領下のことであるから、政府が必要に應じて司令部に助言を求めるのは当然のことだと思う。又諸政党がその意思決定の資料として司令部の意向を尋ねることを不都合だというのでもない。私が不可なりとするのは、政府なり野党が政争の手段として司令部の権威を利用しようとすることであって、かくの如き卑屈な行動は占領下の今日と雖も断じて許すべきでないというのが私の意見である。

わが國の政治家達は、嘗て天皇制の下においてはしばしば天皇の権威を借りて自己の行動を正当化しようとした。又軍部の権威をかりて無理押しをした。かくして旧憲法下においても尚一時は生長するかに見えた民主主義的傾向も、終にわが國政治の舞台から消えて仕舞ったことを、この際われわれは想起しなければならない。今日諸政党のやっていることは、この嘗ての政治家がしたことと似ていないであろうか。

司令部に最高の政治的権威があることと政府なり政党なりが自己の判断と責任とによって行動しなければならないこととは互に両立し得べき別事である。自ら責任をとる覚悟なしに事前に一々司令部に伺いを立てるようなことが望ましくないのは勿論であるが、殊に政争上自己の立場を有利にする具として司令部の権威を利用するようなことは断じてこれを排撃しなければならない。もしも諸政党が今後この種の行動を慎まないならば、わが國の民主政治はいつまでたっても確立しないであろう。何となれば、政党人の心構が改まらない限り、如何に法制だけが民主化されても、民主的な政治道徳も涵養されず、民主的な政治慣行も確立されず、民主主義政治はかくて永久に確立する見込がないと考えざるを得ないからである。

仮処分の危険性

一

労働争議に関連して経営者側又は労組側から裁判所に仮処分を申請する件数が非常に増えて來た。裁判所も段々に労働争議の取扱方に慣れて來たから、これによって或る程度まで労働争議に法的整序が與えられて多少共無用の摩擦を避ける効果が期待できるように思う。

しかし、争議の実情に應じて、適時に適切な仮処分を與えることは、裁判所にとって決して容易な仕事ではない。裁判所の処置がよろしきを得ないと、当事者のいずれかに対して不当に多大の不利益を與えることとなるのみならず、争議そのものを反って悪化させるおそれさえあり得る。

この故に、私は、最高裁判所がこの種事件の担当判事に尚一層の再教育を施すことを希望すると同時に、今後の事情如何によっては制度そのものにも徹底的な変革を加える必要があるのではないかとさえ考えている。

特に最近弁護士森長英三郎氏が産別会議の調査資料（七十七号）に寄せられた石井服装工業の仮処分事件に関する報告書を見て、その感を深くせざるを得ない。私は森長氏の報告のみを基礎として直に当該事件に対する裁判所の取扱方そのものに対して具体的の批判を加えようとするものではない。しかし、一般的に考えて森長氏が報告しているようなことは、大いにあり得ると思うから、これを一般的の問題として取り上げて司法当局者の考慮を促す次第である。

二

私の提案を理解して頂くために、先ず事件の概略を森長氏の報告に基いて摘記する。

一、会社は石井服装工業株式会社といって、千葉縣東金町にある洋服の仕立などをする小さい同族会社であり、組合は女子工員五十一名によって結成されて居る。そして争議発生当時の賃金は「日給最高十六円、最低十円五十銭であって、これに十六割の手当を支給する」程度の極めて低劣なものである。

二、だから、彼等の賃上要求も極めてつつましやかなものであって、会社にも少し親切氣がありさえすれば、恐らく争議行爲を見るに及ばずして事は無事解決したであろうと想像される。然るに、会社は断然彼等の要求を容れないため、ストライキに陥った。そうして彼等は工場を占拠して会社に対抗したのである。

三、よって、会社は仮処分を申請して彼等を立退かせることを企てたのであるが、裁判所は口頭弁論を経なかったのは勿論、恐らく争議の実情を少しも調べることなしに卽日申請通りの仮処分決定を與えている。

四、ところが、決定の附属目錄に記された建物の中、偶々労組が現に組合事務所として使用していた部分が漏れていたので、組合側から逆に、その部分の使用を妨げてはならない旨の仮処分申請をしたところ、判事が二三日不在でその目的を果たすことができなかった。しかもその後判事が帰って來た日の早朝会社は更正決定を得て右部分に対してまで執行を行って來た。

五、そこで組合としては交渉の結果、その執行を月末まで延期して貰うと共に、逆に仮処分停止決定の申請をした。すると判事はこの申請を見て、自ら仮処分の行きすぎを認めて、停止決定を出すことを約し、千円の供託を命じた。そこで労働者の方では、早速書記課と連絡をとって供託の手続を踏もうとしたところ、書記が何かと難癖をつけて、供託を受け付けないため、その日は供託できずに翌日行って見ると、今度は判事までが停止申請を取下げろと勧告するような始末。その結果組合側では終に縣労会議の應援を求めて判事に强談したところ、判事も終に折れて停止決定を與えた。

六、ところが、今度は会社側はこの停止決定に対して卽時抗告を爲し、民訴法第四一八條第一項によって右停止決定の効力は停止されたと称して執行を强行せんとし、組合側からこれに対して執行方法に対する異議申請をしたにも拘らず、会社側は警察の立会まで求めて執行を强行しようとした。しかし、結局は組合側の抗議によって執行を行わずにいる間に、地方委の斡旋によって争議が片付いた。

三

以上を読んで考えさせられることは、現行民訴法の仮処分に関する規定をそのままにして置きながら、労働問題の取扱いについて知識経驗をもたない下級裁判所をして労働関係に関する仮処分事件を取扱わしめることが非常に危險だということである。

先ず第一に、現行民訴法の規定は、専ら個人的権利の紛争を目安にして作られたものであるから、これを以て、直に労働争議のような團体的な経済紛争を処理せしめようとするのは間違いである。よろしく労働争議の特性を考えて、それに即した特別の利益を設くべきである。さもないと恐らく嘗てアメリカで labor injunction が政治上の問題となった以上に、ゆゆしい問題が起り得ると私は考えている。

第二に考えなければならないのは、現在のような下級裁判所をしてこの種の事件を取扱わしめてはならないということである。今回の事件を見ても、裁判官には殆ど権威が感ぜられない。裁判官自らも非常に困られたのであろうと想像する。殊に、森長氏が非難している書記の行動の如き、恐らくは事実であったろうと想像せざるを得ないことを考え合わせて見ると、普通の執行事件のように末端の下級裁判所をして、この種事件を取扱わせるのは非常に危険だと言わざるを得ない。よろしく地方裁判所自らが事を処理すべきであると共に、各地方裁判所毎に労働専門の判事を配慮すべきである。

第三に、この種事件の仮処分は、結局争議の悪化を防ぐため司法権の干渉によって暫定的に紛争の一部を停戰狀態に置くことを目的とするものであって、事件の全体は結局調停斡旋によるなり、その他裁判外で解決されるのを通常とするから、仮処分申請の前提として本訴の提起を爲さしめることは無用であって、当事者にも無用の負担を課するものである。よろしく本訴と離れて仮処分を申請し得る制度を設くべきである。

法律時評

一九四九年三月号（二一巻三号／通巻二二六号）

最高裁判所裁判官の國民審査

一

鳴物入りで花々しく宣傳された最高裁判所裁判官の國民審査も、兼ねて予想された通り、全員信任ということで目出度く幕を下ろしたが、さて後から考えて見ると、何となくあっけない一幕の喜劇を見せられたような氣がしてならない。こうした感じは果して私一人に限ったことであろうか。

第一裁判官にしても、こんなことで形式上信任を受けたことになっても、眞実國民の信任を得たという氣持には恐らくなり得ないであろう。

無論今度のことだけでも全然無意味だとはいえないであろう。例えば、裁判官にして見れば、何といっても天皇の裁判官から人民の裁判官になったという意識を新にする機会を與えられたに違いない。自然その心理的影響が今後の裁判の上に多少とも残るであろうことは想像に難くない。同時に、從來裁判に対して全く無関心であった國民一般をして新に裁判のことを身近かに考えさせる刺戟を與えた効果も決してこれを軽視し得ないであろう。

だが、それにしても今度の國民審査は決して成功だとは言えない。この制度の重要性を眞面目に考えて見れば見る程、こんなことで今の裁判官がすべて國民の信任を受けたということになり、あと十年間は大手を振って仕事を続けることができるようになるのは非常におかしいと思う。われわれお互にもっと眞面目にこの問題を考えなおして見ようではないか。

二

先ず第一に考えなければならないのは、國民審査のことを規定した憲法第七十九條とこれに基いて制定された國民審査法そのものに初めから欠陥があったことである。わが國の國民は前々から司法制度に無関心であり、殊に裁判官が誰であるかということに殆ど何等の注意を拂わない。況んや個々の裁判の当否が一般國民の話題になったり殊に世論の題目になるようなことは殆どない。従って、もしも眞に有効に國民一般の直接投票によって裁判官の適否を判定しようというのであれば、裁判官の任命から投票までの間に相当の長期間を置く必要があるのみならず、その期間内に極力裁判の実相を國民に傳えて彼等の関心を裁判に向けしめる宣傳が行われなければならない。然るに、憲法及び國民審査法はこの点に関する用意を全く欠いているのみならず、今回政府が行った宣傳工作も全くお座なりであって、國民のすべては殆ど何等の判断力をも與えられなかった。かかる國民に投票をさせても、何等実質的の効果を挙げ得ないのは初めから分り切ったことである。

三

次に、今度の國民審査を前にして弁護士会が模擬投票を行ってその結果を事前に発表したことは、甚だ好ましくないことだと私は思う。弁護士諸君にして見れば、最高裁判官の適否を最もよく判断し得るのは、われわれだという職業的自負心をもってのことと思うが、そういうことを言えば、最高裁判所の調査官こそ個個の裁判官の能否を知っている最適の判定資格者であるといわなければならない。殊に一昨年の裁判官推薦の際に弁護士の間で行われた暗躍に関する噂を聞き知っている私としては、弁護士が今度のような模擬投票によって國民一般に示唆を與えようとする態度につき何等か公明を欠くものがあるように思われてならない。幸にこの模擬投票も実際には殆ど何等の影響もなかったようであるが、こういうことが再びされないことを希望する意味において敢えて直言する次第である。

四

要するに、今度の國民審査が結局全く無意味に終ったことは明かである。然らば、われわれはこの結果をこのままにして置いていいのであろうか。否、折角憲法が司法制度民主化の目的から國民審査制度を規定した以上、この無意味の結果をこのままに放置して、更に十年を待つことは不合理である。然らば、どうすればいいのか。私案としては、憲法を改正して今度五年位後に改めて國民審査をやりなおすことにするのが最もいいと思うが、その際にも國民審査の方法については改めてもっと工夫するところがあっていいと思う。

人身賣買問題

近頃新聞紙面を賑わしている人身賣買問題は、終戰この方言葉の上だけでは民主主義とか人権擁護というようなことがやかましく言われて、表面上万事が如何にも民主化されたような錯覚を一般人に与えている今日、誠に軽視し難いゆゆしい大問題である。

その後関係当局が実地調査したところに依ると、事の多くは形式上親の同意に依る長期の労働契約である。従って一方において一人でも人を減らして家計の負担を軽くしなければ立ちゆかない貧農、疎開者等の貧困家庭が数多く存在すると同時に、他方において今尚、子を財産視する思想が親一般の間に残っている以上、現在新聞紙が傳えているように、單にこの種の契約を無効として取扱うというような司法的方針を宣言する位のことで到底事の絶滅を図り得ないのはいうまでもない。徹底的に効果を挙げようと思えば社会政策の高度化によって子を賣る必要を根本からなくするようにしなければならないのは勿論であるが、國家國民が全体として貧困化した今日、かくの如くはいうべくして実は中々行われ得ない理想に過ぎない。

従って、当面の対策としては、法律上かかる契約を無効として取扱うというよりは、寧ろ労働基準法や兒童福祉法の活用によって、具体的に実際の弊害を抑えてゆく外ないのであって、われわれとしては政府当局がこの点について、最善の努力をされるよう要望せざるを得ない。傳え聞くところによると、労働基準監督当局においては、中間搾取に関する基準法第六條によって、この種の契約の仲介を行う者を処罰したり、前借金その他による不当拘束と強制労働を禁止する同法第五條によって処罰する等一面刑罰によって悪質違反を取締ると同時に、他面長期契約を適法な短期契約に引き直させるような行政的指導によって、弊害の除去に力めているとのことであるが、差当りとしては恐らくここらがこの際執り得べき可能にして最善の対策であろう。今後愈々貧困家庭が増加するであろうことが予測される今日、当局が更に一層この方面に力を注がれることを希望してやまない。

尚終に、この問題を考えるに当って、われわれが見逃がしてならないことは、自作農創設特別措置法実施の結果從來の賃貸富農が自作農化しつつあることと当面の問題との間に実質的の関係があるのではないかということである。卽ち、從來小作に出していた農地を自作化するによってその買收を免れた富農等の間には、新に人身賣買的の方法によって安價な労働力を買い取ってその自作経営を立てようとする傾向が生まれつつあるのではあるまいか。もしもそうだとすれば、農村民主化を名として小作農地の自作化を図ったあとに、反って半奴隷的な安價労働によって自作経営が行われるという大局的に見て寧ろ好ましくない現象が生まれつつあるように思われるのであって、政府当局は勿論、政党方面でもこの方面に注意を向けられるよう要望せざるを得ない。

総選挙の結果と選挙法の改正

いつの場合でも、総選挙の後には必ず選挙制度に対して色々の批評が提出されるが、結局そのままになって、実を結ばないのが今までのならわしである。本当のことをいうと、選挙管理委員会あたりで、成るべく早い時期に選挙実施の結果を精細に調査し、政党新聞記者等の意見をも聴いて現行制度が実際上どういう欠陥をもっているか等を明かにして、事後改正問題を考えるための資料を十分に整備すべきであると思う。

一般的にいって、わが國には法律実施の結果を事実について組織的に調査し、これによって事後の改正問題を合理的に考えるという風が著しく欠けているが、選挙法のようにややともすればその時々の多数党の力によって不合理な改正が行われ易い法律については、この種の事実調査によって改正方針に客観的基礎を與え、これによって不純な政治的動機によって不合理な改正が強行されることを防ぐ必要が大きいように思われてならない。

法律時評

一九四九年四月号（二一巻四号／通巻二二七号）

警察の民主化

明治この方ドイツを模倣して組織され発達して來た官僚的な警察を英米風の「われ等の警察」に変えようというのが、現在わが國の警察に課せられた最大の課題である。

然るに、その後新聞紙の傳えるところによると、形の上だけは新警察制度ができても、実質がこれに伴わないために、新制度の基本たる警察民主化の目的が容易に達成され得ない状態にあるのみならず、反って新しい弊害さえ生じそうな傾向が見える。この機会において、警察民主化について平素考えていることの一端を述べるのも必ずしも無駄ではないであろう。

われわれ日本人は、前々からの習慣で何となく警察はコワイものと考えている。泣く兒も「お巡さんが來る」といえば泣きやむように今尚何となく習慣づけられている。從って警察のすることに多少の無理があっても「さわらぬ神にたたりなし」で人民は默っているのが通例である。又その半面警察の方でも人民の基本人権の尊ぶべきことを忘れて無用の干渉をする習慣が依然として抜け切らない。そこらに、人民が何となく警察を「われ等の警察」と考えずに、「官僚の道具」のように考える根本的原因があるのだと思う。

然らば、この弊風を除くには、一体どうすればいいのか、一言にしていえば、警察が「正しく」且「有能」で人民一般から信頼されるものにならなければならない。この要請さえ十分にみたされさえすれば、人民も自ら警察を「われ等」のものと考えて、警察に親しみを感じ、必要の場合いつでも警察に協力する様になるのだと思う。

ところが、終戰この方実際を見ていると、「正しさ」の点において新しい危機に当面しつつあるように思われる。そして、その主な原因は、新警察制度の「かなめ」をなしている公安委員の人選が必ずしも民主化されて居らず、そのために公安委員が必ずしも人民の代表者として、警察を人民のものにする役割を十分に果たして居ないことにあると私は思う。公安委員が、この役割を十分はたしていないのみならず、反って公安委員を通してわが國社会一般のガンであるボス勢力が直接警察と結託する機会が作られ、そこから警察の「正しさ」をけがす新しい由因が生まれつつあるように思われてならないのである。

次に、警察が人民の間に信用を得るためには、警察に対して何等かの非難がある場合に、警察が自ら進んで事態を調査し、もし自らに非ありと認めたならば、率直にそれを改めるだけの雅量をもつことである。わが國では前々から権力者が自己の権威を維持するために、無理にも自己の非を覆わんとする悪い癖があるが、こうした風習が改められない限り、警察に対する人民の信頼はいつまで立っても確立しないであろう。

この点最も参考になるのはイギリスの警察の態度である。イギリスでは、前々から警察に対して非難が起ると、特に調査委員会を設けて事実調査を行うのが慣例になって居り、その調査もこれを公開で行う等極めて公正な方法で行われている。だから調査の結果非難に根拠のないことが明らかにされれば、警察にかけられていた濡れ衣をとり去られて人民も十分納得する。又調査の結果非違が明らかになれば責任も明らかにし、必要な改革もどん〳〵行う。その率直さ誠に羨むべきものがある。

無論、警察と民衆との親しみを作るためには尙別に考えなければならない多くのことがある。特に民衆一般の間に民主的精神が行き亙ることであって、明治この方永年に亘って培われた官尊民卑的な屈從的氣分が抜けない限り、警察だけを切り離して民主化することはできない。民衆一般がもっとお互に基本的人権を尊重し合いながら、お互の協力によって各自の安全を守る精神に目醒めない限り、警察官の間に公僕精神も起らないし、民衆も警察官を公僕として尊敬し信頼する氣分も起らないであろう。そして、かかる精神氣分が一般人の間に徹底しない限り、如何に制度だけを変えても警察はいつまでも旧態を改めないであろう。

最近外電の傳えるところに依ると、連合國側では更にわが國の警察制度に変革を加えて、國家警察の分野を拡大しようとしているとのことである。自治体警察の現状に照し合わせながら、警察機能の拡充を急ぐ立前で事を考えて見れば一應尤もなことと考えられる。けれども、これがきっかけになって折角芽生えかけている警察民主化の傾向が萎縮し後退することがないよう念願してやまない。

公務員法問答

――公務員法をも少し緩和したいという意見がチラホラ聞かれるが、君はどう思う?

――賛成だね。今のままでは官廳内の空氣は沈滞するばかりだと思う。あれでは仕事の能率も決して上らない。

――しかし、去年の改正も全く無意味だったとはいえないね。

――それはそうだ。殊に一部組合幹部の行き過ぎを是正して組合活動を常道に引き戻させる一時の頓服薬としては確かに効能があったと思う。しかし、だからといって、あれをいつまでもあのままにして置いていいという理窟はない。やって見ていけないと思う点があったら、一日も早くその点を改正するのが政府の責任だと思う。

——尤もだ。それで君の考えではどんな点が問題になると思う？

——何といっても、最も大きい問題は團体交渉権の制限だろう。

——しかし、現行法でも平和的に交渉する権利はあるのだから、その点は余り問題にする値打はないのじゃないか？

——そんなことはない、無論、僕と雖も團体交渉の結果國会までをも拘束するような意味をもつ協約なり協定なりが政府と組合との間に締結されることを認めるのは公務員の性質上確かに行き過ぎだと思う。しかし、だからといって、大臣長官と組合とが対等の立場で互に交渉協議することまでをも否認すべき理由は少しもないと思う。

——しかし、その程度の交渉権なら今度の公務員法でも認めているではないか。

——ところが、そこが非常に違うのだ。今度の法律が認めている交渉というのは、要するに、陳情に毛がはえたようなもので、言葉を換えていえば、上官下僚の関係を基礎としての話し合いに過ぎない……。

——しかし、大臣と下僚とが話し合いをする以上、下のけじめだけは團体交渉の場合と雖もハッキリしていなければならないのじゃないか。

——イヤ、それは違う。大臣と下僚との関係は飽くまでも勤務上のことで、ここでは上下の関係が嚴格に守られなければならないこと今更いうまでもない。これに反し、公務員が組合を作って政府と團体的に交渉する権利を認める以上、両者の立場は飽くまでも対等でなければならない。そして交渉の結果きめたことは直にそのまま政府を拘束しないにしても、政府としてはその協定実行のために最善の努力をすべきで、そのために國会の承認を必要とするならば、その承認を得るために最大の努力をすべきだと思う。

——しかし、そうなると、國会が承認を與え得なかった場合に、政府は責任を負わなければならないことになりはしないか。

——そんなことはない。この程度の團体交渉は現にイギリスでも認めている。そして特別の弊害も生じていないと言われている。

——それだね、対日理事会でイギリス代表のショウ氏がいったのは？

——そうだ。イギリスでは委員会形式でこの種の團体交渉をやらせているのだ。だから、日本でも一日も早く人事院がこうした交渉方式をきめて公務員にその要望を公式に表明し得る機会を與えるべきだと思う。それをしないから、公務員の間に不平が鬱積して、人事院も陳情攻めにあうようなことになる……。

——つまり、烟突を立てずに火をたくため、部屋中に烟がこもるようなものだな。

——そうだ、殊にこの頃時々聞くところによると、地方の役所などでは、公務員法改正以來急に長官が威張り出して、公務員法が認めている程度の交渉をさえ拒否するものがあるらしい。これでは、職場が烟るのも当然で、これをこのままにして置くと、やがては官廳内の封建的体制が再建されるようになる……。

——組合ができてからこの方、折角官廳内の空氣が段々にあかるくなりつつあったのに、それを後戻りさせるのは残念だな。

——そうだ。組合にも今まではかなり行き過ぎがあった、そのため官廳内の規律、秩序が或る程度乱れたという弊害は確かに認られる。しかし、同時にそのため官廳内の空氣が明朗化された功績までをも無視してはいけない。

法律時評

一九四九年五月号（二一巻五号／通巻二二八号）

比喩

先日或るアメリカ人と労働問題をめぐって雑談をしていた際、その人が「君の今している仕事はフットボールのレフリーの仕事に似ている」といわれた。そのフットボールというのはいうまでもなく、アメリカン・フットボールのことで、日本ではまだ余り流行って居らず、従って読者諸君の中にも実見された方は少ないと思うが、ゲームとしてはラグビー以上に荒いゲームで、アメリカでは野球以上に人氣のある学生スポーツである。だから、この人は日本の今の労働争議をそうした荒い競技に似ていると考えて居り、その争議の調停斡旋に当っているわれわれ労働委員会の仕事をあのゲームのレフリーの仕事に似ていると考えたのである。

この話をきいた私はその人に次の二つの話をした。

その一。ところが、今われわれのフットボールにはレフリーが二人いるので困っています。つまり一人は労働委員会、他の一人は裁判所、そうして二人は大事なところで別々に笛を吹く。そのためゲームがとかくスムーズに進行しないうらみがあります云々。

も一つの話。私は生れて初めてイギリスでラグビーを見ました。ところが後に日本に帰って日本人のラグビーを見て感じたことは、レフリーがイギリスの場合に比べて笛を吹くことが多い、そのため試合が中断され勝ちで面白くない。その理由を考えて見ると、一には日本のラガーにはどうも本当のラグビー精神が体得されていない、このため自然反則が多くてレフリーも笛を吹かざるを得ないのだが、も一つはレフリーがルールの末節に捉われてゲームをスムーズに運んで行くことを忘れている、そのため多少の反則はあってもこの際笛を吹いてゲームを中断すると、チームの一方に対して不公平になるというような理念が十分飲み込めていないのだ云々。

この二つの話をフットボールを理解している今のアメリカ人は非常によく理解してくれたが、本誌の読者の中にはラグビーを知らない人が多いと思うから、今の比喩が何を意味しているかを以下に多少説明する。

第一の話は、調停に当っている労働委員会と仮処分をする裁判所との間にもっと連絡がとれる必要があるということ。この連絡さえも少しよくとれていたならば、昨年日本タイプライターの争議の結果に見られたような公務執行妨害罪も起らなかったであろう。又東宝争議の場合でもブルドーザーまで持ち出して仮処分命令を執行するようなことも起らなかったであろう。これからあと、ああしたことをくり返えしたくない、というのが私のいいたいことである。

第二の話の意味。今わが國の労働関係においては、イギリスあたりでは既に常識化しているCustom（慣行）もEthics（仁義）もなり立っていない。だからとかく反則が多くてレフリーが笛を吹いて干渉しなければならない機会が多い。又レフリーにしても労働関係の本質を理解しないため、成るべく当事者の自主的解決に任せるのがレフリーの任務であることを忘れて、やたらに笛を吹きたがる。そして笛を吹くべからざる時に笛を吹くために試合が中断されて、そのため当事者のいずれかが意外の不利益を受ける、そのことを労働委員会の人々も裁判所も十分氣づいていない。この理念を読者諸君に解って貰いたいのが私の念願である。

穂積博士の最高裁判所入りを喜ぶ

穂積博士の最高裁判所入りは同裁判所設立の当初から一般に期待もされ要望もされていたところである。その博士が終に宮中の要職を去ってこの輿望に答える決意をされたことは近頃誠に欣快のことと言わなければならない。

單に法学的智識に優れ若しくは法的技術に錬達した人物を求めるとすれば他にも適格者はいくらでもあり得るであろう。しかし一面優れた法学者であると同時に、所謂法律家らしい臭味をもたない、眞にこの人こそ最高裁判所の裁判官になって貰いたいと思う人物は恐らく博士を措いて他に多くその人を見出し得ないであろう。その意味においてわれわれは博士のこの度の決意を心より喜ぶものである。

今更いうまでもなく、最高裁判所は憲法の番人である。しかもその番人の職責たるや決して單なる消極的保守の任に止まるのではない。この番人は一面において如何なる力の圧迫にも抵抗して毅然憲法を護り抜く勇氣をもつと同時に、他面においては時勢の変遷につれてよく憲法の根本精神を進歩的に育成してゆく優れた学才と高い識見の持主でなければならない。第十八世紀的の政治法律思想によって制定されたアメリカ憲法が、その後僅かの改正を加えられたまま、今尚同國政治の拠点として十分その権威を保持している所以のものは、実に最高裁判所裁判官の優れた働きの賜物である。同裁判所の歴史を読む者誰かこの感を深くしないものがあろうか。

最高裁判所は会議機関である。しかし、國会に比べれば遙に「数」よりも「理」が物を言う会議機関である。一人一人の優れた裁判官がよく「理」を以て全体を導くことのできる会議機関である。これわれわれが裁判官一人一人の人選に深い関心をもつ所以であると同時に、穗積博士今回の任命を重要視する所以である。博士の自愛自重と健闘とを祈るもの恐らくわれわれのみではあるまい。

それにしても、この際是非共言って置きたいのは現在の制度上最高裁判所の余りにも忙し過ぎないかということである。制度を改変して最高裁判所に來る事件をもっと少くする必要があるのではなかろうか。現在裁判官に課せられている司法行政的雑務を整理して裁判官一人一人にもっと自由な時間を與える必要があるのではなかろうか。今のように下らない雑務のために裁判官を労することは決して優れた人物を最高裁判所に迎える所以でもなければ、又優れた裁判官に眞にその人でなければできない重責を完全に果して貰う所以ではないと思う。敢て進言して制度の改革を望む所以である。

反　響

十二月号に掲げたわれわれの座談会記事が予想以上に多方面の注意を惹いたことに私は多大の興味を感じている。無論、蔭口をたたいている人の少くないことも十分承知しているが、ともかくあの記事が法学界はもとよりその他の方面の人々の間にも新しい話題を提供し得たことは事実であり、われわれとしてはそれだけでも十分満足すべきだと思っている。

それでは、どうしてあの記事がそれほど人々の注意を惹いたのか。一人の若い法学者は、今まで私は自分のしている仕事が廣く法学的に見てどういう意味をもつのか十分氣がつかずにいました、深い森の中に迷い込んで眼の前の木を見ながらも森のどのへんに自分が居るのかを分らずにいた、その居場所を改めて教えられたような氣がします、という趣旨の手紙をくれた。

又或る労働組合の人、その人は純粋の筋肉労働者で未だ嘗て法律学の勉強をしたことのない人である、その人が直接私に次のようなことを話された。フトしたことで、あの座談会記事を友達に読ませて貰いました、そうして今まで何ということなしに、法律に対して抱いていた反感が多少とも解かれたような氣がします云々。

私は、この中若い法学者には、昨年今頃若くしてなくなられた福井勇二郎君の「佛蘭西法学の諸様相」を送った。そしてこの本の巻頭に掲げられている第十九世紀のフランス法学史に関する訳文を読むことをすすめた。あの文章は、原著もよし訳文もよし、あの位一國の法学史を見事に手際よく書いているものはないと私は思う。日本でも誰かあのような、法学史を書いてくれる人はないであろうか。先日の座談会を企劃した私はそんなことを考えていたのである。

第二の労働組合の人には、私の「農村法律問題」を送ってあげた。そうして、労働問題についても誰かこうした本を書いてくれるといいと私は思っている、ということを書き送った。その意味は、今わが國に行われている労働法の著書の殆どすべては、わが國現在の労働事情に卽して書かれていない。或るものはワイマール共和國時代のドイツ労働法の理論を通して、今のわが國の労働問題を取扱っている。又或るものはアメリカ労働法学がどういう環境背景の下に生れたかを知らずに、その理論をそのままわが國の現在に当てはめようとしている。私の「農村法律問題」は今から見れば甚だお耻しい著作ではあるが、今までわが國には社会現実の問題に卽してあの程度までで法の問題を解說した本は他にあまりないと思う。こうした趣旨を少しでも解って貰いたいと思って、今の手紙を書き送ったのである。

法律時評

一九四九年六月号（二一巻六号／通巻二二九号）

労働裁判所と紛争処理手続

一

労働問題を裁判で片付けることができたなら定めしよかろうという考は誰でもすぐ思い付く考えであるらしく、現在わが國でもそういうことを言う人が多い。

ところが、外國の実験によると、事は決してそう簡單ではないのであって、労働問題そのものには初めから普通の裁判では片付け得ない特殊の面のあることを忘れてはならない。だから、外國で成功している労働裁判所の例を見ると、名は裁判所といっても、その仕事の内容は、普通の裁判所と著しく違うのであって、それ〴〵の國の実情に應じ労働問題の性質に卽した色々の工夫がされている。

二

去る四月十三日のアサヒ・ニュースにスエーデンの労働裁判所に関する記事が出ているから、この問題に興味をもたれる方々は改めて御覽願いたい。同國の労働裁判所は成功した例の一として前々から有名であるが、これが今日改めてアメリカの新聞によって取り上げられたのは恐らくアメリカでもこの問題に関心をもつ人が少くない証拠であると思う。

その記事の大体を紹介すると、先ず第一に裁判所の構成は労資中立の三者構成であって、労資の裁判官にそれ〴〵労働組合及び経営者自体を代表する者を政府が任命する。中立の一人は最高裁判所の裁判官、他の二人は前裁判官と労働問題専門家であって、彼等の任期はいずれも二年である。第二に職務権限は廣く労働問題のすべてに及ぶのではなく、労働協約の解釈運用に関する紛争に限られている。そうして協約違反に対して制裁を加え得る相当廣い強い権限を與えられている。第三に裁判は裁判官の多数決によって行われるが、從來の実績によると事件の九割までは全員一致で決定されている、そして多数決の場合には少数意見をも附して発表している。尙この裁判に対しては上訴を許さないことになつていることも特に注意の價値がある。

私の考えでは、この制度が成功している最も大きな原因は、裁判の対象を労働協約の解釈運用に関する紛争に限つていること、そしてこれを三者構成の裁判所によって普通の訴訟手続に捉われずに取扱わしめていることにあるように思う。欧米諸國のように労働協約が発達すると協約の履行を確実にすることが労働争議を防止するにつき最も大切であることはいうまでもないが、普通の裁判所はこの種の事件を迅速適確に処理するには適しないのである。先ず第一に普通の裁判所では紛争の実態を適確に把握して当該労働関係の実際に適した判断を下し得ないうらみがある、その欠点を除くことに労資中立の三者構成が恐らく非常に役立っていると私は思う、次に普通の裁判所は訴訟手続の関係から事件を迅速に処理し得ないから、労働関係の紛争処理には適しないのである。普通の財産取引に関する紛争であれば、紛争だけを裁判所に預けたまゝ、取引關係を続けてゆくこともできるが、労働関係はそういう訳にゆかない、紛争を片付けなければ、関係そのものが平常化しないからである。だから労働協約に関する紛争を裁判によって片付けるにしても、迅速であることが何よりも大切で、スエーデンの制度はよくこの目的に適つていると私は考えている。

濠洲系の労働裁判官は主として賃金を定める仕事をしているらしいが、これはイギリス風の仲裁制度の應用であって、これが旨く行っているのは同國特有の労働事情にもよるところが多いように思う。現に濠洲では公務員の給與に関する紛争さえ一人の仲裁者の仲裁判断によって解決している位であって、他國の容易に眞似得ない特殊事情がある。

労働争議は大別すると、経済的乃至形成的争議と法律的乃至解釈的争議の二種になると言われているが、この中前者は賃金その他労働條件に関する紛争であって、これ等労働條件の決定が契約の自由に任されている資本主義國においては裁判的の方法でこれを解決しようと考えることそれ自身が初めから無理なのである。これに反して後者は既定の労働條件の履行に関する紛争であって、この種の紛争は性質上初めから法律的解決に適している、唯この種の場合でも紛争が多く個人対個人でなく、團体的であるところに労働紛争の特色があるのであって、普通の裁判所がこれを迅速適確に処理し得ない原因も主としてこの点に存する。

そして、労働協約の発達普及している國では、労働関係のすべてが労働協約で規定されているから、そこでの解釈的争議は専ら労働協約の履行に関して起るのが当然で、この種の争議を特別の労働裁判所によって解決しようと考えたところにスエーデンの制度が成功した最大の原因があるのだと思う。

ところが、わが國で從來労働裁判所のことを云々する人が多く考えているのは経済的争議を裁判的の方法で解決しようというのであって、そこに抑も無理がある。之に反し、わが國でも近頃は労働協約が大分普及し、協約の解釈乃至履行をめぐる争議の数も大分増えて來たから、これ等を裁判的の方法で解決しようというのであれば、問題は自ら別であって考慮の價値は大いにある、そしてその場合以上に紹介したスエーデンの例はよき先例として大いに役立つ。

三

現在わが國の労働協約は內容も不充分なものが多く、普及程度もまだ低いから、スエーデンの制度をそのまゝ眞似てもそれがどの程度まで労働争議を解決することに役立つかは尙大いに疑問の余地があるが、最近私が石炭関係の紛争処理委員会の第三者委員として事件を処理した経驗からいうと、やり方次第では可成り成功する見込みがあるのではないかと思うから、以下にこの経驗の一端を記して読者諸君の参考に供したい。

労働協約の解釈運用に関する紛争を解決するため協約に附帯して紛争処理手続を設けるべきであるということは前々から司令部労働課が熱心に主張したところであるが、今までのところ一般の労働組合は容易に受け入れないのである。ところが一昨年末炭鉱関係の賃金に関する中央協定を締結するに際し、組合側が可成り反対したにも拘らず結局司令部の指示によって半ば强制的に紛争処理手続に関する規定が成立した。それによると賃金協定の解釈運用に関する紛争はすべて所定の手続によってこれを解決しなければならない、そしてその手続は三段階に分れているが、その中最終段階は組合側及び経営者團体各三名ずつの委員の外に第三者委員三名を加えて審理することになって居り、第三者委員の選定は協約の規定上中労委会長に任されている。

その際の問題は、大夕張炭鉱の組合と会社とが中央協定の実施に関して締結した山元協定が中央協定に違反するや否や、もし違反すとせばその取扱を如何にすべきかというにあった。問題は專ら法律問題であるが、これを解決するために中央協定及山元協定の解釈に関連して非常に複雑した事実問題に対して判断を與えなければならない。

ところが、事件がわれ〳〵の手元に來るまでに、下の段階で既に相当論議が盡されているために事実上の争点の大部分が既に究明されているのみならず、資料も大体整備されているため、当事者双方からの事情聴取も比較的順調に捗り僅か二回の会議によって事実審理を終えた上第三者委員の合議によって作成した原案を委員会にかけて討議の結果全員一致で最後の決定に到達することができ、且つこれによって当事者双方を納得させて紛争を解決することができたのである。

その後われ〳〵は最近までに更に四の事件を取扱ったのであるが問題によって多少の難易の差はあったもの、大体同じような経過で比較的迅速に紛争を解決することができた。これらすべての具体的内容についてはいずれまとめて別に紹介したいと考えているが、こゝにはとり敢えず感想の一端を述べて置く。

第一に、紛争処理手続はわが國でも十分成功する見込がある。今後は労働協約において当事者双方が十分考究の上同様の手続を設ければ、紛争を争議にまで発展させずに解決し得る見込みは大いにあると思う。労働組合の一部には今尚紛争はすべて力押しで解決すべきであるというような考え方が根強く残っているが、解釈的争議までをもかゝる方法で解決しようとするのは決して労働組合の常道ではない。

第二に、今後労働協約がも少し発達普及し、その解釈運用に関する紛争をこの種の手続によって解決したいという空氣が経営者並に組合の間に強くなるようであれば、政府がその需要に應ずるためスエーデンのような労働裁判所を設ければいいように思う。そうすれば、個々の経営者と組合とが一々自分等の協約毎に別別の紛争処理手続を設けずとも、必要に應じて政府の設けた労働裁判所を利用することができるからである。

終りに、紛争処理手続が成功するかどうかは色々の條件にかゝっているが、最も大切なことは第三者委員にその人を得ることである。その人は公平で当事者双方から信頼されるような人でなければならないのは言うまでもないが、同時に実際問題を法的に処理する経驗と才能とを十分にもった人であることを必要とする。労働協約の解釈問題に関する仕事は解釈法学的ではないが、しかも極めて法学的である。複雑した事実関係を究明しながら事実に卽して法的解決を与える仕事は恐らく練達した裁判官が最もよくこれを為し遂げ得るように思う。

法律時評
一九四九年七月号（二一巻七号／通巻二三〇号）

國会の國政調査権と司法権の権威

國会の國政調査権の行使に関しては今までも多少の批評があったが、去る五月廿日に最高裁判所長官代理塚崎裁判官から松平参議院議長に対して正式に抗議の申入れが爲されてからこの方、問題は急に表面化して、両者の間に議論の應酬が行われたのみならず、新聞紙もこれをとりあげて色々と批判を加えつつある。中でも朝日新聞は最もこの問題を熱心にとり上げて廿八日以降三日間に亘り相当詳細な座談会記事を掲げているが、これ等を読んでの感じを率直にいうと、論者の総てが何となく問題の最も重要な点を見逃がしているように思われてならない。

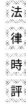

憲法第六十二條の法文を中心として形式的の解釈論をすれば、最高裁判所が主張するように「司法権は憲法上裁判所に専属するものであり、他の國家機関がその行使について容喙干渉するが如きは憲法上絶対許さるべきでない」というのは言い過ぎであって、恐らくは参議院法務委員会が反駁しているように「憲法第六十二條の國会の國政調査権は單に立法準備のためのみならず、國政の一部門たる司法の運営に関し調査批判するなど國政全般に亙って調査できる独立の権能である」というのが正論であるように思う。

しかし、参議院法務委員会が問題の浦和事件について爲したところを実質的に観察して見ると、それは明かに常軌を外れている、成程同委員会調査の目的は反駁声明書に書いているように「裁判官、検察官の封建的観念及び現下日本の國際的國內的立場に対する時代的識見の有無並にこれ等司法の民主的運営と能率的処理を阻む残滓の存否」にあったのであろう、又特に浦和事件調査の具体的目的は「抵抗力なき子供の生命権の尊重及び封建的思想に関する検察官及び裁判所の認識」と「その判決の社会人心に及ぼした影響」であったのであろう。これ等の点に関する同委員会の主観的意図に対しては私も十分の敬意を表したいと思う。しかし、それにも拘らず委員会がその意図の下に実際したことは明かに行き過ぎであって、憲法の精神に背反するものだと思う。目的は如何に正しくとも、目的は決して手段を神聖化しない。同じ目的を達するにしても、その手段には自ら制限がある。その点に関する思慮が十分でなかったところに抑も今度の問題が起った最大の原因があったのであって、委員会はこの点につき十分反省していいと思う。

先ず第一に、私には新聞記事によると少くとも浦和事件に関する限り委員会の調査の仕方には可成り誤解を起し易い不隠当な点があったように思われてならない。第二に、委員会調査の目的がもしも検察官や裁判官の思想や識見に批判を加えてその是正を求めるにあったとすれば、一浦和事件だけを調査した上で直に同件に関する具体的判断を発表するようなことをせず、もっと全國的に資料を求めて一般的な綜合的意見を発表するようなことをして欲しかったと思う。しかし、それ等は要するに末梢的問題であって、私が最も問題にしたいのは委員会がその目的を達することに熱心であるの余り、その実際とった手段がどれ程司法の権威を傷けるような結果を惹き起すであろうかというような点につき十分想を致さなかったように思われる点である。

アメリカ風のデモクラシー的憲政機能の下においては、各方面の人々の協力によってできる限り司法の権威を高め、司法の権威を中心として政治的秩序を固めてゆくことが何よりも大事である。民主的政治秩序は法至上主義の原理の上にのみこれを築くことができる。従って、法の具現者である裁判所の権威を保持するためには、國政に関係するすべてのものが十分細心の注意を拂う必要がある。もしも法務委員会が今回浦和事件について爲したと同じようなことが今後も次々にと繰り返えされるとすれば、同委員会が如何に弁明しようとも司法の権威は実際上著しく傷けられることになる。そのことを私は最も恐れるものであって、その意味において今回最高裁判所のとった態度は極めて時宜に適したものであると私は思う。

誤　解

雑誌「労働と労働法」の五月号に牧野博士が「問題と展望」と題して書いて居られる中に、中央労働委員会及び会長たる私に対しての注文若くは批判的意見が述べられている。私は前々から他人の批評に対しては出来るだけ謙虚な態度で臨み、成るべく弁解乃至反駁的なことをいわないのを例としているが、今度牧野博士の書かれているところを見ると、現行法上中央労働委員会の職務権限が何であるかを全く理解せざるのみならず、從來中労委の外、私の関係して來た東京都労委が博士の注文して居られるような点につき実際何をして來たかにつき殆ど何等の認識をもっていないように思われ、このまま默っていると博士の盛名の故に同じ誤解が一般にも拡がるおそれがあると思うから、以下にそれを防ぐ意味で博士の所説が如何に根拠のないものであるかを明かにして置きたい。

先ず第一に、博士は、労組法第一條第一項及び第十二條に所謂「正当」の意味を具体化してゆく仕事が労働委員会の任務であるようなことをいっているが、これ等の規定の解釈運用は専ら裁判所の仕事であって制度上中労委は勿論地労委の職務にも全く関係がないことになっているのだから、如何に博士が注文されても労委としては何ともいたし方ないのだということを解って頂きたい。

勿論、同じ「正当」問題でも、労組法第十一條及び労調法第四十條のそれは、地労委の職務に関係がある。だから私自らは、都労委の会長として、この問題につき具体的妥当の解決を得るために相当の努力をした経験をもっている。これに反し、中労委は制度上この問題にも全く無関係である。然るに、博士はこの点につき「例えば、中央労働委員会の如きは具体的に、個別的に、わたくしが具体的妥当性としているところを明かにするの任務と責任とを有つので、一方には法律の規定に逃避して、自己の使命を忘れることがあってはならぬはずであるし、他方には、自己の使命を果しつつ法規の制定に対し資料を供給せねばならぬのである。ケース・メソッドということを高調せられる末弘君に対しては、夫子まず隗よりはじめることの希望を敢てしたい」と述べて居られるのであるが、制度上凡そ「正当」問題について直接に意見を述べる機会をもたない中労委が、この問題について「具体的妥当性」を明かにする「任務と責任を有つ」ことができる筈がないではないか。従ってそれに連関して「法律の規定に逃避」したり「自己の使命を忘れる」機会もないし、「自己の使命を果しつゝ、法規の制定に対し資料を供給」する機会も與えられていないのである。勿論昨年十二月に労組法施行令第三十六條が改正されてからこの方中労委は或る程度この種問題についても発表する機会を與えられることになったけれども、博士は失礼ながらこうしたことも御存知ないのではなかろうか。要するに、博士の中労委に対する非難若しくは注文は全く現行法の無智に基くのであって、折角こうした非難や注文を頂いても中労委としては如何ともし難いことを率直に申し上げて置く。

次に私自らが中労委若しくは都労委の会長として、博士が問題にして居られるような点につき今まで何をして來たかは知っている人は十分知っていると思うから、今更自分の口から何事も言い度くない。しかし、少くとも労組法第十一條に所謂「正当」を具体化するために今まで私がして來たことを知っている人々は、恐らく博士のように「夫子まず隗よりはじめることの希望を敢て」されることはないと思う。労組法第十一條に関しては勿論、調停斡旋等に関しても、私は法の創造につき可成りの努力をしているのであって、労働委員会過去三年間の業績につき多少とも智識をもっている人は、恐らく博士のいうようなことは絶対に言われないと私は考えている。

法律時評

一九四九年八月号（二一巻八号／通巻二三一号）

闇に葬り去るべからず

突如として世間を騒がした齋藤國警長官の罷免問題も内閣側の譲歩によって一應片付いたと傳えられている。物情騒然として警察の任務愈々重きを加えつゝある今日、たとえ一時的にもせよ、國警に対する政府の不信任が公式に発表されたことは、その責のいずれにあるを問わず、ことそれ自身甚だ遺憾なことゝ言わねばならない。

法律的にいえば、公安委員会が政府の要求を拒否したのは当然であり、政府が一應聴従する態度を示したことは誠に喜ぶべきことである。しかし、政治道徳の見地からすると、政府がこの事件の実情を世間に明かにすることなしに、引き下がっていることは極めて不公明な態度であると言わねばならない。

もしも、政府が声明したような事実があるとすれば非の一部は國警側にもあるようであるが、事実は果してどうなのであろうか。争の眞相を知りたい希望は私ひとりのみに限ることではあるまい。

イギリスであれば、恐らくこの種の事件が起れば、國会が特別の調査委員会を設けて公に実情を調査するところであろう。そして調査の結果、非が多少とも國警側にあれば、堂々とその是正を求むべきであり又反対に國警側に何等責むべきところがないことが明かにされれば、それによって國警の威信を自ら回復される訳である。

われ〳〵は、警察力がその時々の政権によって濫用されることに絶対に反対する。しかし、公安維持の責任者たる警察は飽くまで公正にして忠実、能率を最大限に挙げて國民の信頼に應えるべく努力しなければならない。

われ〳〵は、國会が事の眞相を明かにして國警に対する國民一般の信頼感を回復することに努力されることを希望してやまない。國会の多数党がその支持する内閣に多少とも傷のつくことを恐れて事を闇に葬り去ろうとするが如きは、新憲法下の國会として絶対に許すべからざる態度である。

報道の自由と証言拒否権

新聞記者が記事取材の出所について証言を求められたにも拘らず、報道の自由を名としてそれを拒否したため、起訴された事件が起った。

記者側の主張によると「新聞記者がニュース提供者を外部の何人にも明かにしないのは既に新聞記者の不文律である」、従ってもしも「官憲が新聞記事のニュース・ソースを追及し、これを拒むものを処罰し得るとすれば、それによって記者の自由な取材活動は著しく制限され、言論の自由は再び損われる傾向を招來する」とのことであるが、これに対して檢察当局は「新聞記者に取材の出所を追及することはわれ〳〵としてもタブーであって、成るべく触れたくないが、今回の事件は石井記者が唯一の当事者であって、同記者の証言による以外容疑者を固める方法がなく、やむなく証人として喚問した。國家公務員が公器の機密たる逮捕狀を事前に漏したことは、明かに公務員法に違反するもので処罰せねばならない、石井記者の証言拒否のため容疑者を出すことができないのは遺憾である」と主張している。

現行刑訴法の解釈からいえば、新聞記者に証言拒否権がないのは極めて明かであって、この点からいうと檢察当局が「新聞記者に取材の出所を追及することはわれ〳〵としてもタブーであって、成るべく触れたくない」と言っていることそれ自身がおかしいと言わなければならない。それにも拘らず、檢察当局がかゝることを言わなければならないところに新聞記者の特異性があるのであって、この特異性をどの程度まで尊重すべきかに実際上の問題があるのであろう。

しかし、この問題は他面新聞記者道徳にも関係していることで、新聞記者が法規に根拠のない報道自由の尊重を主張する以上、自らも亦反面その自由の濫用をつゝしむべき道徳的義務があるのだと思う。その義務の重んずべきことを忘れて、自由をのみ主張することは、必ずや他との摩擦を生じて問題を生じ、そのため反って自らの自由を失うことゝなり易いのである。

戦後報道の自由が逐次に回復されつゝあることはわれ〳〵の均しく喜ぶところであるが、同時に自由の濫用に対して批評があることも忘れてはならない。殊に検察当局の犯罪捜査が——今回の事件は別としても——新聞記事のために屢〻著しい障害を受けていると検察当局はいっている。自ら報道の自由を主張する新聞記者はこの点につき相当反省自制する必要があるのではなかろうか。

遵法問答

——今日は暑いから少し呑氣な話をしよう。

——といって、お互に法律家のことだから、結局法律の話より外に余り適当な話題もあるまい。

——それはそうだが、同じく法律の話でも今日は自分が毎日自動車で東京の町中を走り廻りながら平素感じていることを話そう。

——というと？

——交通規則に対する態度がアメリカ人と日本人で非常に違うことを皆は氣がついているか？

——アメリカ人は司令部の御威光で勝手な運轉をするというのか？

——違う、正反対だ。彼等は母國における体驗から交通規則を自分等お互の安全のために定められた約束だと思っている。彼等は規則によって取締られているとは考えずに、殆んど本能的に規則を守っている……。

——それは今度の交通規則がアメリカ流にできているからだろう？

――それも多少あるかも知れないが、それよりも特に目につくのは彼等が一般に規則とは関係なく運轉上無理をしない。大げさな言葉を使うと、いわば「自ら規を越えず」というような調子で合法的な運轉をしている。

――つまり交通規則を守らないことが如何に自他お互の迷惑になるかを体驗上身にしみて知っている訳なのだな。

――そうだ。だからそうした体驗をもたない日本の運轉手は、同じく交通規則を守るにしても、自発的乃至本能的に守るというよりは、寧ろ規則だから仕方なし守っているように見える。だから、交通巡査の見ているところでは叱られるのを恐れて規則を守るが、見ていないところにゆくと随分勝手な運轉をする……。

――つまり民主主義的な遵法精神がないのだね。

――そうだ。だから、現在最も悪いのは司令部関係の自動車を動かしている日本人で、彼等の中には交通規則を運轉手お互のための規則だと考えないのは勿論、司令部の御威光を笠にきて無理な運轉をするとしか思えないようなものが少くない。

――殿様の御威光を笠にきて平民に無理をした足軽と同じ心理だな。

――そうだ。戰争中軍人の威光を笠にきて威張りちらした役人と同じで、こうした氣持はまだ〳〵日本人の間に可成り濃厚に残っている。それが運轉手の態度に現れている訳で、これはわが國の民主化問題一般にとって極めて重要なことだと思う。

――同感だな。

――今の話は一見つまらない事柄のようだが、永年お上の命令だということで恐る恐る法律を守ることに慣らされた日本人の性癖がよく現われていて非常に面白いと思う。

――面白いだけではすまされない重要な事柄だ。民主主義的な遵法精神が人民一般の間に行き亘らない限り、眞の民主政治はいつまでたっても確立される見込みがない。今の話は差し當り自動車の運轉手に限られていたが、同じことは尚依然として社会の至るところに見出される。これをわれ〳〵はもっと問題にする必要がある。

法律時評
一九四九年九月号（二一巻九号／通巻二三二号）

労働組合の定義

今度の改正労組法の中で、立法技術上最もまずいと思うのは第二条である。同条自らが「この法律で労働組合とは」云々と労働組合の定義を規定している以上、この法律の中に使ってある「労働組合」なる文字はすべてこの定義に該当するものと解釈されなければならないのはいうまでもない。ところが、改正労働組合法が「労働組合」という文字を使っている諸規定を一一当って見ると、そこで使われている「労働組合」を第二条の規定通りの意味だと考えると、極めて不合理な結論に到達せざるを得ない場合が少くない。

というのは、第二条がその本文で「この法律で労働組合とは、労働者が主体となって自主的に労働条件の維持改善その他経済的地位の向上を図ることを主たる目的として組織する團体又はその連合團体をいう」と規定しながら、但書の第一号及び第二号で労働組合たるに必要な特別の條件を規定し、それ等を具備しない團体は労働組合ではないと規定しているからである。本文の規定するところだけが「労働組合」の定義であれば問題は殆ど起らないのであるが、但書の第一号及び第二号の要件を備えないものが「労働組合」から除外されるということになると、労働組合の範囲が不当に狭くなって実際上次のような不都合の結果を生ずる。

先ず第一に、新法の第九條は——旧法第十三條と同じように——「労働組合は、共済事業その他福利事業のために特設した基金を他の目的のために流用しようとするときは、総会の決議を経なければならない」と規定しているが、もしもこゝにいう「労働組合」が第二條の定義に該当しなければならないとすれば、例えば第二條の本文には該当するが、但書第一号又は第二号の要件を欠くものは、第九條の適用なく、従って総会の決議を経ずとも基金を自由に他の目的に流用し得るとの結論を認めざるを得ないが、改正法の立案者は実際上果してかゝる結論を認める考えをもっていたのであろうか。私にはどうしてもそう考えられないのである。

第二に、新法は第十四條において労働協約の一方の当事者を「労働組合」と規定しながら、次の第十五條で協約の自動延長を認めない趣旨の規定を認めている。その結果、形式論理的にいうと、第二條但書の第一号乃至第二号の要件を備えないものは「労働組合」にあらず、従って第十五條の適用を受けないという結論を認めざるを得ない。そうなると、従來第二條但書第一号乃至第二号の要件を欠きながら、同時に自動延長規定を持っていた組合が、法律改正に拘らず第一号乃至第二号の要件に適合することを拒否しさえすれば、今後も自動延長規定をもち続け得ることとなる訳であるが、立案者がかかる結論を認める意志をもっていたとは常識上どうしても考えられないのである。

更にもっと極端なことをいうと、もしも第七條第三号にいう労働組合が第二條にいう労働組合であるとすれば、例えば現に使用者から専従者の給料を貰っている組合は第二條第一号の要件を欠くが故に、同條にいう「労働組合」ではないこととなるから、かゝる組合が今後引続き専従者の給料を貰っても不当労働行爲にならないという極めて非常識な結論を認めざるを得ないことになるが、これも亦勿論立案者の認めることを欲しない結論であると思う。

にも拘らず、もしも労働組合の定義が第二條の本文のみならず但書の規定をも含めて決定されねばならぬとすれば、形式論理は当然にかかる常識に反する結論をわれ〳〵に強要するのであって、解釈上かゝる常識に反した結論を避け得る解釈技術を発見することは、われ〳〵この法律の解釈運用に当るものにとって是非共、為されねばならない重要な事柄であると思う。

然らば、どうすれば、かゝる非常識な解釈を避けることが出来るか。

その第一の方法は、この法律の中で使われている「労働組合」なる言葉の中には、必ずしも第二條の定義には該当しないものがあることを率直に認めることである。これは、折角労働組合の定義規定を設けながら、同じ法律の中に使われている「労働組合」という言葉に別の意味のものもあることを認めることで、かゝる解釈を認めることは立案者自らがその立法技術の拙劣さを自白することになるから、立案者としては最もいやな解釈だと思うが、先に述べたような実質的に不都合な解釈論を認めるよりは、立案者自らが立法技術の拙劣さを率直に認めた方が無難ではないかと私は思う。

次に、第二の方法は、第二條の規定中その本文のみが定義規定だとする解釈をとることである。法文の書き方に捉われてことを考える限り、この解釈には可成り無理があるようであるが、もともと新しい第一号及び第二号のように具体的な、しかも実際の適用上は疑いを生じ易い規準を定義規定の中にもち込んだことが初めから間違っているのである。旧法では、使用者の利益を代表するものの参加を許したり、主たる経費を使用者に仰ぐ等のため御用組合たること明かなものには労働組合たる資格を認めないこととし、その目的を確保するために資格審査の制度を設けていたのである。従って、旧法の下では、第二條全体を定義規定だと考えても、実際上不都合が感ぜられなかったのであるが、新法のように第一号及び第二号の内容を具体化して苟もこれに反するものは労働組合でないというように厳格な立場をとって見ると、この第一号及び第二号までをも含めて定義規定だと考えることそれ自身に可成りの無理が感ぜられるのである。

無論、私と雖も立案者が第一号及び第二号の趣旨を厳格に励行して組合の粛清を図ろうとした精神には十分同感をもつことができる。従って、第五條の規定する資格審査に当って第一号及び第二号の規定する点を嚴格に審査することには少しも異存はない。しかし、このことと第一号及び第二号までをも定義の一部だと考えて、先に述べたような非常識な解釈論を認めざるを得ないようになることにはどうしても賛意を表し兼ねるのである。

そこで私の結論をいうと、第一に第二條の本文のみが労働組合の定義規定であって、その他の條項で使っている「労働組合」なる言葉はすべてこの定義に該当するものであること、第二に第一号及び第二号はかゝる労働組合に対する禁止規定ではあるが、それに反するの故を以て直に労働組合たる資格を失うのではなく、それに反する組合は第五條第一項によって所謂手続に参與する資格を與えられず又救済を求め得ないことになるだけのことだと解したいのである。

かゝる解釈は、第二條の文字に捉われると、いかにも無理な解釈のようであるが、立案者が実質的に意図したところを全体的に実現させようとする合理的な立場をとって見れば、この解釈こそ寧ろ極めて無理のない合理的なものだといわざるを得ないのである。第一号乃至第二号に違反した組合は、法の禁止に違反した組合であるから、第五條の関係上不利益を受けることにはなるが、それにも拘らず労働組合たることには変わりない。かかる組合は違法のことをしている組合ではあるが、尙組合たるの実を失わないこと、尙違法のことをしている人間が、法律違反者として法的制裁を受けることがあり得るにも拘らず、尙人間たるを失わないのと同理である。私はこれこそ眞に筋の通った合理的な解釈だと考えるのである。

無論、労働省その他の立案に関係した官吏諸公の立場になって見ると、かゝる解釈を認めることは、自らの立法技術の拙劣さを認めることで、誠にお氣の毒ではあるが、私はかゝる私情をすてて法律全体の矛盾なき解釈を以上に述べたような方法に求めるのが法律の解釈運用に当るものとして眞に法律に忠実なるものと考え、敢て如上の解釈論を提唱する所以である。関係官廳の諸公が私心を去って率直にこの解釈論に賛意を表されるよう希望してやまない。

法律時評

一九四九年一〇月号（二一巻一〇号／通巻二三三号）

民主主義は果して絶望か

近頃わが國に滞在している外國新聞記者の間には、わが國民主主義の將來に対して深い疑いを抱いて、このままにして進めば共産主義化するか又はファッショ化するの外ないであろうという意見を述べるものが多い。

永年民主主義の社会に住み慣れた彼等の眼から見れば、わが國最近の出來事の中には、彼等をしてそういう考えを抱かせる原因になると思われるものが多い。そのことはわれわれも亦これを認めざるを得ない。しかし、問題観察の焦点は、そういう表面上の事件にも拘らず、わが國の政治と社会が全体として遅々たりとは言え、ともかく民主主義の方向に向って進行しているか又は寧ろ逆行しているかの点に置かれなければならない。永年天皇制の下に絶対主義の政治に慣れて來たことであるから、憲法が改正された位のことで、容易に全体が民主主義化されないのは当然である。親子夫婦の関係にしても、労資相互の関係にしても、上からする法律的秩序の下に住みなれたわれわれ相互のことであるから、憲法民法労働法等が改められた位のことでは、容易に今までの氣持を改め得ないのは当然である。だから、民主化が遅々として進まないのは寧ろ当然であって、そのことの故を以て直にわが國將來の民主化を絶望視するのは誤りである。

しかし、近頃次々に起る事件だけを見ると、わが國民主化の將來に対して疑いを抱かせる原因となるべき事実は多分に存在する。相対立する政党相互の対抗的態度を見ても、彼等は互に一應相手の立場を認めて、言うだけのことは互に十分言い合い、多少とも理があれば立場の如何に拘らず相手の主張に聽從する雅量を全く持っていないように見える。政界を支配しているのは「問答無用」の空氣であり、暴に報ゆるに暴を以てするを以て政治の常道であるかのように考える人々が日に日に増えつつあるように見える。

労資の関係を見ても、近頃一部資本家の爲すところは、自ら労働者の階級闘争理論の線に沿って專ら闘争によって相手方を圧倒せんとしているように見える。嘗て永年に亘り、上からの他律的規律によって労働者を僞って來た彼等が、民主主義的に目醒めた労働者の抵抗に当面して、ややともすればそうした氣持になり易いことは十分これを推察することができる。しかし、今は要するに過渡期に過ぎない。他律的秩序から自律的秩序への轉移が容易に行われる筈はない。その間に過渡期の摩擦が起るのは当然である。卑近のたとえを引いて見れば、それは永年他律的道徳の下に育って來た子供が大人になる過程において必ずや多少とも親との間に摩擦を起し易いのと似たる柄であって、その間に処する親の氣持と態度とが子供を一人前の人間に育て上げてゆくについて大切であるのと同様、資本家のこの間に処する態度は飽くまでも寛容的でなければならない。

私は最近一カ月に亘って全國を旅行する機会をもった。これによって得た感想を遠慮なくいうと、「民主化の途尚遠し」の一言につきる。しかし、同時に何となく民主主義にあこがれる氣持は尙いたるところにこれを認め得るのであって、政治家その他現在支配的の地位にある人々はこの事実を軽視してはならない。そして、如何に我慢がならないと思われる機会に遭遇しようとも、民主主義に対する信念を失ってはならないと思う。

私は過去三年間労働委員会の仕事をした。そこで労働者代表者はしばしば階級理論に基いて中立的立場の不可能を主張した。しかし、私はその間に処して常に誰れのいうことでも一切の偏見に捉われることなしに無心に理解しようと力めた。誰れのいうことでも理のあるところはすべてこれを認めてその主張の貫徹に協力して來た。そのため、私はしばしば色々の批評を受けたけれども私の信念はそのため一度も傷けられたことはない。

大事なことは、嘗ての他律的秩序から自律的秩序へ移り変ることが如何にむつかしいかを十分理解してお互に根氣よくこの過渡的困難を克服することに全力を集中することである。然るに、わが國の現狀は今尙「問答無用」的の空氣に支配されている。かくの如くにして果して民主化の大目的が達成されるであろうか。

私は今更改めて共產党の人々に寛容の德を說こうとは思わない。しかし、現在支配的地位にある人々は、飽くまでも民主主義に絕望してはならないと主張したい。彼等が絕望したとき、わが國は外國新聞記者がいうようにたやすく共產主義化するかファッショ化するであろうと私も心からおそれている。

住宅政策と法制

一

食糧問題について多少安定の見込みがついて來た今日、われわれにとって最大の問題は住宅問題である。さし當りとしては衣料問題も尙相当大きい比重をもっているけれども、これとは比較にならない程住宅問題は重要性をもつ。しかも、今までのところ政府も國会も、この問題の根本的解決に殆ど何等積極的の対策を示していないのみならず、現行法上この問題の改善に妨害を與えているものが少くないにも拘らずそれを除去することさえ殆ど考えていない。

二

先頃政府の発表した建築白書によると現在の不足住宅は六百六十八万戶であるとのことだが、この計算では現在一戶の家屋內に二以上の家族が同居している場合をどう取扱っているのであろうか。實際必要な家族数はこれよりも遙かに多いのではあるまいか、又一家族で一戶を占めている場合でも、現在のように狹い不完全な住宅が如何に彼等の日常生活に不便を與えているかは皆人の知る通りである。その上現在のようなバラック式の家屋の保存期間が如何に短いかを考慮に入れて見ると住宅問題は今尚殆ど解決の緒についていないといわざるを得ない。

　この故に私が今日政府及び國会の人々に対して、最も声を大にして言いたいのは、本格的な住宅政策を一日も速かに確立しろということである。終戦後間もない或る期間は、應急対策によってともかくすべての人に居住を與えることが必要であった。居住の廣さや品質はその際多く問題にならなかった。しかし、應急対策は要するに應急対策であって、それが物をいう時間には自ら限りがある。然るに、政府も國会人も、この当然のことに氣付かず、應急のことさえ政府がしてやりさえすればあとは、各人が自力で何とか解決するであろうというような安易な考えで、この重要問題を見送っているとしか考えられないのである。事は果してこれでいいのであろうか？

三

　先ず第一に、われわれは現在の税制が如何に住宅の復興を妨げているかを指摘したい。流石に、シャウプ博士はこの点に氣付いて不動産取得税の廃止を勧告しているが、同時に家屋税の大巾増額を勧告しているのはわれわれの立場からすれば明かに矛盾である。現在のように、政府が住宅問題に対して積極的な対策をもっていない以上、差し当りとしては出來るだけ民間人の住宅建築を奬励すべきである。して見れば、家屋税の如きは寧ろ現在以上に軽減すべきではあるまいか。

　殊に戰前わが國の住宅問題が貸家によって解決されていた分量が非常に大きかったことを考えると、現在の住宅不足を救う方法としても貸家を増加することは極めて重要である。従って、この際家屋税を増徴するが如きは根本的に間違っている。現在でさえ、不当な統制のために家主の採算は全くとれない。そのため、貸家の建築が行われないのは勿論、現在の貸家でさえ家主は全く修繕を加える余力をもっていない。そのため借家人との間に紛争を起している例の少くないこと周知の通りであるが、そのため家屋の壽命が短くなることも住宅政策上見逃し難いことである。

四

住宅問題解決のため、政府自らの爲すべき積極的方策については、別にいいたいことが他にあるが、ここでは取り敢えず民間人の建築を奨励するため少くとも現在この妨げをなしている一切の法令に改正を加えるべきことを提議するにとどめて置く。当局者の深遠な考慮を希望してやまない。

法律時評

一九四九年一一月号（二一巻一一号／通巻二三四号）

立法の六かしさ

私は前々号で労働組合法の立案者に対して立案上のあやまりを卒直に認めろという注文を出したが、その後同法の運用に当って見れば見る程同法に立法的欠陥が少くないのを見出して、つくぐ〳〵立法というものが六かしいものであることを痛感させられている。

以下に、その一例を記して、立案の局に当られた官僚諸公の参考に供したい。

新労組法の立案に当った官僚諸公は第五條第一項に所謂「手続」の中に、労調法の斡旋・調停・仲裁が含まれているかどうかの問題について、一時懐疑的の態度を示したけれども、結局含まれるという解答を與えた。しかし、その際恐らく何人もかゝる解釈が、労調法第三十七條の関係上次のような疑問を生むことを予想しなかったのではあるまいか。

労政当局の解釈に従えば、組合から調停の申請があった場合には必ず先ず資格審査を行わなければならない。そして審査を完了して資格が立証された上でなければ、組合は調停手続に参与する資格を認められない。従って審査の結果資格なしと判定され、ば初めから調停を申請する資格もなかったこと、なるから、事実上申請があつても労調法第三十七條にいう一ヵ月の冷却期間は進行しなかったことになる。然らば、審査の結果資格ありと判定された場合にその期間は何時から起算されるのか。三種の答があり得る。第一は審査が完了して公益委員会議が資格ありとの決定を與えた時なりとする說、第二は資格ありとの決定が與えられると調停申請の時に溯って起算すべきであるとする說、第三は組合が実質的に資格要件を完備するに至った時であるとする說である。この最初の說によると、例えば審査の中途までは資格を欠いていたが、申請者が審査担当委員の勧告に應じてその欠陷を追究し、その結果公益委員会議が資格ありとの決定を爲した場合には、その追究が爲された時に起算されること、なるのである。

この三の中いずれがとられるかは、当該労働組合にとっては極めて重要なことで、組合がその点の判断をあやまると、法律上まだ争議権がないにも拘らず、これありと誤信して争議行爲を行って労調法違反として処罰されるおそれがあるから、われ〳〵はこの点の疑問を取り除いて組合に安心を與える必要がある。ところが、これ等の三說にもそれ〴〵長所短所があって、それを考えると一概に決定的なことをいえない。

第五條第一項の文字だけから考えると、第二說が一番正しいように考えられる。何となれば、同項は單に「立証」しなければ手続に参與する資格がないと規定しているだけで、公益委員会議の決定を形式的の要件としていないからである。ところが、この說によると、審査の結果組合が調停申請の初めから資格を完備していたと認定された場合はともかく、審査の中途で追究されたような場合には、後から見てその時期が何時であったかゞ問題になって、労調法第三十七條の適用上面白からぬ結果を生ずる。强いてこの欠陷を避けようと思えば、公益委員会議が資格認定の決定中に一々その時期が何時であるかを明記するようにすればいゝ訳だが、立案者諸公は果してそういうことを予想していたであろうか。

立案者は恐らく大体第一説のようなことを考えていたのであろうと想像されるが、この説によると公益委員会議の審査の進行如何によって組合の争議権は不当に制限を受けることゝなる。その上第五條第一項は要件を備えることを立証しなければ手続に参与する資格がないと規定しているだけで、公益委員会議の決定にかゝる形成的効力を認めているのではないから、この説には難点が多い。

そこで結局は第二説によるの外ないことになるように思われるが、これによっても公益委員会議の審査が手間どると、組合の争議権は実際上不当に制限を受けることになる。初めから要件を備えていた以上、初めから手続に参与する資格があり、従って調停申請も初めから有効であったにも拘らず、争議権は結局審査完了までこれを行使し得ず、公益委員会議の能力若しくは努力の程度如何によってその時期が早くもなり遅くもなるのは確に不都合である。無論第一説に比べると、その不都合は少いが、結局は程度の問題である。資格の立証を調停の要件とする制度をとった以上こうした結果が生ずるのは已むを得ないとしても、労組の基本権たる争議権がかゝる不当の制限を受けるとは甚だ面白からぬことである。

中央労働委員会の解釈指示では、労政当局がいうように資格審査が済むまで調停手続を開始しないことにするのは、新法施行後間もない過渡期には無理だという見地から、当分の間資格審査と調停手続とを併行的に行う方針をとることにしていたが、この方法によると、資格審査と労調法第三十七條との関係について一層面倒な問題が起る。

資格審査と調停とを併行的に行うといっても、後に至って資格なしと判定されれば、当該組合は初から手続に参与する資格がなかったのだから、その調停申請は無効であり、従って労調法第三十七條の冷却期間も初めから進行しなかったことになると解しなければならないのは解釈上当然であるが、組合としては申請によって事実調停が進行し初めた以上、冷却期間が申請の時から進行していると考え易いのは当然で、そのためまだ資格審査が完了しない内に一ヵ月が経過すると争議権ありと誤信して不法の争議行爲を行うおそれがある。

尤も、この場合でも上記の第二説に従えばその後審査が完了して資格ありと判定されゝば、申請の時に遡って冷却期間が起算されることとなり、從ってその前に爲された争議行爲も冷却期間経過後の分は適法であったということになる訳であるが、そうなると、例えば検察当局が争議行爲を不法として起訴した後に、組合が資格を追究した結果資格ありと決定された場合は、改めて起訴をとり下げなければならないようなことになる。

その他にも考えて見ると色々難問が出るのであるが、労働立法のような直接一般民衆の行動に規律を與える法律に解釈上そうした疑問が出るような欠点が多く残されている事は誠に遺憾な事である。

法令の文体

「法律のひろば」の最近号で法務廳の澄田参事官が「近頃の法律文」と題して戦後立法の文章を問題にしているが、これは確に大に問題にする價値のある事柄だと思う。

先ず第一に問題にすべきは文体であるが、この点で一番氣になるのは英文から直訳したような法文が多いのみならず、近頃反って増えつゝあるように思われることである。戦後の政治行政一般が連合國最高司令官の管理の下に行われて居り、立法もすべて司令部の勧告指示承認の下に行われている以上、自然内容的にアメリカ風の法令が多くなるのは当然であるが、そのことは決して日本政府によって立案され邦文化された法文が日本語として如何にまずい直訳風のものになっても差支ないという理由にはならない。法令は言うまでもなく一般國民に読ませることを目的とするものだから、たとえ法令の內容が司令部によって指示されたとしても、それに基いて法令を起案する日本政府の役人は飽くまでも日本人である一般國民に読ませることを目的として法文を書かなければならない。そうすることが日本政府の役人としての一般國民に対する責任であるのみならず、最高司令官に対する責任でもあると思う。

勿論、司令部の人々の法律思想が日本人のそれと可成り違うということもあるから、彼等の意図するところを日本語で法令化するのは決してやさしい仕事ではない。その仕事を立派にやり遂げるためには、司令部の人々がアメリカ風の法律思想若くは技術によって表示したものを実質的に理解し消化して、それを日本語の法文に書き上げる努力が必要である。われ〳〵は森鷗外や坪内逍遙がしてくれた程立派な仕事を今の役人に求めるものではない。しかし、近頃の法文を見ると、直訳によって責任のがれをしようとしているとしか思われないものが少くないので、敢てこのことを直言する所以である。國会がこのことを問題にするよう希望してやまない。

次に問題になるのは、当用漢字の関係上、「土じょう」、「もう学校」「ろう学校」というような文字が多くの法令に見出されることである。この問題については、法令だけは当用漢字に捉われずやはり「土壌」「盲学校」「聾学校」と書けばいゝという保守的の意見もあるが、私の考では寧ろこの際「土壌」は「土」、「もう学校」は「めくら学校」というような具合に漢字による熟語をできるだけ日本語化してゆくべきであると思う。そして、「書き言葉」と「話し言葉」とを一致させて、一日も早く日本語をローマ字化し得るようにすべきであると思う。日本ローマ字会では久しい以前からこの意味での「言葉なおし」に努力しているが、この際政府が委員会を設けて法律語の「言葉なおし」を研究して欲しいと私は思う。さもないと、今度は英語の飜訳から色々六かしい法律語が生まれて愈々日本語を混乱させることになるから、こゝらで是非共根本方針をきめる必要がある。

尚澄田氏は法律の題名を問題にしているが、こゝでも私は法律自らでその法律の略名を規定することを提唱したい。例えば、公共企業体労働関係法を作る場合には、同法自らの中にこの法律の略名を「公労法」とするというような規定を設けることにすればいゝのだと思う。外國にもそうした先例はいくらもあるから、この際是非決行して欲しい。

法律時評

一九四九年一二月号（二一巻一二号／通巻二二三五号）

最高裁判所の誤判事件

最高裁判所に起った所謂誤判事件は誠に不幸な事件である。最高裁判所の裁判官ともあろうものが適用すべき法規の存在を忘れて違法な裁判を行ったことは確かに不都合であつて、当該裁判官がこれに対して責任を感ずべきは勿論、法律上も相当の制裁を加えてよい職務懈怠であると思う。

しかし、それとは別に三淵長官初め裁判官諸公がこの事件の善後策として執った処置は如何にも不明朗である。新聞紙の報道するところによると、最高裁判所は裁判官会議を開いて善後措置を協議したらしいのであるが、私に言わせると、かゝる事件をこの会議にかけたことそれ自身が間違いで、裁判官会議には初めからそういうことをする権限はないものと私は考えている。常識的に考えても、仲間の過失に対する責任問題を仲間の会議にかけて論議するようなことをすれば紛争が起り易いことは初めから解り切っている。後から聞いて見ると、会議の結果四裁判官に対して辞職の勧告がされたという新聞報道は間違いであるとのことであるが、ああいう会議をした上に、多くの裁判官がその内容を新聞記者に話したり、意見を述べるようなことをすれば事がむつかしくなるのは当然であって、そのため世間の一部には最高裁判所の内部に仲間争が起ったような噂さえ飛んだのである。

だから、私に遠慮なく言わせると、問題を悪化せしめた主なる原因はむしろ三淵長官のとった処置の不適当にあったように思う。三淵長官がこの事件に当面して為すべかりし処置若しくは法律上為し得べかりし唯一の処置は分限法に従って所定の分限手続を行うことであった。然るに長官は恐らく事件を重大視してその責任を感ずるの余り、分限法の規定する懲戒罰が—戒告又は一万円以下の過料というように—軽すぎると考えて、ああした会議を催し、その心理的圧迫を通して四裁判官の自発的善処を求めようとしたものと想像するが、それこそ間違いの元であると私は思う。長官がもしも四裁判官の辞職を必要とする位事件を重大に考えたとすれば、自分一人の判断と責任で辞職勧告を行い、場合によっては自分自らも辞職する位の覚悟をされて然るべきであった。それをしないで、中途半端なことをしたればこそ無用の紛争を惹き起し最高裁判所の威信を傷けるような結果を惹き起したのである。

仮りに、三淵長官が分限法によってこの事件を解決しようとしたと仮定して、それに拘らず國会が事件を重視して彈劾法の発動を必要と考えたとすれば、それはやむを得ないことで、三淵長官がそうしたことの起るのを恐れて以上のような措置をとったとすれば、それが抑も間違いなのである。日本人はとかく一般に仲間のことを仲間内だけで闇から闇に葬って仕舞おうとする悪い癖をもっているがそれが抑も間違いであって、仲間内の事件も成るべくこれを公平な第三者の判断に任せて処置するのが民主的な仕方であると思う。その意味において、私は今度三淵長官のとった処置に賛成し難い。

誤判事件そのものの具体的内容について現在のところ新聞紙が報道している以上に何事も知らない私は、今ここに事件の本体に関する具体的意見を述べようとは思わない。しかし、もしも事件が新聞紙の報道した程度であったとすれば、彈劾法に所謂「職務上の義務に著しく違反し又は職務を甚しく怠ったとき」又は「その他職務の內外を問わず、裁判官としての威信を著しく失うべき非行があったとき」に相当する程重大な事件であると思われない。

法規の存在を忘れたこと自身は重々不都合であるが、あの程度のことであれば、精々懲戒として一万円位の過料を科すれば足りたので、世間も結構それで満足したと思う。それを長官自らがあゝした不明朗なことをしたればこそ、世間も必要以上に事を重大視して、國会も動かざるを得ないようになったのであって、最高裁判所の威信を傷けた責任はむしろ長官にあるというのが、私の偽らざる感想である。

新聞紙の傳えるところに依ると、四裁判官は法律的責任は辞しないが道義的責任を認める訳に行かないという態度を示しているとのことであるが、これだけを聞くと、如何にも四裁判官が道義的責任までをも認めない態度をとっているように見えるけれども、その所謂道義的責任を否定している訳では勿論ないと思う。既に彈劾法が発動された今日、具体的な処置について意見を述べることは避けたいと思うけれども、われわれ第三者の眼には何となく問題が初めから本筋を離れて不合理な発展をしつゝあるように思われてならない。國会のこの問題に対する処置が公正にして且合理的たらんことを希望してやまない。

湯川博士の授賞

湯川博士の科学的業績が世界的学界の認めるところとなってノーベル賞を授けられることになったことは、同じく学界に身を置くものとして誠に欣快にたえない。これを機会に物理学者は勿論わが國科学者のすべてが一層の努力を以て世界の文化に貢献する覚悟を固めると同時に世間一般も学者の研究に対して從來以上の理解と援助を與えられるよう希望してやまない。

新聞紙はいずれもこの機会に博士の業績をたたえると同時に、博士の言動について色々のニュースを提供しているが、その中で最もわれわれの注意を惹いたのは朝日新聞の「湯川博士を囲む座談会」記事であって、この中で博士は非常によい多くのことを語っている。法学界に身を置くわれわれも示唆に富むものが少くないから、以下にその一端を紹介しながら、多少の感想を述べて見たい。

先ず第一に、日本文化の欠陥として、都会に比べて農村が著しく遅れていることを指摘し、表玄関だけ立派に飾り立てて台所や便所を閑却している日本の文化を戒めているが、われわれは物理学者である博士が文化一般に関してかくの如く優れた見識を示されたことに対して何よりも先ず敬意を表したい。

次に博士は「日本人が科学を尊重しないという非難は必ずしも当つていない、むしろ問題はもう少し違つたところにある、日本人には科学が珍しいのである。必要に迫られて科学に興味をもつというよりも、新しいものに対する興味といった傾向が強い（中略）、日本では一般人が新しいものに余りに敏感すぎる、敏感なこと自身は非常によいことで、たしかに日本人の進歩性を裏書きするものであるが、新しいものが入って來ることによって捨てられるのは、しばしばよい中でも比較的よいもので、どうしても改めたいと思われるものの方が反って新しいものと共存して残ってゆく傾向さえある」といっているが、こうしたことは決して日本の「一般人」に限ることではなくして、法学界にも非常にあるのではなかろうか。

次に又博士に、対談者がアメリカと日本との生活水準の著しい差異を科学進歩の障害として強調しているのに対して、「そういってしまえば、生活水準が変らない以上、どうにもならぬということになるが、それならそれで、いかにすれば生活條件をよくするか、ということを考えればよいのであるが、それを合理的に考える人が案外少い（中略）、実際日本人は科学的な才能には相当めぐまれている、又科学に対しては一種の信仰をもっているとさえいえる、生活條件さえよくすれば、その方には大した心配はない、ところが生活條件をどうしてよくするかという問題になると、日本の多くの人が忽ち非科学的になる、むしろ問題を回避しようとする」といっているのも、日本人一般の欠陥を指摘したものとして誠に至言であると思うが、更に博士が「私の子供はブロンクスのハイスクールに入学している、科学に重点をおいた非常に程度の高い学校であるが、私の子供は数学にはちっとも困らない、子供たちの困るのは衞生知識とか社会研究とかの課題だ、だいたい日本人はこの方面の智識に欠けているところがあるのではないか、科学というものを狭く考え過ぎるのではないか、社会生活をより合理的にするということを科学と別のことと思ってはならない」といっている点の如き実に要点に触れた至言であると思う。

この記事を読みながら、私はわれわれ日本人一般のこと、日本の社会のこと、教育のことなど色々のことを考えさせられたが、われわれ法学に一生を捧げているものにとっても示唆するものゝ非常に多いことに対し心から尊敬を感じた。私は日本の法学者一般の通弊として常々非常に遺憾に思っているのは、見識が狭いということ及びとかく新しいものに心をひかれ易いことである。

殊にわれわれが考えなければならないのは、学問というものを自ら余りえらいものに考え過ぎて、専門の中に立て籠りやすいことである。そのために、専門以外のことに関する智識をもつことを如何にも学者らしくないことのように考え、甚だしきに至っては狭い専門の殻の中に立て籠ることのみ学者的であるように考える傾向さえ見受けられる。われわれ学者は、もっと社会に関する智識をもたなければならない。同じく社会を対象とする文化科学に関する理解をもって、平均のとれた廣くそして高い見識と教養を得ることに努めなければならない。さもない限り、日本の法学は凡そ科学から取残されるおそれさえあると私は考えている。

一九五〇（昭和二五）年

法律時評

一九五〇年一月号（二二巻一号／通巻二三六号）

新法学問答——一九五〇年を迎えるに当って——

——來年で二十世紀もいよ〳〵半分過ぎることになるが、この際日本法学の前途について何かいうことはないか。

——二十世紀が半分過ぎることには必ずしも関係はないが、この際の日本法学について考えるべきこと、言うべきことは非常に多い。何と言っても、敗戰この方ポッダム宣言の受諾を出発点として、日本の法制は憲法を初めあらゆる部門に亘って全面的に改正された。しかも、その改正は國内的の事情によって自主的に行われたというよりは寧ろ國際政治的の圧力によるもので、その動機も日本の民主化、軍國主義化防止等色々あるが、特に重要なことは偶々占領軍がアメリカであった関係から、法技術的な面だけから見てもアメリカ法の影響を受けた点が非常に大きい。

——然るに、日本在來の法制及び法学は全面的に大陸法、特にドイツ法学の影響を受けて居り、殊に法学者や裁判官の頭は、大体ドイツ流に固まり切っている……。

——だから、來年あたり講和條約が締結されて少くとも軍政が廃止され、日本の立法や司法が管理政策から解放されて、学者も今までのように圧力を感じなくなると、この新しいアメリカ風の法制を日本の國会や役人が如何に発展させるであろうか、裁判所は如何にこれを運用するであろうか、又今後の日本法学が果してどの程度までアメリカ化するであろうか、考えて見ると実に面白い問題が多い。

——しかし、軍事占領が解かれたからといって、そうすぐに法制法学が後戻することはあるまい。

——無論ないと思うし、又あって欲しくないと思う。しかし、純学問的に考えて見ると、如何に形の上だけ法制を変えても、これを解釈運用する裁判官や役人、殊に法学者の法学的思惟は容易に変るものではなく、又これが変らない限り一時管理政策によって法制が形式上アメリカ化した位のことでは中々永続的の変化は起るものではない。

——というと？

——歴史がそれを教えている。例はいくらでもあるが、例えばカナダのケベックでは現在でも民法典はナポレオン法典、しかもこれを解釈運用するものはコンモン・ローで訓練された裁判官だ、だからあすこに行って見ると判例などにも学問的に見て中々面白いものがある。

——すると、日本の場合も、やがて今のアメリカ風の法令がすべて日本風若しくはドイツ風に運用されることになるというのか？

——無暗にそうならない方が望ましいと思うが、そうなるおそれは非常にある。現に大学の法学教育など殆ど変わっていないように見えるから……。

——成程、そういわれて見ると、六かしい問題だな。

——そうだ。歴史上戦争、征服、占領等が原因になって、一國若しくは一民族の法律文化が他國若しくは他民族に影響した事例は沢山あるが、今度敗戦の結果、アメリカ法が日本に與えつゝある影響には非常な特殊性がある。先ず第一に重要視しなければならないのはアメリカは勿論のこと、日本も法律文化的には相当発達した國であることで、こうした場合に戰勝國の法律文化が四五年位の軍事占領を通して戰敗國の法律文化にどの程度まで影響を與え得るであろうか、非常に興味のある研究問題だと思う。

——それから、英米法とドイツ＝日本法との間には余りにも違いがあり過ぎるという点もあるね。

——それも無論問題だが、それより面白いことはアメリカでも日本でも法律万能的の考方が今まで相当長いこと行われていたことだ。無論同じく法律万能といっても両方の場合この意味も全く違うけれども。

——というと？

——日本の場合は、要するに「ミコトノリ」思想で、天皇の意思即ち法だというような政治的ドグマの下に日本流の自然法思想が一般に行われて居た。天皇の名において裁判をしさえすれば、人民はすべて恐れ入るべきものだというように考えたり、法令は勿論詔勅の類を以てすれば、何でも規律することができ、思想道徳宗教までをも左右できるというような考方が廣く行われていた。それに比べると、アメリカの場合は事情が非常に違うけれども、建國時代がたま〳〵世界史的に見て十七八世紀の自然法隆盛時代に当っていたこと、その上アメリカ人には自分の國は自分等の力で作ったものだという強い信念が一般にある。そしてアメリカ・デモクラシーの現状から言っても、民間の輿論と國会を中心とする政治との間に密接な交流作用が行われている。だから輿論の力を以てすれば如何なる法律でも作れる代わりに、輿論の支持による法律の力を以てすれば何でも出來るという考方が廣く一般を支配しているように見える。

——成程、憲法まで改正して、禁酒を強行しようとしたなど、いい例だな。

——そうだ、自然科学の進んだ今日、学校で進化論を教えることを禁止する法律を作ろうというような考方は、世界廣しと言えどもアメリカ以外には一寸あり得ないことだ。尤も、アメリカの人はそういう点考え方が至極淡白で、日本人のように朝令暮改がどうだとかこうだとかやかましいことは言わない。よいと思うことは勇敢にやって見るが、やって見た結果いけなければ、又勇敢にやめて仕舞うが、ともかく法律を以てすれば何でもできるという思想が非常に強い。だから、管理政策の一部として法律を作る段になっても、社会的條件などを十分考えずにい、と思うことは何でもドシ〳〵法律にするというような傾向がある。

――それで日本の役人諸君は、そういう点をどんな風に受け答えしているのか知らん。

――理想を言えば、日本独自の社会的諸條件を、もっと勇敢に且忠実に說明して、できることはできる、できないことはできないと言えばいいのだが、日本の役人にはそういう勇氣がないのみならず、初めから天皇自然法的の訓練を受けて育っているから、權力を以てすれば何でも出來る、という考方が強い、權力を以てしてもできないものはできないとか、是非できるようにしたければ、それに必要な客觀的條件をみたすようにしなければできない、というようなことを考える能力が非常に不足している。だから、先方に言われれば、唯々諾々で何でもやる傾向がある。

――天皇の代わりにマ元帥というところだな。

――そうだ。これは日本にとっては勿論、連号國殊にアメリカにとっても非常に不幸なことで、こういう不都合な考方が一般を支配している限り、占領中もよい法律ができないし、占領撤廃後日本の法制と法学が後戻りするおそれは非常にある。

――先方にもこういうことはよく解らないのか知らん。

――サア向うのことはよく解らないが、こうした点を日本の役人は勿論政治家も法学者ももっとよく考えて見る必要がある。つまり法律を以てしてもできないことはできない。それをできるようにするためには一定の社会的條件をみたす必要があるということを日本人一般がもっと考えるようになると、現在でも万事もっと旨くやるし、占領中改革された良い面を永久化してゆくこともできると思う。

――その点の反省は少くとも学者の間ぐらいにはあってもよさそうなものではないか？

――無論ないことはない。

――というと？

――両國共に、近年法社会学に対する関心が高まりつゝある、これが何よりもの証拠だと思う。手近かな例をとって見ても、世界各國の中でエーリッヒの法社会学に最も興味をもったのはアメリカ人と日本人で、両國とも心ある学者達は、無反省な自然学派の法律万能論に対して相当の批判をもっていたればこそこうしたことが起ったのだと思う。法社会学というのは、要するに法を社会現象の一と考えて、それが社会に及ぼす規調作用とその限度、従って法をしてかゝる作用を営ましめるに必要な社会的諸條件を研究し、これによって法と法学とにもっと科学的な客観的基礎を與えようという学問で、今まで余りにも法律万能的に考え過ぎる傾向の强かった國には、反対に今いったような反省が反って起り得ると僕は考えている。凡そ学問というものは、頭の中だけで独断的に考え出されるものではなく、多くの経験を集積整理して、それから得られた結果との交互対比において、絶えず反省しながら、考えてゆくによって進歩するものだ。そして、僕は今そういう法学傾向が一般に強くなりつゝあるし、日本でも若い学者の間にはそういう考が非常に強くなりつゝあると思う。だから、今度戰爭の結果日米の間に起った法律文化の交流現象は世界の法律史上非常に面白い実験で、この実験の結果を最もよく捉えて今後の世界の法学に貢献してゆくことこそ、日本法学に課せられた最大の課題だと僕は考えている。

時評に代えて　パトリック号にて

一九五〇年二月号（二二巻二号／通巻二三七号）

××兄

出発の際は態々お見送りを頂いて誠に有難う。船中から時評を書いてお送りするという約束をしたが、さて船にのって見るとこれから先きのことにのみ興味をひかれて、立つ前一カ月間のことを顧ると何となく夢のような氣がする。その夢の中の出來事を少しずつ思いかえして見ると、何といっても仲裁裁定のことが最もはっきり思い出される。この問題は一般の法律家や法学生にとっても興味のもてる事柄だと思うから、以下にこれに関する感想を少し書いて見たいと思う。

今度の場合われわれが最も不都合だと思ったのは何といっても政府の態度である。彼等は、公労法の精神を根本から無視した。公労法はもともと一九四八年七月廿二日のマ元帥書簡に基く法律で、國鉄及び專賣関係の従業員から争議権を奪う代りに、特別の調停及び仲裁制度を設け、これによって一切の紛争を争議行爲によらず平和的に解決しようと考えているのである。卽ち仲裁は争議権を奪う代償として設けられたのであるから、当事者双方は勿論政府も亦極力これを尊重しできるだけ裁定を中心として事を解決する努力をしなければならない。

然るに、今度政府がしたことには、この公労法の根本精神に対する理解も尊敬心も全く認められない。彼等は、國鉄従業員が争議権をもたないのを幸いに、多数の力を借りて無理押したのであって、彼等には法に対する尊敬心も労働者に対する親切氣も全く認められない。

先ず第一に彼等は公労法第十六條に関する手前勝手な解釈によって、仲裁裁定をそのまま國会に附議し、その不承認によって裁定全体を葬り去ろうと企てたのである。しかも、中途からそれが不可能であることが解ると、同條に所謂予算上又は資金上可能な範囲を勝手に十五億五百万円ときめて、その承認を國会に求めるに至ったのであるが、元來國鉄にとって何が予算上又は資金上可能の範囲であるかは國鉄の経理を調査するによって客観的に定めらるべき事柄であって、その客観的に可能なる部分は敢えて國会の承認を要せずして当然に権利義務化するのである。それは憲法に所謂財産権であって、政府はもとより國会と雖も濫りにこれを犯すことはできない。従って、政府がこれを十五億五百万円と査定し、國会が又それを承認しようとも、もしも客観的に見て可能と考えられる部分がそれ以上あれば、その差額は尙権利として存続するものと考えなければならない。従って、今度政府のしたことは、この点甚だ無意味だと言わなければならない。尙公労法の精神から言えば、もしも政府が予算上又は資金上可能である範囲以上の部分について國会の不承認を求めようとするのであれば具体的に資料を示してこの際國鉄にかかる支出をさせることが経理上不可能若しくは不合理なる所以を詳細に説明すべきであるにも拘らず、政府は全くこれをしなかったのである。衆議院の委員会における池田藏相の答弁の如きは、この点で甚だ見当違いで彼は十五億五百万円出すことになったのを如何にも自分の手柄であるかのようなことをいうばかりで、それ以上の点については何等の説明をも與えなかったのである。

國会議員のこれに対する態度も甚だ不可解なものであった。彼等は政府が予算を附せずに裁定そのものを附議したのは違法であるとか、國会が不承認の決議をした後仲裁裁定はその部分について如何なる効力をもつかというような法律論を闘わすことにのみ熱心であって論議の多くは核心をはずれていた。私をして言わせるならば、彼等が先ず第一に言明すべきは所謂可能なる範囲が実際上果して十五億五百万円に止まるや否や、であって、これに関する具体的の説明を求めることが正に彼等によって爲されねばならない事柄であった。第二に、仮りに可能の範囲が十五億五百万円であるとして、それと裁定の示す四十五億円との差額を支出することに政府が反対する理由についても、彼等に飽くまでも具体的の説明を求むべきであったのである。然るに、彼等はこの点につき殆ど何等の努力をしていないのであって、この点では議員の多くも政府と全く同罪だと私は思う。

今更いうまでもなく、労働問題の解決にとって最も大事なことは飽くまでも理性に訴えて当事者を納得させることである。今度の場合にしても、政府の最も力むべきは具体的の資料によって自己の主張に合理的な裏付けをすることであった。そして國鉄の従業員は勿論一般國民を納得させる努力をすべきであった。そしてもしもそれが十分にされていさえすればよしんば結果は同じになっても、公労法の精神の一半は尚実現されたこととなるのである。そしてかかる努力をすることこそ民主政治育成の責任をもつ政治家の正に爲すべき仕事であると言わなければならない。然るに政府今回の態度は正にその反対であって、それは五・一五事件において「問答無用」と大喝した青年將校のそれと何等択ぶところがない。

（一九五〇・一・六）

時評に代えて

一九五〇年三月号（二二巻三号／通巻二三八号）

渡米第二信

十日の航海と五日の汽車旅行の末、私は一月十三日（金）の朝ようやくワシントンに着きました。この日早速労働省の人々とこれからの旅行日程の相談をした上、午後は一時半から五時半まで労働省でこの國の労働行政及び労働運動史の概説を話して貰いました。こちらの人々はどうしたらわれわれの僅か二カ月の見学を最も有効にし得るかについて非常に熱心です。

こちらでは一般に土曜、日曜は休日ですから、われわれもこの二日間はやゝ呑氣に暮しましたが、昨日の月曜日から再び豫備教育が始まりました。昨日の朝から今日の夕方までに私がした仕事を列記すると、全國労働委員会見学→最高裁判所→社会保険局→失業保険課→調停斡旋局→國会→國会図書館→労働基準局というような具合で面白いといえば面白いが、多少 Over work です。

しかし、こちらの人々の話は、至極親切で押しつけがましいところは少しもなく、われわれ一行の時に発する愚問にも親切に答えられます。

さて昨日からの見学で最も面白いと思ったのは最高裁判所でした。こゝでは丁度ドイツ系の帰化人が戰時中親独的行動をしたことを理由として追放処分されたのに対する彼等の異議申立が問題になっていましたが、結局四対三で追放処分が有効と認められました。この事件はドイツ系の人々にとっては非常に利害関係の多い事件らしく傍聴席にもドイツ系の人々が非常に多かったようです。ところで、この最高裁判所を見て感心したことが二つあります。一は裁判所の建物が希臘の神殿風にできていて、建物そのものに如何にも威厳があること、しかもそれはあら

THE COURT

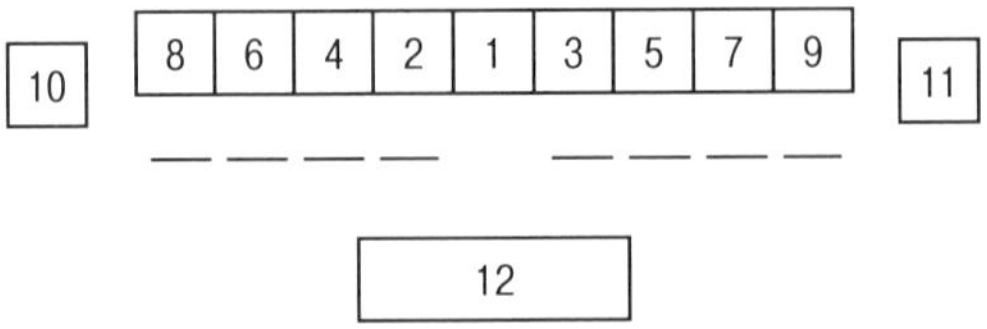

1. Chief Justice Vinson
2. Mr. Justice Black
3. Mr. Justice Reed
4. Mr. Justice Frankfurter
5. Mr. Justice Douglas
6. Mr. Justice Jackson
7. Mr. Justice Burton
8. Mr. Justice Clark
9. Mr. Justice Minton
10. The Clerk's Desk
11. The Marshal's Desk
12. Counsel's Desk

Silence is Requested

ゆる人に開放されていて、一般市民が氣軽に出入していることです。こゝでは日本の裁判所に見るように重苦しい氣分は全くなく、傍聴人はほんとにわれわれの裁判所だというような氣持で傍聴しています。そして裁判所でも傍聴人に裁判官の名前と顔を知らせるために、上のような表を渡してくれます。これなども中々行き届いた注意だと思います。

次に感心したことは、事件について多数意見を書いたBurton判事が先ずその意見を述べた後、他の判事のすべてがそれぞれ順次に自分が多数意見又は少数意見に賛成する理由を述べたことです。

これならば、訴訟当事者もそれぞれ判事の意見をきいて一應納得するであろうし、各判事の人柄能力等もよく分って民衆の彼等に対する批判も自ら生まれて來ると思います。

現在日本でやっているようなやり方では、個々の判事の人柄や能力が民衆によって理解され批判される機会がない。こんなことで國民審査をやって見ても何の役にも立たないのではないでしょうか？

この日少数意見を代表したFrankfurter判事の意見は流石に立派でした。

彼はいいました、「法文の言葉がどちらにでも解釈し得るようにできている場合に、人道的見地から見て残酷だと考えられる解釈をすることは間違いである」と。これは本当にいい言葉だと思います。

Frankfurter 判事はもともとハーバート大学教授の出身で今の最高裁判所の判事の中のピカ一だと噂されている人です。この人がいかにも自信ありげに右の意見を述べたのをきいたときに私は流石だと思いました。

時評に代えて

渡米第三信　シカゴにて

一九五〇年四月号（二二巻四号／通巻二三九号）

一

ワシントン、アトランタ、ノックスビル、ニューヨーク、デトロイトと忙しい旅を続けて來た私は二月十六日の夕方この地に着きました。こゝは三十二年前に私が一介の留学生として初めてアメリカの法学に接した想出の深い土地です。私はこの町のシカゴ大学で初めてアメリカ憲法を学びました。先生は当時の法学部長ホール氏で、講義そのものはケース・メソッドによる——英語のまずい私にとっては——甚だ難解のものでしたが、その時得たこの國の憲法に関する私の乏しい知識が多少とも終戰この方アメリカ法の影響の下に制定されたわが國の憲法その他の法律を理解するのに役立ったことを考えると誠に感慨無量です。

殊に嘗ても本誌の座談会で話したことがあるように、凡そ私が初めて労働法に学問的興味を感じたのが、このケース・メソッドによって憲法を研究したことに端を発しており、そしてそれを機会に初められた私の労働法及び労働問題の研究がはからずも戰後わが國の労働立法とその運用に多少とも役に立ち、更にそれが機縁になって三十二年の後再びこの地に來ることになったことは誠に不思議な因縁といわなければなりません。

二

三十二年目に來て見たシカゴ市の変化も大きいが、この國に來てからあらゆる機会に見聞きしたところによると、憲法の解釈も前に比べると著しく変化しており、労働立法も以前とは比較にならぬ程発達しました。万事につき言葉通り隔世の感があります。

憲法について最も目のつくのは連邦政府の権限が解釈上著しく拡張されたことです。これは明かにこの國が統一國家として過去三十年間に著しい発達を遂げたことを反映するものです。労働立法、社会立法にしても以前ならば、必ずや憲法違反を理由として無効とされたに違いないと思われる法律が沢山できました。嘗て私がいた当時、日本では既に工場法が施行されて扶助制度が行われていたにも拘らず、この國で災害補償法をもつ州は僅に十六七に過ぎなかった。労働組合を保護し組合運動を規整する法律や失業保険法がなかったのは勿論、保護立法も一般に程度の低いものでありました。然るに、今ではこれ等の制度が連邦法として又は州法として著しく発達したのは勿論、社会保障制度が全体として着々完備されようとしています。

こうした傾向に対しては無論今でも可成り強い反対があります。現にわが國の健康保険法に相当する法律の制定が目下大きな問題になっていますが、これに対する医師会の反対は猛烈をきわめています。その外こうした傾向を促進しつつあるトルーマン内閣の政策に対して経済界政党方面から加えられつつある反対も中々盛なものです。

しかし、私の見るところ、こうした中央集権的並に社会化的傾向は人々の好むと好まざるに拘らず、今後も一層進むもののように考えられます。

現に先日ニューヨークでコロンビヤ大学の先生方と会食した際に、私が「私の見るところ、今のアメリカ位社会主義とか福祉國家 welfare state とかいうような言葉が不人氣な國はない、それにも拘らず実質的には社会化が非常な勢で進んでいる、又連邦の中央集権的傾向に対しても表面上色々と非難があるにも拘らず実質的にはこの傾向は着々として進行しつつあるように考えられる」と申しましたところ、「誠に御説の通りだが、君は一体こうした傾向をどう思うか」と問われました。

これに対する私の答は「これはアメリカが一の國家として発達しつつある当然の結果で、好むと好まざるに拘らず、この傾向は今後一層進むであろう。そしてアメリカの資本主義経済がこの傾向とどこまで調和して発達し変化してゆけるかはわれわれ学者にとって非常に興味のある問題だ」というのでありました。

私はこの話のつづきとして、今アメリカの人々はソ連との戰争を非常にこわがり又共産主義は勿論のこと、社会主義を非常にきらっているけれども、長い目で見ると、ソ連が共産主義を標榜して池を左廻りしている間に、アメリカは資本主義民主主義を基礎としながら同じ池を右廻りしている、そして両國はお互に先方の政治方式や物の考え方に対して疑をもち非難を加えつつあるが、幸にしてこの二の國がしまいまで戰争をすることなしにそれぞれの立て前で進行してゆけば結局終には池の向う側で握手する時が來ないともかぎらないような氣がすると申しました。先生方のこれに対する答は破顔一笑、皆さん「成程な」というような顔をされました。

法律時評

一九五〇年五月号（二二巻五号／通巻二四〇号）

石炭争議の强制調停

石炭争議について强制調停を請求した政府の処理に対しては國会でも野党が激しい非難を浴びせているが、その非難の主な理由は労調法第十八條第五号適用の基礎となった政府の事実認定が間違っているというにある。しかし、こういう理由による非難は結局事実認定を中心とした水かけ論を惹き起すのみで、政治抗争上の掛引としてはともかく、実際には全く無意味だと思う。

私も今度政府が爲した調停請求を不当の処置なりとする点において人後に落ちないのであるが、その理由は今まで多くの人々によって言われているところと著しく趣きを異にしている。その中最も重要な理由は、この争議のように複雑した内容をもった全國的大争議を労調法が規定しているような普通の調停手続で合理的に解決することは不可能である、とする点にある。

今度の石炭争議は、戰時から戰後にかけて永い間経済統制の下に立っていた石炭事業を昨春來突如無計画に自由経済に移行せしめたことに由來する争議であって、從來世間一般の注意を惹いていた電産争議などとは比較にならない程六かしい争議である。だから、本來ならば、この争議を根本的に解決してわが國石炭事業の基礎を固めるために特別の立法をさえ必要とすると考えられるにも拘らず、政府が以前の全國的ストライキに驚いて軽々しく調停を請求したところに抑々の間違いがあると私は考えている。

労調法による調停は三者構成の調停委員会によって行われる。その上調停は成るべく短期間にこれを行わなければならない。だから、從來の実情から推して考えると、如何に有能な調停委員会をして調停に当らしめても合理的な解決に到達することは不可能である。このような争議を解決するためには、一方において石炭事業の現状を徹底的に調査すると同時に、現行の賃金の実情や抗夫の生活事情などをも十分に調査して、すべてを合理的基礎に立って愼重に考察する必要がある。從って、この種の仕事が從來のような三者構成の調停委員会の手によって短期間に爲し遂げ得ない事は極めて明かであって、仮りに委員会が一應この際の争議そのものを妥協的に解決し得たとしても、かゝる解決は必然に禍根をあとに残すにきまっている。

私は今度のアメリカ旅行中に、昨年中における同國の最大争議であった鉄鋼争議を解決するために政府は何を爲したかについてでき得る限りの調査をした。その結果、トルーマン大統領が法律によらないで特別に任命した調査委員会の仕事がこの争議を合理的に解決するについて大きな貢献をしたことを見出して心から驚きもし又羨しくも思ったのである。

今からでも遅くないから、政府当局者はよろしく同委員会の調査報告書を熟読して欲しいと思う。これだけ徹底した調査をすれば、如何な大争議も合理的に解決するであろうことを悟って欲しいと思う。

労働法学

戦後労働法学の研究が非常に発達して來た。第一次世界大戦後一時一般の注目をひいた労働法学が結局輸入品に過ぎなかったのに反し、終戦この方ようやくわれわれはわが國社会の現実に立脚した労働法学の発達を見るに至った。それは終戦この方わが國に労働法学の研究対象たるべき事柄が著しく増加して來た当然の結果である。

しかし、わが國では今でも法学の研究対象は法規だと考える傾向が強いから、戦後の労働法学にも解釈法学的傾向が濃厚である。社会の現実を直視してこれを規律すべき法を自ら創造せんとする努力を忘れて、單純な法規解釈に輸入品に過ぎない理論の装飾物を附けて、如何にも学問的らしい外装を整えているに過ぎない。学者の多くはわが國の現実に即して理論を考えるのではなしに、外國の学者がその國の現実について考えた理論を無批判に輸入して、法規解釈の装飾品にしているに過ぎないが、この種の学的傾向を克服しない限り、わが國の労働法学はいつまでたっても独自の発達を遂げる機会に恵まれることがないと私は思う。

例えば、現在わが國の労資関係の法的調整上最も重要な作用をしているものは労働協約であるが、わが國の学者の多くは現実の労働協約を自ら研究して、その法的取扱の基礎たるべき理論を自ら考える努力をしない。彼等の多くは戦前からわが國に傳えられていたドイツの労働協約理論を無批判に受け入れて、その中にわが國現実の問題を処理するための手引きを見出そうとしている。しかも、彼等の多くはかかるドイツ理論が生まれた基礎となった十九世紀末葉から二十世紀初め三十年間のドイツの社会に行われていた現実の労働協約が如何なるものであったかを知らない。協約の具体的内容を知らないばかりでなく、それが現実の労働関係を規整する上に如何なる作用をしていたかを知らない。ドイツの協約理論は、言うまでもなく当時のドイツの協約とそれに関して発生した実際上の問題を具体的の基盤としてそれ等の問題に一貫した法的処理を与える必要から生まれたものであるから、それを理解するためにはドイツ協約の現実を知らなければならない。然るに、わが國の学者の多くはその努力をせずに、理論を理論として受け入れてこれを無批判に尊重しつつある。そうして日本の現実について自ら理論を考えることを怠っている。

凡そ労働協約の具体的內容は國により時代によって著しく違っている。又それが如何なる形で法律上問題になるかも國によって違っている。そして協約理論はかゝる具体的の事情乃至問題に卽して生まれるのだから、各國の協約理論の間には色々と差異があるのが当然である。だから、例えばドイツの理論に捉われた頭でアメリカの理論を読むと、非常に幼稚な感じがするのであるが、一歩立ち入ってかゝる理論が生まれた源泉を判例について掘り下げて見ると、かゝる理論の行われている根拠を発見することができる。アメリカはコンモン・ローの強い傳統もあるし、憲法上の制約もある。そして協約に関して裁判所に現われて來る法律問題もアメリカの現実に卽したアメリカ独特のものである。だから、それを処理するための法理論もアメリカ独特のものになるのが当然で、その間の理合を解釈しない限り、アメリカの協約理論を研究しても何にもならないのである。

無論私は、わが國の問題を考えるために外國の理論に関する知識が不必要だというのではない。外國の理論を比較法学的に研究する事は絶対に必要であるが、それにはそれ〴〵の國の理論が生まれて來た基盤を十分に掘り下げて見る必要がある。それをせずに、單に理論を理論として形式的に捉えて、それを比較するようなことをしても何等得るところがないのみならず、反って弊害さえあり得る。比較法学的研究の目的は單に各國の法制と法理論を比較研究するにあるのではなくして、その研究を通してわが國の現実の問題を考えるに必要な頭をつくるにある。従って眞の比較法学的研究は法社会学的でなければならない。その用意を欠いた研究は單に物識りを作るだけで、独自に物を考える力を養う妨げにさえなり得る。

事は決して労働協約にのみ限ったことではない。以上のことは労働法学全般に亙って考えられねばならないのは勿論、法学一般についても当てはまることである。しかし、労働法学のように現に動搖し成長しつゝある現実に卽して万事を考え、現実に卽して理論を考えて行かなければならない法学の分野については特に如上の用意が必要である。

帰來留守中に貰った労働法関係の著書や雑誌を倉卒にひもときながらフト以上のことを考えさせられたから不取敢所感の一端を記して同学の士の参考に供する次第である。

法律時評

一九五〇年六月号（二二巻六号／通巻二四一号）

脱線した講和論議

一

吉田自由党総裁が同党所属議員の秘密総会で、南原東大総長のように全面講和を主張するのは曲学阿世だと罵ったということがきっかけとなって、講和問題に関する議論が何となく脱線した感があるのは誠に遺憾である。

私の考によると、この問題が全面講和か單独講和かというような單純な形式で議論されているのが間違である。日本人が理想論として一日も早く嘗ての交戰國のすべてと平和狀態に入りたいと念願し又主張するのはもとより当然のことで、もしもこれだけを切りはなして問題にすれば挙國一致必ずや國民のすべてが全面講和に賛成するのは当然である。

ところが、実をいうと、日本人のそういう念願が実際上如何にして達成されるかの鍵は日本人の手中にはない。実際にこれを握っているのは米ソを中心とした世界の國際関係である。そして、理想論だけからいえば、米國を中心とした民主主義諸國もソ連を中心とした共産主義諸國も、全面講和を希望しているにきまっている。それにも拘らず、それへの道程を如何にすべきかの問題に至ると、各國の利害関係と思惑が入りみだれて、米ソのように最大强國ですら自力だけでは如何ともし難い狀態にある。だから、今や敗戰の一弱小國にすぎない日本が全面講和が望ましいとか望ましくないとかいうような議論をして見ても、そういう議論が世界的に重きをなさないのは勿論であって、米ソその他の列强から見れば一顧に値しないたわごとに過ぎない。だから南原総長を中心としたインテリ・グループが如何に声を大にして全面講和を唱えようとも、國際的観点よりすれば大して重きをなすものではないのであって、吉田総裁がそれを非常に氣にすることそれ自身が私にはおかしいのである。

私の想像するところ、吉田総裁はこの種の全面講和論が共産党系の全面講和論と混線して、日本の輿論が如何にも親ソ的であるという感じを対外的に與えるおそれのあることを心配しているものと思うが、私の見るところによると、そういう取越し苦労をすることこそ國際情勢を知らざるものであり、又國内的にいえば、少しでも反対論をとなえるものを敵に廻わしたがる保守主義者にとかくありがちな独善孤高的の傾向のあらわれに過ぎないと思う。

二

今、わが國にいわれている全面講和を分析して見ると、そこには色々の種類がある。

その一は、極めて素朴な感情論で、南原総長自らはともかくとして多数学者のこれに追髄しているものの間などには、こうした論者が非常に多いものと思う。全世界と一日も早く平和関係に立ち戻って、できれば永世中立の甘夢をむさぼりたい、そういう感情が全國民の脳裡を支配しているのは当然のことで、そういう感情が日本人一般を支配していることは、敢てわれ〳〵が宣傳せずとも世界の人々はすべてこれを知っている。

その二は、共産党を中心とした全面講和であって、この論は実をいうと、日本が米英等との單独講和を通して反ソ的な國際ブロックに属してゆくことを妨げようとする意図のもとに行われているのである。だから、共産党員は勿論、それと共感する分子が、この種の議論を主張するのは当然のことであるが、公平に見てこの種の議論が大衆の圧倒的支持を受けようとは万々思われない、何となれば、日本の大衆一般は米ソいずれに組するにせよ、その結果日本が戦場になることを心からおそれているからである。

全面講和論の第三は、ソ連勢力圏殊に中共との貿易を日本の経済復興にとってかくべからざるものと考え、米英との單独講和がその希望を実現する妨げになると考える功利論であるが、こうした論者は、よしんば日本が中共との貿易関係を再興することに成功し得るとしても、戦前のような関係に再びもどり得る見込みは絶体にないことに氣付いていないのである。中國がソ連の指導の下に新しい経済建設の道をたどろうとするのは当然のことである。それが実際上どこまで成功するかは、今後の國際的経済、従って政治関係がこれを決定するのであって、日本人の身勝手な希望意見の如きはその際の決定的要素として何等重きをなすものではない。

かくの如くに考えて來ると、現在日本に行われている全面講和論のすべては希望論に過ぎないのであって、それが達成するかどうかの鍵は日本人の手にはなくして、寧ろ今後の世界情勢にあると言わなければならない。だから、私に遠慮なく言わせると、もと〳〵象牙の塔の中の人にすぎない学者等が、いかにも指導者らしい顔をして、講和問題の主役らしい行動をとることそれ自身が間違いで、南原氏初め政治学、國際法、國際経済等について、それ〳〵の専門的の知識乃至識見をもつ学者はともかくとして、そうした知識や識見をもたない学者までが何ということなしにこうした論争の中にまき込まれるのが抑も非常な間違いであって、そういう学者こそ正に曲学阿世の非難に値すると思う。

三

それにしても、吉田総裁が党の秘密会議の席上における発言であるとは言え、曲学阿世というような言葉で全面講和論者である南原総長を罵ったのは非常な間違いであって、彼れにしてもしも全面講和論を論破する誠実があるならば、なぜもっと具体的の事実を示して反対論者を説得する熱意を示さなかったのであろうか、私はこの事を最も遺憾に思うのである。

吉田氏はその後しきりに日本は既に事実上單独講和の段階に入りつゝあるというようなことを放言しているが、もしもそうだとすれば、なぜもっと率直にその事実と意見とを秘密会の席上ではなしに、公々然と述べないのであろうか。私が最も不満に感ずるのはその点である。

率直にいって私は今の世界状勢は形式的な講和会議を通して事が片付くような情勢にないと思う。だから、講和会議を前提として全面講和、單独講和の議論をすることが抑々の間違ではないかと考えている。唯何といっても日本人一般として我慢がならないのは、軍事占領がいつまでも続き、政治的自主権がいつまでたっても回復されないことである。軍事占領がほかの意味からなお当分続かざるを得ないということは、各般の情勢から考えて、これを理解し得ないことはないとしても、今のような管理行政がいつまでも続くことは、何といっても堪えられないことであるのみならず、日本を民主主義國として発達せしめてゆくためにも望ましくないことだと思う。われ〳〵は政治の局に当る人々が、講和論議をする前に、先ずこの問題の解決に全力を挙げて欲しい。

労働関係学

今アメリカの多くの大学には労働関係 Labor relations の研究を対象とした研究施設がある。そこでどういう研究がなされているかを全般的に調べて見る機会をもたなかったけれども、それ等の施設の研究成果として発表されているところを見ると、現実の労働関係をあらゆる角度から調査してその合理化を図る方法を科学的に研究するのがその目的であるように見受けられる。そうしてやがては労働関係学とでも名付けらるべき学問が生まれるのではないかとさえ考えられる。

アメリカももとは同じであったと思うが、労働問題は色々の分野の学者によってそれ〴〵の立場からのみ研究されていた。経済学者は経済学の立場から、社会学者は社会学の立場から、法学者は又法学の立場からというように、色々の学者がそれ〴〵の立場から各別にこの問題を研究していたが、それ等色々の学問の力を借りて、この問題を綜合的に研究しようという考えは最近まで見受けられなかった。ところが現在のように労働問題特に労働関係の問題が重要化して來ると、そういう綜合的研究の必要が痛感される。現実の労働関係そのものを研究対象としてそれを合理化すべき方法を科学的に研究する必要が感ぜられるようになると、今までのように経済学、社会学、法学者等々の別れ〴〵の専門的研究では役に立たず、それ等学者の協力によって問題の綜合的解決を図る必要が痛感されるようになるのである。

わが國でも嘗て第一次世界大戰を契機として労働問題が重大化した際にこの種研究の必要が主張された時代があった。そして一般的に保守的な大学が終にこれを取り上げなかった中にあって、一資本家大原孫三郎氏が私財を投じて労働科学研究所を創設されたのは異常な達見であったといえる。この研究所その後の業績に対してはそれが余りにも医学的乃至心理学研究に偏し過ぎたという批評を加える余地はあり得るとしても、当時大原氏がこの研究所と同時に社会問題研究所を創設され、両々相待って労働問題解決のために大規模な研究を初められたことは誠に驚嘆に値する企てであったということができる。ところが昭和年代に入ってからの反動的政治は労働運動彈圧の一環として労働問題の研究をも抑圧若しくは嫌悪し、そのためこれ等の研究所の活動も結局直接戰争に役立つ部門のみが重視されて、漸次に綜合的研究の実を失うに至ったことは周知の通りである。そして戰後の経済的困難は終に社会問題研究所を消滅せしめたのみならず、労働科学研究所をも甚しい経営難に陥らしめつゝあると傳えられている。このことは、現在日本の政治が、自ら労働問題の重圧にあえぎながら、これを解決する道を科学に求めることを忘れていることの反映であって、誠に遺憾千万なことであると言わなければならない。

戰後、大学の中には社会科学研究の名の下に社会問題の綜合的研究に着手したものもあるが、これ等のすべては間口が廣過ぎて、人と金との力が足りない。無きには勝るけれども、もっと研究対象を労働問題に集約して、この問題の科学的研究に専念する施設を作ることを、大学特に東大その他の綜合大学に要望したい。特にその研究対象を労働関係に局限して、科学的研究力をこゝに綜合集中せしめるような研究施設を設けて欲しいと思う。

もと〳〵労働関係は、資本と労働力との物的関係であると同時に、人と人との人間的関係 Human relation である。そして、「人」は個人としてその関係に登場するのみならず、社会的制約の中に集團として登場するのである。だから、その研究も研究対象のかゝる特異性に相應して考えられなければならないのは勿論であって、アメリカ現在の研究がそうした方向に向って進められつゝあることを私は心から羨しく思うのである。

私は過去四年間中労委会長として労働関係調整の実務に携わって來たが、その際の実感として最も欲しいと思ったのは労働関係に関する綜合的科学的研究であった。私はもとより一介の法学者、今まで長い間法学という狭い窓からこの問題を眺めていたものに過ぎない。一緒に仕事をした方々も、それ〴〵個人としては優れた人であったけれども、いずれも各自の専門の面からのみ労働問題に触れて來た人々に過ぎない。四年間実務に当って來た自分の経驗から言うと、この問題は経済学、経営学、統計学、社会学、心理学、生理学、法学、倫理学等々多くの科学の研究対象であって、それ等多くの専門的知識の協力綜合によってのみ、その合理的解決を図ることができる。この際敢えて「労働関係学」の必要を提唱する所以である。

法律時評 一九五〇年七月号（二二巻七号／通巻二四二号）

法令の周知方について爲政者の考慮を望む

「法律の不知は言訳にはならない」という原則が法制上認められている以上、爲政者としては飽くまでもかゝる不知を少からしめるために最大の努力をなすべきが当然である。

然るに、終戰この方わが國では毎年以前に比べて非常に多くの法令が制定されるにも拘らず、その周知方について國会も政府も特別の努力をしていない。世間の一般人にとっては官報を手に入れることさえ戰前に比べて困難になっている。その上紙面の少ない新聞紙は新法令について十分の報道をするだけの力をもっていない。その結果われ〳〵のような法律専門家でさえも自分で特別に努力しなければ迅速に法文を手に入れ得ないのは勿論、うっかりすると法令の制定公布されたことをさえ見逃がして仕舞うようなことがあり得る。政府なり國会なりが、この問題を解決するために工夫し努力する必要が、大にあるのではあるまいか。

最も手近かな解決策としては、新法令紹介のため必要に應じて新聞紙がページ数を増加しうるように用紙の割当配給をすることであるが、もっと本格的な案としては、先ず第一に政府なり國会が新法令の紹介解説のために嘗ての週報のような定期刊行物を出すこと、第二には、法令の正文を各法令毎に印刷したものを作って常時誰でも容易に手に入れ得るように安價で賣却することである。

現在では國会の事務局に多数の専門家がいるのだから、こういう人々の手を煩わせば、この種の仕事は容易にできる訳であり、出版配布の仕事には國会図書館が当れば至極適当なのではあるまいか。

わが國の六法全書が欧米諸國に全くその例をみない優れた出版物であって、國民一般がこれによって容易且比較的安價に重要法令の內容を知りうることは、わが國出版文化の誇りだということができる。しかし、出版業者の仕事には自ら限度があるから、すべてをこれに任せて政府は唯官報を出していればよいということでは相済まないではあるまいか。特に当局者の一考を煩す所以である。

読書余録

久振りに書斎生活に帰って多少とも読書の時間をもち得るようになったことを何よりも嬉しく思っている。永い学究生活の余徳として殆ど毎日のように色々の方々から新刊書を贈って頂く。それを今まで公務のためとはいえ十分読むことができなかったのは、贈って頂いた方々の好意に対して申訳のないことであったのは勿論、自分自らにとっても誠に勿体ないことであった。そのことを今こうして多少とも読書の機会を得て見るとつくづく感ずるのである。

今私は先頃のアメリカ旅行を機会に買い集めてきた労働関係の本を読むために、毎日時間の不足になやむような忙しいその日〳〵を送っているが、この間に読み得た内外の書物の中から、これはと思うものを今後毎号少しずつ紹介して同学の士の参考に供したいと思う。無論この雑誌の性質上紹介するものは法律関係のものに限らざるを得ない。又紙幅も限られていることであるから、紹介といっても長いものは書けない、唯同学の士にも読んで貰ったらい、と思うものについて読後の感想の一端を書き記すに止める。

ウェルズ著　英法の働態（守屋善輝、右田政夫訳）（William Thomas Wells, How English Law Works, 1947）

終戦この方英米法に関する著作が大分出版されたことは周知の通りだが、イギリス法の生態を手軽に且面白く理解し得るように説明したものとして、この本くらい有益な本はないと思う。

「訳者の言葉」として言われているように、この本の中には、「從來、英法の教科書の中で、いわば形式的なものとして我々に示されて來た諸制度が、この原著の中では、その生態のまゝの姿で描かれている。殊に原著者の得意とする司法制度に就いては、上は貴族院から、下は治安判事裁判所に至るまで、それに、そこに活躍するバリスタやソリシタのことまでも、実に微に入り、細を穿って、然も、如実に描写されて居る。」

私がこの本を読んで一番感心したことは、イギリス司法制度の基盤をなしている弁護士卽ちバリスタ及びソリシタの制度が單に形式的でなしに、その実際の動きをありのままに生々と実によく描き出されていることである。わが國でも、終戦この方法曹一体ということがしきりに言われ、弁護士を主体とした司法制度の確立がしきりに唱えられているが、そういう制度が確立されるためには弁護士制度そのものを根本的に改革してかからなければならない。その意味において私は、この本はひとりイギリス法の働態を理解するのに役立つのみならず、わが國の弁護士制度ひいては司法制度全体を改善するについて好個の参考資料になると思う。

Thomas L. Blakemore, The Criminal Code of Japan, 1950

この本は、刑法と軽犯罪法の英訳書に過ぎないけれども、從來わが國の法律を英訳した類書に比べて非常に優れた内容をもっている。それは主として著者ブレークモア氏が戦前東京帝國大学の聽講生として特に日本法の研究をされたことがある上に、日本語についても深い智識をもっていることに原因しているが、他面わが國の英米法学の第一人者である高柳賢三博士と湯浅恭三氏がこの仕事に協力されたことが、この本をこのように立派なものにするのに大いに役立っているものと思う。

もともと外國法を飜訳することは非常に六かしい仕事である。殊に日本法と英米法との場合のように、法律上の用語と概念との間に大きい喰い違いがある場合には、余程注意しないと誤解を起し易い訳文ができ上るおそれがある。この本を読んで最も感心するのは、飜訳上その点の注意が非常によくされていることであって、英文になっていながら日本法文の意味がそのまま正確に画き出されている。日本刑法上の用語を軽々しく類似の英米法上の用語に訳さずに、寧ろいわば直訳的にしている点、私の最も感心したことである。

私は、この本が比較法学の一資料として大きい價値をもつものであることを信じ、著者が更に奮ってその他の法典の飜訳にその努力を進められることを希望してやまない。

C・D・ボーエン著　判事ホームズ物語上巻（鵜飼信成、井上庚二郎、宇佐美珍彦、福間豊吉共訳）

(Catherine Drinker Bowen, Yankee from Olympus, Justice Holmes and his family, 1944)

ホームズ判事の盛名とその偉大な業績の一班は既にわが國にも相当傳えられているが、本書はその傳記を物語風に書いた極めて面白く且有益な読物である。しかし、一裁判官に過ぎない人物の傳記が一年の間に二十六版を重ね、七十五万部を賣りつくしたということは、われ〳〵日本人には一寸理解し得ない驚異的な事柄であって、このことは一つには裁判官の社会的地位がアメリカと日本とでは比較にならない程違うことに原因しているが、二にはその裁判官の中でもホームズが特に傑出した裁判官であって、アメリカではひとり法律家の間においてのみならず一般國民の崇拜の的になっていることを物語るものである。この間の事情は全く事情を異にしている日本人には容易に理解し難いことと思うが、わが國でも新憲法によって裁判所殊に最高裁判所の政治的地位と権威とが、制度上著しく高められたのであるから、この際この本が邦訳されたことには特別な意味と價値とがあると思う。私は法律家一般殊に若い法学生が是非共この本を読まれることをおすゝめしてやまない。

但し、日本人の間にはアメリカの読者と違って、ホームズその人について予備智識をもっていない人が多いから、この上巻に書かれているような家系家庭その他一人前の法曹として活躍する前の事柄がどれだけ一般読者の興味をひくか相当疑わしいと思う。その意味で、私は一日も早く下巻が公刊されることを希望してやまない。下巻を読んで彼の法曹としての偉大さを知った人が飜ってこの上巻を読むと、恐らくは新たに非常な面白味を発見されるのではないかと、私は考えるのである。

法律時評
一九五〇年八月号（二二巻八号／通巻二四三号）

國会の國政調査権

嘗て國会が裁判事件に口を入れて問題になったことがあるが、最近には國会に証人として呼ばれた男が自殺した事件が起った。この事件に対しては國会に直接何等の責任もないようであるが、世間ではやはり問題にしている。一般問題として國会の國政調査権の限界を考究して見る必要があるように思う。

新憲法下の國会は昔の帝國議会に比べて全般的に廣い権限をもっていること勿論であるが、國会にも制度上及び本質上その職分に一定の限界があることも当然である。主権者たる人民の代表者だからといって、濫りにその限界を超えると、反って人民の國会に対する信頼を傷けることになる。現在ではこの限界について何等の慣行も成り立っていないけれども、國会としては是非共この問題をもっと重視して、一日も早く良い慣行を樹立して欲しい。

この問題について、先ず第一に考えなければならないのは、國会は憲法が裁判所の権限に専属せしめている國務に対して濫りに干渉してはならないということである。裁判所の裁判が悪ければ、立法を以てそれを是正すべきであって、個個の裁判に直接影響を與えるような行動をすべきでない。

次に、國会は濫りに道徳的乃至文化的評價を要する個々の具体的問題に立ち入るべきではない。國会が法律の制定や予算を議するに際してかゝる評價をすることのあるべきはもとより当然のことであるが、湯川博士や、永井博士を表彰するが如きは既に或る程度の行き過ぎである。況んや最近新聞紙が傳えているように、孝子節婦の類を求めてこれを表彰しようとするが如きは非常な間違いであって、かくの如きは反って國会の信用を失墜する所以である。もしもそういう表彰をしたければ、別に機関を設けて行わしめるのが当然で、國会自らがこれに当るのは断じて間違っている。ノーベル賞を受けることを無上の名誉と考えられた湯川博士にしても、國会の表彰を果してどんな氣持で受けられるであろうか。永井博士にしてもローマの法皇廳の表彰を喜ばれたと同じような氣持で、國会の表彰を心から喜んで受けられたであろうか。況んやわれ〳〵一般國民からすれば、もしも國家が國家の立場から表彰するとすれば、他にいくらでも人がある。しかし、それには一々特別の機関を設けて、それ〴〵専門の立場から評價をして貰うべきで、國会が直接それをするのは間違いである。

第三に、國会が共產党の非違を抑えるために特別の立法措置をするのは勿論制度上可能なことであるが、先頃衆議院の考査特別委員会が引揚者問題の調査に関連して共產党の德田書記長を証人として訊問したるが如き、國会がその本質を忘れた行き過ぎの行動であると思う。当時新聞紙は証人としての德田氏の発言及び態度がゴロツキ的であったことを報道して非難を加えていたけれども、最近雑誌が当時の速記録を轉載しているのを見ると、德田氏の発言も甚だよろしくないが、その他の議員の発言も決して公正だとは言い得ない。われ〳〵から見ると、要するに党派的憎悪が赤裸々に発露されているだけのことであって、これでは冷静な調査や公正な判断の如きは断じて不可能である。それではこうした間違いが一体どうして起るかというと、こゝでも國会がその会議体である本質を忘れて、濫りに國会の名で一党が他党を問責するようなことを敢てするからである。党と党とがいくら闘っても差支ないけれども、飽くまでも客観的なるべき調査を國会の名で行うに当って党と党とが闘い合うような結果をひき起すことは決して好ましいことではない。

要するに、國会が憲法上如何に最高の機関であるとしても、その行動には制度上自ら一定の制約があることを忘れてはならない。國会が濫りにその制約を超えて妄動することは反ってその権威を傷ける所以であることを反省すべきである。

読書餘録（二）

戒能通孝・法廷技術（法律学体系・第二部法学理論篇1）

この論文は、主として英米の文献を使って、弁護士の法廷技術の重要性を説くと共に、その技術を訴訟の諸段階に別けて、具体的に説明したものであって、極めて有益であるのみならず、非常に面白い読物である。わが國には今までこの種の問題を扱った文献は殆んど見当らないが、訴訟法が英米式に変った今日としては、実際的にも極めて役に立つ文献であると思う。

しかし、この論文は單に弁護士に法廷技術を教えることに役立つのみならず、著者自らも言っているように、わが國從來の解釈法学が一般に抽象的な事実関係の上に空粗な解釈論を行っている欠点や事実を軽視して法規の解釈のみを教えている從來の法学教育の欠陥を根本から矯正するにつき貢献するところが少くないと思う。その意味で、私は学者学生にも一読をおすゝめしたい。

著者がこの論文の中に引用している Law and the Modern Mind の著者 Jerome Frank は最近更に Courts on trial, (1949)なる本を公にしているが、私が戒能教授の文章を読んで直に思い出したのはこの本である。フランクという人は、弁護士から裁判官への経歴をもつ法律実務家であって、専門の法学者ではないけれども、これ等二著の外にも、If men were-angels, (1942)を出して居り、沢山の雑誌論文をも書いている非常に廣い教養をもった異色のある法律家である。氏がこの新著で論じているのは、従來一般に餘り注意をひいていない事実審裁判所に関する諸問題であるが、特に從來世間一般はもとより法学者までが事実審の問題を軽視していることをあらゆる角度から論難し、法学教育においても、もっと学生の注意を事実認定の問題に向けしめるようにすべきであると主張している点は確かに傾聴に値する。氏は現在アメリカの大学で行われている Case-system による法学教育も、結局法律審裁判所殊に最高裁判所の判決に現われた裁判官の法律意見を教えているに過ぎないと非難しているが、もしもこの人に現在わが國で一般に行われているような法学教育を見せたならば何と批評するであろうか。わが國でもわれ〳〵はもっと事実の問題に重きを置いて、法学教育を改革する必要があるのは勿論、裁判の実際にも法学一般にもこの見地から改革を加うべきものが非常に多いように私は考えている。

実際上裁判は、裁判の基礎たるべき事実の認定如何によって大半きまって仕舞う。このことはわが國でも経驗ある裁判官や弁護士は一般によくこれを知っている。しかるに、現在では法学も法学教育もこの問題を軽視しているのは非常な間違いである。

M. Turner-Samuels, British Trade Unions, 1949

N. Barou, British Trade Unions, 1947

現在わが國では、万事についてアメリカのことが人々の注意をひいているけれども、私が今まで研究し得た限りでは、苟も労働組合のことを研究しようとするものは是非ともイギリスの組合運動のことをもっと〳〵研究しなければならない。

イギリスの組合運動に関する文献は従來比較的よくわが國に紹介されている。戰前大正の終りから昭和の初めにかけては、ウェッブ夫妻やコール教授の本は可成りよく読まれたものであって、わが國組合運動の指導書としても実際に相当役立ったと思う。戰後も荒畑寒村氏の骨折りによりウェッブの「労働組合史」が邦訳されている。ところが、最近におけるイギリス労働組合運動が更に一段と成長し、その経済的地位と政治的機能が躍進的な発展を遂げたにも拘らず、その近状に関する文献は今までのところ殆どわが國に紹介されていないから、こゝに最近読んだ二冊の新刊書を紹介することとする。

ターナー・サミュエル氏は労働党所属の下院議員で法律家である。この本は僅か二百余頁の小さい本ではあるが、イギリス労働組合の歴史、現在の機構、機能事業等を極めて手際よく簡潔に説明している。公務員、警察官及び婦人の組合運動についてそれ〴〵特別の節を設けている外に経営者團体に関しても特別の説明を與えている。尚その結論で組合運動の将來を論じているが、こゝで著者は今次大戰の慘禍からイギリスを救い出すためには、労資協力の態勢を継続し、爭議を合理的に解決してストライキを避け、そして生産の増强を図らなければならぬ。「もっと食糧を、輸出品を、そして消費物資」を生産すると共に、物資の供給と歩調を合わせて購買力を適当に造出しなければならない。それには生產と経営との能率を改善するためにいよ〳〵労資の協議機構を盛にして、労働者に公正な分配を保障すると共に、労働者の產業に対する智的協力をもっと推進する必要がある等、イギリス組合運動今後の動きを推測するに足る興味のある議論をしている。

次にバルー氏は、一九一三年以來ロシヤで組合運動に関係したことのある人で、三十年以上英米を初め各國の組合運動を研究している人である。從ってこの本は、ターナー・サミュエル氏の本に比べると遙かに学究的で、その細かい分析的記述と随所に使ってある統計的資料はわれ〳〵外國の研究者にとって特に有益である。尚現在イギリスの経済が全体として社会主義化しつゝあるのに伴って、組合運動の上にも色々と注目すべき変化が現われつゝあることは周知の通りであるが、その変化に関するこの本の記述には、わが國の組合運動の將來を考えるについても参考となるものが少くない。尙この本にはコール氏がイギリス労働組合が現在当面しつゝある諸問題について示唆に富む面白い序文を書いている。

法律時評

一九五〇年九月号（二二巻九号／通巻二四四号）

学校と裁判

七月二十日の「朝日」によると、京都地方裁判所は京都府立医大学生六名の放学処分を不当としてこれを取消す旨の判決を與えたとのことである。戦後の新しい裁判制度によると、理論的にはあり得ることであるが、今まで永い間この種の事例に接したことのない学校若しくは文部当局にとっては恐らく予想したこともない由々しい出來事であると思う。学校当局者從來の常識によると、学生に対する放学、停学、その他の懲戒処分は、教育の本質上教育者として当然にもつべき教育権の発動であって、それについて教育者は自由裁量権をもつと考えられて居たように思う。從って、彼等の処分が後から裁判所に批判され、又取消されるというようなことは恐らく夢想もされなかったことだと考えられる。

しかし、他の一面から考えると、学生の身分も一の権利である、それを故なく侵害された場合に何等の救済も與えられないということはあり得べからざることである。だから、理論的には学校の不当処分によって侵害された学生がその処分の取消を裁判所に訴えることは当然あり得べきことである。

今度の判決が、如何なる理由で放学処分を取消したかは今のところまだこれを知り得ないから、具体的な批評は差し控えるけれども、この問題については考慮を要すべき六かしい論点が色々あるように思う。学校当局が不当の処分をすることがあり得ること、從ってそれに対しては、公正な立場から批判を加え得る道が開かれていることは問題ないけれども、凡そ教育の本質を考えるとそこには尙別に考えなければならない複雑な要素があるように考えられる。

いずれ判決理由が明かになり次第、具体的に批判を加えて見たいと思うが、今からでも少くとも言えることは、学校当局の学生に対する処分は教育的意味をもつこと、從って処分の当否も飽くまでも教育的意味に卽して考えられねばならないことである。

私は、決して今まで多くの教育者によって何となく考えられていたような切り捨て御免的の態度を無批判に擁護しようとするものではないが、さらばといって学校当局の処分のすべてが一々裁判所の批判にさらされるようなことで凡そ教育というものが果して行われ得るものであるかどうか、このことを私は問題にするのである。

寧ろ制度を根本的に改革すべし—公務員給與の改訂問題に関連して—

浅井人事院総裁が國家公務員の給與改訂問題に関して今回とった態度は何といっても弁護の余地がない。われ〳〵はこの問題に関して色々六かしい內部事情のあることを知っているから、人事院の苦しい立場には十分同情をもつものである。しかし、それにしても今後浅井総裁のしたことはどうしても贊成し兼ねる。こんなことを今後もくり返えしていると公務員の労働関係は惡化するばかりだと思うから、敢えて苦言を呈する次第である。

今更いうまでもなく、國家公務員の給與に関して人事院に改訂案の提出を認めている現在の制度は、嘗て給與問題が組合との團体交渉に任されていたことから生じた弊害に対する対策として考え出されたものである。卽ち團体交渉と爭議行爲による圧迫を抑える代りに、人事院をして「常時必要な調査研究」を行わしめ、その結果「給與額を引き上げ又は引き下げる必要を認めたときは、遲滯なく改訂案を作成して、これを國会及び內閣に提出」せしめること丶し、これによって公務員が特に自ら求めずとも、給與が自ら常時適正化されるようにと考えたのである。だから、人事院にしても、國会や內閣にしても公務員法所定のこの立前を嚴格に守ることは絶対に必要であって、さもない限りこの改革に機会を與えた昭和二十三年七月二十二日のマ元帥書簡の精神も全く踏みにじられることになる。

人事院は、法律の規定する限り、当時純技術的の立場から給與額の適否について公正な調査研究を続けなければならない。そしてもしも現行のそれが低きに失すると考えたならば「遅滞なく」改訂案を作成して、これを國会及び內閣に提出するのがその義務である。人事院はその義務を文字通り履行しさえすれば、その職責は果たされるのであって、政府の財政政策や給與引上げの一般経済に及ぼす影響如何等の問題を考慮するが如きは絶対に人事院の爲すべきことでない。人事院は單に機械的に法律の規定するところを忠実に行えばいいのであって、自ら「必要」と認めた改訂案の提出を政治的考慮から躊躇するが如きは許すべからざる職務怠慢である。新聞紙の傳えるところによると、関係方面と交渉した結果この際改訂案を提出しても実現の見込みがないことが解ったから提出を手控えることにしたというのが人事院の言訳けらしいけれども、そういうことで彼等の職務上の責任は絶対に解除されないのである。

新聞紙の傳えるところによると、內閣は改訂案の提出によって政治上苦しい立場に追い込まれることを恐れて、提出阻止のために色々工作をしたらしいのであるが、これも亦明かに制度の精神に反した間違った態度である。內閣がもしも人事院の提出した改訂案を取り上げ得ないと考えるならば、堂々とその理由を公表して世論の批判を求めるべきである。それには、たとえ自らは反対でも予算案を作成して國会に問題を論議する機会を與えるのが最も正しい態度である。そうすれば、論議の結果內閣を支持する國会勢力が予算案を否決したとしても、それは要するにマ元帥の書簡に所謂國家公務員の使用者である一般國民がこの際給與引上げの必要なしという意思を表明したことになるので、そうなれば公務員にしても不満ながらも一應は納得がゆく。何となれば、問題が國会で正式に論議された以上、その結果に聽從するのが國民の義務である位のことは公務員もよく知っている。不満に対する報復は次の選挙において表明する機会が與えられるからである。

以上の理は、今更私がいうまでもない明々白々の当然事であって、これが行われ得ないところにわが國政治の非民主性があるのである。だから、われ〳〵は折角作った制度が実際に行われ得ない以上寧ろ制度をも一度変えてゞも國家公務員の給與問題が公的な手続で解決されるようにする必要があると考えるのであってこのことを内閣も政党も眞面目に考えて欲しいと思う。現に昭和廿三年の公務員法改革に際しイギリスの対日理事会代表パトリック・ショー氏はイギリス本國や連邦には別に適当な方法があって旨く行われていると言明している。内閣も政党も現在の制度が旨く行かない以上、別に代わるべき制度の樹立を眞面目に考える政治的義務があると私は考えている。

読書余録（三）

民科法律部会編・法社会学の諸問題

戦後わが國の法学者の間に法社会学に関する関心が高まって來たことは喜ばしい傾向であると私は思う。その意味で、私は前々から法社会学に関して学者の多くが何を考え何を主張しているかにできるだけの注意を拂って來た。この本も、同じ意味で極めて興味深くこれを読過したのであるが、読後の感想を遠慮なく言わせて貰うと、前途尚程遠しの感を禁じ得ない。

この本の中で、最も有益なのは巻末に掲げられた「法社会学文献解題ならびに目録」である。この学問の再進出に際し何人かによって爲されねばならない学的の骨折りが忠実に行われていることに対して心からなる敬意を表したいと思う。無論、法社会学の本質及び目的に関しての学者の意見がまだ定立されていない関係上、文献の取捨選択がルーズに過ぎるという非難はあり得るが、この際としては一方的の立場から選択を嚴格にするよりは、こうした態度の方が賢明でもあり又実際的でもあると思う。

この本の主体を爲している杉之原、戒能、細野、山中諸氏の論説と「法社会学の前進のために」と題する討論会の記事は、それ〳〵の学者がこの問題について何を考えているかを知るについて興味があるけれども、読後の感想を一言にして言うと、又しても嘗て大正の末期から昭和の初めにかけてわが國法学者の多くが法哲学に興味をもって方法論的論争を続けた時代と同じことが再現されつ、あるように思われてならない。凡そ学問が方法論なしに成り立ち得ないことはいうまでもないけれども、苟も科学を標榜する限り理論の基礎たるべきデータの着実な集收を軽視してはならない。方法がきまらない限り、データの集收も選択も不可能ではないかということも議論としては成り立つけれども、データの集收を抜きにして科学が成り立ち得ないことだけは何人もこれを否定し得ないと思う。殊に、法社会学の中心課題である「活きた法」の本質をつきつめることを忘れ、社会科学の名をめぐる論争に無用の時を費しているのを見ることは誠に残念である。

立法及び司法の指導原理を、今までのように独断的な教義的理念に求めることなしに、科学的に究明された客観的なデータの上に築こうとする努力こそ法社会学の基本的の仕事だと考えている私は、この本を読んで聊か失望の感を禁じ得ないのを遺憾とするものである。

法律時評

一九五〇年一〇月号（二二巻一〇号／通巻二四五号）

教員と政治運動

教員だからといって、特に政治運動をしてはならないという理窟はない。

しかし、教員の政治運動が教育に悪影響を與えるようであれば、教育的見地からそれに何等かの制限をつけねばならぬという考が起るのも当然のことである。例えば、一定の政党に属する教員が教壇からその政党の政治綱領を生徒に教えて政党のために宣傳行爲をしたり、小学教員が無心の兒童を選挙運動に利用するようなことをすれば問題になるのは言うまでもない。問題は個々の若しくは或る種の政治運動が実際上教育に悪影響を與えるや否やを具体的に考えて判定せらるべきであって、凡そ教員は政治運動をしてはならないというのは無茶である。

公務員である教員が公務員である関係から他の一般公務員と同一規準によって政治運動の制限を受けることがあっても已むを得ないことであるが、こゝでもその制限は公務の性質によって必ずしも一律であってはならない。何となれば、現在の公務員法にいう公務員の概念は非常に廣く、その中には比較的政治に近い関係をもつ高級官吏から下は單なる筋肉労働者に至るまで色々の階層種類があるからである。

公務員の場合でも、公務員がその地位を不当に選挙運動に利用したり政治運動のために公務を怠れば無論問題になる。近頃或る種の公務員が全國的の官僚網を足場にして参議院議員の選挙に立候補するが如き、見方によってはこの範疇に入るものとして批判の價値が十分にあると思う。

しかし、一般的にいって、教員だから政治運動をしてはならないとかいうことはあり得ないのであって、問題はもっと具体的に考えられねばならない。

新聞紙の傳えるところによると、自由党では近く教員の政治運動を制限する法案を國会に提出するとのことであるが、公党の行動として以上の点の考慮につき飽くまでも愼重ならんことを希望してやまない。

尤も、右と別に、私は教員組合が次から次へと彼等の仲間を参議院に送り込もうとしている今のやり方には組合の行き方として必ずしも賛成しない。教員が教育に理解をもつ人を一人でも多く國会に送りたい氣持は解る。教員もまた労働者の一人として成るべく労働者に同情をもつ人々を國会に送りたいという氣持も解る。しかし今尙組織として全体的には未成熟な教員組合が選挙に興味をもち過ぎると、反ってその面から組織がくずれるおそれがあるのではないか。教員が組合の力で政治を利用するには尙別に色々の手段がある筈である。選挙運動のために組織そのものが受ける影響をも十分考慮に入れて、あくまでも組織を守ることを第一事と考えるのが目下の教員組合として最も大切なことではあるまいか。

読書余録（四）

法曹会編・アメリカにおける司法の実情

これは渡米法曹の座談会記事をのせたパンフレットであるが、新憲法に基いて根本的に改変されたわが國の裁判並びに訴訟制度がその後の運用上幾多の問題を生みつゝ、ある今日、他山の石として味読に値する多くのものをもっている。

わが國の新しい裁判並に訴訟制度が範をアメリカ法にとっていることは今更いうまでもないが、それが施行後必ずしも人々を満足せしめていないのは、一つは関係者の経験不足のため運用がよろしきを得ていないことに原因する面もあるようであるが、法をめぐる諸般の事情がかれとわれとで著しく違っていることにより大きい原因があるように私は思う。この座談会記事はそうした事情を知る上に役立つ多くの有益なものを提供している。私はこれ等の智識を参考資料として朝野の司法関係者が現行制度とその運用の改善につき格段の考慮を拂われんことを希望してやまない。

座談会での発言一つ一つについては多少批判したい点がないでもないが、大体において短期間の視察報告としてはよく要点をつかんでいると思う。特に出射義夫氏の検察制度に関する報告は非常に優れている。よく短い間にこれだけまとまった調査をされたものと感嘆の外ない。

尚この種の視察報告として近頃私の最も感服したのは、本誌前号に掲げられた今村忠助氏の「アメリカの民主主義政治に学ぶ」であるが、右の座談会で発言されている諸君がそれぞれの立場から今村氏と同じ程度にまとまった視察報告書を改めて書いてくれることを私は心から願ってやまない。

Raushenbush and Stein, Labor cases and materials, 1947

私は今アメリカの労働法の全貌を手頃な読物に書き上げて見たいと、日夜色々の参考書をひねくり廻しているが、何分にもアメリカの労働立法は連邦法と州法とに分れて複雑をきわめているのみならず、判例との連関なしに立法だけを見ても法の実相を捉えることはできない。できれば経済史政治史労働組合史等、を背景としながら、判例と立法とが相互に関係しつゝ、発展してきた有様を画き出さなければ、この國の労働法の生きた姿を人々に傳えることはできない。

その意味で、今使っている参考書の中で最も便利なものは、Glenn W. Miller, American Labor and the Government, 1948であるが、直接判例の本文に接し得る点では頭書の判例集が非常に便利である。この本は第一部 Government influence on collective bargaining を Raushenbush 第二部 Government and the terms of the labor contract を Stein が受けもって、労働関係法から労働者保護法に至るあらゆる題目につき、簡潔な解説を史的素描を与えながらその間に主要の判例その他の資料を適当に配列してあるから、判例集とはいうものゝ面白く通読できる読物である。

労働法に関する新しい判例集としては別に Charles O. Gregory and Harold A Katz, Labor law: Cases, materials and comments, 1948があり、判例の外に関係論文の抜萃等色々の資料をも掲げている点で非常に便利であるのみならず、随所に掲げられた著者のノートやコンメントも有益である。たゞしこの本で専ら取扱っているのは労働関係法のみに限られている。尚この本の著者 Gregory はシカゴ大学の教授で別に Labor and the Law, 1949 (revised and enlarged edition)の著がある。これと右の判例集を併せて読むと労働関係法の全貌がかなり生き〳〵と解るような氣がする。

Sidney P. Simpson and Julius Stone Cases and Readings on Law and Society, 1948, 3vols. pp. xlviii, 2389

これはアメリカの大学で「法と社会」「法の社会秩序」又は「法社会学」等の題目で講義する爲めの資料を編纂したのである。内容はハムラビー法典から初まって現代に至るまでの主要立法に関する原始資料を六の時代別けに分類してのせているの外、米英初め大陸学者の学説の抜萃を掲げている。

アメリカの多くの大学で近頃「法と社会」というような題目が行われるようになった理由は、凡そ法が社会において演じている役割を教えることにあるらしいが、これこそ正に法社会学研究にとっての主題である。法哲学が「一定の法は正しいか」を主題としているのに対して、「一定の法は何を爲し又何故にかくあるのか」が法社会学の主題だとアメリカの法学者は考えているらしい。そして、彼等はこうした立法に関する原始資料や学説の抜萃を教材としてケース・システム的の討論を通して法社会学的の智識と考方を教えようというのである。

シカゴ大学で社会学の講義をしているMax Rheinstein教授は、この本の紹介(University of Chicago Law Review, vol.17, No.2, p.422)の中で、法哲学や法社会学のこの種の教育方法に対して多少の疑問を示しながら、尙教授が現に講義の準備をし又講義をする上にこの本が非常に役に立つということを書いている。

私がこゝにこの本を紹介するのは、近頃わが國でも学者や学生の法社会学に関する興味が著しく高まりつゝあるように見受けられるにも拘らず、とかく彼等の注意が形式的な方法論に集中されて、学の内容をなすべき具体的の資料の研究を怠る傾向があるように思われてならないからである。私はわが國の法社会学者が史学的乃至比較法学的研究を通してデータをもっと豊富にすることに注意を向けることを希望するものであるが、それについて想い起されるのは、穗積陳重博士がメーンの流れを汲んで法律進化論を一生の仕事として研究されたことである。

博士の仕事は今日われ〳〵が法社会学と考えているものからは一應離れているけれども博士が自分の学問を「法哲学」と名付けることを避けて特に「法理学」と称し、飽くまでも実証的の立場から法の原理を求めようとして、史学的比較法学的な独自の研究に一生を捧げられ、博士をめぐって初期の法理研究会がわが國の法学に新生面を開いた時代のあったことを今更ながら想い起さざるを得ない。

一九五一（昭和二六）年

法律時評

一九五一年二月号（二三巻二号／通巻二四九号）

講和のあとに來るもの

全面講和にせよ、多数講和にせよ、又單独講和にせよ、何等かの形で段々と講和條約締結の氣運が熟しつつあるように思われる。講和條約が締結されて一日も速かに內治外交の自主権が回復されることはわれわれの最も熱心に念願するところであるが、さてその時が愈々近付いて見ると、心配になることが一つある。それはわれわれが果して民主々義の原則に從って自力でわれわれ自らを治める能力をもつであろうか、ということである。

それを心配する理由の第一は、われわれの民主々義は敗戰の結果外から與えられ、若しくは强制されたものであって、制度や法律その他形式のみは民主々義の線に沿って見事に出來上がってはいるものの、これを運用する人々の心の中には民主々義の精神なり心構えがまだ十分に成熟していないからである。

理由の第二は、管理行政が余りにも長きに過ぎたため、初めは多少とも自主的に動くかに見えた政治家や官吏も時と共に反って占領軍当局の権威を自己の利益のために利用せんとする傾向が現われ、そのため終戰後五年間を経過した今日なお民主々義の原理に從って自力で自らのことを処理する習慣は殆ど何等の発達をも示さなかったからである。

だから、いよいよ管理行政が解かれてすべてがわれわれ自らの自主的処理に任されることになっても、残念ながらうまくゆかないで事々に紛争を生じ、その結果混乱と非能率とが至るところに発生するおそれが大にある。それでも、國民一般の間に民主々義と自由の原理とに対する理解と飽くまでもそれを守り通そうとする熱意があれば、かかる狀態もわれわれお互の根氣のよい努力によってやがては克服されるに違いないけれども、今の様子ではそれすら不可能ではないかと思われてならないのである。

その上、かかる精神的用意を欠いた國民が混乱に当面した場合には、それを克服するためややともすれば「力」に頼ることとなり易く、自然ファッショ的方向に向うおそれのあることを考えて見るとわれわれは講和による自主権の回復を喜ぶ前に、考えねばならぬこと、爲さねばならぬことが非常に多いように思われてならないのである。

刑事裁判と事実認定

三鷹事件や帝銀事件の裁判があってからこの方、世間の人々の事実認定に対する関心が高まったことは興味のある事柄であるが、同時に学者のこの問題に注意を向けるものの増えたことも亦注目に値する事柄である。

刑事訴訟における事実認定の問題についても、アメリカでも学者の間には色々議論があるようであるが、彼國には陪審制度があるのみならず、民衆一般の陪審に対する傳統的信頼が今のところまだ十分に維持されているから、事実認定の当否が実際上問題になることは余りないようである。ところが戰後わが國では大体アメリカ法の線に沿って刑訴法を改正しながら、陪審制度をもっていないから、今後とも裁判所がこの問題のために苦しい立場に立たされることは少くないと思う。これに対する対策は司法当事者としても又学者にしても大に研究の必要があると私は考えている。

殊にわが國のように戰前から一般民衆の間に檢事偏重の風潮があり、新聞紙の如きも檢事の求刑を特に権威あるもののように取扱って記事の見出しにまでするにも拘らず、被告人側の主張について何等報道しないような風習のある國では、民衆の裁判所に対する信頼を守る目的から言っても、この問題には特に重要性がある。本來ならば新聞記事によるの外事実について何等の智識をもたない筈の一般民衆が裁判所の事実認定に疑を挾むようなことは絶対にあるべからざることであるが、実際にそれがある以上われわれは大にこれを問題にせざるを得ないのである。

最近地方の下級裁判所の一裁判官が、私に書面を寄せて、検事の求刑を禁止すべきだという意見を熱心に述べて居られるのを見たが、これなども一見下らない議論のようであるが、実際には相当考慮の價値がある事柄のように思う。

学校当局の懲戒権と裁判所

新聞の報ずるところによると、嘗て私が一度取り上げた京都医大の放学処分取消請求事件は、後に行政事件特例法第十條第二項によって総理大臣が執行に対する異議の申入をするところまで発展したとのことであるが、何故に文部当局はもっと迅速に学校教育の本質を考えて徹底した手を打たないのであろうか?今度の事件だけは学校がまたま官立であるから、総理大臣の異議で一應事の悪化を防ぎ得るようであるが、同じことが私立学校について起った場合を考えて見ると是非とももっと事の本質に触れた処置が必要であることは極めて明かである。

私は前にも言ったように、学校には教育目的から是非共一定の懲戒権が認められねばならない。無論不当の懲戒を防止するために何等かの方法を設ける必要はあるけれども、現在のようにこれを普通の訴訟による救済に放任していたのでは教育上殆ど堪え難い実際の不都合が発生するにきまっている。救済の道は別に論ずるとして、そのために教育上著しい支障が生じないようにすることだけは是非共考えなければならないと私は考えている。

おことわりとお願い

去る九月五日に突然病氣のため入院し其後治療が予想外に長引いたため十一月号から一月号まで無断で時評を休んで仕舞ったことを読者諸君にお詑びしたい。

諸君が従來時評にどれ程の興味を感じて居られたか、自分にはよく解らないけれども、自分ひとりの希望としてはともかく本誌創刊この方永いこと書き続けて來たものだから、今後も特別の理由がない限り書き続けてゆきたい。毎号に取り上げる材題の取捨選択や、文章の推考にももっと力を入れて極力諸君の期待にそうようなものを書きたいと考えている。今までのことを考えて見ると、終戰この方過去五年間の私の生活は余りにも忙し過ぎた。今までも私は、毎日、新聞や雑誌で読んだことの中からこれはと思うことをその都度日記帳の一隅に手控えして置いて、締切りの都度その中から適当と思う材題を選ぶようにして、一面重要な時の問題を成るべく廣く取り上げると同時に、できるだけ自分の趣味にのみひかれて議論が一つのことに片寄らないように力めて來たつもりである。しかし、あとから読み返えして見ると実際書かれたものは可成りその理想に遠いものであることを見出し甚だ恐縮していたのである。

それというのも、今まで私は余りにも忙し過ぎたのである。その点からいうと今度の病氣は今後私の学問若しくは文筆生活にかなり大きな轉機を與えてくれるものと予期している。自分としてはこれを機会にも一度本式に学究生活に入って見たいという熱意に燃えているが、少くとも今までよりも雑務がへって靜かに読書し思索し又執筆する時間がかなり増えるものと考えるから、その一部を割いて今後この時評にも少し力を入れて見たいと思うから、読者諸君は御批評なり御注文があったなら、どしどし御申出下さるようお願いする。

法律時評

一九五一年三月号（二三巻三号／通巻二五〇号）

労働法規の改正についての希望

またぞろ労組法や労調法を改正しようという企があるらしいが、それについて是非共一言いって置きたいことがある。それは今更いうまでもない当然のことだが、今度こそはどうか法規上疑問が沢山残るような規定を作って、無用の紛争がやたらに起るような種子を蒔かないようにして欲しいということである。政府にしても、國会の関係者にしても、一昨年の労組法改正がどの位無用の紛争を起して多くの人に迷惑をかけているかをよくよく反省して欲しいと思う。私はあの改正の意図したものそれ自身を必ずしもすべて不可なりとするものではない。しかし、同じ目的で改正をするにしても、法文の立て方その他にもう少し氣をつければ遙かに良い結果を得ることができた筈である。

労働省や法務府の役人に言わせれば、無論言い分もあると思うが、ともかくあの改正の結果無用の爭が沢山発生したことは事実で、これに対する責任だけは感じて欲しいと思う。私は決して過去を責めるためにこのことを言うのではない。今後のために、今度こそは結果に対して自ら責任をとり得る覚悟がつかない限り軽々しく動いて欲しくないと思うから、敢てこのことを言うのである。

労働法規というものは、單なる裁判規範ではなくして、互に労働組合及び労働関係に働きかけてその日常の社会関係に形成的効果を及ぼすものである。その上わが國の場合労働関係の当事者は一般に経験が浅く習慣も一般に成り立っていないような実情であるから、法令の形成的効果が非常に強く、そのため法規の意味が不明であることから起る混乱は予想以上に甚しいのである。この故に、立法に関係するものとしては、いやが上にもこの点に注意して、解釈上後に疑を残さないような法規を作ることに努力すべきである。その点からいうと、一昨年の労働法改正は非常な不出來であったと評さざるを得ないのである。

労働法関係の判例

私は一昨年の暮に横浜を立ってアメリカに旅行をしてからこの方一年以上も本格的な書齊生活を離れていた。今は久振りに病院から帰って長い間たまっていた本や雑誌を整理しているところであるが何よりも驚いているのは僅か一年の間に労働法に関する判例が沢山出來たことである。

今またそのすべてを網羅的に研究する時間を持っていないが、つぎ〳〵にと拾い読みをしている間に感じたことをここに二三述べて見たい。

先ず第一に、労働に関する訴訟事件がこんなに多い原因は何処にあるのであろうか、その原因を具体的に調べて対策を論ずる必要があるのではなかろうか。見方によっては、訴訟事件の多いことは必ずしも悲しむべきことではなく、寧ろ反対に終戰後とかく実力闘争になり勝ちであった労働紛争が段々に法的闘争に轉化しつつある喜ぶべき傾向だと考え得ないこともない。

しかし、これ等の訴訟のために、労働組合や経営者が可成り無駄な労力と金を使っていることを考えると、この際訴訟予防の策を講ずる必要が大にあるように思われてならない。そこで実際訴訟の起る原因がどこにあるかを考えて見ると、先ず第一には現行法規が不適正で解釈上疑問が多くそのため紛争が起り易いのではないかということが問題になる。第二には、労働関係の当事者が紛争を相互の手で自主的に解決しようとする習慣がなく、互に無理押をして結局訴訟にまで持ち込んで仕舞う傾向があるのではないかということである。紛争処理手続と仲裁制度の利用によってもっと手軽に自主的の解決をはかる余地は大にあり得るのではなかろうか。

次に、判例を系統的に研究した著作が増えて來たことは非常に喜ばしいことである。しかし、私の感じとしては事実関係の分析的把握がまだ一般に足りないように思う。というのは、労働関係の事件はその内容が極めて複雑であって、一見類以した事件相互の間にも法的に精確に考えると看逃がしてはならない微妙な差異のある場合が少くない、それにも拘らず判例を総合的に研究して判例法を系統的に把握しようとする研究者はやゝともすると、理論的分析をできるだけ簡明にしたいという誘惑に負けて、事実関係の分析を簡單にしたがる傾向があり得るからである。これは判例法の研究上一般に極めて重要であるが、労働法のように比較的新しい部門においては特に重要である。こゝでは、事実関係が実際上極めて多様であったにも拘らず、理論的研究が進んでいないため、とかく微妙な差異が看逃がされて概念的に粗雑な取扱がなされ易い傾向が非常にあり得るからである。

英訳法文の問題を考えて見る必要はないか

講和成立後の措置として現行法令の中失効すべきものと否とを今からきめて置く必要があるという議論をよくきくが、私の考ではもう一つ大事なことが忘れられているように思う。それは現在の英訳法文が講和成立後どう意味をもつかを今から考えて見る必要があるのではないかということである。

嚴格な形式論をすれば、英訳は今でも法律的には何等の意味をもたないというのが正論だと思う。しかし、現在の実情からいうと、英訳は実際上非常な意味をもっている。というのは、総司令部との関係では英訳がすべて物を言っているのが実情で、少くとも諸官廳の行政的解釈はすべて英訳によって行われているからである。

ところが、実際に問題が起って個々の法文を英訳と対照して見ると、時々両者の間に明瞭な相違があるのを見出して当惑することがある。そして立案当時の事情を関係者に聞いて見ると、時には英文が先きに出來て逆にそれを邦訳した場合もあるらしいのだから、今後とも解釈上原案者の意思如何が問題になるようなことがあると、一概に英文は飜訳に過ぎないからといって全くそれを度外視し得ない場合も起り得るのではないかと思う。

現在では、この種の問題が実際に起るのは、専ら行政官廳の内部のみに限られているから、一般民間人の注意を惹いていないけれども、例えば一昨年の暮以來國会や裁判所の問題にまでなった公労法の如きは英文と日本文との間に相当の開きがある最も顯著な例であって、しかもこの場合のごときは英文の方が先きに出來て、政府は國会に法案を提出する前に大急ぎでこれを飜訳させられたのが実情だということである。しかも、その飜訳には可成り原文と違う点があるのだから仲裁々定の効力が國会や裁判所で問題になっていた際にも、もしもこの違いを問題にすれば問題にし得る余地があったように私は考えている。

私は寡聞にして、今までのところ、こうした訳文の違いが裁判所で問題になった実例を知らないけれども、講和成立後になると反ってそうした問題が起り得るのではあるまいか。法務府や國会あたりで今からこの問題を研究して対策を講じて置く必要があるように考えられてならない。

こうした飜文の相異を従來世間一般の人は余り問題にしていないから、終に最も解り易い例を一つ引いて問題を提供して置くが、現在大に議論されている再軍備問題に関する憲法第九條に「□□武力による威嚇又は武力の行使は、國際紛争を解決する手段としては、永久にこれを放棄する」という文句がある。これを英文と比べて見ると「手段としては」の「は」に相当する表現は全くない。無論日本文も読み方によっては必ずしも「は」に特別の意味を付けずに読むこともできないことはないけれども、この頃のように解釈上自衛権だけはあり得るというような議論が出て來ると、この「は」に物を言わせようとする人も現われないとは限らない。そうなると、憲法の場合には英文が寧ろ原文だと一般に言われて居り、現に六法全書も一般に英文を載せている位だから、必ずや日英両文の違いが問題にされることがあり得ると思う。

法律時評

一九五一年四月号（二三巻四号／通巻二五一号）

木内検事の問題

木内次長検事の問題が実際上如何に片付こうとも、われわれから見れば大した問題ではない。しかし、あの問題を解決する鍵であった検察廳法の解釈がこのままうやむやになってしまうのは甚だ面白くない。その意味では当の木内氏自らが変な棄てぜりふを残して辞職してしまったのは非常に惜しい。公人の進退としては何となく明朗さを欠いている。あそこまで世間を騒がせた以上、今後のために禍根を絶つことを目途としてもっと徹底的に戦って欲しかったと思う。

検察廳法の解釈については、その後有力な二三大学教授が新聞紙上に意見を発表しているように、確に議論の余地があるようである。しかし、一般に言われているように、次長検事が「官」であるか「職」であるかというような官制上の技術論でこの問題を片付けようとする考方には、私としてはどうしても賛成できない。そういう議論をしている限り、結局水掛け論に終るだけのことで万人を納得せしめるような結論には到達し得ないと思う。

われわれはもっと深く問題の本質に立ち入って、凡そ検察官の進退をその時々の政府殊に法務総裁の一存で自由に決定し得るような制度が善いか悪いか、又現行検察廳法はその点をどうする積りで制定されているのか、この問題を議論の主題にしない限りいくら議論をしても問題は決して根本的に片付かないのである。

検察官もその時々の政府の手先に過ぎないとする制度も確に一の立前である。政府が初めから全責任をとる覚悟を以て臨めば、この制度でも結構うまく行くかも知れない。たゞし実際には検察事務に対する政府、従って政党の干渉がひどくなって、結局困るのは政府自らだと思う。今度の場合でも大橋法務総裁は果して問題をそこまで深刻に考えてあゝした態度をとられたのであろうか。しかし又木内検事が主張するように検事の轉職にはすべて必ず本人の同意を要することにすると、單に検察事務の非能率が起り得るおそれがあるばかりでなく、この制度が悪用されて検事閥ができたり、いわゆる検事ファッショの弊害さえ再生するおそれがある。

だから、結局は新憲法における検察制度を如何にせば公正明朗にしてしかも能率的なものにすることができるかを中心問題にして事を考える外ないのであって、今度の場合でも木内氏があゝいう工合に不明朗な退陣をしてしまった以上、政府は寧ろ進んで問題を國会に移し、法律を改正してでも將來のために根本問題をハッキリすべきであると思う。木内氏の自発的退陣をいゝことにして「やれやれ安心」というような態度にでることは責任心ある政治家として断じて許すべからざることだと私は考えている。

公務員給與のきめ方

戦後公務員の労働組合が急速に発達して、一時はわが國組合運動全体をリードする氣勢をさえ示し、政府を相手として強力な團体交渉を行ったことは周知の通りであるが、これがやがて一九四八年七月のマックァーサー書簡を契機として段段と法律の枠の中に追い込められて、終には現在のような状態にまで後退せしめられたのは何故であろうか？　一言にして言えば、当時組合の指導的地位にあった人々は勿論公務員一般が組合運動に関する智識経驗を全くもつことなく、公務員の地位の特殊性に関しても特別の考慮を拂うことなしに、唯々勢の赴くところに任せて、無反省に行き過ぎた行動をとったからである。

今にして思えば、政令二〇一号も又國家公務員法にも行き過ぎがあると思う。しかし、組合があゝも無反省に行き過ぎた行動を重ねれば、これに対する反動が起るのは当然であり、又その反動が非常に強力なものになるのも当然であって、今から見れば必要以上に厳し過ぎると考えられる制限が加えられたのもすべてそのためである。

しかしその厳し過ぎる点はもうそろそろ考え直してもい丶、時期が到來しつ丶あるように私は思う。というのは、政令二〇一号や公務員法で公務員の團体交渉権や争議権を奪った代償として設けられた人事院は、どうヒイキ目に見てもその後所期の成果を挙げていない。奪うだけは奪ったが、さてその代わりに與えられたものが十分代わりとしての役目を果さないというのであれば、自然公務員の間に不満が起るのは当然で、これをこのままにして置くと、形の上だけはおとなしくしているが、戦前と同じように面従腹背の氣風が公務員の間に復活してすべてが非能率になるおそれがあるのではなかろうか。否、既にもうそうなっているように思われてならないのである。何とか早く対策を立てないとこの形勢は愈々悪化して終には再び不平不満を欝積させて又も再び爆発に導くおそれがあるのではあるまいか。

私も、無論争議権までをも一挙に復活させろとは言わない。しかし、せめて團体交渉権だけは復活して、公務員一般にもっと発言の機会を與えなければならないと思う。一九四八年の改正の考方は要するに発言を封ずる代わりに人事院で万事を然るべくやってやろうというのであるが、この考方が果して成功するかどうかについては改正当時既に相当疑がもたれていた。そして、その後の実質から考えると、どうやらも一度すべてを初めから考え直してもい丶時機が來ているように思われてならないのである。

あの改正の最も大きい欠陥は、給與の決定に対して公務員の発言を全く封じて仕舞ったことにあると思う。公務員の給與は究局においては國会が決定すべきものだという原則は私も勿論これを認める。しかし、愈々國会が決定するまでの道程で、公務員には全く発言を許さないことにするのがよいか、又人事院のような特別の國家機関をして科学的に公正な給與水準を立てさせるやり方の方がよいのか、それが非常な問題だと思う。

現在のような財政状態では、どんな方法によろうとも、結局公務員一般に十分満足がゆくだけの給與を與え得ないことは分っていても、最後の決定に至るまでの間に公務員側の意見も十分聽き又彼等に財政状態に関する説明を與えてできるだけ納得させる努力をする方が結局の治まりがよいのではあるまいか。人事院の調査が如何に科学的であり、又その原案が如何に公正であっても、それを一方的に押し付けたのでは、とかく不平が起り易い。こゝらの道理を十分わきまえることが凡そ労働問題を考えるについて最も大切なことなのである。

だから、一九四八年の改正の際にも、対日理事会の席上でイギリス代表はイギリス本國やオーストレリヤで永い間やっている方式の方がよいのではないかという発言をしているのである。この方式は一言にしていうと混合委員会の形式による團体交渉によって給與の原案を立てさせるのであって、究局の決定権は勿論國会にあるが、それ迄の間に委員会で公務員の代表者に十分発言の機会を與える、これがこの方式の特徴であって今から考えると、どうもこの方が人事院方式よりよいように思われてならないのである。

人事院も既に二年の経驗をもった訳だから、そろそろ再検討を加えてい丶時機が來ているように思う。私がその後研究したところによると、人事院のような制度はアメリカでも決して廣く行われている訳ではない。これをわが國國家公務員のすべてに関する制度として採用したことそれ自身が初めから可成り冒険であったように思われてならないのである。それに比べるとイギリス式の制度は既に十分試驗ずみで、われわれとしても更に研究の上採用のことを考えて見る余地が大にあるように考えるのである。公務員組合の方々は勿論、國会も政府も是非とも注意をこの問題に向けて欲しいと思う。

地方選挙と政党

現在國民一般に通ずる重要な政治問題の一が講和問題であることは言うまでもないが、各政党が近く全國的に行わるべき地方選挙運動においてこの問題を中心的の題目にすると言って居り、新聞紙も亦すべてこれを当然のことのように考えているのを私は非常におかしいと思う。事それ自身がいかに重要であっても、地方選挙の題目としてふさわしいものには自ら限度がある。講和問題が重要であることは議論の余地がないとしても、これが選挙の中心題目として登場してい、のは國会議員選挙の場合であって、地方選挙の中心題目として適当なものは寧ろ各地方團体毎にそれぞれ別にあるべきだと思う。

例えば、仮りに或る一地方選挙民が講和問題に関しては、大体自由党の主張するところが妥当だと考えてるとしても、それがため当然に自由党の推薦する候補者を知事として適任者と考えなければならない理由は少しもない。知事には知事として自ら適任者があるのが当然で、講和問題とは直接何の関係もないことである。この理は都道府縣の議員についても全く同じであって、この場合選挙民にとって最も大切なことは主として地方問題でなければならない。候補者を推薦する政党の講和問題に対する態度がどうあろうとも、地方選挙に於て専ら物をいうのは地方問題に対するその政党及び候補者の主張や態度であって、選挙は専らこれを目安に行わるべきが理の当然である。

然るに、新聞紙までがこの当然の理が解らないで、今度の選挙の中心題目は講和問題であるとか、だからこの選挙で自由党が敗ければ政府は総辞職するのが当然であるようなことを言っている。私にはこの位不合理なことはないと思うのであるが、どういうものであろうか。

法律時評

一九五一年五月号（二三巻五号／通巻二五二号）

法廷侮辱罪の問題

いよいよ法廷侮辱罪の法案ができてこの國会に提出されることになるらしい。裁判所の権威を確立することが新憲法の精神上特に重要であることは何人も異存のないところで、この点から考えれば、國民のすべてが双手を挙げてこの法案の通過を歓迎すべきだと思う。しかし、裁判所の権威を制裁の力を借りて維持しようとするのは、民主々義の精神からいうと本道を外れた考方で、天皇の名において裁判した旧憲法下の司法制度においてならばともかく、民主々義の下における裁判所の権威は飽くまでも人民の信頼に基礎を置いたものでなければならない。権威を犯した者に制裁を加えるにしても権威の根本にかかる信頼があってこそ初めて制裁の精神も活きるのであって、もともと信頼していないものに無暗にただ制裁を加えて見ても権威は反ってくずれるだけだと私は思う。

そういう見地から、今後この制度が旨く運用されて、善い成果を挙げるために是非共考えて置かなければならないと思われることを少し書いて見ると、何よりも先ずわれわれが見逃してはならないのは、この制度が英米特有の制度であって、それが旨く運用されている基礎には英米独特の事情があるように思われることである。そうして、わが國にはその同じ事情が全くないのだから、運用上余程格段の工夫をしないと、ひとり英米におけると同様の成果を挙げ得ないのみならず、悪くすると反って裁判所の権威を傷けることにもなり得ると私は心配している。

私は前々からこの制度が英米で実際上どんな風に運用されているかを知るために、できるだけ色々のものを読んでいるのであるが、それらの読書を通して私が常に感じているのは、この制度が何となくスポーツにおける審判者の制裁権に似ていることであって、実際の運用も恐らく同じような精神で行われているのではないかと考えられることである。英米の裁判制度がスポーツの比喩で説明されることは他の場合にもよく見かけることであるが、各種のスポーツで審判者が競技者に退場を命じているのを見ていると、私はいつも思わず法廷侮辱罪を思い起す程両者の間には非常に似たものがある。先ず第一に、スポーツの審判者は競技者達の先輩であって、中でも特に優れた競技者として前々から尊敬されている先輩である。だから、審判者の制裁そのものも適切で無理がなく、かりに多少の無理があっても競技者は一般に潔く命令に服するのであるが、英米においては裁判官と弁護士との間にも同じような関係があるから法廷侮辱罪の制度も旨く行われているように私は思う。それに比べると、わが國の場合には、現にそういう事情がないばかりでなく、一時しきりに言われた法曹一元化も仲々実現されそうもない状況だから、たとえ法廷侮辱罪の制度を設けても実際は仲々旨く行かないおそれがあるのではなかろうか。殊に、わが國では最も問題の起り易い第一審の裁判官に若い裁判官を配属しているから、この点からも制度の運用上に案外まずいことが起るおそれがあるように思われてならない。英米の裁判官は大体において長老の感じがする。一面非常に厳格だが、他面には何となくユウモラスなところがあって、如何にもゆとりのある態度で法廷に臨んでいる。法廷侮辱罪のような制度はああした裁判官だからこそ旨く運用できるので、事情の違うわが國の場合にはこういう面からも案外運用上の困難が起るのではないかと私は思う。

要するに、法廷侮辱罪の制度はこれを形式的に運用するのは簡単なようでも、運用よろしきを得ないと弁護士や当事者の間に不満乃至反感をひき起して反って訴訟の円満な進行が害されることがあり得るから、この制度を設ける以上裁判所としても以上のような微妙な点に留意して運用をあやまることがないよう万全の注意を拂う必要があると私は考える。

議員提出法案

國会が立法者である以上、個々の議員なり政党が立法の発案者たるべきが原則であるというのは、議論として確かに正論である。少くとも、從來のように主要法案の殆どすべてが政府案であるというのは新憲法の精神から言うと確かにおかしい。だから、今後成るべく議員の手で重要法案を立案させ提案せしむべきだという議論には私も賛成するけれども、それには今のところまだ実際上多くの條件が欠けているように私は思う。

先ず第一に、失礼ながら今の議員や政党は原則として自力で重要法案を立案する実力をもっていない。國会には議員のこうした仕事を助ける事務機構ができている訳だが、これでさえ実際には政府事務当局の協力を得ずには重要法案の立案を助ける力は今のところないと思う。國会はよろしく一日も速に図書館をもっと充実して自ら十分な立法資料をもつようになるべきであり、又事務局に有能な法律立案の専門家を置くべきである。政府事務当局の協力を得るのも差支ないが、それは専ら公式に立法資料を提出せしめるに止むべきであって、ひそかに個々の役人に頼んで立案を助けて貰うようなことをやってはならない。そういうことをすると、個々の役人と政党との間に悪因縁ができてその面から色々の弊害が生ずるおそれが大にあるからである。

議員提出のお土産案が無暗に増えるおそれのあることも今から心配して置いてよいことの一つである。殊にわが國では政党が党利党略のために又は党内の勢力関係などから多数の力を借りて無理押しをする悪弊があるから、多数党の力を借りて随分下らないお土産案が今後いよいよ増えるおそれがあるのではないかと私は心配している。

労働法懇談会

先頃主だった会社の労働事務担当者と主要労働組合の幹部、それに学者、弁護士、裁判官、行政官廳の労働事務担当官等が参加して、労働法懇談会なる会が創立されたが、その創立趣旨は労働法に関係のある多方面の人々が集まって労働法規の解釈運用、更に進んでは法令改正に関する問題等に至るまで凡そ労働法に関して現在問題になっているあらゆる事柄を討議し研究せんとするにある。

この会は初めから可成り立場の違う各方面の人々を集めている関係上その成果について今から色々疑惑を抱いている人も少くないようであるが、私はわが國現在の労働法規をわが國の実情に即した完全なものにしてゆくためには、一度是非ともこうした会合を通して徹底的に現行法を検討して見る必要があるのだと考えている。周知の通り、現在の労働法規は初めからわれわれ日本人が自分の手でわが國の実情を考えて立案したものではなく、主として司令部労働課の指導によって作られたものである。ところが、労働法というものは、どこの國の法令を見ても解るように、それぞれの國の経済・社会・政治等の諸事情と極めて密接な関係をもっているから、同じ事柄についても各國それぞれ非常に違った法制をもっているのが通例で、学説や理論も自然國によって非常に違っている場合が多い。だから、アメリカの考方で作られた法律が、それ自身としては如何に完全に出來ていても、これをわが國の事情に照らして解釈してみると多くの疑問が起るのは当然でこれを克服するためには、わが國の実情に通じた色々の立場の人々が集まっていちいち具体的に問題を検討して見るのが最も早道だと私は考えている。

労資の関係者は勿論、学者や弁護士にしても、根本的に立場の違う人々が集まって見ても、結局議論倒れになるだけで得るところはあるまいという人もあるけれども、たとえ意見は如何に違っても互に率直に意見を述べ合ってその違う原因をつきつめて見れば、結局それによって意見の一致を見るに至ることはなくとも問題のありかだけはお互にハッキリして的の外れた無駄な議論に時間を空費するようなことがなくなり、究局においては実情を中心として自ら問題解決の道が見出されるに至るであろうと私は考えている。殊に学者としては、労資の関係者から直接実情に卽した意見を聴くことは非常に大切なことで、それによってのみわが國の実情に基礎を置いた解釈論も生まれ、立法意見も生まれて來るのだと私は信じている。

法律時評

一九五一年六月号(二三巻六号/通巻二五三号)

総評幹部逮捕事件——言論の自由と警察権の問題——

先頃の憲法記念式典に際し総評系労組が違法のデモを行ったことを理由として最高幹部若干名が逮捕された事件は今後のため徹底的に究明して見る必要があるように私は思う。

形式的に言えば、総評幹部は予め違法なことを知りながらデモを敢行したもので、そのため彼等が逮捕され処罰されるのも已むを得ないかのように思われる。

しかし、政令や都條例の規定をしばらく別にして、事を実質的に考えると、周囲の事情から見て憲法に重要な改正が加えられることになりそうな今日、國民の一部がそれに反対してその意思を表明するのは憲法によって保障された言論の自由の行使として当然のことと言わねばならない。殊に、講和條約締結に伴って再軍備が決行される氣運が強い今日、そのことから悪い影響を受けるおそれのある労働者が組合を通じて組織的に反対運動を行おうとするのは当然のことで、政府としても反対者には反対者として堂々意見を述べさせるのがデモクラシーの常道だと私は思う。無論反対意思の表明、反対運動等のやり方如何によっては警察的見地から抑制を加える必要も起り得るけれども、それと政治的動機から濫りに言論の自由を抑圧してはならないこととは全く別問題である、現在の政治担当者から見れば、その將に行おうとしている対外政策に対して公然と反対運動が行われることは好ましくないにきまっているけれども、これに対する対策の本筋は飽くまでも言論であるべきであって、検事によるべきではない。反対者にも言うべきことは十分言わせると共に、自ら信ずるところは又堂々と表明し、以て究局の決定を國民の判断に任すべきがデモクラシーの本道でなければならない。

然るに、政府当局者最近の所爲を見ていると、吉田首相の講和方針に関する所信のよしあしは別として、どうも反対者に物を言わせたがらない傾向が見える。外交交渉に或る程度の祕密が必要なことは首相の言う通りである。從って政府自ら微妙な外交交渉の経過を一々中途で発表して國民の批評を聞くべきだとは決して言わないけれども、反対意見があればどこまでも自由に表明せしむべきが筋道であって、それがため外交交渉が影響を受けることがあってもこれはやむを得ないことではないか。反対者の言論を封じてかかる影響までをも避けようとするのは、断じてデモクラシー的ではないと私は思う。

無論、言論の自由にも自ら制限がある。しかし、それは憲法上警察権を以てどの程度まで言論の自由を制限し得るかの法律問題であって、政府が政治的動機から濫りに言論の自由を抑えることは許されないのである。従來わが國ではこの種の問題を漠然と公共の福祉を規準として解決しようとする傾向が一般に認められるけれども、かくの如き大まかな概念論は結局水掛論になって、實際には権力者を利する結果になるだけである。法律的に確実に人権を守るがためには、更に一歩進んで何が公共の福祉であるかを判定する規準をできるだけ具体的に定めるための努力がなされねばならない。

問題を当面の言論の自由に局限して言えば、警察権との関係においてこの自由が許される限度をきめる規準をできるだけ具体的にする努力をすることが必要である。例えば労働組合にとって、最も有力な意思発表の方法であるデモの如きもこれが静粛に且秩序正しく行われる限り警察権を名としてこれに制限を加うべき根拠は全く見出されないのに反し、多少とも暴力的その他社会秩序の破壊を引き起し易いような形で行われれば警察権を根拠とする抑制が加えられ易い本質をもった行爲なのである。従って、法律的に言うと、先ず第一に政府は警察的見地から秩序維持の目的で或る程度デモの方法に予防的規制を加えることはできるけれども必要以上の制限を加えて不当に労働組合の言論を抑圧してはならないのは勿論、警察的見地からは全く必要がないにも拘らず政治的動機からデモを禁止し若しくは制限することは許さるべきではない。この見地から、私は、前々から問題になっている都條例の如きも、それが直ちにすべて憲法違反だとは必ずしも考えないけれども、その規定する規制方法が必要以上に嚴重に過ぎるきらいはないであろうか、又は少くとも政治的動機から濫用される危険を包藏しているのではないかと考えている。従って、その必要以上に嚴重過ぎる部分に関する限りは憲法違反であり、又政治的動機よりする濫用も亦憲法上許さるべきではないと考えるのであって、これ等の点が立法的に再検討されることを希望すると同時に、判例によって逐次具体的な限界が明かにされてゆくことを希望してやまないものである。今までのように労働組合若しくは組合側の弁護士は唯漠然と違憲論を主張し官憲の側では又法令を以てすれば殆ど無制限にデモを禁圧し得るような考をもっていては事は決して合理的に解決しないのである。

第二に、労働組合もデモが下手をすれば警察的理由から抑圧され易い本質をもっていることを十分頭に入れて、適法にしてしかも有効な方法をもっと具体的に研究すべきである。私はこの点で組合が決して卑屈になれというのではないが、赤色組合主義的な英雄思想から完全に蟬脱してすべてをもっと合理的に考えて行動することが結局健全な組合運動を全体として固め且発達せしめてゆく所以であると考えている。

今回の事件の具体的内容については新聞紙の報道以上に何等智識をもっていないから、ここには具体的批判的意見を述べないけれども、この事件に関連してわれわれが先ず第一に考えなければならないことは、現在の政府並にこれを支持する保守党の方面に昨年この方何となく労働組合運動を軽視する傾向があること、そしてそれに関連して組合幹部の間にも何となく焦躁的氣分が見えることであって、今回の事件の由って來るところも結局はこうした事情にあるように私は考えるのである。

今回の事件に直接関係はないが、実質的には不可分の関係にあると思われるメーデーの問題にしても、政府が今度とった処置は何と言っても労働運動に対する不当の抑圧だと思う。政府に言わせれば、昨年來のレッド・パージの関係もあり、この際皇居前廣場でメーデーの集会をやらせると、意外の混乱が起るおそれがあると言うのかも知れない。又皇居前廣場が終戦この方人民廣場などと言われて可成り乱雑に使われて來たのをこの際改めたいという希望もあったものと想像する。しかし、メーデーは何と言っても労働者全体にとって極めて重要な行事であるから特に明瞭な警察的理由がない限り、濫りにこれを抑圧すべきではないのは勿論、寧ろできるだけ便宜を供してその円滑な遂行に助力を與えて然るべきである。殊に、終戦この方のメーデーは戰前に比べれば比較にならない程秩序正しく行われるようになって居り、それも年年改善されつゝあったと私は考えている。無論大衆の集まりであるから多少の混乱や喧騒はあり得るかも知れない、又労働者の集まりである以上、労働者の立場を極力宣明しようとするにきまっているから、政府や資本家から見れば不愉快なこと又は困ると思うことも言うにきまっている。しかし、警察的見地から見て明かに放置し難い事件が起らない限り若しくは起るおそれが確実に予測される事情がない限り、言うだけのことを自由に言わせるのが筋道だと私は思う。今年の場合政府は恐らく特にこの機会に平和三原則の宣傳が行われて居り、ダレス講和案に対する反対氣勢を挙げられることをおそれたのかも知れないけれども、そういう動機でメーデーを抑えようとするのは明かに政治的動機による言論自由の抑圧であって、憲法の精神に反する処置であると言わなければならない。

又政府に言わせれば、何も皇居前廣場をメーデーに使わせなければならない義務はないと言うのであろうが、何といっても終戰この方既に五回に及ぶ先例もあることだから、何か特別の理由がない限り今度のように事前に突然あの廣場の使用を禁止するのは不穩当であって、労働者が憤慨するのは当り前である。政府は今後あの廣場を正規の國家的集会以外には使わせない方針をきめたようなことを言っているらしいが、これも公平に言って余りにも独善的な偏狭な態度だと言わなければならない。あの廣場が終戰この方余りにも無統制に使われ過ぎていると考える点では私も或る程度同感であるが、新に規則を樹てたければ、もっと民主的な手続であらゆる方面の意見もきいて使用規則を作るべきで現在の政府の一存だけで突然勝手な制限を加えるのは間違いだと思う。

憲法紀念式典当日の様子は、われ〳〵にはよく分らないけれども、再軍備問題をめぐって憲法改正が当面の議題になっている場合に、ああいう場所で且ああいう形で儀式を行おうとすれば、主催者の立場から見れば多少共、好ましくない妨害的の行動が会衆の間から起り易いのは当然のことで、それを警官隊の力で抑えようとするところに抑々間違いの元があるのだと私は思う。傳え聞くところに依ると、当日場内にあった宗教團体の或るものは太鼓をたゝいて氣勢を挙げ、右翼團体と覚ぼしき一團は大きな日章旗を振りかざして場内を練り廻ったとのことだが、ああした形で儀式をやって色々の人を集々めればその位のことが起るのは当然のことである。私も労組代表者が式典完了しない間にメーデー歌を歌っがま□て動きはじめたのは、やかましく言えば礼儀を欠いた面白からぬ行動だと思うけれども初めから労組だけを特にマークして細かい制限事項を指示したりすればこそそうした行動も起るのである。主催者の立場からすれば、最高裁長官とか両院議長とかその他予め定めた人々に祝辞を述べさせたり万歳の発声をさせて両陛下の御前で万事を厳粛に取り運びたかったのであろうが、そういう考ならば初めから國会議事堂のようなところで限られた人だけで式典を行えばいゝのである。苟も廣く國民と共に憲法紀念の祝典を行おうとする以上、主催者は寧ろ進んで國民各階層を代表する人々にも正規に祝辞を述べる機会を與うべきが当然である。少くとも彼等が何等かの形で意思を発表したがる位のことは大目に見て然るべきだと私は思うのである。

要するに、形式的に言えば、総評幹部に多少の違法的行動があったのは事実のようであるが、実質的に考えると、彼等をしてかかる行動を取るに至らしめたについては政府の側にも落度がある。卽ち言論の自由を尊重する精神が足りないために政治的動機から濫りに労働者の言論を抑圧しようとしたところに抑々事の原因があるのだから、この点が根本から改善されない限り、今後も同種の事件が頻発するであろう。そうしてこれがきっかけとなって、保守主義者の間に不当な反労働者的氣分がいよ〳〵醸成されると共に、労働者の間に無用な反官的精神が段段と高まって、終には救い難い狀態にまで陥るのではないかと私は心から恐れている。

法律家としてこの際爲すべきことは、政治的動機よりする言論自由の抑圧が憲法上絶対に許すべからざる所以を明かにすると同時に、警察権の行使によってこの自由を制限し得べき限界を極力具体的に明かならしめることで、今後学者の研究がこの方面に向って大に進められることを希望してやまない。そして特にこの問題に関しては、アメリカの判例の研究が興味もあり、非常に有爲であることを申添えて置きたい。

交通事故について

戰後頻発を憂えられていた交通事故も去る四月廿四日の國電櫻木町駅事件を以て頂点に達したかの感がある。この機会においてわれ〳〵は國鉄は勿論その他一般の交通業者及び監督の地位にある運輸省当局等が交通事故の問題を全面的に取り上げて、一面徹底的に事故防止の方策を研究実施すると同時に、他面被害者に対する賠償救済の方法を更に一層改善して欲しいと思う。

事故防止の具体的方策についてはこの雑誌の性質上これに多くの紙面を費す訳にゆかないが、一般的に言って従來最もよくないと思うのは、事故発生の当時だけは大騒ぎをして当面應急の策を講ずるが、問題を全面的に取り上げて常時対策を研究しながら着々実行に移してゆく持続的の努力がされないことである。こういうことでは、成程当面の六三型電車は改善されて再び同じような事故を起すことはなくなるかも知れないが、いつ又どこでどんな事故が起るかも知れない。事故を全面的に防止するための根本の心がけが何よりも大事なのである。

一の例を引いて言うと、バスの中に乗客が持ち込んだガソリン罐が引火して多数の死傷者を出した事件は既に一昨年のことだと思うが、最近しばらく熱海に滞在して多数のバスを見る機会をもった私は未だにまだ非常口を付けたバスを殆ど見ないし、窓にも金棒がはめてあって非常の際飛び出すことができないようになっているのが通例である。その上乗客の持ち込む品物についても特に点検を行う訳ではないから、全体的に見て前と同じような災害が発生する公算は少しも減っていない。これは明かに業者の怠慢でもあるが、監督官廳としても甚しい怠慢と言わなければならない。

試みに、運轉手に訊ねて見ると、最近規則が出來たから大型バスにだけは追々非常口がつくことになりましょうといっていたが、もしもこれが事実とすれば、先ず第一に事件以來既に一年以上もたった今日漸く規則ができたというのは非常におかしいと思う。第二に非常口を大型バスにのみつけさせるというのもおかしな話で、実際乗って見れば解るように小型バスにも危險は同樣にあるし、又小型だから技術的に非常口をつけ難い訳でもない（うそだと思うなら現に進駐軍が使っている小型バスを御覧なさい。これには車の中央部の両側に乘降口がある外、最後部にも巧みに非常口がつけてある）。要するに、役人と業者が然るべく妥協して良い加減なことをしているとしか思えない位怠慢なことが行われているのである。

尙日本では事故が起ると運轉手その他事故に直接関係のある下級労働者の過失や怠慢だけを問題にして、事故が起るような狀況を作った上級者の責任を問わない傾向がある。例えば今度の國電事件について言えば、成程架線工事に従事していた工手や運転手等に過失があることは明かであるが、われ〳〵から見れば、可燃物で作った天井に可燃性のペイントを塗った電車を作った人の方が運転手よりは責任が重いように思われてならないのだが、当局者には何か言訳があるのであろうか。バスの事故にしても、その原因の多くはブレーキの故障その他車そのものの欠点にあると言われているにも拘らず、事故の際直接責任を問われるのは運転手のみであって、車体の検査や修繕を厳重周密に行わない業者の責任を問うものは殆どいないが、これでは事故を徹底的に防止し得ないのは当然である。

次に交通事故に対する業者の賠償責任は無過失責任とするの外賠償内容も被害者の実害を十分塡補するに足るだけのものにしなければならない。被害者救済の必要から言っても当然のことだが、業者の事故に対する責任感を高める目的から言っても、賠償責任を重くすることはこの際是非共必要で、要すれば特別の立法をさえ爲すべきではないかと思う。

國鉄では今度の被害者に対して極力賠償をすると言っているそうだが、今のように予算と内規にしばられている限り、直接賠償事務に当る下級吏員が賠償額をできるだけ少くしようと努力するのは当然で、そのため多くの被害者は然るべきところで泣寝入りさせられるのが結局の落ちではないかと思う。私は、これに対する対策として國鉄当局者が責任保障制度を利用することを考えてはどうかと思っているのであるが、ここに余白がないからその理由は省略する。唯交通事故に因る賠償問題を責任保障制度で解決することは外國の事例などから考えても最も進歩的且合理的だと考えられるから、國鉄当局でもこの際是非この問題を研究して欲しいと思う。

尚運輸省でも私鉄やバス業者のすべてに責任保障を強制する制度を研究されてはどうかということを申添えて置きたい。この方法による以外、乗客や公衆の被害に対して十分の救済を與える道はないように思うからである。

法律時評

一九五一年七月号（二三巻七号／通巻二五四号）

法廷侮辱罪に関することは前々号にも一度書いたが、その後裁判所侮辱制裁法案に関する衆議院の公聴会に招かれて公述人として正式に意見を述べる機会を与えられたので、その際述べたことの大略を改めてここに記して時評に代えたい。

裁判所侮辱制裁法案

一

私は「法至上主義」rule of low を最高の政治原理とする民主政治の下では司法の権威を確立する必要が特に非常に大きいことを認めている。しかし、この法案は、その目的から言うと、余り役に立たないばかりでなく、反って濫用されるおそれがあり、結局は司法に対する民衆の信頼感を増大させるよりは寧ろ反って反感、恐怖又は憎悪の念を助長するおそれがあると思うから、絶対に反対する。

二

民主政治の下での裁判所の権威は、天皇制の下におけるとは異って、民衆の尊敬心と納得との上に築かれなければならない。天皇の名においてする裁判でさえ、天皇に対する臣民の畏敬心を基礎としてのみ成り立ち得たのである。民衆一般が心から裁判所を尊敬するのでなければ、民主政治下の司法が権威をもつことは絶対にできない。心から尊敬していない民衆が言うことを聞かないからといって、無暗に制裁を加えても結局は反感を起すだけで尊敬するようにはならない。

イギリスやアメリカで法廷侮辱罪の制度が有効に若しくは少くとも無難に行われているのは、これ等の國々の裁判官が大体において法曹界の長老であることと深い関係があるので、わが國でもスポーツの先輩が立派に審判をやっているのに比べて見ると、その理がよく解ると思う。実際イギリスの法廷などを見ると、裁判官は弁護士に対して如何にも長老らしくゆとりのある態度を以て臨んで居る。私も、実際に裁判官がユーモア混りで弁護士をたしなめているのを見たことがあるが、裁判官と弁護士との間にああした関係があってこそ、法廷侮辱罪のような制度も行われ得るのだと思う。

だから、そういう事情が全くないわが國で先ず爲されねばならないことは、裁判官に対する一般民衆の尊敬心を積極的に涵養する工夫をすることで、そのために現在でも裁判官には特に高額の俸給を支給したり、その他わが國の現状としては寧ろ一般とは不釣合だと思われるような優遇をしているのである。この上は裁判官自らに一層努力して貰って、どうしたならばもっと一般民衆に尊敬され信頼されるようになるか、この問題を自ら十分に考えて貰うの外ないと思う。

三

ところが実際裁判官諸公がやっていることを見ると、裁判官自らにそういう点についての注意が欠けて居り、そのため或いは自ら軽侮を招くような言動を敢えてしたり、又或いは裁判官に対して偏見的な先入感を抱かせるようなことを平氣で言うような裁判官が少くないのであってこう言う点が徹底的に改められない限り、如何にこの法案のような法律を作ろうとも國民が眞に心から裁判所を信頼するようにはならないと思う。

その点で私が最近最も遺憾に思ったのは、昨秋尊属親殺事件に関する最高裁の判決の中で、齊藤裁判官が同僚の意見に対して「國辱的な曲学阿世の論を展開するもので読むに堪えない」とか「論者よ休み休み御教示にあずかりたい」というような暴言をはいていることである。そして、これに対してその後新聞紙その他でも非難を加えているものが、非常に多いにも拘らず、最高裁自らがこれを少しも問題にしていないのは驚くべきことでこれでは世間が一般的に裁判官を軽蔑するようになるのは当然だと思う。裁判官自身がこういうことで自ら世間の非難と侮辱を買って置きながら、國民に向っては制裁をふりかざしてまで尊敬を強要するのは誠に筋の通らない話で、遠慮なしに言えば、最高裁はよろしくこのような法案が提出される前に先ず自ら大いに粛清して欲しいのである。

次にこれに関連して言いたいのは、凡そ裁判官というものは裁判上はもとより裁判外でも極力言動を愼んで、世間から偏見をもたれないようにする必要があるのではないかと言うことである。裁判官が個人として如何なる信條をもとうとも差支ない。又裁判上彼の意見は全く自由でなければならない。しかし、裁判外で無暗に政治的の意見を述べたり、法律解釈に関する私見を述べたりするようなことは極力差控えて然るべきことで、さもないと本人が何氣なく言った言葉から世間がその裁判官に対して案外な先入感をもつようになることさえあり得るのである。その点で、例えば田中最高裁長官が昨年この方一再ならず新聞記者に語っている言葉が、恐らく本人が全く予想されない程の影響を世間に與えていることは大に反省されてよいのではないかと私は思う。殊に、最高裁長官は普通の裁判官と違って憲法上特殊の政治的地位を與えられているため、自然政治的の事柄についても意見を聞かれる機会が多いと思うが、自ら裁判官であるということをもっと重く考えて、そうして意見を公にすることは極力避けるべきが当然だと私は考えるのである。凡そ、裁判官というものは飽くまでも受身の立場を守るべきもので事件を與えられればそれに対して意見を述べ判断を下すが、その前に予め具体的事件について意見を述べてならないのは勿論、或る種の問題について抽象的の意見を述べることさえ差控えるのが職務の本質上当然に課せられた德義上の義務だと私は思う。

尙も一つ、この種の問題に関連して言って置きたいのは、新刑訴法施行後の今日でさえ、裁判官の間に檢事偏重の傾向があるという非難が弁護士の間に行われていることである。これが実際上どの程度まで根拠のあることであるかまだ遺憾ながら明らかにしていないけれども、裁判官としては大に考えなければならないことだと思う。こうした氣持が弁護士の間にある限りややともすれば彼等が裁判官の処置に不満を唱えることも起り得るし、法廷侮辱的の言動もその辺から生まれるおそれがあると考えねばならない。

四

尙予め拜見した資料によると、從來法廷侮辱的の事件だと言われているものの大部分は共產党関係の事件のようであるが、共產党員のような所謂確信犯人が法廷で反抗的の態度を示したからといってそれに一々この法案が規定しているような制裁を科して見ても、容易に彼等の態度を改めさせることは出來ず、寧ろ反って彼等の反抗的言動を激成するおそれさえあるのではなかろうか。

今まで私どもが傳聞したところによると、共產党関係の事件でも、裁判官の処置よろしきを得さえすれば大体事件は円滑に進行しているらしく、問題が大きくなっている場合には多く裁判官に何等かの落度があったもののように考えられる。これは、私自らが中労委、船中労委若しくは東京都労委で沢山の事件を取扱った経験から推しても考えられることで裁判官が飽くまでも嚴正な態度を堅持して法廷の秩序維持を強行すると同時に、他面では何等の偏見なく虚心坦懐に当事者の言うことを聽こうとする寛容な態度を以て臨みさえすれば、よしんば開廷の初めには多くのゴタゴタはあっても、結局は大したことにもならずに円滿に事が運ぶようになるのだと私は思う。それを無暗に権威ずくで押さえようとしたり、多少とも感情的な態度を示したりするからそうでなくてさえ初めから多少ひがんだ考をもっている当事者はいよいよ敵対若しくは反抗的の態度を示すようになり易いので、ここらの理合をよく飲み込んで飽くまでも冷靜にして誠実且寛大な氣持で事に当ることがこの種の事件を取扱うについて最も大切な心掛けではないかと私は考えている。

尚このことに連関してこの際是非とも一言して置きたいことは、現在わが國では、アメリカなどに比べると、労働者一般が裁判所に対して遙かに強い信頼の念をもっていることで、こうした労働者の氣持が今後も永く持続するかどうかは一にかかって今後における裁判所の態度にあると私は考えている。アメリカの労働者の反裁判所的感情はわが國では想像できない程強いもので、それには色々の原因もあろうが、私の見るところでは十九世紀の後半以降裁判所が無暗にインジャンクションを以て労働争議に干渉したこと、そうしてインジャンクション違反の故を以て労働者を法廷侮辱の罪に問うた事例が非常に多いことに、主な原因があるように思われる。わが國の場合でも、今後裁判所が労働関係の事件を取扱うに当ってこうした点に愼重な注意を拂うことは、非常に重要なことだと私は思う。今度の法案そのものから、直にアメリカで見られるようなことが起り得るとは思われないけれども、目前の秩序維持にのみ熱中してこの法案が規定しているような制裁を無思慮に濫用するようなことをすると、同じような氣風が馴致されるおそれは大いにあり得るものと考えなければならない。

五

無論、当事者の非行甚しきものに対しては制裁を加える必要もあり得るであろう。しかし、それには昨年新に出來た裁判所法第七十一條以下の規定を以てすれば十分目的は達せられるので、この上に重ねて今度のような制裁法規を設けることは必要もないし又寧ろ無益だと思う。

この法案の規定する制裁が比較的軽いということも、この位のものは作ってもいいではないかという議論の根拠にはならない。軽いからこそ反って手軽に濫用されるおそれがあるとさえ言えると思う。殊に、この法案の制裁は、從來一般の刑事制裁と違って、侮辱されたと考える裁判所自らが直にこれを言渡すことができる。その上、抗告しても執行は停止されないことになっているから、全く裁判所の一存で一方的に人身の自由までをも奪うことができるので、これはわが國生來の法律体系全体の上から見て非常な特例を設けようとするものだと言わなければならない。無論英米の法廷侮辱罪の取扱手続はこういうことになっているけれども、これは永い歴史をもつ英米なればこそ行われ得るので、事情の全く違うわが國に新にこういうことを持ち込むのは非常に危險で、濫用のおそれもあり得るし、又裁判官に対する反感を反って釀成する機緣にもなり得ると思う。

（以上は公聽会で述べたことの要領を成るべくそのまま記すことに力めたが「筆」と「舌」では自ら使い方が違うので、舌では詳しく述べたことを短くはしょった点もあるし、又反対に公聽会では余り細かに述べなかったことを詳しく書いた点もある。代議士諸公の質問に答えたことを一々一問一答式に記すと面白いと思うが、これは公式の速記錄に讓ることとした。尚私は病後で長く席に居ることが出來なかった関係上、最初に発言させて貰って退席させて貰ったため、あとの公述人の法案に対する賛否の意見を聽くことができなかったのを非常に遺憾に思っている。それらを聽いた上で、改めて意見を書けばも少し面白いものが書けたに違いないかと思っている。）

法律時評

一九五一年一一月号（二三巻一一号／通巻二五八号）

法社会学の目的（遺稿）

終戦この方法社会学への関心がわが国の法学界一般、殊に若い研究者の間に高まりつつあることは明かな事実であるが、同時に法社会学の性質や在り方について議論が多いのみならず、時には法社会学の学的價値を否定せんとする主張をさえ聞くことがある。

しかし、それ等の議論を聞いていて何時も氣になるのは、論者の多くが何となく法社会学という新しい学問を新に作りあげて、今までの法学の代わりにしたいというようなことを問題にしているように感せられることである。そして、もしもそういうことが一般の論題になっているのだとすれば、それこそ非常な間違で、その点の誤解を解くことが、この際爲さるべき第一の仕事だというのが私の持論である。

実をいうと、法社会学は法学を科学化せんとする学者の動きであって、その傾向は凡そ法学が独立の学問として学者研究の対象となり初めた当初から終始通じて広く一般に認められるのである。法学窮極の目的が、何が正しい法であるかを決定する原理を探求するにあることは今更いうまでもないが、ルネィサンスこの方人々が「神の思召なるが故に正しい」という在來の答では段々に満足できなくなるにつれて、法学も神学から独立した学問として新に発足して、「神の思召」に代わるべき法の正しさの拠り処を別に（中絶）

× × ×

××兄
貴兄を初め同学の方々のお骨折によって雑誌「法社会学」がいよいよ発刊されることになりました由、学界のためこの上もない喜ばしいことに存じます。特に皆様のお骨折に対して心からなる敬意を表したいと存じます。私にもこの際何か書くようにとの難有いお言葉でありますが、生憎と御承知の通り昨秋來の大患で、既に回復期にあるとはいうものの、まだ本格的な書斎生活にもどるには多少無理が感せられますから、この際の執筆はおゆるし願いたいと存じます。皆様へも何卒よろしくお傳え願います。
私は終戰この方労働委員会の劇務に専念したため、心ならずも長いこと学界を離れ、法社会学会の皆様とも直接一緒になって仕事をする機会を殆どもちませんでした。それでも一九四七年の秋に若い同好の方々の希望によって法社会学序說と題する四回の連続講演を行った機会に、多少はこの問題に関する若い方々のお考えも聞くことができたのを心から喜んでいます。又その後も次々にと発表される皆様の仕事には絶えず多大の興味をもって注意を拂って参りました。そうして、皆様の協力によってこの分野の研究が段々と深まり又拡がってゆくことを蔭ながら喜んでいるのでありますが、その間に多少氣になってならないことは、法社会学の目的、従って任務というような中心的の問題について必ずしも人々の意見が一致せず、そのために大事な力が末稍的な論争のために無駄に費されている氣味があることです。

法社会学の目的は、今更いうまでもなく、法学の科学化にあります。自然科学はもとより他の社会諸科学に比べて、法学が科学として立ち後れている、この立ち後れを取り戻して眞に科学の名にふさわしい学問に法学を仕上げてゆこうというのが、凡そ法社会学に志すもののすべてに通ずる念願です。ですから、今日この学に志すものにとって最も大事なことは法学の歴史を研究して、法学が科学として立ち後れた原因を探究すると同時に、その後れを取り戻す具体的の方策を考えることだと私は考えています。その意味で、私は同志の方々がもっと法学の歴史に注意を拂って頂きたい、そのためには例えば「季刊法律学」に恒藤教授が書かれた法社会学の文献史のようなものにもっと注意を拂わなければならないのは勿論でありますが、更に一歩を進めて法学全体のルネィサンス以後における発達の歴史を研究することが是非とも必要だと考えます。モンテスキューは確に法社会学の始祖といってもいい程の仕事をしています。しかし、私の見るところでは、この時代に法の科学化を本格的に企て、後代に傳わる大きな流れを作ったものは寧ろ自然法学者であって、彼等こそ法学を神学から引き離して人間の理性の仕事にすることを企てた最初の人々であったと思います。

ところが彼等がその新しい法秩序の基礎として措定した個人單位の人間社会が素朴な仮説であったにも拘らず、彼等の後継者が客観的事実に基くデータによって、その仮説に修正を加えることを怠っている間に、やがて「国家」が「神」に代わって法の権威に基礎付けをする役目を引き受けるようになったため、折角一旦は「神」から引き離された法が、再び国家の権力に結び付き、凡そ法の問題が権威主義的に考えられるように逆戻りをしたのであります。かくして一旦始まった法学の科学化は中断されたのであります。そうしてわが国の如きは、明治以後この逆戻りした権威主義の法思想をそのまま継受して、国家の代わりに更に天皇＝神を置き替えたのですから、ここでの法学がいつまでも権威主義に捉われて科学化しないのは当然でありますが、欧米でも第十九世紀以降（中絶）

附記　本稿は末弘先生が書き遺された原稿を整理している際発見されたもので、中絶してはいるが、法社会学同好の方々にとって貴重な遺稿であると考えられますので、特に御遺族のお許を得て掲載しました。それぞれ時期を異にして書きかけられたものらしく思われますが、関連がありますので一括して載せました。題名及び欄外に加筆されてあった部分は編集部で便宜相当箇所に挿入したものです。——編集部

労働法学者としての末弘厳太郎

早稲田大学名誉教授　石田　眞

一　末弘厳太郎の労働法学への出発

1　わが国初の労働法の講義

わが国における労働法の講義は、末弘厳太郎が一九二一（大正一〇）年に東京帝国大学法学部において開講した「労働法制」にはじまる。[1] 講義の名称が「労働法」ではなく「労働法制」とされたことについて末弘自身は、自著『労働法のはなし』の中で、「教授会から労働法と名づけられる体系的法律はない、従って労働法ではなく労働法制と云う名で講義せよと云われた[2]」と述べている。このような講義の名称にもかかわらず、開講したての「労働法制」の人気は相当なものであったようで、後に、末弘自身、当時の講義の模様を振り返って次のように語っている。

「私が大学で初めて労働法の講義をした時の人気は大したものでして、大きな八角講堂で、言葉通り立錐の余地もないくらいで、立っている人も多く、終始通じて千を超える聴衆が来る有様でした。筧先生のような大先生までが講義を聞かれたくらいで、私の労働法の講義は非常に人気があった。やはりこれは、あの当時社会の大きな動揺から生じた一般の不安のために何かを求めたいという気分がかなり広く一般にあったことの証拠だと思います。[3]」

こうして、わが国初の労働法の講義が開始された。末弘は、わが国の労働法学において、後に述べるように、理論面だけでなく、教育面でも始祖であったのである。しかし、一九一二（明治四五）年に東京帝国大学独法科を卒業し、川名兼四郎の下で民法研究者の道を歩みはじめた末弘は、最初から労働法に関心をもっていたわけではなかった。では、なぜ末弘は労働法に関心をもつようになったのであろうか。その決定的な契機となったのが、一九一八（大正七）年から一九二〇（大正九）年にかけての二年半におよぶ欧米留学であった。

2　留学――労働法学との遭遇

末弘は、一九一七（大正六）年一一月、文部省より民法研究のためにスイス・フランス・イタリア・アメリカへの三カ年の留学を命じられ、翌一九一八（大正七）年二月一九日、横浜出帆の春洋丸で最初の留学地であるアメリカに向けて出発した。末弘は、船中で、留学直前まで執筆していた「ドイツ法学流の緻密な民法教科書」[4]『債権各論』（有斐閣、一九一八年）の最後の原稿をハワイから日本に送っている。このように、ドイツ法学流の民法学に没頭していた末弘が、最初の留学地をアメリカとしたのは、第一次大戦の勃発によってドイツに行くことが困難になったという偶然の事情による。だが、この偶然が、末弘と労働法学を結びつけ、さらに、彼の法学に「コペルニクス的な転回」[5]をもたらすことになったのである。

末弘は、なぜどのようにして労働法に関心をもつようになったのであろうか。彼自身、次のように語っている。「私がどういう径路で労働法に関心をもつようになったか、その事情からお話しましょう。少し自分の恥をお話するようなことにもなりますが、私は初めから社会問題とか労働問題とかという面から労働法に興味をもち初めたのではなくして、極めて偶然に労働法を発見し、そこから逆に労働法の背景となっている社会経済事情や労働問題に関心をもつようになったわけです。私がアメリカで憲法をケースメソッドで勉強したことは前にも申しましたが、私が労働法の存在及び重要性に気づいたのは憲法のケースブックの中にある労働立法に関する違憲判決に興味をひかれたことに始まるのでして、それからだんだんに労働法や労働問題に関する本を読むようになったのです。後にフランスに行ってリヨン大学に少しいたのですが、ここが又偶然にもピック教授の晩年時代で労働法の研究が盛んだったので、労働法の本も大分集めたり読んだりしました。ところがリヨンに少しいる間にパリでは講和会議が始まって、とうとうその仕事を手伝わされるようになりました。そして講和条約の中に第一三編として労働条項が入るようになった関係上、貧弱ながら私の労働問題並に労働法に関する知識がお役に立った一方、私自らとしてこの時初めて労働問題の国内並に国際的な政治的面に接触する機会を与えられて、かなり広い視野から労働法を考えることができた訳です。それに当時私は既にアメリカ法学の影響を受けて法社会学的な考え方が強くなっていましたから、各国の労働立法をそれぞれの国の具体的な政治・経済・社会事情に即して考えてみなければならないと考えて、不完全ながら随分その方面の努力をしました。ですから私の労働法学は初めから、その後日本に流行したワイマール系統の労働法学とは余り関係がないのです[6]。」

この末弘の発言には、彼の労働法学の特質を考えるうえで重要なポイントがいくつか含まれている。

第一は、末弘が労働法に興味をもつようになったのは、アメリカの憲法判例の勉強を通じてであったということである。このことは、末弘自身も述べているように、彼の労働法学が第一次世界大戦後わが国で支配的となったドイツ・ワイマール系統の労働法学とはまったく異なった地平から出発したということを意味していた。

第二は、末弘がベルサイユ講和条約第一三編の「労働条項」の編纂を手伝うことによって、労働法を国際的な関係の中で考えることができるようになったと語っていることである。このことは、末弘の労働法学がその後国際的視野をもつものとして形成されていくことと関係していた。

第三は、末弘自身労働問題から労働法に興味をもちはじめたのでないにもかかわらず、アメリカの法社会学的考え方の影響を受けることによって、当初から、労働法をその背景となる具体的な政治・経済・社会状況との関連で考察しなければならないと考えていたことである。このことも、末弘の労働法学が法社会学的視点をもつものとして形成されたことと関係していた。

では、「コペルニクス的な転回」と評される末弘法学の方向転換とはどのようなものであったのだろうか。それは、末弘がアメリカで遭遇したケースメソッドという法学教育の方法に接してショックをうけるところからはじまる。末弘自身、その間の事情を留学先のシカゴ大学で受講した不法行為の因果関係論に関する授業を例に次のように説明していた。

「これまで因果関係というと、原因から結果への関係、それを相当因果関係という訳で、然るべきところで切をつける、それがわれわれにとっての問題であるように考えさせられてきたのです。ところが、ケースメソッドによって教えられてみると、事は全く逆で、凡そ一定の結果に対する責任を被告に帰すことが合理的であるのかどうかが問題である。つまり因果関係というよりは寧ろ帰責関係というべき問題だということが分かったのです。……このことが分かった瞬間に私は今までのドイツ流の解釈法学に対して根本的な疑問をもつようになりました。ああしたいかめしい形で、いくら抽象的な理屈をこねてみても事の真相はつかめない。それよりは今までと全く反対に個々の具体的なケースについて具体的に物事を考えることを通して普遍的な原理を求めるのでなければ、駄目だということに気がつきまして、大ゲサにいうと、この時から以後ドイツの解釈法学とお別れする決心をした訳です。(7)」

抽象的原理から演繹的に結論を導き出すドイツ流の概念法学的解釈論が留学前の末弘の法解釈方法論であったとすれば、具体的なケースから出発して帰納的に抽象的原理に到達するアメリカ流の方法論は、それとは一八〇度異なるものであった。末弘は、こうした学問的経験の中で、「ドイツの解釈法学とお別れする決心」をするのであり、それが末弘法学の「コペルニクス的な転回」であったのである。したがって、アメリカにつづいてヨーロッパ入りした末弘にとって、もはやかつてのドイツ法学は彼の興味を引く対象ではなかった。ヨーロッパでの末弘は、フランスで労働法学に関する著作を読むかたわら、労働組合運動と労働立法をつぶさに観察し、スイスでは、「生ける法」の理論を通じて末弘法学に影響を与えるエールリッヒに会うことになる[8]。こうして、末弘は、二年半の留学中に、帰国後日本の法学界に新風を吹き込む「新しい法学」の豊かな土壌を育んだのである。

3　帰国――「新しい法学」と労働法学への出発

末弘は、一九二〇（大正九）年九月二五日、約二年半の留学から帰国した。帰国した末弘は、『物権法（上巻）』（有斐閣・一九二一年）、「嘘の効用」（『改造』四巻七号・一九二二年）、「改造問題と明治時代の省察」（『改造』五巻一号・一九二三年）など、矢継ぎ早に問題提起的な著作および論文を発表し、それらによって同時代の法学者に大いなる驚愕を与えるとともに、自らの「新しい法学」の骨格を形成することになる。ここでは、〈労働法学者としての末弘〉という観点に必要な限りでその特質を紹介しておきたい。

第一の特質は、国家法万能主義に対し、法の国家からの解放を主張するところにある。それは、具体的には、①明治法体制の画一主義と現実とが乖離し「嘘」が「効用」となる事態の指摘[9]、②概念法学的論理主義の否定と裁判官による法創造の承認[10]、③立法による社会統制の限界の指摘[11]など、さまざまな表現形態をとりながら、法と国家の一義的な結びつきを打破しようとする試みとしてあらわれることになる。

第二の特質は、法をこのように国家から解放するのみならず、法を社会の中に発見しようとするところにある。こうした考え方の前提には、まず「国家」とは明確に区別され、それに対抗するものとしての「社会」の発見が先行する。そして、そのうえで、「法」の概念を、「あるべき法律」（国家制定法）から「実生活の中に内在する」「ある法律」（生ける法）にまで拡大するという作業（「法」の概念の拡大）を媒介にして、法の存在根拠を社会の中に求めることになる[12]。

第三の特質は、「自由主義の弊害」の克服としての社会立法の提起である。それは、「明治維新とともにきわめて力づよくわが国に侵入し」た「自由主義」が今や強者にとっての「自由」と弱者にとっての「強制」という「弊害」を生みだしていると末弘がみたからである。[13] 具体的には、明治国家体制の下で無権利状態におかれていた労働者・農民の権利の拡大をはかるための立法提言としてあらわれることになる。

第四の特質は、その現実主義的傾向である。末弘は、第三の特質で述べたように、法を通じての社会改良をめざしたが、その場合でも、現実の状況や力関係をリアルに見ることを忘れなかった。観念論を排して「当面の政策を目的合理的に設定しようとする」[14] 姿勢は、「新しい法学」の形成期からみられた。

二　戦前・戦中における末弘労働法学の形成・展開・挫折[16]

さて、すでに述べたように、帰国した翌年（一九二一年）から末弘は「労働法制」の講義をはじめることになるが、労働法にかかわる最初の論文は、一九二一（大正一〇）年の『法学志林』に発表した「民法改造の根本問題」であった。[15] この論文において末弘は、「社会の急激な変化」に対する民法改造問題の一環として「民法の『労働』に対する執るべき態度如何」を論じ、①雇傭の規定を「労働者が活きものなること」を前提として再構成することと、②「今後の民法では少なくとも財産と同一程度に労働を保護する法でなければならぬ」ことを主張した。

1　末弘労働法学の形成

末弘の「新しい法学」の実践は、さまざまな法分野でなされるが、労働法もその一つの、かつ重要なフィールドであった。その意味で、末弘の労働法学は、労働問題の分野での「新しい法学」の実践を通じて形成されたといってよい。末弘における労働法学の形成を彼の「新しい法学」との関連でみてゆくと、次のようになる。

第一に、〈「法」を社会の中に求め「法」の概念を拡大する〉という「新しい法学」の試みの労働法学における実践の場は、就業規則および労働協約の研究であった。

末弘は、「凡そ社会の存立し得る為には必ず其処に法あることを必要とする」が、その場合の「法」とは、「必ずしも国家の制定に依り若しくは国家の裁可乃至委任に依ってのみ成り立つもの」ではなく、社会規範もまた「法」であるとする。では、社会規範はなぜ「法」であるのか。それは、社会規範が社会自身によって自治的に生み出されたものであると同時に、社会自身の力に依って自治的に実施されているからである[17]。そして、就業規則や労働協約といった自治規範も、かかる意味での社会規範である[18]。

末弘は、就業規則や労働協約を以上の意味での社会規範と位置づけ、その拘束力を「契約」によってではなく、「法規範」であることによって説明する。そこには、「法」の概念を社会規範にまで拡大する「新しい法学」の考え方があるが、労働法の解釈学説としては、就業規則や労働協約の法的拘束力を契約によって説明する「契約説」ではなく、法例二条を媒介に説明する「社会自主法説」を展開することになる。

第二に、〈法による社会改良あるいは社会立法の提起〉という「新しい法学」の試みの労働法学における実践の場は、労働組合法の立法論的研究であった。

末弘は、一九二五（大正一四）年二月の『改造』誌上に「労働組合法論」と題する論文を発表するが、これが末弘の労働組合法の立法論に関する最初の試みであった。ちょうど一九二二（大正一一）年に設置された内務省社会局が労働組合法の調査立案にあたり成案を得ようとしていた時期であり、この成案こそ戦前の労働組合法案史上もっとも進歩的な法案として有名ないわゆる「社会局案」であった[19]。

末弘は、労働組合を資本主義経済が必然的に生み出すものと考えていたので、労働組合に対する法律のあるべき態度は、社会的必然により発生し、かつ無視しがたくなった労働組合をありのままの姿で承認することであった。そして、そのための具体的方策として、①労働組合に対する弾圧法令の廃止、②使用者の組合妨害行為の禁止、③「組合が私権の掌有に関して一般の社団と同様国家の保護を受けうるものとすること」などを主張した。社会局案に対しては、以上の考え方をもとに、「同案は従来各方面から発表された労働組合法案に比すれば遥かに能く労働組合発生の社会的必然性と組合運動の実情とを理解して居る」と原則的な支持を表明しつつ、足らざるところを補強し、さらにあるべき労働組合立法のあり方について全体的な議論と構想を展開した[20]。

このようにして、形成期の末弘の労働法学（本稿ではこれを「形成期末弘労働法学」と呼ぶ）は、留学から帰国した翌年（一九二一年）から一九二六（大正一五）年までに発表された労働法関連の業績をまとめた『労働法研究』（改造社、一九二六年）の刊行で一つの到達点を迎える。

2 戦前・戦中における末弘労働法学の展開と挫折

（一） 形成期末弘労働法学の展開

末弘自身の筆になる「創刊の辞」を冒頭にかかげた『法律時報』（以下『時報』と略す）の創刊号が世に出るのが一九二九（昭和四）年一二月である。自ら「責任編集」の労をとった『時報』誌上に末弘は、創刊から毎号、本書におさめられている「法律時観」「時評」「法律時評」（以下総称して「時評」という）を執筆したが、最初の労働法に関連する「時評」は、一九三〇（昭和五）年一月号（二巻一号）に掲載された「労働組合法の制定と資本家の反対」であった。当時、世界恐慌（一九二九年）によって生じた社会的な危機を乗り切るため、民政党浜口内閣は「社会政策の確立」をかかげ、その一環として「労働組合法案」を議会に提出した。これに対して、「日本工業倶楽部」などの資本家団体は、「温情主義」をかかげ、「未曾有」の反対運動を展開するのであるが、末弘は、かかる「温情主義は畢竟労働者に対して奴隷の道徳を要求するものに外ならない」として、資本家団体の態度を批判していた。

末弘がかかる批判をより理論的に精度の高いかたちで展開したのが『時報』誌上に掲載された「温情主義と労働立法」[21]であった。この論文において末弘は、①日本社会が基本的に資本主義的関係に移行しつつある以上、もはや伝統的な家族主義を基盤とする「温情主義」が妥当しうる領域は少なくなっているという現実認識の上に、②労働立法の成立根拠につき、それは、労働者側にとっては「身分的隷属時代」の「安全」を捨てて獲得した「自由」の内容の充実という意味をもち、資本家の側にとっては弱小企業の淘汰と「企業の集中」を促進させるという効果をもつものだと論じた。

末弘の努力にもかかわらず、労働組合法は、資本家団体の総力をあげた反対運動の前にその成立を阻止された。そればかりか、浜口内閣のデフレ政策と労資の対立の緩和を意図する社会政策がともに破産する中で、「計画経済」の名のもとに国家の産業・労働統制が徐々に進行することになるが、末弘は、この段階では、「資本主義計画経済そのものに資本主義それ自体を救治する力はない[22]」と指摘して、計画経済を批判していた。

こうして、『時報』が発刊された昭和初期の末弘は、形成期末弘労働法学の現実認識を維持しつつ、一方では社会立法の実現をめざし、他方では忍び寄る統制経済に対して鋭い批判を投げかけていた。

(二)　形成期末弘労働法学からの転換

①転換への序曲　滝川幸辰が『刑法読本』などによって京都大学を追われた一九三三(昭和八)年に、末弘も、一部の著作の発禁処分や貴族院での糾弾などにより、あからさまな言論弾圧を受ける[23]。末弘は、このような事態に遭遇しても筆を折ることはなかったが、形成期末弘労働法学にみられた「温情主義」や「統制経済」への批判に微妙な変化がみえはじめるのは、一九三三(昭和八)年に書かれた二つの「時評」あたりからである。その一つ、同年一月号(五巻一号)に掲載された「社会立法の睡眠」と題する「時評」で末弘は、「今後必然的に要求されてゐる経済統制を実現する為には必然それに奉仕すべき社会立法を必要とする」と述べ、〈統制経済のための社会立法〉という観点を打ち出す。これは、〈統制経済批判を前提とした社会立法〉という従来の議論の筋からは微妙にずれるものであった。

もう一つは、同年一一月号(五巻一一号)に掲載された「非常時と社会立法」と題する「時評」である。ここでは、わが国の労働の特殊性についての見方に微妙な変化がみられる。すなわち、かつての「温情主義」批判の中で「のろはるべきもの」とされた「我国労働の家族主義的特性」が「科学的研究」の対象となり、しかも、それがもし「我国経済の特長であるならば、……（その）永続を可能ならしめるべき条件を作り与える必要がある」と述べるようになる。たしかに、ここでは、末弘自身のわが国の労働の特殊性についての最終的な評価は慎重に控えられているが、その見方には微妙な変化がみられた。

②転換へのステップと完了　このような微妙な変化を経て、形成期末弘労働法学は、転換へとそのステップを踏むことになる。それをうながしたのは、さしあたっては自身に対する言論弾圧も含めた末弘を取り巻く歴史的現実のドラスティックな変化であったことは確かである。とくに、戦時統制経済への突入という事態を前にして、社会立法の挫折がその主体（「労働組合運動」）の喪失とともに決定的となったことは、それを提唱してきた末弘にとって深刻な意味をもった。そうした中で発表された一九三五（昭和一〇）年一月の論文「岐路に立つ労働法」[24]は、かつてその実現を期待した労働立法が「今や全く停頓状態に在る」なかで「新たな情勢に伴う労働法」を模索するものであった。具体的には、わが国の半封建的労働関係という特殊性を利用しつつ、そこから生ずる「弊害」を阻止するために、解雇手当、共済組合の普及、家内労働者の保護などが提案されることになる。そこには、与えられた状況を容認してもなお、目的に対する手段の合理性という観点から社会改良の道を探りあてようとするぎりぎりの努力をみることができる。

以上のステップを経て、形成期末弘労働法学の転換が完了するのが、一九三八（昭和一三）年の『時報』論文「安定原理の労働政策と労働法[25]」である。この論文は、一九三一（昭和六）年の満州事変以降の戦時統制経済下の「新しき労働法に一貫した理論的基礎を与ふると同時に、之を統一した体系に組み上げる」ために書かれたものである。この論文において、末弘は、自由経済と統制経済を対比しながら、統制経済のもとでは、「自由」の代償としての「安定」を原理的基礎として社会改良的諸方策が構想されうるとした。ここでは、かつて批判の対象とした統制経済は動かしがたい前提になっており、また、かつて「身分的隷属関係」に対応する原理と考えられていた「安全」が「安定」という名で統制経済のもとでの新しい労働法を支える原理として蘇っているのであり、かくして、形成期末弘労働法学は完全に転換するのである。

（三）　末弘労働法学の挫折

末弘の「安定原理」の提唱は、統制経済と戦時体制という過酷な状況に組み込まれてもなお労働力の保全などの社会政策を実現する道を探りあてようとする彼一流の現実主義的戦術であったかもしれない。しかし、この戦術も、当初から大きな欠陥をもつものであった。それは、「安定原理」に基づく労働法的諸方策が戦時統制経済体制のもとでいかに実現可能なのかの吟味を欠くものであったからである。したがって、ひとたびかかる諸方策の実現が太平洋戦争への突入という状況の進展の中で不可能になった時、末弘に残された道は、「絶望」によって筆を折るか、「戦争」そのものを肯定することによって筆を持ち続けるかの二者択一であったと思われる。末弘は、そうした状況の中で、後者の道を選択する。

一九四二（昭和一七）年の『時報』一月号（一四巻一号）に掲載された「無警告開戦者は誰か」と題する「時評」において末弘は、真珠湾攻撃につき、「之を非難して国際法違反と呼ぶ、天に向って唾するものにあらずして何んぞや」と書く。以来敗戦までの末弘の論調は、戦争への賛美と戦争への動員を基調とするものへと変化する。労働法に関連する論説は極端に少なくなるが、数少ないものにおいても、「安定原理」はすでになく、それに代わって、一九四三（昭和一八）年の『時報』三月号（一五巻三号）に掲載された「勤労根本法」と題する「時評」では、「勤労の国家性を高調し、国民皆兵性に対応する国民皆勤労制を宣明確立すること」が提唱される。ここでも、「勤労の人格性尊重」が叫ばれるが、それはもはや体制内改良や政策批判の原理ではなく、「生産性を極度まで発揮せしむる」という戦争目的を「合理的」に遂行するための手段にしかすぎなくなっていた。ここには、転換前はもちろん転換後の末弘労働法学の痕跡すら消え失せていたのである。かかる事態を末弘自身がどのように考えたのかは不明であるが、明らかに末弘労働法学の挫折であった。

三　戦後の末弘労働法学[26]

一九四五（昭和二〇）年八月一四日、わが国が連合国の「ポツダム宣言」を受諾し、戦争は終結する。末弘は、敗戦直後の同年一〇月に労務法制審議委員会委員に任命され、今日「労働三法」といわれている労働組合法、労働関係調整法、労働基準法の立法作業に従事し、その中心的役割を果たす。また、末弘は、一九四六年（昭和二一）年三月に、その月に施行された労働組合法により設けられた中央労働委員会の会長代理に就任し、敗戦後の混乱の時期に新たに生まれた労働組合により提起された多くの集団的労使紛争の解決に尽力することになる。戦前の大正末期から昭和初期にかけて形成された末弘労働法学は、戦後の主要な労働法規の立法作業にあたって、大きな力になったのである。

このように、戦後改革の時期の末弘は、研究活動よりは労働立法と労働行政に忙殺されることになる。また、一九四六（昭和二一）年四月には、労働関係の仕事の多忙を理由に東京大学に辞表を提出するが（この段階ではなお講師として労働法の講義を希望していた）、同年九月に「教職追放」[27]の指定を受け、大学を去ることになる。したがって、戦後の末弘の労働法学における業績は、一九五〇（昭和二五）年に刊行した労働法社会学の名著『日本労働組合運動史』[28]を除いて、新たに制定された労働法規の解説[29]やその国民への啓蒙を意図した著作[30]に集中している。

ここでは、末弘が晩年わが国の労働法学のあり方について論じた二つの論稿を紹介し、末弘労働法学とは何であったのかを考えておこう。一つは、『時報』の一九五〇（昭和二五）年五月号（二二巻五号）に掲載された「労働法学」と題する「時評」であり、もう一つは、日本労働法学会の機関誌である『労働法』創刊号に掲載された「労働法の解釈と法的伝統[31]」と題する論文である。

末弘は、一九四九（昭和二四）年一二月から翌年（一九五〇年）三月にかけて、アメリカ労働省の招聘に応じて、アメリカの労働事情の視察をおこなう。その留守中に「貰った労働法関係の著作や雑誌を倉卒にひもときながらフト……考えさせられた」として「時評」の「労働法学」を執筆している。そこで末弘は、戦後の労働法学の解釈法学的傾向を批判し、「（それらは）社会の現実を直視してこれを規律すべき法を自ら創造せんとする努力を忘れて、単純の法規解釈に輸入品に過ぎない理論の装飾物を附けて、如何にも学問的らしい外装を整えているに過ぎない。学者の多くはわが国の現実に即して理論を考えるのではなしに、外国の学者がその国の現実について考えた理論を無批判に輸入して、法規解釈の装飾品にしているに過ぎないが、この種の学問的傾向を克服しない限り、わが国の労働法学はいつまでたっても独自の発達を遂げる機会に恵まれることがないと私は思う」と述べた。

わが国の現実から出発して法理論を構成すべきであるとする末弘の主張は、戦前の「新しい法学」や形成期末弘労働法学の特徴であるが、そのことを、戦後労働法学のあり方と関連させてより精緻に展開したのが上記「労働法の解釈と法的伝統」である。そこでいう「法的伝統」とは、「歴史上法慣習・判例・学説等のかたちをとって存在し又発展した（もの）」であり、「凡そ立法は法的伝統を基礎として成り立つもの」であるが、戦後の労働立法の「大部分はわが国の労働法に関する法的伝統と関係になしに制定された」ところに問題があるとする。もちろん、そうした場合でも「各国共通の法的伝統」が労働法の分野に成り立っていればよいが、残念ながらそうした共通の法的伝統も「成り立ってゐない」。そこに、労働法学上処理に困難な問題が生ずるのであるが、ではどうすればよいか。末弘は二つのことを提起する。

第一は、「事実の忠実な観察と精確な分析を基礎として法的処理方法、—従つて法規の解釈—を考え、又自ら新たな概念を構成—理論を案出する必要」である。「概念や理論が先にあるのではなく、先づあるのは事実である」。「概念や理論に忠実なるの余り、反つて事実を曲げて認識したがる傾向」がわが国の労働法学者にあるが、それは

「最も戒めなければならないところである」とする。

第二は、「比較法学的の研究は勿論大に必要である」。しかし、「この場合でも各国の法制や理論を唯形式的に理解するだけでなしに、各国の法制や理論の背景をなしている社会的・経済的・政治的の事情を理解すると同時に、各国の法制が実施された結果を正確に調査研究することが必要である」とした。

そして最後に、「かかる用意を通してわが国の事実に適合した法的処理方法を考へ、理論を考えてこそわが国独自の労働法学が成り立ち得るのだ」と結論づけた。この論文には、戦前の形成期末弘労働法学を継承しつつ、戦後の経験を踏まえて到達した末弘労働法学の神髄が凝縮されて表現されていた。

末弘は、「労働法の解釈と法的伝統」が掲載された『労働法』創刊号（一九五一年一〇月）の刊行を見るとことなく同年九月一一日逝去する。その意味で、同論文は、末弘が後継の労働法学者に残した「遺言」であったといえる。

末弘の葬儀は、九月一五日に中労委会館でとりおこなわれた。その際弔詞をささげた南原繁（当時東京大学総長）は、「わが国において『労働法学』の創始者たる栄誉は、永久に君のものでありましょう」[32]と述べて末弘をおくった。

（1）末弘の「労働法制」開講の時期については、諸説あるが、現在では、一九二一（大正一〇）年でほぼ間違いないと考えられている。この点に関しては、石井保雄「日本労働法学事始め探索の顛末――末弘厳太郎『労働法制』開講をめぐって」労働法律旬報一八一二号（二〇一四年）四頁、同「日本労働法学事始め探索・余聞――末弘厳太郎『労働法制』開講をめぐって・再論」労働法律旬報一八三六号（二〇一五年）四頁を参照。

（2）『労働法のはなし』（一洋社、一九四七年）二頁。以下、末弘の著作については、著者名である末弘厳太郎の表示は省略する。

（3）末弘還暦記念『日本の法学』（日本評論社、一九五〇年）一〇三頁。
（4）潮見俊隆「末弘厳太郎」潮見俊隆・利谷信義編『日本の法学者』（日本評論社、一九七五年）三三七頁。
（5）川島武宜「末弘厳太郎先生の法学理論」同『科学としての法律学』（弘文堂、一九六四年）二八四頁。
（6）末弘還暦記念・注（3）前掲書一〇一頁。
（7）末弘還暦記念・注（3）前掲書五〇-五一頁。
（8）末弘の留学の顛末については、石井保雄「わが国労働法学の生誕――戦前・戦時期の末弘厳太郎」独協法学九六号（二〇一五年）三二-四一頁が詳細に検討している。
（9）『嘘の効用』（改造社、一九二二年）三頁以下。
（10）同右、三頁以下。
（11）同右、二一頁。
（12）『物権法（上巻）』（有斐閣、一九二一年）「自序」四頁。
（13）「改造問題と明治時代の省察」注（9）前掲書八八頁、九五頁。
（14）磯村哲『社会法学の展開と構造』（日本評論社、一九七五年）六六頁。
（15）「民法改造の根本問題」法学志林二三巻三号一〇一頁、同四号九三頁。
（16）戦前・戦中の末弘労働法学については、石井保雄教授の詳細かつ優れた研究（石井・注（8）前掲論文二一頁以下）がある。ぜひ参照されたい。
（17）『労働法研究』（改造社、一九二六年）三二一-三二六頁。
（18）就業規則に関しては、「賃金の保護（一）」法学協会雑誌三九巻八号（一九二一年）一二四五頁、「就業規則の法律的性質――賃金の保護（二）」同四一巻六号（一九二三年）九九三頁、「就業規則の制定及び公示（上）――賃金の保護（三）」同四一巻八号（一九二三年）一四一〇頁、「就業規則の制定及び公示（下）――賃金の保護（四）」同四一巻九号（一九二三年）一六〇九頁、労働協約に関しては、「労働協約と法律」改造八巻一号（一九二六年）七八頁。これらはすべて同上『労働法研究』に収められている。
（19）こうした歴史的経緯と末弘の労働組合立法論との関係については、石田眞「末弘労働法論ノート――『形成期』末弘労働法学の一断面」早稲田法学六四巻四号（一九八九年）二頁以下を参照。

(20) 末弘・注(17)前掲書一―二〇七頁。
(21) 法律時報二巻五・六号(一九三〇年)三―六頁。
(22) 『法曹漫筆』(日本評論社、一九三三年)一七九頁。
(23) その間の事情については、石田眞「末弘法学論――戦前・戦中における末弘厳太郎の軌跡」法律時報六〇巻一一号(一九八八年)五九頁を参照。
(24) 中央公論五〇巻一号(一九三五年)一七頁以下。
(25) 法律時報一〇巻一〇号(一九三八年)四頁以下。
(26) 戦後の末弘労働法学については、石井保雄教授の詳細かつ優れた研究(同「労働法学の再出発――戦後・末弘厳太郎の陽と陰」独協法学一〇三号(二〇一七年)二一頁以下)がある。ぜひ参照されたい。
(27) 末弘の「教職追放」の経過と顛末については、石井・同右六一頁以下、六本佳平「末弘法社会学の視座――戦後法社会学との対比」六本佳平・吉田勇編『末弘厳太郎と日本の法社会学』(東京大学出版会、二〇〇七年)二四二頁以下を参照。
(28) 『日本労働運動史』(日本労働運動史刊行会、一九五〇年)。本書は、末弘の没後、新たに年表と索引を付した『決定版』(中央公論社、一九五四年)が刊行されている。
(29) 『労働関係調整法解説』(日本評論社、一九四七年)、『新労働組合法の解説』(毎日新聞社、一九四九年)など。
(30) 注(2)『労働法のはなし』、『労働運動と労働組合法』(大興社、一九四八年)、『労組問答』(政治経済研究所、一九四九年)など。
(31) 日本労働法学会編『労働法』創刊号(一九五一年)一頁以下。
(32) 南原繁「末弘厳太郎博士――告別式における弔詞」同著作集第七巻『文化と国家』(岩波書店、一九七三年)四九四頁。

末弘嚴太郎（すえひろ・いずたろう）

1888年　山口県に生まれる
1912年　東京帝国大学法学部卒業
東京帝国大学教授、中央労働委員会会長等を歴任
1951年没
主著：『債権各論』（有斐閣、1918年）、『物権法　上巻／下巻』（有斐閣、1921年／1922年）、『労働法研究』（改造社、1926年）、『民法講話　上巻／下巻』（岩波書店、1926年／1927年）など。

日本評論社創業100年記念出版

末弘嚴太郎《すえひろいずたろう》　法律時観《ほうりつじかん》・時評《じひょう》・法律時評集《ほうりつじひょうしゅう》　下《げ》
——戦中《せんちゅう》・終戦《しゅうせん》から講和条約《こうわじょうやく》　1942-1951

2018年５月３日　第１版第１刷発行

編　者——日本評論社《にほんひょうろんしゃ》
発行者——串崎　浩
発行所——株式会社　日本評論社
〒170-8474 東京都豊島区南大塚3-12-4
電話　　03-3987-8621（販売）　03-3987-8592（編集）
FAX　　03-3987-8590（販売）　03-3987-8596（編集）
https://www.nippyo.co.jp/　振替　00100-3-16
印　刷——精文堂印刷株式会社
製　本——牧製本印刷株式会社
装　丁——桂川　潤

検印省略
ISBN978-4-535-52274-9　　Printed in Japan